TANIA AEBI

BERNADETTE BRENNAN

DIE WELT IM STURM EROBERT

TANIA AEBI
BERNADETTE BRENNAN

DIE WELT IM STURM EROBERT

DELIUS KLASING VERLAG

Titel der amerikanischen Originalausgabe
MAIDEN VOYAGE

First published by Simon and Schuster New York

Aus dem Amerikanischen von Ingeborg Eggert

Die Deutsche Bibliothek – CIP-Einheitsaufnahme

Aebi, Tania:
Die Welt im Sturm erobert / Tania Aebi; Bernadette Brennan.
[Aus dem Amerikan. von Ingeborg Eggert]. –
Bielefeld: Delius Klasing, 1995
Einheitssacht.: Maiden voyage ⟨dt.⟩
ISBN 3-7688-0878-5
NE: Brennan, Bernadette:

ISBN 3-7688-0878-5

Die Rechte für die deutsche Ausgabe liegen beim
Verlag Delius, Klasing & Co., Bielefeld
Fotos: Tania Aebi und Susan Thorpe Waterman
(Titelfotos und die beiden letzten im Bildteil)
Umschlaggestaltung: Buchholz / Hinsch / Hensinger, Hamburg
Druck und Bindung: Clausen & Bosse, Leck
Printed in Germany 1995

Für meine Mutter

Die 27000-Meilen-Odyssee der *VARUNA*

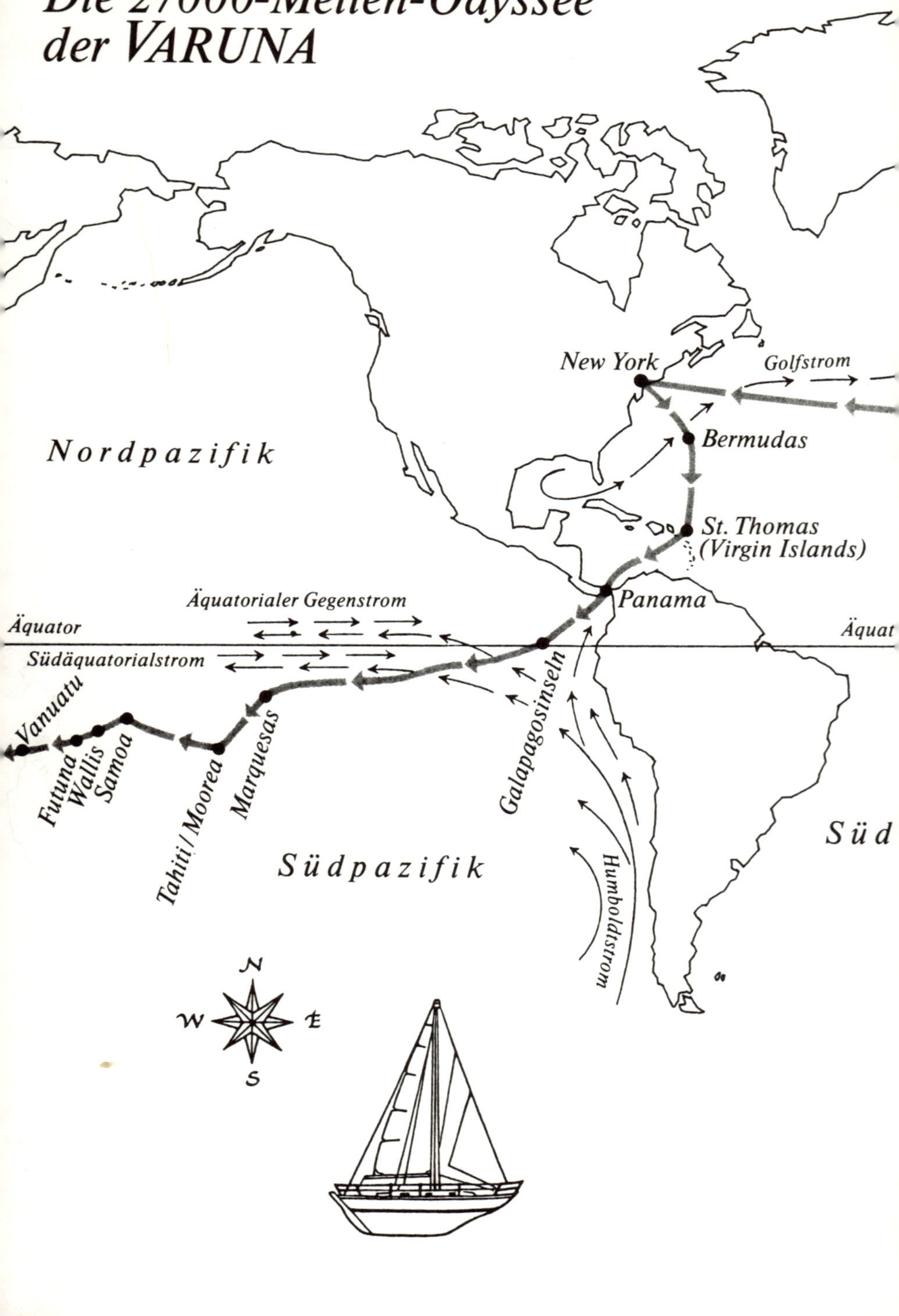

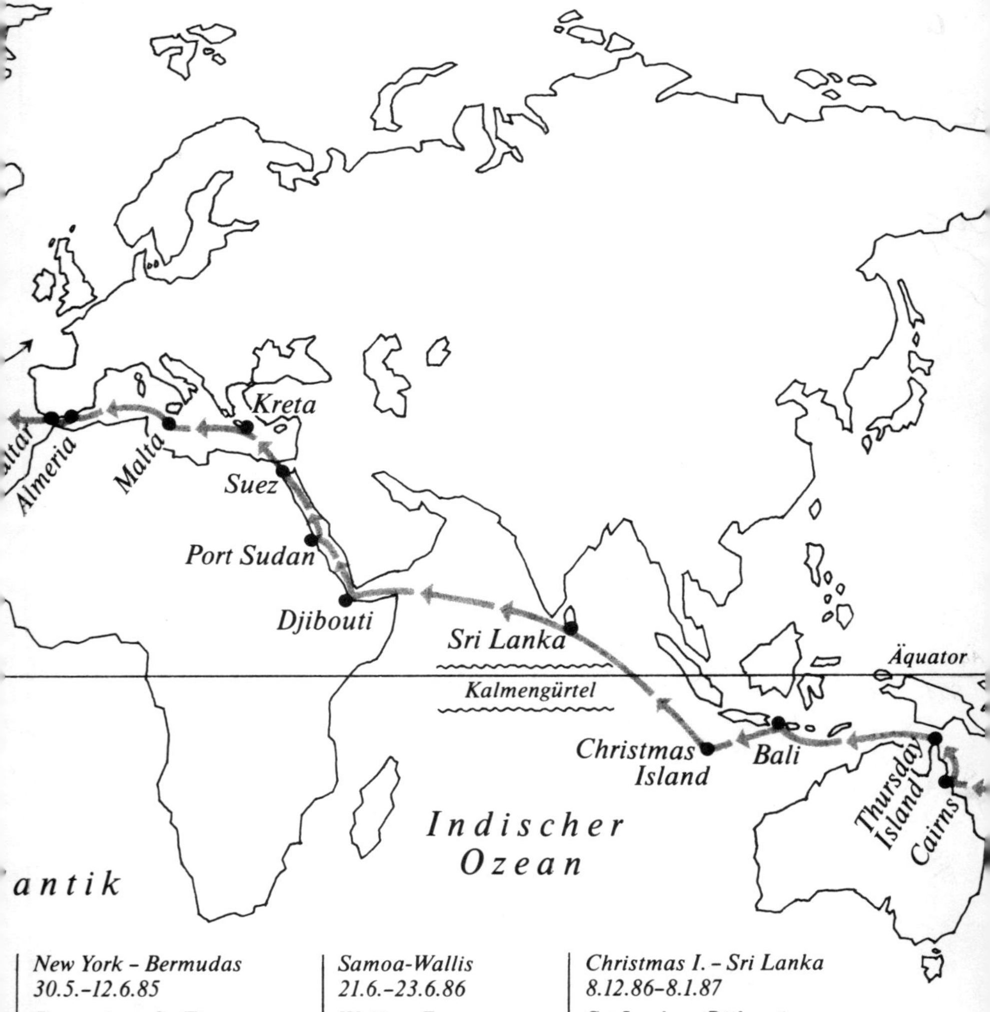

New York – Bermudas *30.5.–12.6.85*	*Samoa-Wallis* *21.6.–23.6.86*	*Christmas I. – Sri Lanka* *8.12.86–8.1.87*
Bermudas – St. Thomas *20.6.–1.7.85*	*Wallis – Futuna* *7.7.–8.7.86*	*Sri Lanka – Djibouti* *10.2.–9.3.87*
St. Thomas – Panama *17.7.–27.7.85*	*Futuna – Vanuatu* *10.7.–17.7.86*	*Djibouti – Port Sudan* *24.3.–6.4.87*
Panama – Galapagos *1.9.–18.9.85*	*Vanuatu – Cairns* *21.8.–4.9.86*	*Port Sudan – Suez* *30.4.–14.6.87*
Galapagos – Marquesas *29.9.–23.10.85*	*Cairns – Thursday I.* *19.9.–10.10.86*	*Suez – Kreta – Malta* *3.7.–24.7.87*
Marquesas – Tahiti / Moorea *28.11.–6.12.85*	*Thursday I. – Bali* *20.10.–20.11.86*	*Malta – Gibraltar* *22.8.–8.9.87*
Moorea–Samoa *9.5.–27.5.86*	*Bali – Christmas I.* *27.11.–2.12.86*	*Gibraltar – New York* *16.9.–6.11.87*

Inhaltsverzeichnis

Prolog

Noch 880 Meilen bis nach Haus

23. Oktober 1987. Sonnenaufgang. Der siebenunddreißigste allein auf dem Nordatlantik. Um mich herum nur die See – ein wogendes Gebirge bleigrauen Wassers. Ich habe ganz einfach Angst. Gestern gingen Wind und Seegang von Südost auf Nordost herum und wurden immer stärker. In der Nacht legte VARUNA *sich unzählige Male auf die Seite. Kein Gedanke an Entspannung, Schlafen, Essen – nur ans Überleben. Mir auf den Fersen die höchsten Wellen, die ich je sah, bestimmt sieben, acht Meter hoch. Ich habe mich zu sehr auf mein Glück verlassen. Bald ist Winter. Das Wetter kann nur noch schlechter werden.*

Weiße Wogen stürzen sich aufs Deck, überfluten das Cockpit. In der Kajüte ist alles unterwegs, was ich nicht richtig festgesetzt hatte. Töpfe, Pfannen, Konservendosen und Werkzeug lärmen in den Schapps. Ich habe mich in der Koje festgeklemmt, stütze mich mit einem Fuß gegen die Spüle, damit ich nicht durch die Gegend geschleudert werde. Noch 880 Meilen bis nach Hause. Ich möchte die Freiheitsstatue sehen, ein heißes Bad nehmen und etwas Gutes essen. Ich möchte meine Familie wiedersehen…

Ich verstaute das Logbuch auf dem Bord hinter meinem Kopf, würgte mich aus meinem feuchten Unterzeug und zog mich bis auf die nackte Haut aus, ehe ich unter Verrenkungen in mein Schlechtwetterzeug stieg, erst in den Overall, dann in die Jacke. Es war sinnlos, etwas darunterzuziehen, weil es einfach dumm gewesen wäre, die kostbaren trockenen Sachen draußen zu tragen, wo sie in Sekunden pitschnaß wurden. Ich zerrte die Kapuze über meinen salzverkrusteten Kopf und das verfilzte Haar, das klebrig um den Kopf stand und förmlich nach einer Wäsche schrie. Während des vergangenen Monats waren meine einzigen Duschen die Wellen gewesen, die gelegentlich unerwartet über mich hereinbrachen und die Salzkruste auf meiner Haut noch verstärkten. Ich hatte keinen Tropfen Frischwasser über für den Luxus einer Wäsche. Obwohl ich mich reichlich mit Körperpuder einstäubte, war meine Haut wund vom Salz und mein Hintern übersät mit Pusteln, weil ich nun schon seit Wochen auf feuchten Kissen saß. Das kalte, salzverkrustete Futter meines Ölzeugs rieb auf der nackten Haut wie Glassplitter, und ich mußte mindestens zehnmal am Tag hineinsteigen.

Geduckt, auf allen vieren, spähte ich durch die dunkelblauen Plexiglasscheiben, die den Niedergang abschotteten, legte mir mein nächstes Manöver zurecht und wartete auf den Nullpunkt zwischen den Wellen, um in Aktion zu treten. Okay – gleich – jetzt – RAUS! Schnell riß ich die Schotten hoch, stolperte ins Cockpit und holte mir einen neuen blauen Fleck an den ramponierten Beinen.

„Komm, Tarzoon", ermunterte ich meinen Bordkater, „wenn du rauswillst – hier ist deine Chance." Er blinzelte mich aus seiner sicheren Kojenecke heraus an. Für einen Augenblick lag VARUNA auf ebenem Kiel, Tarzoon sprang aus dem Niedergang, schnupperte kritisch die Luft und drängte sich an mich. „Es ist garstig hier draußen", vertraute ich ihm an, pickte die Sorgleine meines Sicherheitsgurtes an Deck ein und sah am Mast hoch zum Himmel. Keine Veränderung seit gestern. Vielleicht sogar noch etwas schlechter. Windgeschwindigkeit 40 bis 50 Knoten – Sturmstärke. Regen klatschte in schweren Tropfen auf das Wasser, über uns tiefhängende, dunkle Wolken. Das letzte Stück Land, das sie unter sich gehabt hatten, war Amerika gewesen. „Vielleicht sogar New York", sagte ich ganz laut, und plötzlich sah die Welt fast freundlich aus.

„Wir sind dicht dran, Tarzoon, ich spüre New York schon im Blut." Wenn wir dieses Tempo beibehielten, waren es nur noch acht Tage bis dorthin, fielen wir auf unsere normale Durchschnittsgeschwindigkeit zurück, würde es noch vierzehn Tage dauern.

Ich konnte schon den Pulsschlag von New York spüren und beinahe schon den Geruch der Zivilisation wahrnehmen. Ich fühlte schon das Rütteln in der U-Bahn, und aus den Geräuschen des Ozeans hörte ich das Rattern der Schienen heraus. Ich bildete mir ein, in der Linie 6 unter der Lexington Avenue stadtaufwärts unterwegs zu sein. Wenn Gott es wollte, würde ich auch bald zu Hause sein, nach zweieinhalb Jahren, in denen ich mit meinem Acht-Meter-Boot alle vier Himmelsrichtungen des Erdballs gesehen hatte. Der graue Horizont im Westen war voller Verheißung.

Landfall war mir nichts Neues mehr. Ich war aus der Weite des Ozeans gekommen und hatte andächtig und ergriffen vor den schrundigen Klippen, dem Urgestein der Galapagosinseln gestanden, hatte die grüne Traumwelt der Inseln im Südpazifik gesehen und Ortschaften, die aus Maltas Felsen gehauen waren. VARUNA hatte mir die Welt gezeigt, meinem Körper alles abverlangt und mich mit dem Anblick atemberaubender Schönheit belohnt. Ich hatte uralte Kulturen erlebt; Großzügigkeit trotz unsagbarer Armut; eine Welt, in der ein Lächeln die schönste Gabe ist, die man geben oder empfangen kann. In den vergangenen zweieinhalb Jahren hatte ich 360 Tage allein auf See verbracht, immer auf dem Weg nach Westen, Richtung Heimat. Mit diesem allerletzten Landfall würde sich der Kreis schließen, der Traum wäre geträumt, und etwas beängstigend Neues würde seinen Anfang nehmen.

Ich blinzelte in den heulenden Wind und beobachtete wie hypnotisiert die Wogen, die sich aufbauten, VARUNAS Heck anhoben und uns die Kämme hinabsurfen ließen. Ich konnte mich gerade noch ducken und festklammern, dann brach ein gewaltiger Wasserberg über uns herein und überspülte uns. Wasser stieg in meine Hosenbeine, leckte in die Kapuze und in den Halsausschnitt. Langsam lief das Cockpit leer, VARUNA torkelte weiter. Ich justierte die Windfahne, korrigierte den Kurs der Selbststeueranlage und blickte einmal in die Runde. Soweit das Auge sehen konnte: nichts, nichts als bösartige graue Ungeheuer auf dem Marsch zum unendlichen Horizont.

Tarzoon miaute am Niedergang, naß, verklebt und wild darauf, noch vor der nächsten Dusche in Sicherheit zu sein. Ich folgte ihm nach unten, schälte mich aus dem nassen Zeug und stellte das

Radio an. BBC meldete, daß sich die Lage in New York an der Wall Street seit dem Schwarzen Montag vor vier Tagen beruhigt hatte. Zu der Zeit waren wir auf 50 Grad Länge, etwa zwei Drittel über den Atlantik, und hingen in einer Totenflaute. Als der Sprecher von dem Börsenkrach berichtete, studierte ich gerade die Karte, blickte auf die Stelle, auf der wir uns heute befanden, und überlegte, wie mir dann sein würde. Nun wußte ich es.

Ich schaltete auf Radio France, klammerte mich an die Handläufe und stolperte zwei Schritte bis zur Toilette, die – wie immer auf See – außer Dienst gestellt war. Wenn ich außenbords die größte Toilette der Welt hatte, was brauchte ich da den kleinen weißen Pott. Unterwegs machte ich aus der Ecke ein offenes Kleiderschapp und spannte Leinen davor, damit alles zusammenhielt. Jetzt hängte ich das nasse Zeug über eine Leine, warf einen schmutzigen Feudel auf die frischen Pfützen in der Kajüte und staute den Kocher und die Wasserflaschen wieder einmal neu. Bei einer besonders heftigen, stampfenden Bewegung fiel der Kocher um, etwas Brennstoff tropfte heraus, auf dem engen Raum begann es zu stinken, und mir wurde schwummerig. „Kerosin ist mehr als genug da“, dachte ich. „Wenn es doch Wasser wäre. Davon habe ich nur noch fünf Flaschen. Hoffentlich reicht das.“

Ich zog meine Thermounterwäsche wieder an. Tarzoon knabberte an dem Korallenfächer, den Olivier mir als Talisman mitgegeben hatte. „Laß das, du kleines Biest“, mahnte ich und nahm ihm den Fächer nun schon zum fünfzigsten Mal weg. Der Fächer blieb einfach nicht in seiner Halterung an der Wand. Dauernd fiel er auf meine Koje und geriet dann Tarzoon zwischen die Zähne. Wieder einmal bewunderte ich das feine Muster, einer zarten Spitze ähnlich, und dachte an Olivier, der so gern nach Muscheln und anderen Wundern des Meeres tauchte. Der Fächer stammte von den San-Blas-Inseln zwischen Kolumbien und Panama. Er war so ziemlich das erste, was ich an Bord von Oliviers Akka bewundert hatte. Hier bei mir, und dann noch mit Tarzoon, löste er sich allmählich in seine Bestandteile auf.

„Was er jetzt wohl macht“, sagte ich laut. „Wenn er es schafft, in die Vereinigten Staaten zu kommen, ist er vielleicht gerade beim amerikanischen Konsulat und beantragt sein Visum. Wenn er nicht kommen kann ...“ Meine Gefühle und meine Kraft waren schon bis an die Grenze des Erträglichen belastet. Negative Gedanken konnte ich mir da nicht mehr leisten. Aber diese Überlegung nützte nichts. Zwar brachte ich den Fächer im Toilettenschrank in Sicherheit, doch wohin ich sah, überall waren Erinnerungen an Olivier, diesen ruhigen Mann, der in Vanuatu im Südpazifik Teil meines Lebens geworden war. Ohne ihn, das wußte ich, wäre ich heute nicht hier.

Wir weinten beide, als wir uns zum Abschied küßten und ich mich endlich von Malta losriß, denn wir wußten nicht, wann und ob wir uns je wiedersehen würden. Vor VARUNA lagen das Mittelmeer und der Nordatlantik. Olivier war auf dem Weg nach Hause, in die Schweiz. Unser beider Leben, viele Monate eng verbunden, als wir gemeinsam um die halbe Erde segelten – er auf AKKA, ich auf VARUNA –, war nun voller Ungewißheit. Die Zukunft würde uns die Antwort geben.

Alle Geräusche an Bord eines Segelboots, das sich durch einen Sturm kämpft – Krachen, Schlagen, Knirschen und Wimmern –, ergeben zusammen eine, wenn auch chaotische Symphonie. Alles, was nicht dazugehört, hört man sofort heraus – wie zum Beispiel gerade jetzt. Da klopfte es am Bug gegen den Rumpf. Die Leichtwetter-Fock war vorn festgelascht und begann sich freizuarbeiten. Das Schothorn des Segels schlug bei jeder Welle gegen die Bordwand. Ich mußte es festsetzen, ehe es über Bord ging.

Also zog ich mein Ölzeug wieder an, kroch nach draußen und machte meinen Sicherheitsgurt an einer Reffleine fest, während VARUNA mit dem Bug tief in jede Welle tauchte. „Je eher daran, je eher davon!“ brüllte ich ergrimmt und platschte durch das Wasser an Deck, wobei ich mich an Handlauf und Sorgleine nach vorn hangelte und mir ganz gemein den Fuß an einem Pütting stieß.

„Oh, verflucht nochmal!“ kreischte ich, als die nächste Wasserwand VARUNA auf die Seite warf und ich mal wieder eine Dusche abbekam. Meine Kapuze wurde heruntergeblasen, und die Haare wehten wild um mein Gesicht, als ich endlich auf dem tanzenden Vordeck ankam. Ich hielt mich eisern fest, löste die nassen Knoten in der Leine, raffte das Segel zusammen, rollte es auf und laschte es wieder fest. Dann machte ich mich eilig auf den mühsamen Weg zurück ins Cockpit, suchte noch einmal den Horizont ab, warf einen prüfenden Blick auf das Rigg, über das Deck und die schäumende See und schaute, daß ich wieder nach unten kam. Als ich die Schotten eingesetzt hatte, war das Heulen des Sturms merklich leiser, und das Radio begrüßte mich mit Bob Marleys Song „Coming In from the Cold". Ich hockte wie ein Häufchen Unglück auf meiner Koje und sah auf die Uhr. Es war erst neun Uhr morgens.

Der Wind pfiff immer noch im Rigg. Es klang ähnlich wie früher in den Fichten hinter unserem Haus in Vernon. Ich dachte an meine Kindheit zurück, an meine Eltern und an unser chaotisches Leben damals, das in seiner Konfusion den Aufruhr des Ozeans da draußen noch übertraf.

Ich lächelte, als ich auf meine Hände blickte und sah, daß ich mehr Schwielen hatte als mein Vater in den Jahren, wo er sich noch mühsam mit Arbeit auf dem Bau durchschlug. Die ewige Feuchtigkeit auf See hatte sich so tief in meine Haut eingefressen, daß sie sich nun in weißen, runzeligen Fetzen abschälte. Ich dachte daran, wie stolz mein Vater sein würde – endlich war ich einmal konsequent bei der Stange geblieben. Er, der selbst so gern Erfahrungen sammelte, der begnadete Schweizer Künstler voll grenzenloser Energie, hätte mich beinahe ins Verderben geschickt. Mag sein, daß ich auf die Reise *seiner* Träume gegangen war; aber irgendwo unterwegs hatte ich dann begonnen, meine eigenen zu träumen. Ob zum Guten oder Schlechten, mein Leben hatte sich auf immer verändert, es konnte nie mehr sein wie das der Menschen, die mir die liebsten waren und zu denen ich nun zurückkehrte. Bald würde ich die Unterschiede selbst erleben, von denen ich bisher nur in Briefen gehört hatte. Ich würde Rebecca wiedersehen, meine beste Freundin aus der Schulzeit. Ihr erstes Baby, mein Patenkind Kendra, war schon anderthalb Jahre alt, und ich hatte es noch nie gesehen. Viele meiner Freunde gingen nun aufs College. Drei waren in der Musikwelt berühmt geworden, ich hatte über sie in *Newsweek* gelesen und im Radio gehört.

Mein Bruder Tony war nicht mehr im zehnten Schuljahr, sondern im College in Stonybrook. Meine Schwester Nina besuchte

Cornell schon im dritten Jahr, und die Jüngste, Jade, war bald mit der Highschool fertig. Wir hatten versucht, durch Briefe, Kassetten und Telefon in diesen zweieinhalb Jahren in Verbindung zu bleiben, doch als die Monate vergingen und ich mich weiter und weiter von der Heimat entfernte, spürte ich bei den wenigen störungsfreien Telefongesprächen, daß wir uns weit mehr auseinandergelebt hatten, als ich es für möglich hielt. Ob es den anderen genauso ging? Ich fragte mich, ob ich je wieder wirklich dazugehören würde.

Mein Dasein war eine bunte Mischung recht verrückter Lebensumstände gewesen, ehe ich als Achtzehnjährige auf VARUNA aus dem Hafen von New York segelte. Ich dachte an jenen Tag zurück und rief mir das verängstigte Mädchen wieder ins Gedächtnis, das ich damals war, den Kopf voll undeutlicher Vorstellungen von der Zukunft. Inzwischen beneidete ich das Mädchen von damals um seine naive Unschuld. Ob es wohl heute, nun wissend um die Gefahren des Spiels, noch einmal mutig genug wäre, den Preis für einen solchen Traum zu zahlen?

Meine knochigen Knie zeichneten sich deutlich unter dem dünnen Unterzeug ab. Ich war zwar nicht mehr ganz so mager wie im Roten Meer, aber ein Fettpolster hatte ich auch nicht gerade. Das Rote Meer, das den afrikanischen Kontinent von den asiatischen Ländern wie die gespaltene Zunge einer Schlange trennt, hätte mich mit seiner sengenden Hitze und den erbarmungslosen Gegenwinden beinahe geschafft. Zwanzig Tage lang schlief ich wegen des Wetters, der Seeverhältnisse und ständiger Motorpannen nie mehr als dreißig Minuten ohne Unterbrechung. Fieber und häufige Schwindelanfälle taten ein übriges, so daß ich statt meiner normalen 54 Kilo bei der Ankunft in Ägypten nur noch 47 Kilo wog. Vor der Fahrt durchs Mittelmeer hatte ich nicht genügend Kräfte gesammelt, was mich um ein Haar 200 Meilen vor der spanischen Küste mein Boot und mein Leben gekostet hätte. Auch in Gibraltar konnte ich vor der Atlantiküberquerung nur eine kurze Erholungspause einlegen. Ich hatte keine andere Wahl. Die Zeit war mir auf den Fersen wie ein Grizzlybär einer armen kleinen Feldmaus. Ich mußte weiter.

Das New York, in das ich heimkehrte, würde anders sein als die Stadt, die ich mit achtzehn verließ. Doch die Namen wußte ich noch. Ich sprach sie leise vor mich hin, wie einen magischen Zauber. Greenwich Village. TriBeCa. SoHo. Erinnerungen wurden lebendig, als die letzten Meilen durch VARUNAS Log klickten. In Gedanken sah ich das West Village vor mir, sein holperiges Kopfsteinpflaster, die schmalen Straßen und die kleinen braunen Sandsteinhäuser, verziert mit Balustraden und Wasserspeiern, von Kutschhäusern, Gärten, Kirchen und Parks umgeben. Ich erinnerte mich der Künstler, die zum Memorial Day und Labor Day zuhauf zur „Village art show" kamen, an die Homos mit ihren Erotik-Läden und Bars mit Namen wie „The Pink Pussycat Boutique", „Ramrod" oder „The Anvil".

Meine Familie wohnt in SoHo, drei Blocks vom Washington Square Park, für meinen damaligen jugendlichen Unverstand also im Zentrum von allem, was auf dieser Erde wichtig ist. Ich dachte ans East Village, heruntergekommen und abgewirtschaftet durch Generationen von Weltverbesserern, Drogenabhängigen, Gangs, Künstlern und Leuten mit den verrücktesten Einfällen. Da gab es den „Candyman", einen Riesen mit wildem, karottenfarbenem Haarbusch und einem schwarzen Zylinder, immer auf Rollschuhen, umgeben von jungen Mädchen, die er freigiebig mit seinen besonderen Bonbons auf den Trip schickte. Der „Purpleman" war auf einem rostigen purpurfarbenen Fahrrad unterwegs und bekämpfte den Kapitalismus, indem er Info-Blätter verteilte, auf denen die Telefonkreditkarten-Nummern großer Konzerne standen. Hare-Krischna-Jünger schwebten in einer orangefarbenen Wolke vorüber, begleitet vom Schlag der Zimbeln, vom Klang der Glöckchen und Gesänge. Junge Puertoricaner in toller Aufmachung stolzierten durch die Straßen. Zuhälter verprügelten ihre Mädchen, und Betrunkene lagen schnarchend in Gruppen auf dem Pflaster, eine Flasche fest im Arm. An einer Ecke sangen Musikanten ihre Lieder, Jongleure zeigten an der nächsten ihre Kunst. Dann waren da noch Junkies, Hippies und Dealer, die ihre Ware anboten und manchmal sogar Schecks und Kreditkarten akzeptierten.

Das East Village ist eine wilde Mischung von Mietskasernen, Hausbesetzern und Obdachlosen, Suppenküchen, Sozialeinrichtungen und Graffiti. Schweigsame alte Menschen, die schon vieles durchgemacht haben, betreiben düstere Secondhand-Läden, schmuddelige Wechselstuben, Leihhäuser, Gewürzstände und den Straßenverkauf von Kleidern.

Und es gibt Punks und Street Kids, die Gruppe, zu der ich als Teenager gehörte. Sie hängen in den Bars und Clubs des Asphaltdschungels herum. Im East Village hat jeder sein Etikett. Jeder gehört irgendwohin, und keiner fragt ihn, wieso. Damals galt das auch für mich. Und jetzt?

Tarzoon rieb seine Nase an meinem Gesicht, und ich war schnell wieder in der Gegenwart, als VARUNA sich vor fast achterlichem Wind plötzlich überlegte. „Wie geht es denn meinem kleinen Kumpel?“ fragte ich, nahm ihn in den Arm und kraulte seinen Bauch. Mir wurde warm ums Herz bei seinem Schnurren. Aus dem schaukelnden Netz über meinem Kopf holte ich den Beutel mit Kürbiskernen und Katzenleckereien heraus. Die kleine Hängematte hatte ich bei meinem allerersten Landfall auf den Bermudas geschenkt bekommen. Ich bewahrte darin Gemüse, Snacks und allerlei Kleinkram auf. Sie war einmal strahlend weiß gewesen, doch nun war sie grau und hing so ziemlich am letzten Faden, als ob sie sich Mühe gäbe, durchzuhalten bis nach Hause.

In meinem Kopf drehte sich alles, mehr noch unter dem Druck des Nachhause-Kommens und Neuanfangs als aus Angst wegen des Sturms da draußen. Dreißig Monate lang, über 27 000 Meilen, hatte es keine Ungewißheit über die Zukunft gegeben. Jeden Tag von neuem hatte ich nur ein Ziel – westwärts zu segeln, in Richtung Heimat. Bei jedem Sturm, jeder Flaute, jedem seelischen Hoch und Tief konnte ich mich auf eins fest verlassen – all dies würde nur als Erinnerung bleiben. Heute aber blickte ich wie gebannt auf die Zukunft. Der schwierigste Landfall von allen lag vor mir, im Westen hinter dem Horizont. Ich kehrte zurück nach Hause, wo es nie wieder so sein konnte wie damals, als ich dort aus einem anderen Leben Abschied genommen hatte.

Von New York zu den Bermudas

Auf Wiedersehn in ein paar Jahren!

Viele Leute hielten meinen Vater für verrückt – uns kam er nie so vor. „Warum gehst du bedächtig, wenn du rennen kannst?“ pflegte er zu sagen. „Warum zu Hause bleiben und gewissenhaft dein Konto führen, wenn du doch auf einem Kamel nach Timbuktu reiten könntest oder den Montblanc besteigen oder im Landrover durch Afrika fahren?“ Fasziniert lauschten wir als Kinder seinen Träumen – und er träumte auch für uns. Sah man die Welt mit seinen Augen, so war sie voller Abenteuer. Man riskierte viel, kam immer heil davon und hatte obendrein was Tolles zu erzählen.

Ich erinnere mich an einen eisigkalten Wintertag. Ich war gerade acht Jahre alt, und bald danach kam meine Mutter in das Sanatorium in der Schweiz. Mein Vater nahm uns mit auf einen seiner Spaziergänge über die Weiden bei unserem Haus in Vernon, New Jersey. „Zum Denken braucht man frische Luft“, sagte er in seinem typischen Schweizer Akzent, riß die Haustür auf und stürmte den Weg entlang. „Ich muß *atmen* können.“

Wir mußten meistens ziemlich rennen, um mit ihm Schritt zu halten, wenn er so durch die Gegend tobte, redend und wild gestikulierend beim Versuch, das Chaos zu sortieren, das unser Leben damals war. Seine blauen Augen blitzten, das dunkle Haar stand ihm wild um den Kopf, eisige Atemwolken vor sich in der klaren kalten Luft, so stapfte er dahin, ein Bild unbändiger Energie.

Plötzlich blieb er stehen und besah sich einen Zaun. „Tania, komm doch mal her und faß den Zaun ganz fest an!“

Ich gehorchte, packte den Zaun und bekam einen Schlag vor die Brust, der mich fast umwarf. Mein Vater lachte so sehr, daß er sich hinsetzen mußte. Der Zaun stand unter Strom!

Ich war ganz schön sauer. Als ich ihn wütend ansah, sagte er: „Weißt du, Schnibbel-Paff" – das war sein Lieblingsname für mich –, „manchmal lernt man nur durch schlechte Erfahrungen."

Bald danach wurde plötzlich alles anders, unser Leben wandelte sich von Grund auf. Erst zehn Jahre später, als ich achtzehn war und mich anschickte, allein auf VARUNA um die Welt zu segeln, begann ich zu begreifen, wie recht mein Vater damals hatte.

Der Wind blies übelriechende Düfte zum South Street Seaport in Manhattan, über den die Hochhäuser der Wall Street wie gläserne Giganten in den Himmel ragten. Es war der 28. Mai 1985, vier Uhr nachmittags, kurz vor dem Start ins große Abenteuer. Ich versuchte noch einmal, mir die Gesichter meiner Familie fest einzuprägen.

„Bist du fertig?" brüllten mein Vater und mein Bruder Tony wie aus einem Munde von der Pier herüber.

Ich verkroch mich auf VARUNA in meinem Schlechtwetterzeug, plierte durch den feinen Regen und versuchte meine Tränen runterzuschlucken.

„Tania, bist du endlich fertig?" rief mein Vater nun energisch.

„Ja doch, ja, ich bin fertig", rief ich schließlich zurück.

Die Leinen klatschten aufs Deck, Tony gab dem Boot noch einen kräftigen Schubs und brüllte: „Viel Vergnügen, Schwesterlein! Und paß gut auf dich auf!"

Der Motor tuckerte leise. Ich manövrierte das Boot ohne Panne aus dem Hafen, in dem ich meine kostbaren letzten Minuten in der Heimat verbracht hatte. Im Dunst voraus suchte ich das Boot, das mein Vater gechartert hatte, um mich die zwanzig Meilen bis Sandy Hook zu lotsen. Als ich es ausmachen konnte, ging ich auf seinen Kurs. Außerdem folgte noch ein Boot, die *UBS*, eine große Schweizer Regattayacht, auf der etliche Leute waren, die mir eine gute Reise wünschen wollten. An Deck standen winkend meine Mutter, Tony, meine Schwestern Nina und Jade und alle meine Freunde. Etwa eine Meile begleiteten sie mich, dann drehten sie ab, mit vielem Hinüber- und Herüber-Winken und tausend Abschiedsgrüßen. Ich beobachtete tränenüberströmt, wie sie langsam im Nebel verschwanden. Gott im Himmel, nun wurde es wirklich ernst!

Plötzlich zitterte ich am ganzen Leib. „Was in Dreiteufelsnamen mache ich denn hier?“ jammerte ich. „Ich will nicht! Ich will nach Hause. Lieber Gott, hilf mir doch!“

Meines Vaters Stimme kam krächzend aus dem kleinen Funksprechgerät, das ich an Bord hatte. „Na, wie geht es dir?“ fragte er von dem Fischerboot herüber, das dicht vor mir war.

„Mir ist kalt, und triefnaß bin ich auch“, stotterte ich. Um keinen Preis wollte ich zugeben, daß ich in meinem ganzen Leben noch nie solche Angst gehabt hatte.

„Laß nur, bald geht es besser. Nur nicht aufgeben!“ kam es von drüben.

Die vorige Nacht hatte ich mit Nina an Bord geschlafen. Am Morgen schickte NBC einen Wagen, der mich ins Studio brachte, wo Jane Pauley mich für „Today“ interviewen wollte. Das war eine der fünf oder sechs Fernsehshows und Zeitungen, die mein Vater über meinen bevorstehenden Start informiert hatte. Ich kam mir wie ein Häufchen Unglück vor im unbarmherzig hellen Licht der Scheinwerfer und so voller Angst vor meinem großen Abenteuer.

Jane: Also, es ist einfach unvorstellbar. Wie willst du mit den riesigen Wellen zurechtkommen? Und mit dem Boot so ganz allein auf dem Ozean? Du bist doch erst achtzehn! Was, wenn du in einen schweren Sturm gerätst? Ich möchte dich wirklich zum Hierbleiben überreden, ich werde mir alle Mühe geben!

Ich: Dazu ist es zu spät. Heute nachmittag um vier geht's los.

Jane: Hast du denn gar keine Angst?

Ich: Ach, ich glaube schon.

Jane: Wieso glaubst du eigentlich, du kannst das schaffen?

Ich: Ach, ich weiß nicht. Andere stinknormale Leute haben es ja auch geschafft. Da denke ich, das kann ich auch.

Als ich dann mein Fernsehdebüt bei einer Freundin sah, die es für mich aufgezeichnet hatte, wurde mir ganz schwach. Ich plierte in die Scheinwerfer. Meine Bewegungen waren hölzern, und die Antworten! Wie ein dusseliges Kind, das nachplappert, was sein Vater ihm eingetrichtert hat. Kein Wunder, daß Jane Pauley versucht hatte, mir meinen Plan auszureden!

Wohin ich auch sah, nur schmuddeliges Grau in Grau – Himmel, Wasser, Luft. Die Nässe kam überall durch. Ich zog mir die Ärmel weit über die Hände. Es schüttete wie aus Kübeln. Als ich ablegte, hatte eine Freundin gesagt: „Guck mal, Tania, sogar New York weint, weil du uns verläßt!" Ich sah auf die Hafenkarte, die in einer Plastikhülle vor mir lag, hatte aber keinen Schimmer, wo ich mich befand, und konzentrierte mich nun ganz auf die Umrisse des Boots voraus. Immer wieder kreuzten wir den Kurs riesiger Schiffe, Schlepper und Tanker, die im Hafen unterwegs waren oder vor Anker lagen. Der Nebel wurde immer dichter. Dazu das Tuten der Nebelhörner von allen Seiten. Plötzlich hörte ich durch das Geräusch der Regentropfen, wie der Motor hustete, mehrfach aussetzte und dann seinen Geist aufgab. Panik stieg in mir auf, als das Boot mit meinem Vater voraus im Nebel verschwand.

Man konnte keine dreißig Meter weit sehen. Voller Angst griff ich nach dem kleinen Funkgerät und rief meinen Vater. „Daddy, der Motor ist kaputt! Was soll ich tun?" Ich war verzweifelt. Endlich kam eine Antwort.

„Du weißt doch, er hat Probleme mit der Brennstoffleitung. Ich habe dir gezeigt, wie man sie entlüftet. Nun aber los – du hast schließlich ein *Segelboot*! Du brauchst nicht mal einen Motor. Setze Segel und dann weiter!"

Mühsam nach Luft schnappend, drehte ich das Boot in den Wind, fand das Fockfall, legte es um eine Winsch, zog das Segel hoch und belegte das Fall, als das Tuch knatternd im Wind flatterte. Dann fiel ich ab, trimmte das schlagende Segel, bis es sich mit Wind füllte, und los ging's. Zum erstenmal in meinem Leben segelte ich ganz allein …

Am Morgen hatte ich mich von Jeri verabschiedet und ihr fest versprochen, zurückzukommen. Ich sah mich noch einmal um in dem vertrauten Loft, das mein Zuhause geworden war, als mein Vater mich zwei Jahre zuvor aus dem Nest geworfen hatte, kletterte hinauf zu der gemütlichen Ecke, die sie für mich auf dem begehbaren Schrank eingerichtet hatte, und nahm noch einmal ihre Katzen auf den Arm. Bumblebee hob den Kopf, leckte mich behutsam und sprang leichtfüßig davon. Bula fauchte mich an und kratzte mich zum letzten Mal. Auch das gehörte nun zu meinen kostbaren Erinnerungen an New York.

Als wir zum Boot kamen, fiel eine Meute von Journalisten und Kameraleuten über uns her. Auch diesmal konnte ich nur recht hölzern auf ihre vielen Fragen antworten. Nein, ich hätte keine Lust, aufs College zu gehen. Es sei doch super, auf diese Weise etwas von der Welt zu sehen und auch noch darüber zu schreiben. Ja, mein Vater habe mir das Boot gekauft, anstelle einer College-Ausbildung. Er leihe es mir aber nur. Ich würde es ihm bezahlen und mich unterwegs mit dem Geld, das ich durch Artikel für die Yachtzeitschrift *Cruising World* verdiene, selbst über Wasser halten. Nein, ich hätte noch nie vorher ein Boot allein gesegelt, aber ich hätte viele Bücher übers Segeln und auch einen Kursus in Astronavigation gemacht. Warum ich das mache? „Ja, das weiß ich nicht“, sagte ich verlegen, „aber was spricht dagegen?“ Die Reporter sahen mich an, als ob ich nicht ganz dicht sei.

Überall an Bord waren jetzt kleine Geschenke, Mitbringsel und Briefchen von Leuten, die mir alles Gute wünschten. Meine Mutter hatte einen Apfelkuchen und eine Puppe gebracht, es gab selbstgemachte Suppen, Schokoladenkekse, Äpfel, jede Menge Bücher, meine Lieblings-Comics vom fetten Kater Fritz, eine Mundharmonika und eine Flöte, Briefe und Päckchen, die an bestimmten Höhepunkten der Reise geöffnet werden sollten.

Mir war heiß und kalt, ich suchte Jeri. Sie stand unauffällig hinter all den Menschen. Ich rannte zu ihr, und sie nahm mich fest in die Arme. Ich hätte ihr noch so viel sagen wollen, doch mir fehlten die Worte. Was hatte sie nicht alles für mich getan in den vergangenen zwei schweren Jahren. Als wir uns zum Abschied küßten, weinten wir beide. „Tania, für mich wirst du immer meine Tochter bleiben. Ich liebe dich. Paß gut auf dich auf und tue stets, was dein Herz dir eingibt.“

Ich sah mich um. Da stand meine Mutter, sehr aufrecht, und versuchte Fragen der Reporter zu beantworten. Immer wieder sagte sie, wie stolz sie auf mich sei. Ich war wie betäubt. Was sollte ich als nächstes tun? Mußte ich schon fort? Ich sah Christian und Fritz, zwei besonders enge Freunde unserer Familie, beide Künstler, die genau wie Jeri so etwas wie Ersatzeltern für uns waren, solange ich denken konnte. Christian legte mir die Hand auf die Schulter. „Paß gut auf dich auf, Mädchen", sagte er und gab sich alle Mühe, ein fröhliches Gesicht zu machen. „Wir wollen dich wieder zu Hause haben." Fritz schlug mir kräftig auf den Rücken und nahm mich in die Arme. „In zwei Jahren sehen wir uns wieder, Kleines. Mach's gut."

Ich stieg über die Reling ins Cockpit und durch den Niedergang in mein Zuhause für die nächsten beiden Jahre, zog mein Schlechtwetterzeug an, holte tief Luft und ging zurück ins Cockpit. Dann winkte ich nicht sehr fröhlich all denen zu, die mich nicht auf der *UBS* begleiten konnten.

Vier Segelstunden später, meine Hand klamm an der Pinne, suchte VARUNA sich mühsam ihren Weg durch Fischernetze und Reusen und ging um Sandy Hook in die Horseshoe Cove, wo ich die Nacht über bleiben sollte, um mich auf die Seefahrt vorzubereiten. Vom Fischerboot aus erklärte mir mein Vater, wie man unter Segel ankert, etwas, was ich noch nie getan hatte. Ich ließ die Fock fallen, rannte nach vorn, nahm den Stopper von der Ankerwinsch und ließ Anker und Kette fallen. VARUNA machte Fahrt rückwärts, wie sie sollte, um dann zu stoppen. Jedoch trieb sie weiter rückwärts, direkt auf den Strand zu

„Daddy hilf mir!" schrie ich verzweifelt. „Der Anker hält nicht. Gleich strande ich!" Das Fischerboot kam schnell näher und ging längsseits, mein Vater sprang über, packte die Kette und holte sie mühelos ein.

„Tania, du hast zu wenig Kette fallen lassen. Lieber Himmel, keine zwei Meter, und dabei kannst du sehen, daß es hier fast fünf Meter tief ist. Du bist doch gar nicht so dumm." Er hatte recht, die Kette war nicht einmal auf den Grund gekommen.

„So, von nun an bist du dir selbst überlassen. Ruh dich erst mal aus. Wenn du geschlafen hast, sieht die Welt gleich anders aus. Du bist ja ganz durch den Wind. Zumindest kannst du nun selbst ankern, das weiß ich. Also schlaf erst mal und ruf mich über Funk an, ehe du startest. Auf Wiedersehen, Tochter. Ich wünsche dir viel Kraft und Mut. Ich weiß, daß du es schaffen kannst. Nun zeig es auch den anderen."

„Oh, Daddy, warte!" bettelte ich. „Bitte bleib noch ein bißchen bei mir. Ich mag noch nicht allein sein."

„Nein", antwortete er. „Je länger ich bleibe, desto schwerer wird es." Er stieg über auf das Fischerboot, sie nahmen Fahrt auf, und wir winkten, bis sie im Nebel verschwunden waren. Benommen und verängstigt blieb ich allein.

Ich kroch in die Kajüte, fand ein Päckchen Zigaretten und zündete mit zitternden Händen eine an. Was sollte nur aus mir werden? Plötzlich erschien mir meine Zukunft genauso kompliziert wie die Monatskarten, die überall herumlagen. Mein Vater und ich hatten Stunden über ihnen verbracht, während er mir zeigte, was die verschlungenen Linien, die Kreise und Symbole bedeuten, die auf den Ozeanen der Welt wie Hieroglyphen eingezeichnet sind. Diese Symbole seien die Finger am Puls der See. Sie würden mir helfen, ihre Stimmung in den verschiedenen Jahreszeiten zu erahnen, Stromberechnungen anzustellen, vorherrschende Winde und die Wahrscheinlichkeit von Stürmen und Seegang zu erkennen. Die Monatskarten hatten mich schon jetzt mehr über die See gelehrt, als ich vermutlich je über mich selbst wissen würde.

Ich versuchte mir vorzustellen, was für exotische Menschen ich kennenlernen würde und was für wunderbare Abenteuer ich dort erleben könnte, wohin VARUNA mich nun tragen sollte – den Bermudas, den sonnenüberfluteten Inseln der Karibik, dem Panamakanal, dem prähistorischen Wunder der Galapagosinseln, nach Gauguins südpazifischem Paradies, meinem Shangri-La in Sri Lanka, den Seychellen, St. Helena und dem Karneval in Brasilien. Bisher waren das nur Namen in meinem Kopf gewesen. Nun sollten sie für mich Wirklichkeit werden.

Bis 1983, also zwei Jahre vor meinem Auslaufen aus New York, war ich noch nie auf einem Segelboot gewesen. Wir pflegten alle zu spotten, daß es Vaters Midlife-Krise sei, welche die Ereignisse auslöste, die unsere ganze Familie durcheinanderbringen sollten – besonders aber mich. Nach seinem 45. Geburtstag rumorte es gewaltig in seinem Gehirn. Er stellte sich ständig die Frage, was er denn überhaupt mit seinem Leben angefangen habe. Hatte es ihm Spaß gemacht? Hatte er etwas verpaßt? Allmählich verlor er das Interesse an seiner künstlerischen Arbeit und saß nur noch selten an seinem Zeichentisch. Dann aber zeichnete er Monster mit wilden Augen und übergroßen Genitalien. Ansonsten galt seine Hauptsorge dem Kommen und Gehen von uns Teenagern – die das nicht sehr schätzten – und der Verwaltung seines Vermögens. Mieteinkünfte aus seinen Häusern machten ihn finanziell unabhängig. Er mußte nicht mehr malen, um mit dem Verkauf von Bildern unseren Lebensunterhalt zu bestreiten. Es gab für ihn auch keine emotionalen Montblancs mehr zu bewältigen, er hatte Zeit zu denken – und sein Leben zu betrachten. Was er sah, gefiel ihm nicht.

Eines Tages, während er bei Christian auf der Toilette saß, blätterte er in einer Segelzeitschrift. Und plötzlich hatte er die Lösung! Innerhalb eines Monats absolvierte er einen Fernlehrgang in Astronavigation, flog nach Florida zu einem einwöchigen Segelkursus und dann weiter nach England, um dort ein 11,60-Meter-Schiff zu kaufen, die Segelyacht PATHFINDER OF PERCUIL.

Er hatte einen kühnen Plan. Er wollte das Boot von England über Spanien, Portugal und Marokko zu den Kanarischen Inseln segeln, mit seinen Kindern als Besatzung. Danach würde er PFADFINDER mit einigen Freunden über den Atlantik zur Karibik segeln und anschließend an der Ostküste hoch nach New York. Es sollte ein richtiges Familienabenteuer werden. Anfangs wollte er mich nicht dabeihaben, weil er fürchtete, wir kämen auf einem kaum zwölf Meter langen Boot nicht über längere Zeit miteinander aus. Doch seine Freundin Jeri konnte ihn schließlich überzeugen, daß wir gerade so etwas brauchten, um unser Verhältnis zueinander wieder in Ordnung zu bringen, das zu Bruch ging, als ich fünfzehn war.

Es kann Jahre dauern, bis man so gut segeln gelernt hat, daß man sich auf die hohe See hinauswagt. Mein Vater wollte aber los. Zum Warten hatte er die Ruhe nicht. So starteten wir schon nach drei Tagen. Er war der Meinung, daß wir uns alles, was wir in dieser Zeit nicht bei PFADFINDERS früherem Eigner lernen würden, unterwegs aneignen könnten. Die drei Tage waren ein wildes Durcheinander von Segelunterricht und Mann-über-Bord-Manövern! Wir lernten die Grundbegriffe des Segelns, wie man Segel setzt und birgt und mit dem Gewirr von Leinen umgeht, wie man mit Ruderrad oder Pinne steuert. Am schwierigsten war es zu begreifen, nach welchen Prinzipien das Boot den Wind zum Vorwärtsbewegen nutzt. Es wurde uns immer wieder erklärt, nach verschiedenen Methoden, doch wirklich verstanden haben wir manches erst, als wir über den Atlantik segelten. Nur mein kleiner Bruder Tony, mathematisch sehr begabt, verstand die Prinzipien der Aerodynamik schnell. Aber unser hyperaktiver Vater hatte erst einen ganz blassen Schimmer von Verständnis für die Seefahrt, als er sich schon nach diesen wenigen Tagen mit uns drei Kindern von der Küste Cornwalls hinaus auf die See wagte.

Im folgenden Monat segelten wir nach Vigo und Bayona in Spanien, sahen Lissabon und Casablanca und erreichten schließlich die Kanarischen Inseln. Es war schon aufregend genug, Europa zu entdecken, doch das eigentliche Abenteuer war das Leben auf PFADFINDER. Sie war eine freundliche und geduldige Lehrmeisterin, nahm uns unsere Tapsigkeit nicht übel und trug nichts nach.

Wir quälten sie jedesmal beim Überstaggehen, waren grob und ungeschickt mit dem Ruderrad, so daß Baum und Segel übers Cockpit zur anderen Seite schossen und das Rigg erzitterte. Wir trimmten die Segel falsch, und das Schiff krängte so stark, daß die See einstieg. Wir schrien vor Schreck und rissen in Panik die Schoten aus den Klemmen, und das Schiff richtete sich wieder auf – klar zum nächsten Manöver, während wir wie die Verrückten herumsausten und herauszufinden versuchten, was wir eigentlich falsch machten. Mein Vater war meistens unter Deck und bemühte sich herauszukriegen, wo wir uns genau befanden, während Tony, Jade und ich abwechselnd Wache gingen und unser möglichstes taten, PFADFINDER auf Kurs zu halten.

Auf diesem geduldigen Boot wuchsen wir zu einer guten Crew zusammen. Langsam, aber sicher lernten wir jede seiner Bewegungen kennen, vermochten seine Stärken und seine Schwächen zu unterscheiden. Wir arbeiteten mit dem Boot, mit der See und dem Wind zusammen, um unser Ziel zu erreichen, und nahmen uns –

zum erstenmal seit Jahren – auch die Zeit, uns gegenseitig besser kennenzulernen.

Mein Vater hatte recht – Segeln ist etwas Besonderes. Auf See werden die Gedanken klarer, einfacher. Man steht nicht mehr unter dem Druck alter Verantwortlichkeiten und bis zum Überdruß vertrauter persönlicher Gewohnheiten. Es war so einfach, glücklich zu sein. Während der Nachtwache, die ich am liebsten mochte, war der tintendunkle Himmel übersät mit glitzernden Sternen. Das Boot schwang in sanftem Rhythmus durch die Wellen, und wenn ich besonderes Glück hatte, war unser Kielwasser mit phosphoreszierenden Lichtern überglänzt wie mit tausend Glühwürmchen. In diesen Stunden kamen mein Vater und ich uns wieder näher. Langsam heilten die Wunden der Vergangenheit.

Wir ließen PFADFINDER für den Winter auf den Kanarischen Inseln und kehrten nach New York zurück, mein Vater mit Tony und Jade in sein Haus und ich in mein Zuhause, zu Jeri. Doch dieses Mal war alles anders. Ich hatte Pläne, wollte ein paar Monate arbeiten und genug Geld verdienen, um die Atlantiküberquerung mitzumachen, 2 800 Meilen insgesamt. Nina und Fritz sollten auch dabei sein.

Ich nahm einen Job als Fahrrad-Kurier in Manhattan an. Jeden Morgen um acht stürzte ich mich mit meinem 10-Gang-Rad in den chaotischen Berufsverkehr von New York City. Ich mogelte mich durch Verkehrsstaus und verstopfte Straßen, drängelte mich vorbei an fluchenden Taxifahrern und hinein in überfüllte Fahrstühle. Natürlich hatte es gewisse Nachteile, im Gewühl von Manhattan mit dem Fahrrad unterwegs zu sein, doch die Vorteile überwogen bei weitem. Es gab keine festen Arbeitszeiten und keine festgesetzten Löhne. Je schneller ich strampelte, desto mehr verdiente ich. Schließlich konnte ich in elfeinhalb Minuten durch die City flitzen und erledigte im Schnitt zwanzig Aufträge pro Tag.

Fritz war noch nie auf einem Segelboot gewesen, und er und Nina hatten beide Angst vor dem Wasser. Deshalb gingen wir mit recht gemischten Gefühlen an das Abenteuer unserer Atlantiküberquerung. Am 24. November 1983 verließen wir die Kanarischen Inseln. 2776 Meilen und 28 Tage ohne Landsicht lagen bis zur Karibik vor uns.

Mitten auf dem Atlantik – wo genau, weiß ich nicht – brütete mein Vater einen Plan aus. Er sah unserer Rückkehr in die Heimat mit einem gewissen Unbehagen entgegen, weil er befürchtete, ich würde dort mein altes Leben wiederaufnehmen. Ziellos in den Tag zu leben, gibt es bei Ernst Aebi nicht, der, getreu seiner deutschschweizerischen Herkunft, immer einen festen Plan haben muß oder ihn zumindest gerade durch einen anderen ersetzt. Mit jemandem zu leben, der keinen festen Plan verfolgt, ist für meinen Vater fast genauso schlimm, wie selbst keinen zu haben. Je näher wir New York kamen, desto mehr kaute er daran.

Eines Abends im Cockpit platzte er damit heraus, während er bei einem Glas Brandy den Sonnenuntergang betrachtete. „Tania, du mußt ja nun allmählich damit anfangen, dir Gedanken über deine Zukunft zu machen." „Jetzt geht das wieder los!" dachte ich. So hatte er schon mehrmals ein Gespräch eröffnet. „Okay, du möchtest nicht aufs College gehen, aber irgend etwas mußt du schließlich aus deinem Leben machen."

Ich seufzte tief. Leider wußte ich genau, daß er recht hatte. Ich mußte etwas tun und hatte auch schon darüber nachgedacht, was denn. Nur war mir überhaupt nichts Brauchbares eingefallen.

„Ich dachte, ich arbeite noch mal eine Zeitlang als Kurier und entscheide mich dann. Mach dir nur keine Sorgen, Daddy."

„Was soll das denn? Ich bin dein *Vater*, und *natürlich* mache ich mir Sorgen. Außerdem habe ich eine Idee."

„Ich will sie nicht hören!" antwortete ich, denn ich hatte keine Lust, mit ihm zu streiten.

„Wie wäre es denn, wenn du um die Welt segelst ..." Er redete beiläufig und verführerisch zugleich. Das war schon immer sehr gefährlich gewesen. „Wie wäre es denn: Du segelst um die Welt, und ich kaufe das Boot. Ich würde es bezahlen, und du kannst es für die Reise benutzen. Eigentlich müßte ich ja Geld für deine Ausbildung ausgeben. Du hast aber offensichtlich nicht die Absicht, aufs College zu gehen, oder?"

„Du meinst, du würdest mir ein Boot *geben*?"

„Ernst, du willst ihr tatsächlich ein Boot *geben*?" fragte Fritz und sah von seinem Brandy auf.

„Na ja, wir wollen mal sagen, ich würde dir das Boot *leihen*. Du müßtest dir dann schon etwas einfallen lassen, um das Geld für unterwegs zusammenzubekommen."

„Du nimmst mich auf den Arm", sagte ich.

„Ja", meinte Fritz, „und Nina könnte dann auf Krücken durch Sibirien wandern, oder?"

„Sei nicht so kleinlich, Fritz", antwortete mein Vater. „Du bist ja viel zu feige, um auch nur ins Wasser zu springen. Tania könnte Artikel über ihre Reise schreiben und von den Honoraren leben, wo sie doch immer schon gern geschrieben hat. So könnte sie gleich mit einem Paukenschlag ihre Karriere starten."

Ich fand, das klang nicht schlecht. Segeln auf PFADFINDER hatte mir viel Spaß gemacht, und ich konnte mir gut vorstellen, alle möglichen exotischen Ziele anzusteuern, unterwegs Freunde aus New York an Bord zu haben und tausend tolle Leute kennenzulernen.

„Klingt nicht schlecht", sagte ich.

Mein Vater schlürfte seinen Brandy. „Wenn es aber wirklich was Besonderes sein soll, müßtest du es schon allein machen..."

„Was soll das heißen, allein?"

„Ich meine, allein. Einhand. Wenn es *wirklich* interessant sein soll, mußt du einhand um die Welt segeln. Glaubst du denn, ich kaufe dir das Boot zu deinem Vergnügen? Von wegen! Das wäre ein Job."

„Allein? *Ich?* Vergiß es. Wir brauchen gar nicht weiter darüber zu reden." Ich hörte schon nicht mehr hin. Der Gedanke reizte mich kein bißchen.

Jetzt mischte sich Fritz wieder ein. „Ernst Aebi – du verrückter Schweizer! Du kennst doch Tania. Sie könnte dabei draufgehen." Aber mein Vater war wie ein Hund, der einen Knochen geschnappt hat.

Nach einer erholsamen Pause in der Karibik gingen wir in unser großes Finale, die Ostküste hoch bis New York. Da passierte nicht viel, bis auf einen ziemlich langen, schweren Sturm. Während dieser 21 Tage, in denen wir 1700 Meilen zurücklegten, hatte ich viel Zeit zum Nachdenken. Pläne für die Zukunft hatte ich nicht. Wann immer ich gefragt worden war, was ich mit meinem Leben anfangen wolle, hatte ich geantwortet: „Ich möchte um die Welt reisen und so viel wie möglich sehen." Ich stellte mir vor, als Fahrrad-Kurier genug Geld zu verdienen, um mir diesen Wunsch erfüllen zu können. Den Wunsch hatte mein Vater geweckt. Er erzählte oft von seinen Wanderungen durch ganz Europa und Asien, als er zwanzig Jahre alt war, und ich begann zu träumen...

Aber auf einem Segelboot allein um die Welt zu segeln, was sollte das denn wohl? Ich war erst siebzehn. Auf PFADFINDER waren wir gerade drei Törns gesegelt, und ich hatte keine Ahnung davon, wie man ein Boot einhand segelt. Außerdem – wie sollte ich alles das lernen, was sonst noch dazugehört? Astronavigation? Umgang mit der Elektronik? Küstennavigation? Segeln bei schwerem Wetter? Reparaturen? Wetterkunde? Die Liste war endlos. Ich konnte ja noch nicht einmal Auto fahren.

„Du brauchst doch nicht alles sofort zu lernen", erwiderte mein Vater auf meine Bedenken. „Segeln basiert auf gesundem Menschenverstand, und du wirst es schnell begreifen, wenn du erst damit angefangen hast."

„Aber, Daddy, mich so ganz allein auf die See hinauswagen? Wie um alles in der Welt soll ich denn alles an Bord selber machen?"

„Ich sag dir doch, es ist ganz einfach. Du kannst meine Bücher lesen. Mach dir keine Sorgen wegen Kleinigkeiten, die erledigen sich von selbst. Denk an das Wesentliche! An die Welt, die du sehen wirst. Stell dir vor, wie es ist, wenn du mit deinem schicken kleinen Boot in einen exotischen Hafen segelst und ihn so erlebst, wie das kein Mickymaus-Omnibus-Tourist in seinem gläsernen Aussichtskäfig je kann. Und das wäre dein Job! Das ist ja das Tolle an dem Plan. Es wäre dein Job, die Reise durch Schreiben zu finanzieren. Schriftsteller müssen schließlich etwas erleben, worüber sie schreiben können, ist doch klar, oder?"

„Glaub ich schon, aber wenn..."

„Ja, ich weiß schon, wenn meine Großmutter Räder hätte, dann wäre sie ein Omnibus."

Ich ließ ihn reden. Es war zwar verrückt, aber je näher wir New York kamen, desto mehr gefiel mir der Plan.

Als wir wieder zu Hause waren, reiste ich in die Schweiz, um meine Mutter für zwei Monate zu besuchen, und belegte ein Sommersemester an der Universität Lausanne. Aus ganz Europa kamen junge Leute hierher, um ihr Französisch aufzupolieren und neue Freunde kennenzulernen. Jeder, den ich traf, schien ganz präzise Pläne zu haben. Sie wollten weiter zur Schule gehen oder eine Lehre anfangen oder in die Familienfirma einsteigen oder den Sommer über reisen, bevor sie zu arbeiten begannen. Ich kam mir vor wie Treibgut. Außer dieser behämmerten Idee, allein um die Welt zu segeln, hatte ich keinerlei Pläne für die Zukunft.

Eines Abends erzählte ich meiner Mutter von der Idee und war überrascht, daß sie dafür war. Damals wußte sie schon, daß sie nicht mehr allzulange zu leben hätte. Sie sagte nachdenklich: „Hab keine Angst vor dem, was eines Tages kommen mag. Lebe für den Tag, Tania, und versuche immer, Großes zu tun."

Als mich wieder jemand aus meiner Klasse fragte, was ich nach der Schule machen werde, sagte ich zögernd: „Ich habe vor, um die Welt zu reisen, allein, auf einem Segelboot." Ich lachte etwas verlegen. Jetzt hatte ich mich festgelegt, stand nun unter Druck.

Es war schon dunkel, als ich endlich aus meinen Träumereien erwachte. Mein blamables Ankermanöver kam mir wieder in den Sinn. Hoffentlich hatte mich niemand dabei beobachtet! Ich sah vorsichtig aus dem Niedergang. Ein weiteres Segelboot war hereingekommen und ankerte in der Nähe, aber mir war nicht nach reden zumute. Schnell verschwand ich wieder in der Kajüte und starrte nur noch aus dem Seitenfenster. Ich baute mein Bett auf der schmalen Backbord-Koje, die von der Spüle bis in die Hundekoje reichte, kroch in den Schlafsack, vergoß noch einige Tränen im Gedanken an meine Lieben und das Leben, das ich nun hinter mir ließ, und fiel bald in einen tiefen Schlaf.

„Hallo,bist du wach da drinnen?" Die Männerstimme und das Geräusch eines Dingis, das um VARUNA kreiste, weckten mich am Morgen. Ich kletterte an Deck.

„Hallo. Ich bin wach."

„Wie wär's mit Frühstück?" fragte der Mann im Dingi. Er mußte nicht zweimal fragen. Ich sprang hinunter, und wir motorten zu seinem Boot hinüber, wo seine Freundin schon mit Bran-flakes, frischen Erdbeeren, Kräutertee und Honig wartete. „Wir sahen dich gestern abend im Fernsehen, haben uns aber gedacht, du brauchst erst mal etwas Schlaf, deshalb wollten wir dich nicht stören." Eine Stunde später verließ ich die ersten Freunde auf meiner Reise und sah zu, wie sie aus der Bucht segelten.

„Viel Glück, Tania!" riefen sie zum Abschied.

„Danke, ich kann's brauchen!"

Viel Glück – wie oft war mir das in den vergangenen Monaten gewünscht worden. Ich ging wieder unter Deck, las noch einmal die Briefe mit all den guten Wünschen und besah meine Geschenke, mit denen ich nun die Kajüte schmückte. Meine Mutter hatte mir eine chinesische Puppe geschenkt, die sie in Chinatown fand, als sie zu unserem Abschied an Bord kommen wollte. Sie hatte meinen Lieblings-Apfelkuchen gebacken und ein Papierherz auf die Plastikhülle geklebt. Ich hielt die kleine Puppe in der Hand, fragte mich, ob meine Mutter mich bei meiner Heimkehr begrüßen würde, und dachte an ihr Gesicht beim Abschied. Wir hatten schon so oft Lebewohl gesagt, aber wir wußten, dieses Mal war es anders. Wieder weinte ich, doch nicht um mich. Meine Zukunft war so grenzenlos wie der Horizont an diesem Morgen. Die Tränen galten dem Käfig, in dem meine Mutter lebte, und den Menschen, die unter dem falschen Stern geboren werden und mit denen das Leben so ungnädig umspringt. „Diese Reise mache ich auch für dich, Mami", sagte ich laut. „Damit du etwas zu träumen hast und auf etwas hoffen kannst."

Gedankenverloren brachte ich all meine Sachen unter und klarte auf, wobei ich einen ganzen Beutel liebevoll verpackter Geschenke von Tony, Nina, Jade und meinem Vater entdeckte. Kleine Anhänger gaben an, wann ich sie öffnen sollte. „Glückwünsche zum Überschreiten des Äquators", hieß es da. „Alles Gute zum Geburtstag", „Fröhliche Weihnachten" und „Dreihundert Meilen vor Australien öffnen." Ich schüttelte sie, hielt sie gegen das Licht und verstaute sie schließlich an einem trockenen, sicheren Platz. Zu guter Letzt fand ich noch einen dicken, versiegelten Umschlag meiner Mutter. Der Inhalt fühlte sich rätselhaft an. In großer, etwas unsicherer Schrift stand darauf: „Mitten auf dem Ozean zu öffnen." Ich beschloß, ihn für einen besonderen Anlaß aufzuheben, und packte ihn schnell weg.

Danach probierte ich alle eßbaren Geschenke und warf über

Bord, was sich nicht halten würde. Es war zwar eng hier, aber es war mein erstes eigenes Zuhause. Zum erstenmal in meinem Leben war ich ganz allein auf mich gestellt. Es kam vieles auf mich zu. Ich holte tief Luft, zählte bis zehn, atmete langsam aus, um ruhiger zu werden, und betete still: „Ich habe Angst, lieber Gott. Bitte sei gut zu mir. Ich möchte deine wunderschöne Welt entdecken."

Dann entlüftete ich die Brennstoffleitung, lauschte dem Motor, während er eine halbe Stunde lang störungsfrei lief, klarte zu Ende auf und schlief noch eine Nacht. Am Morgen rief ich meinen Vater zum letztenmal aus Amerika an.

„Viel Glück, Tania", sagte er. „Ich habe heute früh den Wetterbericht gehört, er könnte gar nicht besser sein."

Am 1. Juni, unter einem klaren Himmel, startete ich den Motor und nahm Kurs in die weite, unbekannte Welt. Ein Hubschrauber der amerikanischen Küstenwache schwebte über mir, ein Mann lehnte sich hinaus, winkte und schrie: „Viel Glück!" Ich blinzelte nach oben und winkte zurück: „Danke! Auf Wiedersehen in ein paar Jahren!" Hinter mir wurden die Türme des World Trade Center immer kleiner und verschwanden hinter dem Horizont.

Zwei Stunden später, nachdem ich etwa zehn Meilen im Schiffahrtsweg zurückgelegt hatte, setzte der Motor wieder aus. „Also gut", sagte ich zu mir. „Ich habe ein Segelboot, dann segeln wir!" Ich fand Groß- und Fockfall auf Anhieb – rotgestreift und schwarz, um Verwechslungen zu vermeiden –, zog die Segel hoch und spürte, wie der Wind sie füllte. Varuna legte sich sanft nach Backbord, so daß die Steuerbordseite ihres kastanienfarbenen Rumpfs zu sehen war, und begann dahinzugleiten, eins mit Wind und See. Perfekt. Wir segelten mit halbem Wind, für jedes Boot der beste Kurs, und sie tänzelte wie ein Füllen dahin.

Varuna hatte einen elektrischen Autopiloten, der auf Kursänderungen eingestellt werden konnte. Wenn die Maschine nicht lief, mußte ich sparsam mit dem Strom umgehen, sonst wären die Batterien in zwei Tagen leer. Ich stellte also den stromfressenden Autopiloten ab. Es war vernünftiger, jetzt, solange das Wetter noch gut war, die Bedienung der neuen Monitor-Windfahnen-Selbststeueranlage zu üben. Sie arbeitete nicht mit Strom wie der Autopilot, sondern hatte ein Ruder, das über eine Achse und Steuerseile mit der Pinne verbunden war. Die Anlage steuerte das Boot vom Heck aus mit Windkraft. Die Windfahne, eine Art hölzernes Paddel, wurde in eine Position gebracht, die sich aus relativem Wind und Kompaßkurs ergab.

Ich kannte das Grundprinzip, hatte die Anlage aber noch nie benutzt. Also probierte ich jetzt daran herum und verstellte sie zentimeterweise in verschiedene Richtungen. Das brachte VARUNA in ungezügelten Bewegungen immer wieder vom Kurs ab, bis ich schließlich herausgefunden hatte, wie die Sache funktionierte. Die Anlage arbeitete nach demselben Prinzip wie die von PFADFINDER. Schon jetzt merkte ich, wie wenig ich dort an Bord aufgepaßt hatte. Es war so einfach gewesen, alles meinem Vater zu überlassen, weil ich davon ja sowieso nichts verstand, oder bestenfalls nur halb hinzuhören. Von jetzt an gab es keine Entschuldigungen mehr. Alles hing einzig und allein davon ab, wie ich selbst mit jeder Lage fertig wurde.

Plötzlich legte sich VARUNA in einer Bö über. Ich schlidderte durchs Cockpit und stieß mir den Ellenbogen so heftig an der Winsch, daß ich vor Schmerz aufschrie. VARUNA war winzig im Vergleich zu PFADFINDER. Ich konnte mich nicht erinnern, jemals auf einem Boot das Wasser so nah um mich gehabt zu haben. Heute war VARUNA zum erstenmal außer Landsicht, und diese Nußschale hatte sich bisher genausowenig bewähren müssen wie ich selber.

VARUNA hatte ihren Namen von der Hindu-Göttin des Kosmos. Sie war eine knapp acht Meter lange Slup mit harmonischen Linien. Ich fühlte, daß sie eine Seele hatte, und dachte von ihr und mir schon als „uns“. Wir gehörten zusammen, waren ein Team, und deshalb mußten wir uns gegenseitig unsere Fehler verzeihen und gemeinsam lernen. Während ich weiter an der Monitor-Anlage herumprobierte, dachte ich zurück an unsere Suche nach dem perfekten Boot für meine Reise.

Mein Vater und ich hatten in Segelzeitschriften zahllose Verkaufsanzeigen für Gebrauchtboote studiert. Wir konzentrierten uns auf alles zwischen sechs und neun Meter Länge, das seetüchtig zu sein schien. Ich war nicht gerade der erfahrenste Seemann der Welt, und auf einem kleinen Boot würde ich schneller lernen können. Probleme auf einem kleinen Boot würden auch nur kleine

Probleme sein, dachten wir. Ich würde nur kleine Segel setzen müssen und nur kleine Lecks abzudichten haben.

Im Oktober 1984 war ich dann mit meinem Vater und Christian zur Bootsausstellung nach Annapolis gefahren. Wenn wir kein gebrauchtes Boot fanden, mußten wir uns eben nach einem geeigneten neuen umsehen. Ich war noch nie auf einer Bootsausstellung gewesen, aber obwohl ich voller Eifer jedes ausgestellte Boot besah, war nichts dabei, was mein Herz höher schlagen ließ. Ich wußte ganz sicher, ich würde das richtige Boot sofort erkennen.

Wir waren nicht nur wegen eines Bootes nach Annapolis gekommen, sondern auch in der Hoffnung, einen Artikel, den ich über unseren Törn mit PFADFINDER geschrieben hatte, an *Cruising World* zu verkaufen, eine angesehene Segelzeitschrift. Sie nahmen den Artikel an, und nach weiteren Gesprächen sagten sie mir zu, auch meine künftigen Reiseberichte zu veröffentlichen. Um die schreiben zu können, mußte ich aber erst einmal ein Boot finden.

Am letzten Ausstellungstag entdeckten wir zwischen all den fabelhaften Yachten ganz verborgen die Contessa 26, gebaut bei J. J. Taylor in Kanada. Mein Vater sprang auf dem Deck herum, um die Festigkeit zu erproben, Christian klopfte den Rumpf ab und untersuchte die Stärke des Materials. Ich saß unter Deck in der kleinen Kajüte, in der ich mich geborgen fühlte, sah mich um und hörte mich sagen: „Ich denke, wir haben es gefunden."

Dieses Boot kam mir „richtiger" vor als jedes andere bisher. Nachdem wir unsere Entscheidung noch einige Male überschlafen hatten, fuhren wir nach Kanada, um uns die Werft anzusehen, was üblich ist vor einem Bootskauf. Wir waren angetan von der sorgfältigen Fertigung. Am Ende des Tages saßen mein Vater und ich mit dem Werftchef und einem Verkäufer zusammen, der mit seiner eigenen Contessa 32 um die Welt gesegelt war. Alle sahen mich an. Wenn ich jetzt ja sagte, gab es kein Zurück mehr. „Also los!" dachte ich und stellte die Weichen.

Ich beobachtete einen Tanker auf Gegenkurs, vermutlich auf dem Weg nach New York. Die Sonne schien, das Wasser war smaragdgrün. Zwanzig Meilen hatte ich hinter mir, 730 waren es noch bis zu den Bermudas. Ich überlegte, wie man das Barometer abliest.

„Geht es bei schlechtem Wetter eigentlich rauf oder runter?" fragte ich mich. „Rauf? Nein, runter, so muß es sein." Ich blickte durch den Niedergang zur Spüle, über der das Barometer angebracht war. Da blieb mir die Luft weg. Wasser schwappte überall in der Kajüte auf dem Boden!

„Du lieber Himmel", schrie ich entsetzt, „wir sinken!" Mit einem Satz war ich unten, versuchte das Leck zu finden und riß das Schapp auf, hinter dem die Seeventile und die Anschlüsse für die Spüle waren. „Daddy hat immer gesagt, als *erstes* muß man die Seeventile nachsehen", sagte ich laut und erinnerte mich, wie er mir die Ventile gezeigt hatte, überall dort, wo Durchbrüche durch den Rumpf führten – bei der Spüle, an der Toilette, im Motorraum und in der Bilge. Ein kaputtes Seeventil konnte VARUNA in Minuten zum Sinken bringen.

Seine Worte klangen mir noch in den Ohren, als ich die beiden Ventile unter dem Spülbecken untersuchte. Wunderbarerweise waren sie trocken. Dann bemerkte ich ein schmales Rinnsal, das hinter einem der oberen Schapps hervorkam, und riß es auf. Drinnen war ein Stahlstringer, auf den ein Pütting gebolzt war, das durch das Deck führte. Mit Hilfe von Püttings oder Rüsteisen werden die Wanten am Rumpf befestigt. Sie halten den Mast und sind entsprechend starkem Druck ausgesetzt. Am Fuß eines der sechs Rüsteisen leckte in Deckshöhe das Wasser durch. Es war also kein Unterwasserleck und demzufolge nicht lebensbedrohlich.

„Simpel, lieber Watson", seufzte ich erleichtert.

Während der letzten beiden Vorbereitungswochen hatte mein Vater Taschen voller Werkzeug und Reparaturmaterial an Bord geschleppt, dessen Funktion mir überwiegend ein Rätsel war: Kalfaterhammer, Nieten, Isolierband, Leim, Kleber und eine Menge von Kunststoffzeug zum Beheben aller möglichen Pannen. Meistens stellte er die Sachen nur ins Cockpit und rannte gleich wieder weg, um noch etwas zu besorgen. Ich sollte sie sortieren und stauen, aber ich hatte tausend andere Dinge zu erledigen. Deshalb stopfte ich den ganzen Kram in irgendeine freie Ecke und nahm mir vor, alles zu ordnen, wenn ich mal Zeit dafür hatte.

Jetzt hängte ich mich von oben über das Schapp, Füße in der Luft, hielt mich mit einer Hand fest, damit ich nicht kopfüber reinfiel, und wühlte mit der anderen das Unterwasser-Epoxid hervor, das mein Vater mir mit der Erläuterung zugeworfen hatte: „Tania, hier ist etwas, was ich noch nie gesehen habe – ein Epoxid, das unter Wasser aushärtet. Kannst du ja vielleicht mal brauchen." Ich öffnete die Behälter, mischte die Komponenten, ruinierte dabei den ersten vieler Löffel, ging an Deck und schmierte die Mischung um den Fuß des Rüsteisens. Die Masse schmiegte sich wunderbar an und härtete gut durch. Allmählich versiegte das Rinnsal.

Zur Feier meines ersten Abends auf See gab es Spaghetti mit einer leckeren Fleischsoße, die Freunde mir geschenkt hatten. Ich weihte den neuen Schnellkochtopf ein, kochte Wasser aus dem Frischwassertank und warf die Pasta rein. Das Wetter war ruhig; mein erster Sonnenuntergang auf dieser Reise glühte kupferrot am Himmel. Gelegentlich zog ein Tanker am Horizont dahin. Ich stopfte eine gute Portion Essen in den Mund, schluckte herunter, und sofort kam alles wieder hoch! „Was ist das um alles in der Welt?" dachte ich entsetzt und spuckte das letzte bißchen Pasta aus. Dann dämmerte es mir. „O nein, das darf doch nicht wahr sein!" Ich probierte das Wasser aus dem Hahn und stöhnte. Tatsächlich – die fabrikneuen Wassertanks waren durch Glasfasern von der Werft verunreinigt. Damit war mein gesamter Wasservorrat unbrauchbar. Der einzige Trost – ich hatte Mineralwasser in Flaschen an Bord und Kartons mit Saft und Sojamilch. Nach einer kurzen überschlägigen Rechnung wußte ich, daß ich bei sorgfältiger Rationierung zurechtkommen konnte.

Am folgenden Morgen war das Barometer von 1020 auf 1005 Hektopascal gefallen; ein Tiefdrucksystem kam näher, und ich begann mich auf den ersten Sturm meiner Reise vorzubereiten. Er fing ganz bescheiden an, mit kleinen Böen aus verschiedenen Richtungen. Gegen acht Uhr hatte sich der Himmel verdunkelt, der Wind nahm zu und brachte eisige Kälte mit. Ich zog mein Schlechtwetterzeug an, steckte meine Haare unter die Kapuze, machte die Jacke zu und stieg ins Cockpit, um abzuwarten. Um zehn hatten wir einen ausgewachsenen Sturm, der VARUNA auf die Seite drückte.

Reihenweise zogen Böen über uns dahin, begleitet von Blitz und Donner. VARUNA wurde auf die Wellenkämme gehoben und in die

Täler geschleudert. Ich hockte starr und verstört im Cockpit. Mit jeder dunklen Wolke kam eine neue Bö und jagte uns über die Wellenberge. „Wir müssen den Golfstrom erreicht haben“, dachte ich, als wärmeres Wasser überkam.

Ich kontrollierte meinen Sicherheitsgurt, dessen Sorgleine mittels Karabinerhaken im Cockpit festgemacht war, und sah voller Angst und Schrecken auf die tobende See. Schäumendes Wasser kam über das Vordeck und stieg von beiden Seiten ins Cockpit ein. Mein Magen schlug Purzelbäume mit jedem Sprung, den das Schiff machte. Ich war abscheulich seekrank, klammerte mich irgendwo fest und betete, daß mich kein Blitz treffen möge. Zwar hatte ich Erdungskabel, aber keine Ahnung, wie sie zu benutzen waren.

Nachdem ich alles von mir gegeben hatte, kroch ich zum Niedergang, um mir von unten etwas Trinkbares zu holen. Ich traute meinen Augen nicht! *Fünfzehn Zentimeter Wasser standen über den Bodenbrettern*! Ich schnappte mir den Griff der Lenzpumpe aus dem Schwalbennest im Cockpit, steckte ihn in die Pumpe zu meinen Füßen und fing an, wie verrückt zu pumpen. Nach zehn Hüben hatte sich die Pumpe festgefressen. Verflixt, was war nun schon wieder? Mir fiel die elektrische Bilgepumpe ein. Ich sprang in die überflutete Kajüte, schaltete die Pumpe ein, hörte, wie sie ansprang, hastete nach oben, kuppelte die Selbststeueranlage aus, nahm die Pinne und drehte VARUNA in den Wind. Sie ging herum, und ihre Segel fingen im heulenden Wind an zu schlagen.

Dann stolperte ich nach vorn und zerrte verzweifelt die Sturmfock herunter. Ich mußte unbedingt das Boot aufrichten, damit ich sehen konnte, wo das Wasser reinkam. Es stand schon höher als die Seeventile, so daß ich nicht wußte, ob es durch einen Rumpfdurchbruch lief. Als VARUNA sich aufrichtete, hörte das Wasser unter Deck allmählich auf, wie in einer Waschmaschinentrommel herumzuschlagen. Oben tobten noch immer die Böen. „Lieber Gott, hilf mir!“

Ich verband meinen Sicherheitsgurt mit einer Reffleine, die fast über die ganze Länge des Decks reichte, und in größter Eile, aber äußerst gründlich suchte ich das gesamte Deck nach der Ursache dieser neuen Katastrophe ab.

Als ich mir das Ankerspill am Bug besah, traute ich meinen Augen nicht. Unter dem Spill war eine Öffnung für die Ankerkette, von der aus sie durch ein Rohr in der Bilge gestaut wurde. Mit jeder Welle bahnte sich das Wasser durch dieses Rohr einen Weg und brachte VARUNA langsam, aber sicher zum Sinken. Ich war so verdammt ahnungslos, daß ich gar nicht daran gedacht hatte, diesen Kanal abzusperren, durch den nun unaufhaltsam Wasser in das Innere meines Bootes strömte.

Der Wind heulte noch immer, und die Wellen begruben den Bug, auf dem ich mich zusammenkauerte. Kaltes Wasser lief mir in den Nacken und tränkte meine Kleidung, während ich versuchte, das Rohr mit dem erstbesten zu verstopfen, das ich zu fassen bekam – Einkaufstüten, flexibel und reißfest. Ich stopfte so viele wie möglich hinein, klebte die Öffnung mit Tape dicht und setzte wieder die Sturmfock. Dann sauste ich unter Deck und sah in die Bilge, wo die Kette verstaut war. Das Wasser kam nur noch tröpfelnd herein. Ich atmete tief durch. „Zwei Notfälle bezwungen", sagte ich und fühlte noch das Adrenalin durch meinen Körper pumpen. Wie viele standen mir noch bevor? Ich besah mein triefnasses Zuhause.

Vielleicht hatte Daddy ja recht. Innerhalb von zwei Tagen hatte ich zwei große Probleme gelöst, und so schwierig war es gar nicht gewesen. Vielleicht braucht man zum Segeln wirklich nicht ungeheuer viel geheimnisvolles Fachwissen. Allmählich kam es mir so vor, als ob man alles mit gesundem Menschenverstand bewältigen könne.

Und plötzlich merkte ich, daß ich auch nicht mehr seekrank war. Sollte ich diese widerliche Krankheit überwunden haben? Es erscheint mir noch heute wie ein Wunder, ich wurde tatsächlich nie wieder seekrank.

Schließlich ging der Sturm vorüber, ich veränderte dieses oder jenes und erprobte das Boot in wechselnden Winden. Obwohl ich vor der See Respekt hatte und genau wußte, wie bedrohlich sie sein konnte, fürchtete ich mich erstaunlicherweise nicht vor ihr. Ehe ich New York verließ, hatte ich auf meinem bequemen Futon bei Jeri oft davon geträumt, auf dem Ozean allein zu sein, und darüber nachgedacht, ob ich mich dann vor seiner Größe und Unendlichkeit fürchten würde. Jetzt war ich erleichtert, daß ich im Cockpit sitzen konnte, am Tag oder in der Nacht, bei klarem Himmel oder dichter Wolkendecke, und mich einigermaßen wohl dabei fühlte.

Etwa am sechsten Tag setzte eine totale Flaute ein. Der Ozean war spiegelglatt, nicht das geringste Kräuseln zeigte sich. VARUNAS wohlgeformter Rumpf und ihre schlappen Segel spiegelten sich im Wasser, während Portugiesische Galeeren vorüberglitten. Delphine tauchten aus dem Nichts auf, von schreienden Seeschwalben begleitet, die eine Weile über uns kreisten und dann weiterflogen auf der Suche nach interessanteren Spielgefährten. VARUNA rollte und schlingerte zwei Tage lang müde auf der Stelle.

Ich hatte vergessen, daß auf dem Ozean immer Dünung ist, und experimentierte nun herum, das Boot so in den Griff zu bekommen, daß es nicht mehr so unkontrolliert rollte. Zuerst versuchte ich, das Großsegel so dicht wie möglich zu nehmen. Wenn VARUNA auf die eine Seite rollte, knallte das Segel mit Wucht zur anderen. Jedesmal – etwa alle fünfzehn Sekunden – schüttelte sie sich, und das Rigg gab gewaltig laute Geräusche von sich. Ich litt mit und zuckte bei jedem Übergehen zusammen, bis ich es einfach nicht mehr aushielt.

„Es muß doch möglich sein, das dem Boot abzugewöhnen", dachte ich mir und ging unter Deck, um in meinem Segellehrbuch nach einer Erleuchtung zu suchen. „Vielleicht hört das Schlagen auf, wenn ich ein paar Reffs einbinde?" Nachdem ich zwei Reffs im Groß hatte, wartete ich gespannt auf das Ergebnis. Ich hörte nur ab und an ein leises Flappen. Das war's. Wenn es eine noch bessere Lösung gab, so kam ich nicht darauf.

Während der Flaute machte ich mich daran, den Motor wieder ans Laufen zu bringen. Zur Entlüftung der Einspritzleitungen mußten an den zwei Düsen die Muttern gelockert und mit der kleinen Handpumpe mußte so lange gepumpt werden, bis bei den Muttern keine Luftblasen mehr austraten. Nach fast endloser Pumperei kam aber immer noch Luft aus der Leitung, anders als bei meinem Vater. Was sonst noch mochte er getan haben, daß das bei ihm klappte? Vielleicht hatte er den Filter gewechselt? Das war einfacher gesagt als getan. Er hatte mir dafür so ein Schlingband mit einem Spannhebel gegeben. Ich legte es um den Filterkopf und zog und drückte. Keine Wirkung. Ich drückte etwas fester. Nichts.

Ich setzte einen Fuß gegen den Hebel und trat mit aller Macht. Nun hatte ich den Topf verbogen und gab auf. Zwei Wochen später auf den Bermudas brauchte der Mechaniker eine große Rohrzange, um das Ding zu lösen. Ich hatte in der falschen Richtung an ihm gedreht.

Im vergangenen Winter hatte ich nach meinen Botenfahrten abends versucht, aus Büchern alles Nötige über das Segeln zu lernen. Außerdem nahm ich Abendkurse in terrestrischer und astronomischer Navigation. Die Prüfung in terrestrischer Navigation bestand ich dank meiner Erfahrungen auf PFADFINDER, doch in der Astronavigation war ich durchgefallen, vermutlich auch, weil ich immer zu müde war. Nach den anstrengenden Kurierfahrten tagsüber konnte ich abends während des Unterrichts die Augen nicht mehr offenhalten. Also kopierte ich meines Vaters Unterlagen von seinem Fernstudium und sagte mir, daß ich ja auf der Reise lernen könnte. Es war leicht gewesen, in den ersten Tagen unterwegs die Sache vor mir herzuschieben, weil ich genügend Schiffe sah, die meine Position mit Hilfe ihrer fabelhaften elektronischen Ausrüstung errechneten und mir über Funk durchgaben. Doch nun mußte ich ran und mir die Sache selbst beibringen.

Ich saß mit dem Sextanten an Deck, visierte die Sonne an und versengte mir dabei fast die Pupille, als ich die Sonne mit den zwei Spiegeln auf die Kimm zu setzen versuchte, um den genauen Winkel zwischen den beiden zu bestimmen. Hatte ich's geschafft, sah ich auf die Uhr und merkte mir die Zeit zum Winkel. Mit diesen zweimal täglich in etwa vier Stunden Abstand gemachten zwei wichtigen Meßdaten wird man theoretisch für fähig erachtet, seinen wahren Schiffsort, das sogenannte Fix, zu bestimmen. Ich versuchte und versuchte, aber die Fixe schienen mir einfach nicht richtig zu sein.

Es war schwer für mich vorstellbar, je mit Hilfe dieser Bücher, meiner Berechnungen, der Leerkarten, der Kompaßrose und der Rechenschieber ermitteln zu können, wo ich mich befand. Ein Satellitennavigator an Bord hätte mir zwar auf Knopfdruck mit Satellitenhilfe meine Position angezeigt, wäre im Grunde aber Luxus gewesen. Nicht nur, daß er zu teuer war – vermutlich über tausend Dollar –, aber mein Vater und ich nahmen in stiller Übereinkunft an, daß ich ohne elektronische Hilfen lernen würde, was alles an Bord man können muß. Bei Elektronik bestand immer die Gefahr, daß etwas defekt wurde, was mit Bordmitteln nicht zu beheben war, oder ich keinen Strom hatte, so wie jetzt, wo der Motor ausgefallen war und ich die Batterien nicht mehr laden konnte. Wo bliebe ich dann wohl ohne Ahnung von den herkömmlichen Methoden der Navigation? Stundenlang rekapitulierte ich die Rechenregeln mit einer Beobachtung nach der anderen, um zu zwei Standlinien zu kommen, die zusammenpaßten; bis mir wirr wurde und die Augen flimmerten.

Am Abend des 4. Juni begann das Barometer zu fallen, und ich machte mich schnell daran, das Boot für Schlechtwetter vorzubereiten. Unter Deck verstaute ich alles, was sonst in der Gegend herumfliegen würde – Bücher, den Schnellkochtopf, Werkzeug, Vorräte und Kleidung. Anstelle der großen Genua setzte ich eine kleinere Arbeitsfock, band ein Reff ins Großsegel und checkte die Zurrleinen zur Sicherung des zusammengefalteten Schlauchbootes im Cockpit.

Am nächsten Morgen hatte die Dünung zugenommen, starke Böen kamen aus wechselnden Richtungen. Vor meinen Augen verdüsterte sich der Himmel, bis er sich dunkel drohend über uns wölbte. Ich ging unter Deck und zog meine wärmsten Sachen an, darüber mein Schlechtwetterzeug. Ich mußte mein Boot und mich selbst gut vorbereiten, ehe uns der Sturm in voller Stärke erreichte, denn dann würde jeder Weg auf das schwankende Vordeck sehr naß und riskant sein.

Ich stellte die Monitor-Anlage immer wieder neu ein und versuchte, für die Fahne die günstigste Stellung zum Wind zu finden. Vorsorglich band ich ein zweites Reff ins Groß, doch Varuna torkelte weiterhin wie wild bei dem schlechter werdenden Wetter. Noch immer trug sie zuviel Segelfläche. Schließlich nahm ich die Arbeitsfock ganz weg und reffte, bis das Groß fast Taschentuchformat hatte.

Jetzt ritt Varuna auf den Wellen dahin und lief gute Höhe bei den acht Windstärken. Wenn die Wellen übers Vorschiff schlugen, wurden sie von der Spritzkappe abgelenkt, die dem Cockpit einen gewissen Schutz gab und uns vor der vollen Wucht des überkommenden Wassers bewahrte. Während der ganzen schlaflosen Nacht und den nächsten Tag über hockte ich im Cockpit, mit dem Sicherheitsgurt ans Boot gefesselt, und beobachtete die See, die sich von einem ruhigen Teich in ein brodelndes Ungeheuer verwandelt hatte, fast wie ein Topf kochende Bouillon. VARUNA kämpfte sich taumelnd durch die Wellenberge, die mir fast so hoch wie der Mast vorkamen. Vom Himmel zuckten unaufhörlich Blitze, gefolgt von harten Donnerschlägen, als ob die Welt zertrümmert würde. Ich zählte die Zeit zwischen Blitz und Donner, um die Nähe des Gewitters herauszufinden. Es war direkt über uns!

Fast zwei Tage kämpften wir gegen den Sturm an. Immer wieder wechselte ich die Segel, wechselte den Bug und änderte den Kurs. Wann immer ich konnte, flüchtete ich unter Deck in meine winzige, nasse, sargähnliche Kajüte. Bei knapp acht Meter Länge war VARUNA nur 2,30 Meter breit und hatte eine Kajüte von gut viereinhalb Meter Länge. Der Lebensraum unter Deck wurde jedoch weitgehend von Koje, Spüle, Kochecke und Toilette eingenommen. Stehhöhe gab es nirgends, und im Augenblick hätte man sowieso nicht stehen können.

VARUNA schob solche Lage, daß ich mich unter Deck wie ein Äffchen von Handlauf zu Handlauf hangeln oder an den schrägen Seitenwänden entlangkriechen mußte. Meine Koje war triefnaß von dem leckenden Pütting und durch das Öffnen und Schließen des Niedergangsluks. Ich rollte mich also auf der Leeseite des Boots in meinem Ölzeug zusammen, so gut es ging, nahm mir mein Buch vor und gab mir Mühe, alles dort draußen zu vergessen. Alle Stunde stieg ich ins Cockpit, um den Horizont nach Schiffen abzusuchen, nachzusehen, wie wir vorangekommen waren, und mich um die Segel zu kümmern. Ich stolperte dann jedesmal zum Niedergang, nahm die Schotten weg und bemühte mich um gutes Timing beim Sprung nach draußen und schnelles Wiedereinsetzen der Schotten, damit die Seen, die über das Boot hereinbrachen, nicht unter Deck kamen. Eine Sekunde zu früh oder zu spät, und meine Koje wäre abermals durchweicht gewesen.

Ich studierte meine Wetterbücher und -karten und versuchte zu ergründen, wie Wettersysteme funktionieren. Die Erklärungen schienen mir wie Chinesisch. Ich hatte keine Ahnung, daß die

Tiefdruckgebiete in riesigen Spiralen – einige hundert Kilometer im Durchmesser – rotierten, in der südlichen Hemisphäre im Uhrzeigersinn und nördlich des Äquators in der Gegenrichtung. Sie zogen über Land und See wie eine Herde tobender Derwische. Beim Nahen eines Tiefs fiel das Barometer. Dann wurde der Wind erst mal stärker, schlief aber später ein, ein Hinweis darauf, daß wir nun im Zentrum waren. Nach kurzer Zeit pfiff er wie verrückt aus der Gegenrichtung, weil wir den anderen Teil des Kreises passierten.

Es sollte noch zwei Jahre dauern, bis ich gelernt hatte, ein Tief so zu nutzen, daß es VARUNA in Zielrichtung vorwärtsschob. Jetzt aber machte ich den Fehler, direkt in das Tief hineinzusegeln. Ich wußte es ja nicht besser, verschwendete damit kostbare Zeit und brachte meine sowieso nicht fehlerfreie Navigation total durcheinander. Obendrein mußte ich VARUNA immer wieder auf anderen Kursen segeln, mal hoch am Wind, dann bei halbem Wind und zu guter Letzt platt vor dem Laken. „Bis ich das kapiere und die Verhältnisse beurteilen kann, muß ich mich eben durchmogeln“, redete ich mir gut zu.

Allmählich hätte ich schon gern gewußt, wo wir eigentlich waren. Während des Sturms hatte ich keine Höhe nehmen können. Die Sonne sah ich vor lauter Wolken nicht, und VARUNA bolzte durch die See wie ein Wildpferd unter seinem Zureiter.

Am 8. Juni konnte ich erstmals wieder den Sextanten hervorkramen und die Sonne anvisieren. Dutzendmal holte ich sie auf die Kimm herunter und sagte mir: „Nun hast du sie!“ Als ich aber mit Zeit- und Winkel-Notiz zum Kartentisch ging und die endlosen Berechnungen begannen, wurde mir ganz verschwommen vor den Augen.

Die Karte war übersät mit Gißorten, den von der letzten sicheren Position mit Kurs und Geschwindigkeit während des Sturms fortgerechneten vermutlichen Positionen. Koppelrechnung heißt das. Nichts paßte zusammen. Aufs Geratewohl stellte ich das UKW-Radio an in der Hoffnung, Bermuda zu empfangen. Ich hörte statt dessen einen kanadischen Sender. Mir wurde schwach. Sollte das heißen, wir waren in kanadischen Gewässern? Du lieber Himmel, das konnte doch nicht sein! Dann wären wir ja tagelang von den

Bermudas weggesegelt. Ich rechnete noch mal alle Positionen durch, doppelt und dreifach, bis ich beinahe schielte. Ich kam zwar nicht ein einziges Mal auf das gleiche Ergebnis, aber ich beschloß einfach, mich auf mein Gefühl zu verlassen, weiterzumachen und dem ursprünglichen Kurs zu folgen.

Jedem Sturm folgt eine Flaute, so heißt es ja. Der Tag der Ruhe nach dem Durchgang der zweiten Front gab mir Gelegenheit, das Boot gründlich durchzutrocknen und aufzuklaren. Das Eis in der Kühlbox war geschmolzen. Darum setzte ich mich über meine Bücher und vertilgte dabei Unmengen von Joghurt, der sonst bald verderben würde. Allmählich mißtraute ich den Flauten. Sie kamen mir vor wie eine große Leere, die nur darauf wartete, von Höllenfeuer erfüllt zu werden. Damit lag ich ziemlich richtig.

Die nächste Front, die sich über uns hermachte, war völlig anders als die beiden vorausgegangenen. Der Himmel blieb eisigblau und klar, statt sich mit drohenden Wolken zu verdunkeln. Der Wind erreichte wieder Stärke acht. VARUNA trug ihre kleinsten Segel, als wir uns in die riesigen Wellen stürzten, die der Golfstrom aufrührte. Es war mein zehnter Tag auf See; die Batterien waren leer, und es gab keinen Strom, um das UKW-Funkgerät zu benutzen. Trotz des schlechter werdenden Wetters lag etwas in der Luft, das sich von meinen bisherigen Erfahrungen unterschied.

In einer plötzlichen Eingebung ging ich nach unten und holte den Funkpeiler ins Cockpit. Als ich ihn anstellte, hörte ich zu meiner Überraschung durch die statischen Geräusche in meinem Kopfhörer ein schwaches Signal. Es wurde lauter und stärker, als ich den Horizont abtastete, bis es sich auf die Frequenz des Funkfeuers St. David's Head in Bermuda einpeilte. Diese Funkfeuer senden ihre Zeichen nur in einem bestimmten Radius aus – der von St. David's Head betrug 150 Meilen, so daß wir weniger als 150 Meilen von unserem Landfall entfernt waren. Der Kompaß auf dem Funkpeiler gab den genauen Kurs an. Wir waren auf dem richtigen Weg! Vorbei waren alle meine Navigationsprobleme, wir mußten nur weit genug östlich auf das Funkfeuer zuhalten, um von den Riffen freizubleiben, die die Bermudas umgeben und sich etwa dreißig Meilen weit seewärts ausdehnen. Wenn wir uns von Osten näherten, würden wir sicher sein. Einen Fehler konnte ich mir dabei nicht leisten. Mit großer Sorgfalt vertiefte ich mich in die Karte und kontrollierte meine Position aufs neue.

Während des Sturms unter diesem klaren Himmel konnte ich das Cockpit nicht verlassen. Ich saß draußen, beobachtete und fragte mich besorgt, ob ich auch alles richtig machte. Keiner war da, um mir zu helfen, niemand konnte meine tausend Fragen beantworten, mir sagen, ob ich zuviel Segel gesetzt hatte und ob es normal war, daß VARUNA sich so stark überlegte und Wasser über die Fußreling ins Cockpit einstieg. Ich sah ins Rigg hoch und hoffte, daß es, weil es neu war, besondere Belastungen durch irgendwelche Fehler von mir aushalten würde. Der Monitor steuerte genau Kurs und nahm geduldig alle Wellen auf sich, die eigentlich für den Rudergänger bestimmt waren. VARUNA hielt sich ebenso wacker.

Es war immer das gleiche: Eine See brach über uns herein, VARUNA tauchte auf, schüttelte das Wasser ab und erklomm den nächsten Wellenberg. Sie wurde von einer Seite auf die andere gestoßen, während ich darauf wartete, daß sie in tausend Stücke zerspringen würde. „Kann das ein Kunststoffrumpf überhaupt aushalten?“ fragte ich mich ein übers andere Mal. Allmählich begann ich ihrer Stärke zu vertrauen. Jedesmal, wenn sie eine See hochstieg, duckte ich mich im spärlichen Schutz des Spritzverdecks und klammerte mich fest. Dann verharrte sie, fast in der Luft schwebend, und stürzte sich ins nächste Tal. Der Magen saß mir in der Kehle, wenn wir im Sturzflug in die See knallten – wieder und wieder.

Auf der Karte hatte ich knapp nördlich von den Bermudas einen Punkt gemacht. Das war unser Ziel. Zehn Tage lang hatte ich verfolgt, wie wir ihm zentimeterweise näherkamen. Am 11. Juni, als es endlich ruhiger geworden war, schoß ich wieder mal die Sonne, kreuzte die Linie mit der Funkstandlinie und fand mich auf der Karte vierzig Meilen nördlich von den Bermudas wieder. Ich schluckte heftig und besah mir den Punkt. Selbst bei einem verhältnismäßig großen Navigationsfehler war ich nun nicht mehr weit vom Ziel. Wenn wir unsere Geschwindigkeit beibehielten, konnte ich 24 Stunden später an Land sein! Ich besah mir das Boot. „Eine Sauerei! Und wahrscheinlich stinke ich wie eine Ziege. Was soll bloß der Zöllner denken, wenn er dieses Durcheinander sieht?“

In großer Eile begann ich aufzuklaren, suchte die notwendigen Papiere zusammen, zog mich aus und „duschte" mich mit einem Eimer, zitternd vor Kälte. Dann trocknete ich mich in den warmen Sonnenstrahlen und stellte dabei fest, daß ich seit der Abfahrt von New York fast zwei Wochen zuvor etliche Pfunde verloren hatte.

Als nächstes plante ich meinen Landfall. Angesichts der wildgezackten Riffküste machte ich zahllose Standortbestimmungen und schoß immer wieder die Sonne, um den optimalen Kurs für den Landfall herauszufinden. Es wäre sicher gut gewesen, die letzte Nacht etwas zu schlafen und damit Kraft zu tanken. Doch jedes Mal, wenn ich die Augen schloß, fiel mir noch etwas ein, und ich sauste wieder zu meinen Büchern und stellte neue Kursberechnungen an. Schon manche Reise hat auf den Riffen von den Bermudas ein tragisches Ende gefunden, und ich wollte den zahlreichen Opfern gewiß kein weiteres hinzufügen.

Die ganze Nacht hindurch blieb ich auf, beobachtete den Horizont und versuchte, mit meinen Augen die Dunkelheit zu durchdringen – bis ich endlich sah, wonach ich suchte. Direkt voraus, wie ein winziger Stern, winkte glitzernd der Leuchtturm an der Einfahrt zu den Bermudas. Als wir näher kamen, konnte ich seinen Lichtstrahl ausmachen, der übers Wasser wanderte, und dahinter den schwachen Lichterschein, der von Zivilisation kündete. Ich hatte noch nie etwas so Schönes gesehen. „Ich komme!" rief ich laut. „Ich komme, so schnell ich kann!"

Im Morgengrauen hatte der Wind auf Süden gedreht. Wir gingen über Stag und nahmen mit Kompaßhilfe und Funkpeiler Kurs auf die Einfahrt von St. George's Harbour. Beim Näherkommen machte ich Segelboote aus, die durch die enge Riffeinfahrt huschten, und winkte, wenn wir den Weg der auslaufenden Boote kreuzten. Dicht vor dem Hafen entdeckte ich ein Fischerboot, das auf und nieder tanzte, und segelte hin.

„Hallo!" rief ich zu dem älteren Ehepaar herüber. „Ist hier irgend jemand, der mich einschleppen könnte? Und würdet ihr die vielleicht über Funk verständigen? Ich habe keinen Strom mehr, und der Motor ist auch ausgefallen." Es war mir zu riskant, zwischen den Riffen hindurch in den Hafen zu navigieren.

„Gib mal ein paar Leinen rüber. Wir wollen dich gern einschleppen", rief der Skipper zurück. Ohne weitere Umstände holten sie frohgemut ihr Angelgerät ein und spielten das Empfangskomitee.

Fünfzehn Minuten später, am 12. Juni um elf Uhr vormittags, nach 751 geloggten Meilen, machte ich VARUNA an der Pier fest und sprang an Land. Nach zwölf Tagen auf See waren meine Beine wie Gummi. Ich hatte zwei Stürme abgeritten, einen unter Umständen lebensgefährlichen Wassereinbruch überstanden und mir meine eigene grobe Version von Astronavigation entwickelt. Die Maschine war ausgefallen und damit auch der Strom. Ich hatte wirklich alles auf die harte Tour mitgekriegt. Mein erster Weg war zum Telefon, um meinen Vater anzurufen.

Bermudas–Jungferninseln–Panama

Reise zu mir selbst

„R-Gespräch von Tania für Ernst", hörte ich die Vermittlung in New York durch viele Geräusche. „Nehmen Sie das Gespräch an?" Die Aufregung zu Hause kam geradezu fühlbar aus dem Hörer des öffentlichen Fernsprechers am Kai.

„Ja! Ja!" explodierte die vertraute Stimme. „Was in Dreiteufelsnamen hast du da draußen denn gemacht?" brüllte mein Vater so laut, daß mir fast das Trommelfell platzte. „Ich bin halbtot vor Sorge. Um ein Haar hätten wir eine große Suchaktion gestartet. He, alle herhören! Tania ist am Telefon!" schrie er durchs Haus. „Jeder Skipper in den Bermudas sucht dich. Und die Küstenwache auch."

Ich lächelte, während er sprach, lehnte mich an die Wand der Telefonzelle und schaute hinaus auf das Gedränge der Segelboote vor mir. Möwen kreischten und stiegen in Scharen in den leuchtenden Junihimmel. Der Hafen von St. George's summte wie ein Bienenschwarm, voller Segelboote, die auf dem Weg nach Europa oder zur amerikanischen Ostküste hier Pause machten. Mopeds sausten durch die engen, von Rhododendren gesäumten Straßen mit dem holprigen Kopfsteinpflaster. Sonnengebräunte Segler eilten geschäftig hin und her, beladen mit Vorräten. Hochzeitspärchen schlürften auf schattigen Terrassen mit blühender Bougainvillea exotische Drinks und genossen den Blick über den Hafen. Ich sog die herrlichen Geräusche, Düfte und Bilder der Zivilisation in vollen Zügen ein.

„Tania, hörst du mir überhaupt zu? Da waren Boote, die gleichzeitig mit dir gestartet sind und nach fünf Tagen auf den Bermudas ankamen! Was war los? Dem Himmel sei Dank, daß dir nichts passiert ist."

„Na ja, es gab einige Stürme, ab und an Totenflaute, und ohne Motor dauerte es eben etwas länger, als wir dachten", sagte ich. „Aber Daddy, weißt du was? Alles in allem war es nicht übel."

„Tania, das halte ich nicht aus, ich muß einfach kommen und dich sehen. Alle haben mich hier einen Mörder genannt. Aber ich wußte, du würdest es schaffen. Ich wußte es! Brauchst du Hilfe? Ich bringe dir mit, was du brauchst." Ich hörte, er war stolz auf mich, und darauf hatte ich seit meiner wilden Schulzeit vergeblich gewartet.

„Jetzt brauche ich eigentlich nur etwas Vernünftiges zu essen. Aber wenn du willst, kannst du kommen und mir helfen, herauszufinden, was mit diesem blöden Motor los ist. Sonst ist alles okay."

„Das tue ich bestimmt. In zwei Tagen bin ich da." Wir sagten auf Wiedersehen, und erhobenen Hauptes wankte ich aus der Telefonzelle. In tiefen Zügen atmete ich die Düfte ein, die zu einem Land voll Sonnenschein und dessen Bewohnern gehören, diese wunderbare Mischung aus gegrillten Hamburgern, Autoabgasen, Blumen, Kokosnuß-Sonnenöl und warmen Abfällen. Ich war mit ziemlicher Sicherheit das einzige Mädchen auf dieser kleinen Insel, das allein dorthingesegelt war, und ich war verdammt stolz darauf.

Ein Jahr zuvor war ich mit meinem Vater auf PFADFINDER hiergewesen, aber diesmal kam ich als Skipper meines eigenen Bootes, zum erstenmal als ein echtes Mitglied der Seglergilde, nicht nur die Tochter des Skippers. Der mußte nun damit fertig werden, zum erstenmal bloß als Tania Aebis Vater zu gelten. Ich stand in Pubs an der Theke, schlürfte meinen Orangensaft, fachsimpelte über Navigation, das launische Wetter und den verflixten Golfstrom, und andere Segler hörten mir tatsächlich zu!

VARUNA mit ihren bescheidenen acht Meter Länge lag dicht neben einem blauen 18-Meter-Schoner, der LADY DOROTHY. Ihr Skipper, Eli, ein stattlicher Israeli, war etwa 35 Jahre alt und der Koch, ein Kanadier namens Doug, ein bißchen älter als ich. Beide nahmen mich sofort unter ihre Fittiche. Bei jedem abendlichen

Ausflug ins Restaurant, bei jedem Gesellschaftsspiel und jeder lärmenden philosophischen Diskussionsrunde nach dem Abendessen im Cockpit unter funkelnden Sternen war ich von nun an dabei. Als dann mein Vater kam, machten sie erst recht die Nacht zum Tage, tranken Hennessy, kochten alles mögliche, klönten über ihre Segeltörns und imponierten sich gegenseitig mit den tollsten Seglergeschichten.

Mein Vater blieb eine Woche bei mir an Bord und bezahlte den Mechaniker, der den Motor wieder in Gang brachte. Ich hatte natürlich mit meinen Artikeln noch nicht genug verdient, um solche Kosten zu bestreiten, versprach aber, ihm das Geld so bald wie möglich zurückzugeben. Er schmierte üppig Dichtungsmasse um alle Stützen, Püttings und andere mögliche Leckstellen an Deck, während ich hinter ihm herputzte oder mit einem Moped herumsauste und Seekarten, Vorräte und Ersatzteile besorgte. Eines Abends, als wir zusammensaßen, um die Feinheiten des Navigierens zu erarbeiten, entdeckte er zu seinem Schrecken, daß ich überhaupt nicht wußte, daß man zwei Standlinien für ein Fix braucht. Ich hatte den ganzen Weg von New York bis hierher nur mit einer gearbeitet.

Er sah mich ungläubig an. „Wie, um alles in der Welt, hast du diese winzige Insel mit deiner vermurksten Navigation überhaupt gefunden?"

„Weiß ich auch nicht", sagte ich. „Ich habe meinen Funkpeiler einfach auf die Bermudas eingestellt."

„Du hast ihn einfach ... aijeijei. Nein, Tania, sei dir klar darüber, daß du die Bermudas aus reinem, dusseligem Zufall gefunden hast." Er schloß die Augen und schüttelte den Kopf. „Hör mir mal gut zu. Es gibt keinen Funkpeiler, der dir helfen kann, St. Thomas zu finden. Das mußt du ganz allein schaffen."

„Ja, sicher, das weiß ich. Aber ich hatte viel schlechtes Wetter und kaum Zeit, Navigation zu lernen. Ich werde das schon unterwegs begreifen."

Er sah mich gepeinigt an. „Besser bald! Wenn du nämlich St. Thomas verpaßt, landest du in Puerto Rico. Und wenn du das auch nicht findest, landest du Gott weiß wo. Du mußt vor deiner Weiterfahrt alles kapiert haben. Laß dir von Eli zeigen, wie man einen

Sextanten korrekt benutzt. Quetsche ihn aus, bis du Bescheid weißt."

„Mach ich, mach ich, okay." Ehrlich gesagt, ich fand es blamabel, zugeben zu müssen, daß ich noch immer Probleme mit der hohen Kunst der Navigation hatte. Bisher war mir noch nichts übergekommen, das ich nicht selbst ausgefummelt hatte oder mit Hilfe von Büchern bewältigen konnte. Die Methode „Versuch macht klug" war mir die liebste.

Kurz nach meines Vaters Abreise, am zehnten Tag auf den Bermudas, mußte ich mich mit einem anderen, viel dringlicheren Problem auseinandersetzen, das mir während der ganzen Reise zu schaffen machen sollte – nämlich, einen sicheren Hafen zu verlassen und wieder allein auf See zu gehen. Es kostete mich zwei volle Tage, bis ich endlich den Dreh dazu kriegte – zwei Tage vom Abschiedstelefonat mit New York bis zu dem schicksalsschweren Augenblick, in dem ich von der Crew der LADY DOROTHY Abschied nahm. Mühsam brachte ich zu guter Letzt die entscheidenden Worte heraus. „Also, Leute", sagte ich zögernd, „ich glaube, ich bin jetzt wirklich wieder unterwegs." Für mich gibt es nichts Schlimmeres, als auf Wiedersehen zu sagen.

Mein Magen war wie ein schwerer harter Klumpen, als ich meinen Freunden am 20. Juni bei Traumwetter zuwinkte und unter Motor durch die betonnte Riffpassage steuerte. Das Summen von Hubschraubern, Flugzeugen, Autos und Motorbooten klang mir in den Ohren, als ich die Maschine abstellte, Groß und Fock setzte und die Selbststeueranlage einstellte: Kurs Süd, auf St. Thomas in den karibischen Virgin Islands zu.

Leichte nordwestliche Winde brachte VARUNA bald außer Landsicht und beruhigten meine von vier hektischen Vorbereitungstagen strapazierten Nerven. An diesem Abend holte ich mein Logbuch heraus und machte meine erste Eintragung.

Heute ist es warm und schön, wir machen fünf Knoten, und schon habe ich Heimweh nach den Bermudas. Die Crew der LADY DOROTHY schenkte mir eine Hängematte zum Stauen von Gemüse, die nun über der Steuerbordkoje baumelt, reichgefüllt mit den Schätzen der Bermudas: Zwiebeln, Kartoffeln, grüne Äpfel, Limonen und Karotten.

Sie schaukeln sanft über meinem Kopf und sind eine köstliche Erinnerung an VARUNAS ersten Landfall, der nun schon der Vergangenheit angehört.

Die letzten zehn Tage waren ein Wirbel aus Reparaturen am Boot, dem Trocknen naßgewordener Ecken und Winkel, Verproviantieren, Navigationsstudien, Schreiben eines Artikels, dem Versuch zu schlafen, mit Unmengen von Menschen reden und Daddy zuhören. Mein ganzer Bermuda-Besuch verging in einem Chaos von Erledigungen, Einkäufen und technischem Kram. Jetzt, wo wir unterwegs sind, möchte ich eigentlich nichts als umdrehen und zurücksegeln. Ich will versuchen, zu schlafen und alles zu vergessen.

Psychisch waren die ersten Tage auf See immer die schwierigsten. Der abrupte Absprung aus der Zivilisation – der tränenreiche Abschied, das schwierige Auslaufen aus einem überfüllten Hafen, das langsam hinter uns zurückbleibende Land mit seiner greifbaren Sicherheit: Es dauerte eine Weile, bis ich mich dem völlig veränderten Leben wieder angepaßt hatte. Anfangs kam es mir fast unmöglich vor, nach der Hektik an Land zum ruhigen Rhythmus auf See zurückzufinden, während in meinem Kopf wilde Gedanken an Navigationsfehler und Schlechtwetter-Katastrophen herumspukten. Über allem stand wie eine dunkle Wolke das Heimweh.

Aber im Verlauf der Tage ging meine innere Uhr langsamer. Die Aufregungen legten sich, und ich wurde ausgeglichener. Meine Gedanken erreichten eine Klarheit, die uns an Land kaum vergönnt ist, wo tausend alltägliche Ablenkungen uns nicht zur ruhigen Besinnung kommen lassen. Meine Sinne konzentrierten sich selbst auf die einfachsten Arbeiten – das Trimmen der Segel, das Bürsten meiner Haare, das Beobachten des Wassers oder sogar das Schneiden einer Karotte für einen Eintopf. Jeder dieser Tätigkeiten galt meine gesammelte Aufmerksamkeit, jede war in dem bestimmten Augenblick die allerwichtigste.

Ich sollte noch mehrere Ozeanüberquerungen hinter mich bringen, bis ich anfing zu verstehen, wie gut sich unser Körper auf eine bestimmte Umgebung einstellen kann, wenn er keine andere Wahl hat. Jetzt, auf meiner zweiten Überquerung und am ersten Tag nach dem Auslaufen, konnte ich noch nicht wissen, daß diese innere Ausgeglichenheit immer wiederkommen würde. Heute wußte ich nur, daß es morgen besser sein würde als heute, und ich ging schlafen mit dem Wunsch, der Morgen möge recht bald dämmern.

Unser Kurs nach St. Thomas – eine Reise von etwa 900 Meilen, die zirka zehn Tage dauern sollte – führte direkt durch das berüchtigte Bermudadreieck, das zwischen Miami, Puerto Rico und den Bermudas liegt. Abenteuerliche Geschichten über verschwundene Schiffe und außerirdische Wesen kursierten seit hundert Jahren über dieses Revier. Ich bin nicht besonders abergläubisch und segelte deshalb zügig weiter, ohne böse Vorahnungen, aber mit der ungewissen Hoffnung, in das legendäre Kraftfeld zu geraten oder die Nähe einiger Beobachter von einem anderen Stern zu spüren. Diese müßigen Spekulationen wurden bald abgelöst durch eine weit unheimlichere Vision ganz anderer Art. VARUNA steuerte nämlich geradewegs in die Sargassosee, eine riesige, freischwimmende „Insel“ von Beerentang mitten im Atlantik.

Die Nordatlantik-Strömung dreht sich spiralförmig im Uhrzeigersinn und schiebt das Sargassokraut in einer Tiefe bis zu etwa zehn Metern auf einer Fläche von ungefähr hundert Quadratmeilen zusammen. Selbst Christoph Kolumbus berichtet über seine Reise in die Neue Welt, daß sie tagelang in den gelbgrünen Wasserpflanzen-Feldern gefangen waren.

VARUNA erlebte die Sache nicht ganz so dramatisch, aber am dritten Tag nach dem Verlassen der Bermudas gerieten auch wir hinein. Das Grünzeug wickelte sich um das Ruder der Selbststeueranlage und den Propeller des Schlepplogs, an dem ich Geschwindigkeit und zurückgelegte Distanz ablas. Wir machten zwei Knoten weniger, und ich verbrachte die meiste Zeit mit dem Versuch, über dem Heck hängend mit dem Bootshaken die ungeliebten Passagiere zu entfernen.

So weit ich sehen konnte, blubberten die beerenartigen Blasen durch das warme Wasser empor wie eine häßliche, fremdartige Bouillabaisse. Wir kämpften uns langsam durch, wobei ich Alpträume von Ungeheuern in der Schwarzen Lagune hatte, so groß wie das Empire State Building und nur darauf aus, mich zu verschlingen.

Es war ein mühsamer Weg durch die Sargassosee, wo Böen und windarme Phasen einander abwechselten. Als ich schon drei Tage gegen die zähen grünen Fesseln angekämpft hatte, erreichten uns endlich die Passatwinde. Sie meldeten sich zunächst nur zögernd – ein Puster, dann noch einer. Hocherfreut stellte ich den Motor ab, der mir nun schon 72 Stunden lang im Schädel gedröhnt hatte. Jetzt bereiteten wir uns auf die Bekanntschaft mit dem Passat vor, jenem stetigen Windsystem, das in den tropischen und subtropischen Zonen der Erde vorherrscht, auf der Nordhalbkugel der Nordostpassat, auf der Südhalbkugel der Südostpassat.

Recht moderat, strömten die Winde dahin, mit gleichförmigen weißen Wolkentuffs, die über den Himmel tanzten. In der frischen Brise blieben die letzten Reste des Sargasso-Tangs im Kielwasser zurück. Die Dünung kam jetzt aus Ost, und VARUNAS Segel füllten sich mit dem Wind, der schon seit Jahrhunderten die Segler über die Handelsrouten der Welt geblasen hat. Es ging wieder voran.

Dies also war der Passatgürtel, auf dem wir etwa die Hälfte unserer Reise um die Erde zurücklegen würden. Allerdings mußten wir noch weiter nach Süden kommen, bis wir direkt vor dem Wind laufen konnten. VARUNA legte sich auf die Seite, ich stemmte mich gegen die Spritzkappe und beobachtete das Wasser, das über das Leedeck lief, aber leider floß nicht alles durch die Speigatten in die See zurück. Statt dessen tropfte wieder einmal etwas Wasser durch diese tränenden Püttings und in das Gewürzschapp. Wenn ich länger als eine Stunde mit dem Auspumpen wartete, lief das Wasser auf meine Koje über und ertränkte dann die Verpflegung, die in einem Fach unter der Matratze gestaut war. Von da an pumpte ich das Gewürzschapp jede Stunde, Tag und Nacht, mit einer Handpumpe aus, vier Tage lang. Endlich ging der Wind in eine angenehmere östliche Richtung herum, VARUNA richtete sich etwas auf, und es leckte weniger.

Meine freie Zeit zwischen dem Pumpen verbrachte ich überwiegend mit dem Versuch, unseren Standort nach Koppelkurs und gelegentlichen Sonnenbestecks zu ermitteln, die aber oft genug nicht so hinkamen, wie es hätte sein sollen. Ich wechselte Segel und Kurs nach meinen jeweils letzten Berechnungen bis zu dem Nachmittag, der nach meiner Schätzung dem Landfall vorausging. Ich saß im Cockpit und malte mir gerade aus, wie schön es sein würde, morgen in St. Thomas eine kalte Cola zu genießen, als ich ein Schiff am Horizont sah und es über UKW anrief – nur so zur Bestätigung. Das Satellitenfix des Funkers belehrte mich dann, daß wir bei unserem gegenwärtigen Kurs und jetzigen Standort den Landfall irgendwo mitten in Puerto Rico machen würden. Geschockt und in Sorge ob meiner Navigationskünste, bedankte ich mich, meldete mich eilig ab und korrigierte unseren Kurs nach Südost.

Nachdem ich die Segel getrimmt hatte, legte sich Varuna über, Fußreling abermals im Wasser, und ging so hoch wie möglich an den Wind. Den Rest des Tages und bis in die Nacht hinein suchte ich mit erwartungsvoll gespannten Nerven die Kimm ab. Nichts sah anders aus als bisher, aber bald, so hoffte ich, würde Land aus der Weite des Ozeans auftauchen.

Als die Nacht vorüberging und der Mond über den Himmel wanderte, spähte ich nach dem schwachen Schein von Leben am Horizont, der sich im Zwielicht deutlich zu einzelnen Lichtern entwickeln sollte. In der Morgendämmerung würde sich das Panorama der Hügel entfalten. Ich wurde kribbelig vor Eile, an Land zu kommen. Wenn nun die Insel, der wir uns näherten, gar nicht St. Thomas war? Ganz allmählich stieg die Sonne empor, und nachdem ich meine Nägel fast abgekaut hatte, wurde ich mir immer sicherer. Endlich öffnete sich die Landmasse, deren Konturen ich nur schwer hatte ausmachen können, und ich erkannte die Inselchen, die auf der Karte verzeichnet waren. Jetzt aber litt ich Qualen, weil wir uns dem Ziel meiner Sehnsucht nur mit drei Knoten näherten. Am liebsten wäre ich über Bord gesprungen und über das Wasser an Land gegangen, denn ich konnte schneller laufen als Varuna im Augenblick segelte.

Es schien mir eine Ewigkeit, bis die Durchfahrt zwischen den Jungferninseln St. John und St. Thomas endlich in Sicht kam. Schließlich stiegen hinter den Inselchen Hans Lollik und Little Tobago die grünen Hügel von St. Thomas empor, übersät mit Satellitenschüsseln, Funktürmen und Wasserbehältern, und St. John gleißte weiter östlich im Licht der aufgehenden Sonne. Varuna schien das Land zu riechen; plötzlich kam sie schneller voran, als wir unseren Weg im türkisfarbenen Wasser zwischen den Inseln suchten. Der Wind wehte südlich um St. John herum und kam uns durch die enge Passage direkt entgegen. Ich startete den Motor, damit wir in dem unruhigen, strömungsreichen Gewässer mit seinen Strudeln besser manövrieren konnten, und beobachtete sorgfältig das flache Wasser. Als wir gerade einen vorspringenden Felsen passierten, um den das Wasser schäumte, machte es put-put... put... pa... dann Stille.

„Verdammter Mist!" schrie ich, riß das Ruder herum und ging über Stag in Richtung St. John. „Warum immer ich? Warum muß gerade ich eine solche Niete von Maschine haben, wo es auf der Welt doch so viele gibt, die funktionieren?"

Noch immer grummelnd und schimpfend, ging ich unter Deck und holte einen Schraubendreher aus der Werkzeugkiste. Während ich verzweifelt Ausschau hielt nach Land und Booten, zerlegte ich das Vorratsschapp mitten im Cockpit, unter dem der Zugang zur Maschine war. So schnell wie möglich drehte ich das Dutzend Nirostaschrauben ab, die den Motorraumdeckel festhielten, um an den Motor unter dem Cockpitboden heranzukommen. Warum konnte das nicht auf hoher See passieren statt zwischen all diesen Inseln? Ich schimpfte weiter vor mich hin, während mir Benzinkanister, Segelsäcke, Trichter und aufgeschossene Leinen auf den Kopf fielen, die ich auf die Ducht geworfen hatte. Eine Schraube war oxydiert und ließ sich nicht losdrehen. Ich war kurz davor, in meinem Frust die Abdeckplatte zu zerhacken, feuerte alles zurück ins Cockpit und griff eilig nach dem Hafenplan. Es gab nur eins – in den Hafen zu segeln. Ich studierte die Fahrwasser-Markierungen, nahm dann Kurs zurück Richtung St. Thomas und kreuzte die Strecke sehr behutsam auf. Wir kamen langsam voran in dem engen, mit Felsen und Untiefen gespickten Fahrwasser.

Meter um Meter rundeten wir die Südseite der Insel und segelten in den Hafen von Charlotte Amalie, in dem mindestens hundert Boote vor Anker lagen. Dazwischen herrschte lebhafter Hafenbetrieb mit Fähren und Kreuzfahrtschiffen. Ich suchte mir ganz am Ende der ankernden Flotte einen Platz mit viel Freiraum für mein Manöver, segelte vorsichtig dorthin, ging genau im richtigen Augenblick in den Wind, raste nach vorn und ließ den Anker fallen.

Die Kette rauschte aus und kam auf Grund. Ich wartete, bis ich spürte, daß der Anker faßte, während wir etwas nach achtern trieben, steckte gut 20 Meter Kette und belegte.

Um 13.30 Uhr an diesem 1. Juli stand ich stolz an Deck und blickte über den geschäftigen Hafen. Kein Mensch hatte meinen spektakulären Auftritt bemerkt. Ich blies das Dingi auf, ruderte zum Yachthafen-Anleger, holte mir die heißersehnte kalte Cola und musterte die Umgebung.

Das Verlangen, nach dieser Ozeanüberquerung mit jemandem zu sprechen, ganz egal mit wem, war so überwältigend, wie ich es nie für möglich gehalten hätte. Ich sah mich begierig nach einem ahnungslosen Opfer um. Strahlend grüßte ich jeden, der mir begegnete, und hatte dabei das Gefühl, es hätte kein Halten mehr gegeben, wenn einer auch nur gefragt hätte: „Na, wie war die Reise?“ Da nichts kam, beschloß ich, erst einmal zu Hause anzurufen, und suchte mir einen öffentlichen Fernsprecher.

Bald nach meiner Ankunft kam meine jüngste Schwester Jade nach St. Thomas und brachte mir ein neues Crewmitglied, Dinghy. Eine Woche vor meiner Abreise aus New York war ich zum Tierschutzverein gegangen, um eine Katze zu adoptieren. Ich war fest entschlossen, einen Freund an Bord zu haben – eine Katze war mir da auch recht. Unter all den bemitleidenswerten Gefangenen, die heftig gegen ihre Gitter tobten, fand ich den Kater, der dann mit mir halb um den Globus segeln sollte. Er war ein Jahr alt und schwarz. Weiß waren nur Gesicht, Bauch und Pfoten. Ich hatte mal gelesen, daß eine schwarze Katze an Bord dem Boot Glück bringen soll.

Einen frustrierten, liebeshungrigen Kater konnte ich aber nicht brauchen. So mußte Dinghy noch etwas auf seine Abreise in die bunte weite Welt warten und zuvor einen Besuch beim Tierarzt über sich ergehen lassen. Ich hatte New York mit Unmengen von Katzenfutter, Katzenstreu und Vitaminen verlassen, aber ohne Kater. Als Dinghy nun an Bord kam, rollte er sich zum Schlafen gleich dort zusammen, wo von nun an sein Lieblingsplatz war – immer an der Stelle, wo er mich gerade am meisten störte. Einmal fiel er nachts von der Pier ins Wasser, merkte schnell, daß er Schwimmen gar nicht mochte, und setzte von da ab seine Sprünge mit besonderer Vorsicht an.

Jade blieb zwei Wochen bei mir. Wir gingen mit dem Dingi auf Entdeckungsreisen rund um St. Thomas, schwammen viel und fuhren mit der Fähre nach St. John zum Karneval. Rio de Janeiro und Trinidad hatten unserer Phantasie reiche Nahrung gegeben – wir erwarteten tolle Kostüme, Parties, Singen, Tanzen, Musik und Calypso. Als wir dann in einem Restaurant mit Blick auf die Straße saßen, waren wir schwer enttäuscht, weil wir hauptsächlich Betrunkene – Touristen und Einheimische – nach den Rhythmen von Reggae und Calypso herumstolpern sahen, die mit voller Lautstärke aus alten Trucks in die Gegend dröhnten. Keine farbigen Kostüme, die das Ganze fröhlicher gemacht hätten. Wir saßen dort fest bis zur ersten Fähre am nächsten Morgen und vertrieben uns die Zeit mit der Erinnerung an Feiern zum 4. Juli, unserem amerikanischen Nationalfeiertag, die wir anderswo erlebt hatten. Dann entdeckten wir weit weg vom Getöse der Musik einige leere Bänke und schliefen unter dem tropischen Nachthimmel.

Wieder an Bord, beschloß ich, endlich dem Ärger mit dem Motor und den leckenden Püttings auf den Grund zu gehen. Ich fand einen jener Alleskönner, die bei solchen Problemen fast immer einen Ausweg wissen. Mike hatte einige Erfahrung mit Booten und wollte gerne helfen. Während Jade sich hingebungsvoll sonnte, um später mit ihrer Bräune auf ihre Freunde Eindruck zu machen, kam er an Bord und zeigte sofort auf die Stelle, wo ich hartes Epoxid über flexibles Silikon geschmiert und mein Vater wieder Silikon aufgebracht hatte. „Da ist dein Problem. Die Püttings arbeiten unter Druck, sie müssen etwas Freiraum haben. Das Epoxid ist gerissen, und das Silikon von deinem Vater hat niemals fest darauf gesessen. Er hat die Sache verschlimmert."

Gemeinsam kratzten wir alle Dichtungsmasse um die Püttings herum ab und fingen mit einer extrastarken, flexiblen Polyurethan-Mischung wieder ganz von vorn an. Die Schraube an der Motorraum-Abdeckung wurde mit passendem Werkzeug gelöst und geschmiert. Ich wußte immer noch nicht, woher die Luft im Motor kam, und Mike konnte die Eintrittsstelle auch nicht finden. Wir ließen also wieder mal den Treibstoff ab, füllten neu auf und beschlossen, nun sei alles okay. Dann brachte ich eine tiefgebräunte Jade zum Flugzeug. Die Schapps wurden mit frischem

Gemüse, haltbaren Säften und noch mehr Katzenbedarf aufgefüllt. Am 18. Juli 1985 segelten VARUNA, Dinghy und ich aus dem Hafen.

Zwar fehlte mir Jade, aber sonst weinte ich diesem quirligen Hafen von Charlotte Amalie mit fünf Kreuzfahrtschiffen pro Tag keine Träne nach, und auch nicht den Schwärmen von Touristen, die nur auf zollfreien Einkauf scharf waren, den Schnellrestaurants, Supermärkten und Boutiquen. Unser nächstes Ziel war Panama, der Schlauch zum Pazifik. Abgesehen von der Aussicht auf eine einsame Reise hatte ich es eilig, endlich richtig unterwegs zu sein und auch räumlich guten Abstand zu dem kommerziell geprägten Leben in der Heimat zu gewinnen.

Beim Verlassen der Jungferninseln kamen wir wieder in den Passat, hatten diesmal aber die Winde mit uns. Das war VARUNAS stärkste Seite unter Segeln – den Wind von achtern, Fock und Groß als Schmetterling gefahren, so war sie am schnellsten und in den Bewegungen am angenehmsten. Die Hurrikan-Saison hatte schon begonnen. Deshalb steuerte ich einen Kurs, der südlich ihrer Zugbahn verlief. Am ersten Abend saß ich im Cockpit und beobachtete, wie der Lichtschein von Puerto Rico, St. John und St. Croix unter dem tintenblauen Horizont zurückblieb. Ich streckte mich unter den Sternen aus und genoß die Geschwindigkeit unter Segeln, mit dem Monitor als Rudergänger. Wir machten sechs Knoten, manchmal auch zehn, und surften über die Wellen. Die ersten 24 Stunden brachten 129 geloggte Meilen von insgesamt 1056 bis Panama. „Hallo", dachte ich, „bei dem Tempo sind wir im Handumdrehen dort."

Soweit lief die Fahrt sehr vielversprechend, bis auf einen bedauerlichen Umstand. Der arme Dinghy war ganz verstört, weil er nicht verstand, warum unser Zuhause wie die Trommel einer Waschmaschine herumschleuderte. Er versteckte sich unter Deck, streckte alle viere von sich in dem Bemühen, die Bewegung etwas zu verringern, und miaute. Seine Augen wurden riesengroß, die Ohren streckte er in Panik kerzengerade nach oben, und er wünschte sich vermutlich, er wäre wieder in New York im Tierheim. „Das ist schon okay, Mr. Dinghy", tröstete ich ihn. „So soll es wirklich sein." Wenn er meine Stimme hörte, kam er zögernd an Deck, schnupperte die Luft und sauste bei der kleinsten Welle miauend wieder in die Kajüte. Ich fühlte mich schuld an seinem Unglück und erinnerte mich an meinen eigenen ersten Tag, nachdem ich New York verlassen hatte. Ich mußte lachen. „Keine Sorge, mein Kleiner, du wirst dich schnell daran gewöhnen. Sei froh, daß du im Passat an Bord gekommen bist."

Ich war glücklich, ein Lebewesen an Bord zu haben, um das ich mich kümmern konnte. Wenn ich mit mir selbst sprach, kam ich mir albern vor, nun aber spitzte doch zumindest jemand bei einem Geräusch die Ohren. Nachts konnte ich mich mit einem warmen kleinen Körper in die Koje kuscheln, und meine Mahlzeiten nahm ich auch nicht mehr allein ein. Nach einer Weile gewöhnte sich Dinghy an das Bordleben.

Am 19. Juli schrieb ich in mein Logbuch:

Dinghy hat sich endlich nach draußen gewagt und blieb sogar eine Weile an Deck. Mit seinem schwarzweißen Fell sieht er aus wie ein vornehmer Gast, der im Frack zum Abendessen kommt. Ich finde gestrandete kleine Fische an Deck und biete sie ihm an, aber er rümpft nur die Nase. Als ich heute aufwachte, war er guter Stimmung und entrollte das ganze Toilettenpapier.

Im Passat segelte Varuna schnell, mit weichen Bewegungen, und legte sich nicht über. Auch für kleine Freuden dankbar, genoß ich es, auf ebenem Kiel zu leben. Es war schön, auf einem Boot schlafen, essen, schreiben oder Segel wechseln zu können, das nicht immer 30 Grad Lage schob. Ich mußte auch nicht mehr wie an den Wänden eines zur Seite gekippten Hauses gehen. Während dieses ganzen Reiseabschnittes brauchte ich kein einziges Mal die Segel zu wechseln, höchstens eine Kleinigkeit zu verändern. Der Wind blieb stetig und kam mit Stärke sechs genau aus Ost. Einige Tage hatten wir Dünung, und die Wellen stiegen über den Monitor ins Cockpit ein. Aber was auch immer kam, ich war zufrieden und glücklich, als das Log die Meilen nur so wegtickte. „Schluß mit diesem blödsinnigen Kreuzen", dachte ich, „einfach mit achterlichem Wind um den Globus gezischt!"

Zum erstenmal kam auch eine gewisse Ordnung in meine Tage. Ich wachte mit der Sonne auf, gegen 5.30 oder 6 Uhr. Varuna war auf dem Weg nach Westen, die aufgehende Sonne schien direkt in den Niedergang und auf meine Koje. Sie war mein Wecker, und wenn ich mit einem Kissen über dem Kopf mir ein paar Minuten Schlaf ermogelte, dann kam Dinghy, stupste mich mit der Nase und lief auf mir herum, weil er sein Frühstück haben wollte. Sobald die Sonne etwa 15 Grad über dem Horizont stand, nahm ich das erste Besteck mit dem Sextanten, machte meine Berechnung und setzte den Kurs auf der Karte ab. Die nächste Höhe nahm ich mittags. In der Zwischenzeit werkelte ich herum, reparierte, staute um, säuberte die Katzenkiste, las, knabberte Cracker oder Obst. Mittags, nachdem ich zum zweitenmal die Höhe genommen hatte, wurden die Standlinien gekreuzt, und ich ermittelte das, was ich für ein korrektes Fix hielt. Dann stand die Sonne im Zenit, VARUNA wurde zum Backofen. Nachmittags war es zu heiß, um mehr zu tun, als ab und an etwas zu lesen, zu knabbern oder zu trinken und mir eimerweise Wasser über den Kopf zu schütten. Dieses einfache Leben wurde manchmal durch ein Schiff fern am Horizont oder in schreckenerregender Nähe unterbrochen, mit dessen Funker ich mich dann über UKW unterhielt.

Ich fühlte mich im Einklang mit mir selber, war zufrieden mit meinem Einsiedlerdasein, strickte oder häkelte, wenn mir beim Lesen die Schrift vor den Augen verschwamm. Die Einsamkeit war für mich kein Problem. Aber bei jedem besonders schönen Anblick – und es gab viele: einen atemberaubenden Sonnenuntergang, eine Walherde, eine Schule springender, quiekender Delphine, die im Kielwasser spielten – wünschte ich mir doch, es würde jemand meine Begeisterung teilen, zumal auch dann, wenn ein Sonnenfix geklappt hatte. Dinghy war zwar da, aber so richtig begeisterungsfähig war er leider nicht.

Abends, wenn die Sonne sank, wurde es kühler. Dann holte ich meinen Kochtopf heraus, zerschnitt eine Zwiebel, Kartoffel oder etwas Kohl, rührte den Inhalt irgendeiner Dose dazu mit einem Würfel Fleischbrühe und machte mir die warme Mahlzeit des Tages. Das hatte sich so eingeschliffen und wurde mir auch niemals über. Ich fütterte Dinghy, genoß den Sonnenuntergang, kuschelte mich in die Koje und las, bis der Sandmann kam.

Mein Dauerbett war in der Backbordkoje eingerichtet, davor ein

Leesegel, mit zwei Tampen an dem Handlauf unter der Decke befestigt. So hatte ich eine Art „Wiege“ und konnte bei Schlechtwetter nicht herausfallen. In dieser Wiege war ein Schlafsack, in dem ich mich mit Dinghy wie in einem Kokon befand. VARUNA wiegte uns in den Schlaf.

Für mein Unterbewußtsein, an Bord durch nichts stimuliert, war der Schlaf auf See ein ganz eigenes Abenteuer. Wenn ich schlief, schuf sich meine Phantasie eine wilde Traumwelt. Oft erwachte ich davon, daß ich jemandem etwas zurief, oder griff im Traum nach einem gebratenen Hähnchen, einem Eis oder einem frischen Salat. Am schlimmsten waren die Träume vom Essen. Danach konnte ich nicht wieder einschlafen, das Wasser lief mir im Munde zusammen bei solcher kulinarischen Fata Morgana. Wenn ich aufwachte, griff ich zur Taschenlampe, stieg aus meiner behaglichen Koje und ging an Deck, um nach dem Rechten zu sehen. Schwarze Wolkenschatten verbargen die Sterne, die mir allmählich vertraut wurden wie gute alte Freunde – Orion, der Jäger, der Große und der Kleine Bär. Oder sie blinzelten mir aus dem tintenfarbenen Himmel ermunternd zu. Gelegentlich sah ich am Horizont die winzigen grünen, weißen und roten Lichter eines Schiffes auf dem Weg zu unbekannten Zielen und wurde so daran erinnert, daß ich nicht allein auf diesem Planeten war.

Am 21. Juli schrieb ich ins Logbuch:

Der Wind ließ heute etwas nach. Und sonderbarerweise fehlt mir das Land nicht besonders. An einem perfekten Tag wie heute ist mir, als ob ich auf VARUNA *unabhängig leben und mit ihr für immer über die Ozeane der Erde segeln könnte.*

Zwei Tage vor unserer geschätzten Ankunft in Panama stoppte das vorspringende Festland von Kolumbien den Passat, der Wind ging praktisch auf Null. Schiffe und Tanker kamen von achtern auf und überholten uns auf dem Weg zum Kanal oder zu costaricanischen Häfen. VARUNA tuckerte so schnell wie möglich hinterher, sie hatte es eilig, zu ihren großen Brüdern am Kanal zu kommen und mit ihnen den Atlantik hinter sich zu lassen. Irgend etwas lag in der Luft, als wir uns an jenem Abend langsam einem der größten von

Menschen geschaffenen Wunderwerke näherten. Bei Dunkelwerden sorgte Mutter Natur jedoch für eine Aufregung anderer Art.

Gegen 21.30 Uhr zuckten feurige Blitze über den Nachthimmel, gefolgt von harten Donnerschlägen. Schnell setzte ich alles fest und machte die Luken dicht. Da hämmerte auch schon der Regen aufs Deck, als ob er uns versenken wollte. Ohrenbetäubend krachten Donnerschläge durch die Nacht, der Himmel war taghell erleuchtet von Blitzen, die ins Wasser zackten. Neun Stunden lang hockte ich unter Deck, schweißnaß vor Angst, mit dem zitternden Dinghy im Arm. Weinend und betend wartete ich auf den entsetzlichen Augenblick, in dem ein Superblitz VARUNAS Mast traf und wir verschmoren würden. Ich war starr vor Angst im Wissen, daß unser kleiner Mast etliche Meilen im Umkreis der einzige höhere Gegenstand und damit ein idealer Blitzableiter war. Schließlich aber hatten Donner und Blitz sich ausgetobt, es kehrte wieder Ruhe ein. Als ich zwei Tage später, am 27. Juli, meinen Vater aus Panama anrief, sagte er mir, meine Angst sei völlig überflüssig gewesen. VARUNA war in der Werft geerdet worden, konnte also zumindest theoretisch nicht zum elektrischen Stuhl für uns werden.

Die Enge von Panama ist mehr als nur das Land, das wie ein gekrümmter Finger die weiten Kontinente von Nord- und Südamerika miteinander verbindet; sie birgt auch unerwartete Rätsel. Panama trägt eine tiefe Narbe des Fortschritts um seine schlanke Taille. Diese Narbe ist der Panamakanal. Für mich war er lediglich das Tor zum Pazifik. Ich dachte nicht allzuviel nach über das lebendige, atmende Land außerhalb der Stacheldrahtzäune um die wohlgepflegte, zehn Meilen breite Kanalzone. Als VARUNA dann aber ihren Weg durch das respekteinflößende Schleusensystem zurückgelegt hatte, war ich nicht nur mit einer anderen Seite von Panama konfrontiert worden, ich begann auch eine andere Seite von mir selbst zu entdecken.

Am Morgen des 27. Juli, neun Segeltage nach St. Thomas, erreichten wir die Küste und reihten uns in die internationale Schiffsparade ein, vorbei an der gewaltigen Pier zu dem Tiefwasser-Ankerplatz für Schiffe, die auf die Kanalfahrt warteten. Ein Segelboot, das gerade einen Schlag nach draußen machte, kehrte um

Ich taufe dich auf den Namen VARUNA, *Göttin des Weltalls.*

In den letzten Tagen vor meiner Abreise war mein Vater allgegenwärtig; meine Mutter verbrachte eine Nacht mit mir an Bord meines neuen Zuhauses.

Beim Versuch, Ordnung in das vollgestaute Vorschiff zu bringen.

Jungfernfahrt zu den Bermudas: Zum erstenmal in schwerer Dünung.

Heilmittel nach Hausrezept: René hilft nach einem Rendezvous mit der Meduse.

Zu früh gefeiert: Über den Äquator auf die südliche Halbkugel.

Santa Cruz, Galapagos: Urzeitlandschaft mit bärtigen Bewohnern.

und kam näher. Eine Stimme klang herüber, die endlich einmal nicht von statischen Geräuschen überlagert wurde.

„Hallo, bist du Tania?“ rief der einsame Segler winkend.

„Ja! Hallo!“ antwortete ich und winkte wie bekloppt.

„Willkommen in Panama“, sagte er. „Wir haben schon auf dich gewartet.“

Nachdem ich beim Zoll und den Einwanderungsbehörden einklariert hatte, machte ich in der Marina nahe einem Schild „Cristóbal Yacht Club“ fest und ging an Land. Im Yachtclub war Hochbetrieb, viele Sprachen schwirrten durcheinander, meistens Leute, die ihre Boote für die Kanalfahrt vorbereiteten. Dazu kamen ortsansässige Skipper von Booten der Kanalverwaltung und Ingenieure. Das Zentrum aller Aktivitäten war die rund um die Uhr geöffnete Bar, wo sich alles traf. Man hing ein bißchen herum, kippte billige Drinks, suchte neue Leute für die Crew oder Leinengänger oder machte nach einem harten Tag einfach einen drauf. Die Bar hatte zwar nicht gerade Glamour, doch man traf hier eine Menge ausgesprochener Individualisten, Salonlöwen, Abenteurer, Weltreisende – es war immer etwas los. Gute Ratschläge gab es umsonst. Vor allem warnte man mich immer wieder davor, allein über die Eisenbahngleise zu gehen, die das Clubgelände von der Stadt Colón trennen.

„Das ist wirklich gefährlich“, sagte ein Mann von der Kanalverwaltung. „Täglich kriegen in Colón Leute eins über den Schädel, werden ausgeraubt, vergewaltigt oder sogar umgebracht.“

„Bitte, geh da nicht allein hin“, mahnte wiederum ein anderer nachdrücklich.

„Ich komme aus New York City“, sagte ich. „Wie schlimm kann Colón dann schon sein?“

Der erste erzählte daraufhin von Leuten, denen man die Finger abgeschnitten hatte, um an ihre Ringe zu kommen, von Männern, die man ihrer Shorts beraubte, von Bedrohungen mit dem Messer und von Ketten, die den Menschen vom Hals gerissen wurden. Damit sie endlich Ruhe gaben, versprach ich, mein Glück nicht herauszufordern, ich würde nur am hellen Tag oder mit anderen zusammen in die Stadt gehen.

Sie hatten ja recht. Und doch faszinierte mich die prickelnde

Atmosphäre – aufregend lateinamerikanisch, wie mir schien –, obwohl das Verbrechen hier wirklich üppig wucherte. Alle möglichen Drogen wurden angeboten, und Diebesgut wurde verscheuert, wohin man sah. Die Stadt war voll vergammelter Häuser aus der alten Kolonialzeit, im Zentrum ein blühender, geschäftiger Markt und mehrstöckige Miets- und Geschäftshäuser um die früheren französischen und spanischen Viertel. Die Bässe von Salsa- und Diskomusik bumsten aus jedem offenen Fenster, Wäsche hing schlaff zwischen den Gebäuden, und verbogene Fernsehantennen standen von den Dächern ab. Uralte amerikanische Autos röhrten durch verkommene Straßen, und an jeder Ecke tobte das berühmte südamerikanische Temperament.

Am zweiten Tag meines Aufenthalts fuhr ich mit dem Bus nach Panama City, um einige Travellerschecks einzulösen, kam spätabends mit dem Bus zurück und verpaßte meine Haltestelle. Statt dessen landete ich mitten in Colón und mußte ungeachtet aller Warnungen allein durch die Stadt zum Hafen gehen. Auf Türschwellen und Veranden waren Schatten, die bedrohlich pfiffen und zischten. In jener Nacht in Colón wurde ich zwar nicht überfallen und beraubt, doch ich erlebte den traurigen Anblick einer Stadt mit deprimierender Geschichte und zerstörten Hoffnungen.

Ich wollte nicht zu den Leuten gehören, die Panama verlassen und nur wenige Facetten mitbekommen haben. Je mehr ich über dieses Land mit den vielen Gesichtern erfuhr, desto mehr faszinierte es mich. Meine Sympathien gehörten dem einfachen Volk. Seine Vorfahren hatten sich für einen Kanal totgeschuftet, von dem die Bevölkerung niemals richtig profitierte. Jetzt war die Macht in der Hand des Militärs und weniger reicher Familien, während der Rest schauen mußte, wie er klarkam mit einem System, in dem für die Reichen andere Gesetze galten als für die Armen.

Zu Beginn unseres Jahrhunderts erwarben die Amerikaner bestimmte Hoheitsrechte über einen acht Kilometer breiten Landstreifen auf jeder Seite des Panamakanals und schufen die Kanalzone, die sich über die ganzen 80 Kilometer der Landenge erstreckt. Diese Zone wurde von Colón und dem übrigen Land durch einen Stacheldrahtzaun und bewaffnete Wachen abgetrennt. Erst 1979, nur sechs Jahre vor meiner Ankunft, war sie abgeschafft worden.

Während meines Aufenthalts im Cristóbal Yacht Club lernte ich einige Leute kennen, die mich in ihre Häuser in der vormaligen Kanalzone einluden. Ich sah, daß die amerikanischen Angestellten moderne Krankenhäuser, Supermärkte, Kinos und gute Straßen hatten und ein nahezu märchenhaftes Vorortidyll in den Tropen genossen. Früher lebten auf der anderen Seite des Stacheldrahtzauns die Nachfahren jener Menschen, die geschuftet hatten, um dieses Monster von einem Kanal zu bauen. Sie lebten in Elend und Armut und konnten täglich durch den Zaun hindurch das Gelobte Land der Amerikaner sehen.

Wenn diese Abkürzung nicht eine so fabelhafte Verbesserung für die Schiffahrt gewesen wäre, weil man damit den gefährlichen Weg um Kap Hoorn an der südlichsten Spitze von Südamerika vermeiden konnte – Panama bestünde noch immer nur aus den Regenwäldern, die zu seinen Nachbarn Costa Rica und Kolumbien gehört hatten. Es bekümmerte mich etwas, daß auch ich zu den Tausenden von Skippern gehörte, die mit ihrem Boot aus Bequemlichkeit durch den Kanal gingen, und damit selbst ein wenig – im weitesten Sinne jedenfalls – zu den Problemen in Panama beitrug.

Für die Kanaldurchfahrt mußte ich stapelweise Papiere ausfüllen und war in dem schwülfeuchten Wetter bei etwa 38 Grad im Schatten dauernd unterwegs von einem Büro zum anderen. VARUNAS Tonnage mußte ermittelt werden, um die Höhe der Gebühren zu errechnen, und auch über die Schleusenmanöver im Kanal mußte ich mich schlau machen. Jedes Segelboot muß vier 30-Meter-Leinen an Bord haben und für jede Leine einen Mann zur Bedienung, außer dem Skipper und dem Kanallotsen. Allmählich bekam ich Bedenken, daß VARUNA sechs ausgewachsene Leute an Bord überhaupt verkraften konnte.

Meistens fährt man erst mal als Leinen-Crew auf einem anderen Boot durch den Kanal, um das Ganze mitgemacht zu haben. Also stieg ich eines Morgens bei Bekannten als Hilfshand ein. Als wir vor der Schleuse lagen, um ein Schiff vorbeizulassen, motorte eine hübsche weiße Ketsch unter französischer Flagge an uns heran. Die Crew feierte offenbar aus Anlaß der Kanaldurchfahrt eine Party. Einer der Männer betrachtete mich sehr genau, lächelte und fragte in Französisch, ob ich diese Sprache könne. Etwas verlegen wegen meines amerikanischen Akzents sagte ich nur: „Oui, ein bißchen.“

„Très bien“, antwortete er und lachte dabei sehr nett. „Ich werde englisch sprechen. Ich bringe heute dieses Boot mit durch den Kanal. Kannst du mir morgen bei meinem Boot helfen?“ Er sprach mit starkem Akzent, sein Englisch war recht holprig und zögernd.

„Na ja ...“ Ich überlegte einen Augenblick. Eigentlich wollte ich nicht vor meiner eigenen Durchfahrt zweimal nacheinander durch den Kanal. Es wäre schade um die Zeit. „Nun ...“ Ich sah ihn an. Er lächelte. „Aber sicher, ich helfe dir.“

„Ich heiße Luc. Wir treffen uns heute abend im Yachtclub in Colón. Dann reden wir, okay?“ Das Boot, auf dem er sich befand, setzte sich wieder in Bewegung. „Wie heißt du überhaupt?“ rief er herüber, als sie schon in die Schleuse einliefen.

„Tania“, rief ich zurück.

Am selben Abend wartete ich nach der Rückfahrt mit dem Zug in der Bar auf Luc. Sie war voller *Zonies*, wie man die Leute von der amerikanischen Kanalverwaltung nennt, die noch immer in Panama leben und den Panamaern alle für den Kanalbetrieb nötigen Kniffe beibringen. Gegen halb zehn hatte ich die Warterei satt, verholte mich an Bord, hinterließ dort eine Nachricht und ging mit einem netten Schiffsagenten namens Adrian zum Essen aus. Adrian hatte mich kurz nach meiner Ankunft unter seine Fittiche genommen und praktisch adoptiert. Während wir unseren würzigen rohen Fisch genossen, erzählte er mir vom Kanal und schenkte mir ein Buch, „Der Weg zwischen den Ozeanen“, das die Geschichte des Kanals erzählt. Als wir zum Boot zurückgeschlendert kamen, wartete Luc auf mich. „Wir müssen um fünf Uhr früh startklar sein“, sagte er. „Ich hole dich mit dem Dingi ab.“

Am nächsten Morgen, ich bekam die Augen noch gar nicht richtig auf, präsentierte er mich Thea, seinem Boot, und dem Mitsegler Jean Marie. Außerdem waren noch René und Catherine an Bord, die sich dafür revanchierten, daß er sie tags zuvor durch den Kanal begleitet hatte, und Trudy, eine Amerikanerin aus Kalifornien, die gerade das Geschirr abwusch. Wir tranken dampfenden Espresso, warteten auf den Lotsen und erzählten von uns und wohin wir nach der Durchfahrt wollten.

Ich merkte, daß ich an Lucs Lippen hing. Er zeigte mir sein robustes Elf-Meter-Boot und faszinierte mich mit Geschichten über seine Kindheit in Afrika. Sein Vater war Offizier der französischen Armee und dort im Lande immer wieder an neue Standorte versetzt worden. Luc hatte in Frankreich studiert. Als er damit fertig war, verschlugen ihn Wanderlust und Karriere nach Neukaledonien im Südpazifik. Er war ein Träumer, ein Poet, und lebte im Land der Phantasie, aber mit der Fähigkeit und Glaubenskraft, seine Träume zu verwirklichen. Seine Blicke gingen in die Ferne, als er mir mit leuchtenden Augen vom Südpazifik erzählte.

„Oh, Tania, du willst auch dorthin?" fragte er. „Dahin müssen wir gemeinsam. Ich werde dir Dinge zeigen, die deine nüchternen amerikanischen Augen niemals selbst entdecken würden, Plätze, wo der Mangobaum wild und unberührt wächst, wo keine Fußspur im Sand ist. Ich zeige dir Wasserfälle, so schön und gewaltig, daß dir fast das Herz bei ihrem Anblick bricht, und Seehunde und Fische, die in solchem Frieden leben, daß sie, wenn wir mit ihnen schwimmen, Futter aus unseren Händen nehmen und mit uns spielen wie kleine Kinder. Ich kenne den Südpazifik und seine liebenswerten, sanftmütigen Menschen. Hetze nicht durch dieses großartige Inselparadies, das würde dir ewig leid tun. Australien kann warten. Laß uns die Inseln gemeinsam erleben, Tania."

Ich war sprachlos. Alles, was dieser Mann sagte, war für mich eine Offenbarung. „Ich will frei sein, Tania. Für mich ist Geld nur ein Mittel, mir die Freiheit zu erkaufen. Ich arbeite gerade soviel, daß ich genügend habe, um zu den schönsten Plätzen dieser Erde zu segeln."

„Mir geht es genauso ... das denke ich auch ..." Wie oft habe ich das an jenem Tag gesagt! Als ich ihm erzählte, was ich vorhatte und warum ich unterwegs war, sagte er, wie schön es sei, daß ich das schon so jung tun konnte. Luc gehörte zu den ganz wenigen Menschen seit meiner Abfahrt aus New York, bei denen ich mir nicht bescheuert vorkam mit meiner Reise allein auf dem Boot. Er war auch einer der ersten, der die Schönheit dieses Plan anerkannte.

„Das will ich auch – so viel wie möglich sehen", sagte er. „Ehe ich sterbe, möchte ich die fernste Blüte auf dem höchsten Berg betrachtet und bewundert haben."

Alles, was Luc sagte, brachte die Saiten meiner eigenen Träume zum Erklingen. Beredt malte er in romantischen Worten auf die leere Leinwand meiner Zukunft eine farbenfrohe Vision des Lebens. Diesen verzauberten Tag werde ich niemals vergessen – wir schwebten auf einer Wolke, fühlten uns grenzenlos stark und verliebten uns ineinander.

Während der Fahrt durch den Kanal versprach mir Luc, am nächsten Tag Varuna mit durchzubringen, und ich fragte aus ihm heraus, daß er sich in der Alltagswelt der Rechnungen, Termine und bürgerlichen Verantwortung den Lebensunterhalt als Konstrukteur von Kläranlagen verdiente. Damals fand ich das sehr komisch, konnte es ihm aber auf französisch nicht erklären. Zumindest dachte ich, er hätte gesagt, damit verdiene er sein Geld. Dies wäre nicht das einzige Mißverständnis gewesen, die Sprachbarrieren spielten uns in jenen ersten Tagen des Zusammenseins noch manchen Streich.

Am Abend fuhr ich mit der Bahn zum Yachtclub zurück, begann mit den Vorbereitungen für unsere eigene Durchfahrt und wartete auf Luc. Als er kam, half er mir mit den Leinen, und wir befaßten uns noch einmal mit dem Motor. Zur Schlafenszeit baute ich sein Bett im Vorschiff, wir sagten etwas verlegen gute Nacht, und ich kuschelte mich in meine eigene Koje. Nach einigen Stunden, in denen wir uns beide recht unruhig hin und her wälzten, hörte ich, daß Luc aufstand und ganz leise an mein Bett kam. Behutsam streichelte er meinen Kopf. Ich lag stocksteif und tat, als ob ich schliefe. Er machte keinen Versuch, mich zu wecken, kniete einfach da und kroch dann leise in sein Bett zurück.

In Colón hatte ich zwei dänische Teenager kennengelernt, die bei Verwandten zu Besuch waren, den Kanal gern mal erleben wollten und bei uns mitfuhren, genauso wie die Tochter eines Yachtclub-Mitglieds. Mit Luc, dem Kanallotsen und mir hatte Varuna so die geforderte Crewstärke. Am nächsten Morgen versammelte sich die Besatzung, quetschte sich an Bord, und in aller Herrgottsfrühe steuerten wir die erste Schleuse an.

Unser Lotse, ein ernsthafter junger Mann namens Alberto, war noch in der Ausbildung und bestand darauf, selbst zu steuern. Die massiven Stahltore der ersten Schleuse öffneten sich und schoben dabei tonnenweise Wasser vor sich her. Ein großer Tanker lief in die Schleusenkammer ein, die fast wie eine tiefe Höhle wirkte, gut 300 Meter lang und 35 Meter breit. Am anderen Ende waren genauso imposante Schleusentore. An den Seiten über der Kammer zogen kleine Lokomotiven das Schiff in Position und holten die Leinen dicht, als es richtig lag. Danach liefen wir ein, vier stämmige Typen warfen uns von oben eine Art Transportleinen zu, dünne Leinen mit Augen und Gewichten am Ende.

Als wir an Deck herumkrochen, klangen unsere Stimmen hohl zurück von den hohen Schleusenwänden. Wir befestigten unsere vier langen Leinen an den Wurfleinen, die Männer zogen sie nach oben und machten das Boot nach allen Seiten gleichmäßig fest. Die Stahltore knallten zu. Alles um uns herum hallte wider vom Stöhnen und Kreischen der tonnenschweren Massen zusammenschlagenden Metalls, strömenden Wassers, der Maschinen und Turbinen.

Diese monströse Maschinerie hielt uns gefangen bis zum höchsten Punkt des gesamten Systems, beim Gatunsee. Wir stiegen mit den vom See hereingepumpten Wassermassen empor. Varuna versuchte ihre Fesseln abzuschütteln, doch die Männer an Land holten die Leinen dichter und nahmen die Lose heraus. Ich durchlebte den Alptraum aller Skipper – die Vorstellung, daß mein Boot sich losreißt und auf den kochenden Wassermassen wie eine Bade-Ente herumgeschleudert wird.

Als Ruhe eingekehrt war, öffnete sich das Tor zur Ausfahrt in die zweite Schleuse. Voraus drehten sich die mächtigen Propeller des Tankers und schoben ihn langsam vorwärts. Dann folgten wir. Die ganze Prozedur wiederholte sich noch zweimal, bis wir aus der dritten Schleuse hinaus auf den friedlichen Gatunsee motorten, fast 30 Meter über dem Meeresspiegel. Zur Rechten erhob sich der gewaltige Gatundamm, der vom Aushub des vor uns liegenden Culebra oder Gaillard Cut gebaut wurde. Damit hatte man den Chagres gestaut und so den Gatunsee geschaffen.

Alberto erzählte uns, daß über die ganze Länge des Kanals Erdmassen in einem Umfang ausgehoben worden waren, der ausgereicht hätte, um eine Chinesische Mauer von San Francisco nach New York zu bauen. Wir schwiegen, während Varuna von Boje zu

Boje tuckerte, 23 Meilen durch die friedlich-schöne Landschaft des Gatunsees. Diese riesige, von Menschenhand geschaffene Wasserfläche ist voller Vögel und Bäume, die wie Schiffbrüchige auf grünen Inselchen über dem Wasser wachsen. Andere Bäume hatten weniger Glück gehabt. Sie wurden vom Wasser überflutet, als das Land dem See geopfert wurde. Ihre Kronen standen zuweilen durch die Oberfläche heraus, so, als ob sie um ihren letzten Atemzug kämpften.

Das Panorama wirkte fast ein wenig gespenstisch. Bei dieser dritten Kanalfahrt innerhalb von drei Tagen kamen mir die versunkenen Bäume wie Symbole vor, Erinnerungen an die Landschaft, die es hier gegeben hatte, ehe der Mensch das ehrgeizige Kanalprojekt in Angriff nahm. Wenn diese Bäume sprechen könnten, was hätten sie zu erzählen von harter Arbeit, vom Leid der Menschen und von vergangener Zeit!

1879 versuchten die Franzosen als erste, diesen Weg zwischen den Ozeanen zu bauen. Zum Ausschachten des Kanals holten ihre Bauunternehmer Farbige von den karibischen Inseln ins Land, dazu Lateinamerikaner, Italiener, Griechen und Chinesen. In den seuchenträchtigen Sumpfgebieten schufteten die Leute unter verheerenden Bedingungen. Gelbes Fieber, Malaria, Tuberkulose, Typhus und Cholera grassierten in den Lagern der Arbeiter. Alberto sagte, 25 000 Menschen seien wie die Fliegen gestorben. Die Franzosen holten menschlichen Nachschub heran, doch nach zehn Jahren härtester Arbeit und verzweifelter Anstrengungen waren ihre Mittel erschöpft. Sie verloren den Glauben an das Gelingen des ehrgeizigen Projekts und gaben auf. Die Amerikaner ergriffen die günstige Gelegenheit und stiegen ein.

Luc und ich saßen vorn und beobachteten, wie Alberto die Richtbaken auf den Hügeln vor und hinter uns in Deckung brachte. Zwei Markierungspunkte mußten jeweils in Linie stehen, dann waren wir auf dem richtigen Kurs. Wanderten sie aus, dann war VARUNA vom Kurs abgekommen, und wir brachten sie eilig wieder auf den rechten Weg zurück.

Als wir uns dem Culebra Cut zwischen dem Gatunsee und der Pedro-Miguel-Schleuse näherten, ging ich unter Deck und machte Sandwiches. Ich hatte ein etwas schlechtes Gewissen, denn ich wußte wohl, daß die anderen auch auf einem viel größeren, komfortableren Boot hätten sein können. Sozusagen zum Trost wollte ich ihnen wenigstens ein gutes Essen bieten.

„Seht ihr?“ sagte Alberto mit vollem Mund, weil er gerade ein Schinken-Käse-Sandwich kaute. „Dieser Teil des Kanals war der schlimmste. Sie mußten ihn durch die Felsen bauen, durch die Wasserscheide zwischen den Kontinenten, die fast hundert Meter hoch und sechzehn Kilometer breit ist. Nachdem ein Drittel der Arbeit geschafft war, gingen die Franzosen an diesen Bergen kaputt. Als die Amerikaner einstiegen, heuerten sie 86 000 Leute an. 7000 kamen um.“

Wir betrachteten die rotbraunen Felsen entlang der Durchfahrt. Alberto sprach davon, daß das Dynamit Hunderte von Malen zu früh hochging und viele Menschen dabei starben. Allmählich wurden seine statistischen Zahlen für mich zu einer bloß noch abstrakten Größe. Der Bau des Kanals hat einen unglaublichen Blutzoll gefordert, seine Opfer sind Legende. Sogar der berühmte französische Maler Paul Gauguin arbeitete einige Zeit hier als ungelernter Arbeiter; er überlebte. Ich dachte an ein westindisches Gedicht in dem Buch von Adrian: „Das Fleisch der Menschen flog an vielen Tagen durch die Luft wie Vögel.“

Der Abstieg aus der Pedro-Miguel-Schleuse zum Stausee von Miraflores und weiter abwärts durch dessen Schleuse verlief ähnlich dem Aufstieg. Mit einem Unterschied – das Wasser lief nun aus den Schleusen heraus, statt in sie hineinzuströmen, und das brachte sehr viel weniger Aufruhr. Nach fünfzehn Stunden tuckerten wir in den Pazifik. Am Steg des Balbao Yacht Clubs verabschiedete ich mich von Alberto und der übrigen Crew. Sie sprangen an Land. Luc setzte Varuna ab, und wir motorten zu einer der Murings für die Nacht.

„Thea liegt vor Anker in Taboga“, sagte Luc, als die anderen von Bord waren. „Das ist nicht weit von hier. Wenn du willst, Tania, können wir dorthin segeln und zusammensein.“

Was immer er sagte oder wollte, es erschien mir richtig, wenn wir auch gelegentlich Probleme mit der Verständigung hatten – ich mit meinem eingerosteten Französisch und er mit seinem gebrochenen Englisch. Aber irgendwie klappte es dann doch, so glaubte ich wenigstens. Ich sah uns schon gemeinsam bis ans Ende der Welt segeln.

Am nächsten Abend legten wir ab und segelten die fünf Meilen bis zu meiner ersten Insel im Pazifik – Taboga. In stockdunkler Nacht erschienen mir die schimmernden Lichter am Horizont wie strahlende Vorboten der Zukunft. Voll froher Hoffnung segelte ich ihnen entgegen.

Taboga – Contadora – Galapagos

Zu den Verzauberten Inseln

Auf seiner Reise in die Neue Welt fuhr Magellan im 16. Jahrhundert in den Pazifik ein und gab ihm den Namen El Pacifico, der Friedliche, denn er fand die See dort glatt und ruhig vor. Für die Europäer galt Magellan als Entdecker dieses Ozeans, obwohl vor ihm schon der Portugiese Balboa an jenes Meer gelangt war und es Mar del Sur (Meer des Südens) genannt hatte. Damals konnte Magellan noch nicht wissen, daß die riesige Wasserfläche ein Drittel der Erde bedeckt und tückische Stürme dort ihren Ursprung haben. Viereinhalb Jahrhunderte später, als VARUNA den Panamakanal verließ und damit den einzigen Ozean, den sie bisher kannte, wußte ich das auch nicht. Das ganze nächste Jahr sollte ich mit der Entdeckung der pazifischen Inseln verbringen. Vor mir lag ein Meer der Erkenntnisse, des Abschiednehmens und Neuanfangs.

Die Insel Taboga bedeutet für die Stadt Panama ungefähr das, was die Hamptons auf Long Island für New York sind. Während der Woche geht es dort ruhig und bedächtig zu, aber am Freitagnachmittag spuckt die täglich verkehrende Fähre Menschenmengen aus – Familien in Sonntagskleidung –, die kleine Hotels und leere Wochenendhäuser überfluten. Wir kamen mitten in der Woche und hatten die Insel ganz für uns.

An unserem ersten Tag auf Taboga gingen wir auf blumengesäumten Steinpfaden zwischen blütenübersäten, duftenden Büschen und Hecken durch den winzigen Ort. Kinder spielten auf der

Straße, während ihre Mütter Wäsche wuschen und auf Terrassen und in Gärten zum Trocknen aufhängten. Wir zählten ganze fünf Autos auf der Insel, in sonderbarem Kontrast zu den Eselskarren, deren Zugtiere die Köpfe unter der glühenden Sonne hängen ließen und mit ihren Schwänzen ganze Fliegenschwärme zu vertreiben suchten.

VARUNA, THEA und ein drittes Boot, SASKIA, lagen in Strandnähe vor Anker und wiegten sich auf der einlaufenden Dünung. An jenem Abend betrachteten wir den Sonnenuntergang von der Terrasse eines kleinen Freiluft-Restaurants aus. Wir blickten über die Bucht, in der zehn Fischerboote lagen, dazu unsere drei Segelboote und in der Ferne zwei uralte Fischkutter, die mich an Kühe auf der Weide erinnerten. Ein paar knubbelige grüne Inselchen schützten sie vor dem Pazifik da draußen.

„Ich will dir alles Schöne dieser Erde zeigen, Tania", sagte Luc während des Essens. Ich rutschte verlegen auf meinem Stuhl hin und her und blickte auf meinen unberührten Teller mit Krabben, den die Kellnerin gerade abräumte. Das Leben war kompliziert geworden.

Vom ersten Tag an hatten SASKIA, THEA und VARUNA eine Segelgemeinschaft gebildet, mit THEA als Mittelpunkt. Sie war das größte Boot, mit den besten Vorräten, und wirkte im Vergleich zu VARUNA, deren Lebensraum knapp für eine kleine Person reichte, mit ihren elf Metern Länge fast palastartig.

Eine Lieblingsbeschäftigung von Luc war das Kochen. Er genoß es, kulinarische Wunderwerke in seiner Pantry zu zaubern, die so günstig lag, daß der Küchenchef niemals von der Tafelrunde ausgeschlossen war. Bei den Mahlzeiten, beim Flachsen und Necken dieser drei französischen Musketiere war ich immer dabei und revanchierte mich, indem ich den Abwasch übernahm, wenn Jean Marie seine Rolle als Abwäscher satt hatte.

Jean Marie stammte aus Paris, trat mit achtzehn bei der Luftwaffe ein, stieg mit dreiunddreißig aus und ging sofort daran, sich seinen lebenslangen Traum zu erfüllen und die Welt zu sehen. Er flog nach Martinique, traf dort Luc, der THEA gerade für die Fahrt nach Tahiti vorbereitete, und kam als Crewmitglied an Bord.

Renés Heimat war die Bretagne, eine Halbinsel an der französischen Nordwestseite. Seine Frau hatte in Costa Rica einen Job als Lehrerin gefunden und war dorthin zurückgeflogen, nachdem sie in der Vorwoche ihr Boot durch den Kanal gebracht hatten. Nun wollte er SASKIA allein nach Costa Rica segeln. René war französisch bis in die Fingerspitzen und mit Nachdruck. Darum hatte er wohl auch, ehe er die Heimat verließ, die besten Weingüter Frankreichs besucht und auf SASKIA einen beachtlichen Weinvorrat angelegt. Ihre Bilge und Schapps waren dicht gestaut mit tausend sorgsam verpackten Flaschen aller Lagen. So saßen diese drei Philosophen vor jedem Abendessen zusammen, prüften den Duft des Weines, bewegten ihn behutsam und genießerisch auf der Zunge und bewunderten ihn voller Andacht, als ob sie einen Großeinkauf tätigen wollten.

René war der Individualist der Gruppe, er unterschied sich von den beiden anderen in vielen subtilen Nuancen und in einer, die nicht so subtil war. Seine einzige Bekleidung waren ein buschiger schwarzer Bart und ein Barett, mit dem er die Blöße seines Hauptes verbarg. Im übrigen präsentierte er stolz seinen knochigen, braungebrannten Körper in voller Schönheit. Zuerst brachte mich das ziemlich aus der Fassung, ich wußte nicht recht, wohin ich sehen sollte, wenn René erschien, bis ich merkte, daß Luc und Jean Marie ihn überhaupt nicht beachteten. Schließlich gewöhnte ich mich an René im Naturzustand, behielt aber selbst immer meinen Badeanzug an.

Luc hielt die Gruppe zusammen mit seinen wilden Reise- und Abenteuergeschichten. Die ersten Abende schwirrte mir der Schädel, ich hatte Mühe, das ziemlich derbe Französisch mit seinen Andeutungen und Klischees zu verstehen. Dazu kam noch der Dialekt. Lucs leidenschaftliche gallische Engstirnigkeit erinnerte mich an meinen Vater, und Jean Marie und René ähnelten seinen verrückten Freunden, die daheim immer mit ihm um den Küchentisch hockten – sie lachten und stritten sich, erzählten wilde Geschichten von exotischen Plätzen, an denen sie schon gewesen waren, und all den irren Sachen, die sie unternommen hatten.

Bei den munteren Tischgesprächen an Bord von THEA dachte ich zurück an unsere Wohnung in New York und an die Künstler, den Rabatz und Spaß meiner Kindertage. Im Laufe der Jahre hatte mein Vater allmählich Erfolg mit seiner künstlerischen Arbeit und damit eine Menge Freunde, die man nur in der bunten Welt der Szene finden kann, doch immer blieben Fritz und Christian ruhender Pol in unserem Leben. Christian war mit meinem Vater zusammen ausgewandert, und Fritz erschien bald danach auf der Bildfläche. Sie waren meines Vaters engste Freunde und gehörten einfach zur Familie.

In diesem Kreis wusch immer eine Hand die andere. Einmal, ehe Fritz selbst Erfolg mit seiner künstlerischen Arbeit hatte, brauchte er dringend Geld, und mein Vater wollte ihm gern helfen.

„Fritz, mein Haus muß gemalt werden", sagte er. „Wenn du das machen willst, dann ran an die Arbeit."

„Super", sagte Fritz, „mach ich."

Als mein Vater drei Wochen später von einer Reise in die Schweiz zurückkam, war das Haus in SoHo, ein fünfstöckiges Mietshaus, babyblau gemalt und obendrein noch geschmückt mit einem riesigen Gemälde fliegender Milchkühe an Fallschirmen. Jetzt, 2400 Meilen entfernt von Familie und Freunden, an einem Tisch mit diesen Exzentrikern, wurde ich an jene Tage erinnert und fühlte mich wie zu Hause.

Aus verschiedenen Gründen hielt es mich länger in Taboga, und Luc war dabei nicht der unbedeutendste. Außerdem hatten VARUNA, THEA und SASKIA einige Reparaturen nötig und sollten auch sonst überholt werden als Vorbereitung für den nächsten Abschnitt der Reise. Luc und ich halfen uns gegenseitig, René arbeitete ganz konsequent an SASKIA, und Jean Marie vertrieb sich die Zeit mit Entdeckungsreisen an Land. Auf einem seiner Ausflüge lernte er eine nicht mehr ganz junge, aber sehr schöne Frau kennen, die Besitzerin einer Eisbude am Strand. Am dritten Abend unseres Aufenthalts in Taboga brachte er sie mit an Bord.

„Dies ist Kerima de Lescure. Sie ist etwas ganz Besonderes", sagte Jean Marie. „Ihr müßt sie unbedingt kennenlernen."

Kerima sprach weder Französisch noch Englisch, wir mußten uns also mit Jean Maries spärlichem Spanisch und mit viel Zeichensprache behelfen. Als sie Lucs Gitarre entdeckte, waren die Verständigungsprobleme vergessen. Sie nahm sie und begann zu singen, Lieder von einem verträumten, sternguckenden Poeten. Wenn wir sie abends an ihrem Stand besuchten, las sie uns aus ihren Gedichtbänden vor, immer von *el sol* und *las estrellas*, der Sonne und den Sternen. Kerima war leicht zu begeistern und deshalb auch fasziniert von meiner Reise und von Dinghy. Immer wieder sprach sie lachend von der *muchacha solita con su gatito* – dem kleinen Mädchen allein mit einer Katze.

Eines Tages bekamen die drei Männer einen Anfall von Arbeitswut, steckten die Köpfe zusammen und machten sich daran, den Starter von Lucs Motor zu reparieren, was sich zu einer ziemlichen Drecksarbeit entwickelte. Der Tag war glühend heiß, also sprang ich zur Abkühlung über Bord, während sie noch schwitzten, und begann, VARUNAS Unterwasserschiff zu schrubben. Wenn ich das zu lange aufschob, sammelten sich am Rumpf eine ganze Menge Unterwasser-Lebewesen und Muscheln, die das Schiff merklich langsamer machten. Dinghy miaute vom Deck zu mir herunter, während ich, mit Maske, Schnorchel und harter Bürste bewaffnet, tauchte und anfing, den Bewuchs zu entfernen. Das Unterwasserschiff sah aus, als ob es lange nicht rasiert worden wäre. Beim Schrubben lösten sich ganze Strähnen grüner Barthaare und sanken langsam auf den Grund. Zwar waren alle Muscheln am Rumpf während der Kanalfahrt im Süßwasser abgestorben und abgefallen, doch blieb noch ein tüchtiges Stück Arbeit übrig. Die Schufterei lohnte sich aber. Mit sauberem Rumpf legte VARUNA mindestens einen halben Knoten Fahrt zu, manchmal sogar mehr.

Ganz plötzlich, aus heiterem Himmel – ich hatte etwa ein Viertel des Rumpfes geschafft –, überlief es meinen Körper wie Feuer, in Sekundenschnelle war ich in Todesangst. Ich konnte nicht schreien und wußte nicht, woher diese wahnsinnigen Schmerzen kamen. Sie waren überall gleichzeitig – an Armen, Schultern, Rücken, Bauch. In Panik tauchte ich auf und schaffte es noch irgendwie, mich an Bord zu ziehen. Dann bekam ich einen Schock.

Luc blickte von seinem Starter empor zu VARUNA, sah, daß etwas nicht in Ordnung war, ließ sein Werkzeug fallen, sprang ins Dingi und pullte in Windeseile herüber, Jean Marie und René hinterher. Ich war in die Tentakeln einer Portugiesischen Galeere geraten, deren Fäden immer noch an meinem Rücken hingen und ihr Gift auch über meinen Bauch und meine Arme träufelten. Luc und Jean Marie versuchten, die schleimigen Fäden abzuziehen, René sprang ins Boot und pullte eilig zu SASKIA hinüber, wo er nach einem alten bretonischen Hausrezept aus gemahlenem Ton und Wasser eine Paste rührte. Sie wurde auf die Blasen aufgetragen, die überall auf meinem Körper erschienen. Als der erste Schock vorüber war, zitterte ich wie Espenlaub beim Gedanken an die Größe der Meduse, die mich in ihren Fängen gehabt hatte.

Was für ein Glück, daß Freunde in der Nähe waren und mir zu Hilfe kommen konnten! Die Quallen-Quaddeln waren nun mehr wie Narben einer glücklich überstandenen Schlacht. Nach zwei Tagen verschwanden sie allmählich dank der heilenden Wirkung von Renés Hausmittel.

Als alles überstanden war, beschlossen wir, die Boote zu verproviantieren und klarzumachen für die Fahrt zu den Perleninseln, fünfzig Meilen in den Golf von Panama hinein. An einem der letzten Abende mit Kerima verfaßte sie ein Gedicht, malte ein Bild von Dinghy und VARUNA vor Anker auf ein T-Shirt und überreichte es mir als Abschiedsgeschenk. Wenn ihre Finger über die Saiten der Gitarre flogen, Luc neben mir saß und VARUNA fit genug war, um aller Welt zu trotzen, dann schien mir das Leben voller unbegrenzter Möglichkeiten.

In den ersten zehn Tagen auf der pazifischen Seite von Panama hatten wir nur sehr leichte Tagesbrisen gehabt. Alles war friedlich und schön, so daß wir keinerlei Bedenken hatten wegen des relativ ungeschützten Ankerplatzes des Clubs der Yachten und Fischer vor Panama City. Wir wollten ja auch nur zwei Tage bleiben.

Die relativ gezeitenfreie Karibik hatte mich eingelullt, und der Pazifik war für mich ein neuer Ozean. Seine Stimmungen kannte ich noch nicht, aber ich lernte sehr schnell, daß man bei der See nicht zu vertrauensselig sein darf. Wir ankerten über dreihundert Meter vor der Küste, laut Echolot mit etwa fünf Meter Wasser unter dem Kiel. Das hatte ja auch etwas für sich; wir würden wenig Mühe haben, die Anker aus dem Grund zu holen.

An jenem Abend kochte Jean Marie auf THEA Spaghetti für uns alle, René brachte zwei Flaschen Bordeaux mit. Als ich herüberpullte, miaute Dinghy herzzerreißend über das Wasser und wollte mich an Bord zurückrufen. Während des Abendessens kenterte der Strom, und über dem flachen Grund und dem abfallenden Unterwasserschelf baute sich eine See auf. Als ich merkte, wie THEA immer stärker rollte, ging ich an Deck, um nach den anderen Booten zu sehen.

„O Gott!" schrie ich. „René, komm schnell! Die Wellen brechen sich direkt neben SASKIA!" Eilig kam er an Deck. Der Ebbstrom lief uns praktisch unter den Füßen weg. Hilflos mußten wir zusehen, wie die Brecher sich immer weiter zurückzogen und erst über VARUNA, dann über die THEA herfielen.

Eine Welle lief von achtern auf und stieg über THEAS hohes Heck ein. Jetzt wurde uns der Ernst der Lage richtig klar. Zu unseren Booten hätten wir nur unter großer Gefahr rudern können. Es war, als ob man die brechenden Riesenwellen an einem hawaiischen Strand von hinten beobachtete. Jede Welle hob erst SASKIA an und dann VARUNA, warf sie auf die Seite und begrub unser schwimmendes Zuhause unter schmutzigen Wassermassen. Ich versuchte Dinghy, der verzweifelt miaute, Mut zuzurufen, und schob jeden Gedanken an die ungeklärten Abwässer, die in die nahegelegene Bucht flossen, möglichst weit weg. Mir wurde schlecht, wenn ich an die stinkend nasse Kajüte dachte, die mich erwartete, wenn ich endlich an Bord zurück konnte. Alle Seitenfenster waren offen.

Sechs Stunden lang, während der ganzen Ebbdauer, sahen wir hilflos zu, wie unsere Boote stampften und rollten; das Wasser fiel um viereinhalb Meter. Noch dreißig Zentimeter weniger, und VARUNA hätte auf Grund gesessen. SASKIA saß schon fest, es tat weh zu hören, wie jede Welle sie auf Grund schlug und wieder hochriß. Glücklicherweise war der Boden weich und schlammig, und die Anker hielten. Als das Wasser wieder stieg, ruderten René und ich über das jetzt wieder ruhige Wasser an Bord, um die Bescherung zu betrachten. Ich kletterte an Deck, nahm Dinghy ganz fest in die Arme und hätte mich dafür prügeln können, daß ich gar nicht auf den Gedanken an solche verheerenden Gezeiten gekommen war und mich vor dem Verlassen des Bootes nicht informiert hatte. Das sollte mir nicht noch einmal passieren!

Einen Tag später, nachdem wir auf einen anderen Ankerplatz verlegt hatten, gingen wir an Land und kauften im Gedränge des

Marktes in Panama City Vorräte ein. Da hörten wir einen Mann schreien. Polizei und Neugierige umringten ihn, wir drängten uns heran, um zu sehen, was los war. Jemand hatte ihm einen Finger abgeschnitten, um einen Ring zu stehlen. Es wurde Zeit, daß wir wegkamen.

Am 20. August 1985 holte ich den Anker auf, setzte Segel, klinkte den Autopiloten auf der Pinne ein und nahm Kurs Südwest nach Contadora im Archipel der Perleninseln. Viele Panamaer hatten uns gesagt, wir dürften auf keinen Fall an den Perlas vorübersegeln. „Sie sind wunderschön. Auf der Insel Contadora läuft Rotwild frei herum, und auf San José werdet ihr keine Menschenseele treffen. Auf den Inseln erlebt ihr Panama ganz unverfälscht."

„Warum nicht?" dachte ich. „Dann werde ich zum erstenmal im Pazifik Landfall in freier Natur machen."

René war schon vor uns gestartet, Jean Marie und Luc brachen mit mir zusammen auf. Ich sah sie vor mir am Horizont. Taboga versank hinter uns, die See rauschte am Schiff vorüber. Ich dachte an die beiden letzten Wochen, Luc stand dabei im Mittelpunkt.

Ich hatte mich noch nie nach Einsamkeit gesehnt. Im Gegenteil – es kam mir sogar ziemlich unnatürlich vor, daß ich mich beim Einhandsegeln so völlig von der Zivilisation isolierte. Ehe ich Luc kennenlernte, hatte ich Augenblicke tiefer Verzweiflung erlebt, in denen ich nach meinen Freunden verlangte und dachte, ich müßte endlich eine wirklich echte Beziehung zu einem ganz besonderen Menschen haben. Ich hatte mich nur schwer damit abfinden können, daß ich diesen Menschen aber wohl kaum während der zwei Jahre meiner Weltumseglung finden würde. Bei dem Gedanken hatte ich mich in St. Thomas, auf den Bermudas und in Panama einsamer gefühlt als mitten auf dem Ozean.

Doch fast vom ersten Augenblick an hatte Luc alle diese Ängste verscheucht. In wenigen Tagen waren wir so vertraut geworden, wie ich es nie zuvor erlebt hatte. Er war fünfzehn Jahre älter als ich. Seine Behutsamkeit, wenn wir allein waren, war völlig anders als die leichte Art, die er im Umgang mit anderen hatte. Bei ihm fühlte ich mich geliebt und geborgen. Noch nie hatte ich einen solchen Menschen getroffen.

Für einen Mann von dreiunddreißig Jahren benahm er sich wie ein kleiner Junge, und das gefiel mir besonders. Er liebte lockere Unterhaltungen und, besser noch, auch ernsthafte Gespräche. Weil er ein bißchen rundlich war, machte er sich viele Gedanken über sein Gewicht und fragte dauernd, ob er fett sei. Ich antwortete dann: „Du bist ein niedliches, rundliches Ferkel." Da lächelte er.

Ich machte eine Kurskorrektur am Autopiloten und sah zu Thea hinüber. Sie hatten gerade einen Fisch an der Angel, einen Fisch aus einem ganzen Schwarm, der versucht hatte, den hungrigen Delphinen zu entgehen, die um die Boote herum quiekten. Im Schatten des Spritzverdecks lehnte ich mich zurück. Von der Hitze einmal abgesehen – etwa 38 Grad, ohne den leisesten Windhauch –, war das Leben wunderbar.

Das einzige Problem in meiner kleinen Welt war die Zeit. In New York hatten mein Vater und ich die Monatskarten studiert und geschätzt, wie lange ich für jede Etappe brauchen würde und wieviele Tage im Hafen nötig wären, ehe es weitergehen könnte. Nach unserem Plan sollte ich von Panama aus nonstop zu den Galapagosinseln segeln und von dort direkt nach Samoa. Diese knapp bemessene Zeiteinteilung war für die gesamte Weltumseglung geplant. Danach sollte ich zwei Jahre brauchen. Jetzt, wo ich dabei war, den Plan auszuführen, wurde mir klar, daß er unmöglich durchzuhalten war. Ich hatte noch nicht einmal ein Viertel meines Weges hinter mir und war theoretisch schon zwei Monate hinter meinem Zeitplan zurück.

Das Programm für diese Weltumseglung hatte einen gewaltigen Umfang angenommen seit den einst so bescheidenen Rohentwürfen auf Pfadfinder ein Jahr zuvor. Mein Vater hatte ein bißchen nachgeforscht und entdeckt, daß ich den bisherigen Weltrekord des jüngsten Einhand-Weltumseglers brechen würde, wenn ich vor November 1987 wieder in New York wäre. In diese Vorstellung hatte er sich total verliebt.

Zwei Jahre können einem wie eine Ewigkeit vorkommen, wenn man sie vor sich hat, doch schon jetzt fühlte ich mich unter Zeitdruck. Es half aber alles nichts – für Varuna standen Arbeiten an, mit denen wir in New York nicht gerechnet hatten. Da wir vor der

Abreise keine Probefahrt machen konnten, um eventuelle Kinken auszubügeln, mußte sie nun unter anderem kalfatert werden, denn sie hatte einige Lecks. Auch die Motorabdeckung, die gleichzeitig der Fußboden des Cockpits war, ließ Wasser durch und sollte mit einer Gummidichtung versehen werden. Und die Koje wollte ich vergrößern lassen, damit ich einigermaßen bequem schlafen konnte. Sie war so eng, daß ich jeden Abend fast eine Stunde brauchte, bis ich die Position wiederfand, in der ich abends zuvor eingeschlafen war.

Ich entschloß mich, nach meiner Ankunft auf Tahiti im November dort die Hurrikan-Saison abzuwarten. Tahiti war die erste größere Insel, auf der es alles gab, was ich für meine Arbeiten brauchte. Dann hatte ich es halb über den Südpazifik geschafft, konnte das schlechte Wetter sozusagen „aussitzen" und auf der südlichen Halbkugel gegen Ende des dortigen Herbstes weiter nach Australien segeln. Das war allerdings eine geringe Abweichung von dem ursprünglichen Plan, demzufolge ich wegen der Hurrikan-Saison schon 4000 Meilen weiter, nämlich in Australien, sein sollte. Ich wollte meinem Vater gleich am Abend nach unserer Ankunft auf Contadora deswegen schreiben. Erfreut würde er sicher nicht sein.

Nach einem sehr heißen Zehn-Stunden-Tag unter Motor, der diesmal brav dahintuckerte, sah ich im Dunst voraus die flachen braunen Hügel auftauchen. Ein Empfangskomitee von Delphinen schwamm in unserem Kielwasser, als wir zu dem Ankerplatz motorten, an dem wir uns mit René verabredet hatten. Da sah ich ihn schon in seiner spärlichen Bekleidung beim Aufschießen der Leinen, winkend und mit breitem Grinsen. Ich ankerte zwanzig Meter von THEA entfernt, stellte den Motor ab und tat einen tiefen Seufzer der Erleichterung, als nur noch die Geräusche des Wassers an der Bordwand hörbar waren – welch eine Wohltat für die Nerven! Der schönste Augenblick vollkommener Ruhe ist die Sekunde gleich nach dem Abstellen des Motors, wenn man einen langen Tag motoren mußte. Luc hatte schon Schnorchel, Maske und Harpune in der Hand und rief herüber, er werde uns ein Festmahl aus dem Wasser holen.

Ich setzte mich mit einer Packung Sojamilch an Deck und lehnte mich an den Mast. Es war gerade jener wunderschöne Augenblick zwischen Tag und Abend, in dem Ströme von Licht in orangefarbenen und rötlichen Schattierungen den Himmel überziehen. Wir ankerten nahe der felsigen Küste. Kleine Krebse huschten auf der Suche nach Nahrung aus ihren Schlupfwinkeln in Felsspalten und anderen Verstecken. Direkt über den Felsen verdeckten Palmen, Frangipani und andere exotische Gewächse den Blick auf Häuser. Eine schmale, unbefestigte Straße verschwand irgendwo im Grünen und lockte für morgen zu einem Erkundungsgang über die Insel.

Etwas abseits war ein alter Fischer dabei, sein Netz zu Wasser zu bringen. Systematisch, Falte um Falte, hatte er es in seinen Armen zusammengelegt, und als er es nun über das Wasser warf, entfaltete es sich wie ein großes Laken. Das Nylon schimmerte verzaubert im schwindenden Licht der Abenddämmerung, ehe es, von Bleigewichten niedergezogen, im Wasser des Pazifik versank.

El Pacifico! Ich bin tatsächlich im Pazifik! Meine Gedanken stolperten, schürften über den Boden und kamen mit blutigen Knien schmerzhaft zum Stillstand. Mir war, als ob ich schon Jahre unterwegs sei, und doch war ich erst am Anfang meiner Reise, weit weg vom Indischen Ozean und, wie mir schien, Lichtjahre entfernt vom Atlantik. Ich holte mir Schreibzeug.

„Dear Daddy“, fing ich an und starrte auf das Papier.

Der einsame Fischer holte sein Netz ein. Die schimmernde Last quirlte durcheinander beim Versuch, sich zu befreien. Aber alle Anstrengungen der Fische würden vergeblich sein, das wußte ich von Taboga her. Sie machten es nur schwieriger für den, der sie aus dem Netz holen mußte, weil sie sich verhakten. Luc hatte mir gezeigt, wie man kleine Sardinen zum Frittieren fängt. Dabei hatte ich entdeckt, welch regelrechte Kunst es ist, das Netz richtig zu werfen. Als ich daran dachte, wie meine Netzknäuel ins Wasser geplatscht waren, bewunderte ich das Geschick des Fischers da draußen um so mehr. Mit erfahrenen Blicken erspähte er das geringste Rippeln an der Wasseroberfläche, an dem der vorüberziehende Fischschwarm zu erkennen war, warf sein Netz darüber und holte es ein.

Ich sah auf das Papier und fand keine Worte, meinem Vater zu erklären, wie mir war. Der Himmel dunkelte, als ich mich auf den Weg zu SASKIA machte, wo mich ein Langustenessen erwartete, und der Brief blieb ungeschrieben.

Contadora war eine Insel mit einer wunderschönen Szenerie. Wohin wir auch gingen, überall folgten uns Blicke aus den schwarzen Augen der Rehe. Auf unseren Wanderungen ins Inselinnere sprangen diese zartgliedrigen, langbeinigen Tiere so schnell vor uns davon, daß wir meist nur noch ihre braungefleckten Rückansichten im Unterholz verschwinden sahen. Die Tiere waren kleiner als unsere Hirsche, etwa in der Größe von Fohlen – die Böcke balancierten zierliche Geweihe auf ihren Köpfen –, und die Insel war überall voll von ihnen. Immer wieder fanden wir unter unseren Sandalen ihre Visitenkarten, wenn wir in die Bodega gingen, den kleinen Laden, in dem es einige Konserven gab, etwas Milchpulver und Eis am Stiel.

Die Luft auf Contadora war schwer vom Duft der üppigen Vegetation, die von den Macheten der Eingeborenen kaum gebändigt werden konnte. Vögel kreischten, pfiffen und flogen zwischen den Bäumen umher. Auf den wenigen Lichtungen sah man gelegentlich einige Contadoraner Fußball spielen. Es sind gutaussehende, dunkelhäutige Menschen, Nachfahren afrikanischer Stämme des 16. Jahrhunderts. Ihre Muttersprache ist Spanisch. Heute arbeiten die meisten dieser Insulaner als Hausangestellte und „Mädchen für alles“ in den großen Häusern und Villen, die im Grün der Insel verborgen liegen.

Eines Tages kamen wir auf unserer Wanderung zu einem verwilderten Golfplatz, auf dem zwei ältere Herren Petanque spielten. Ich erinnerte mich, daß ich auch schon in New York im italienischen Viertel nahe unserer Wohnung Männer bei diesem vom Mittelmeer stammenden Rasenspiel gesehen hatte. Auch die Franzosen schätzen Petanque, darum mußten Jean Marie, René und Luc unbedingt die Bekanntschaft dieser verwandten Seelen machen. Wir bahnten uns einen Weg auf den Golfplatz und wurden wie lang verschollene Freunde begrüßt. So lernten wir Roland de Montague kennen, einen Manager mit einer Vorliebe für einsam gelegene Landhäuser auf fernen Inseln, und Roberto Vergnes, Forscher, Entdecker und Exzentriker.

Roland war eine eindrucksvolle, vornehme Erscheinung, das buschige Haar akkurat gekämmt, ein Patriarch, dessen ruhige Würde den Ton unserer Unterhaltungen bestimmen sollte. Roberto war das genaue Gegenteil, recht rundlich, klein und glatzköpfig, mit einer Kartoffelnase und Ohren, die abstanden wie bei einem Koalabären. Wir spielten eine Partie Petanque zusammen und luden die beiden auf unsere Boote ein.

Damals mußte ich dauernd Französisch sprechen, und das war so schwierig für mich, daß ich oft abscheuliche Kopfschmerzen davon bekam. Mein ursprünglich vorhandener Sprachschatz wuchs zwar, das aber im mühsamen Zickzack durch die unterschiedlichen Umgangssprachen meiner drei Freunde. Mit Roberto mußte ich noch einmal ganz von vorn anfangen. Er kam aus Südfrankreich, wo die Leute offenbar eine Vorliebe dafür haben, an einzelne Wörter noch Extra-Endungen anzuhängen. Ich horchte vergeblich nach einem gewissen Sprachrhythmus, an den ich mich hätte halten können.

Auf SASKIA entkorkte René einige seiner besten Flaschen, und Luc öffnete eine Flasche Calvados, um die Unterhaltung etwas zu schmieren. Roberto war tatsächlich einer der letzten echten Abenteurer, Schwindler und Seeräuber. Er setzte sich in Pose, als ob er eine Rede von der Bühne der Carnegie Hall herunter halten wollte, und erzählte uns von seinen Abenteuern.

„Ich bin jetzt bei Rolando zu Besuch und gehe in einigen Wochen nach Frankreich zurück. Da suche ich Sponsoren und Geld, um die Suche nach Captain Henry Morgans Schatz auf der Kokos-Insel zu finanzieren“, begann er großartig. „Ich weiß nämlich, wo der liegt.“

„Ach, wirklich? Dann gib uns doch mal einen Tip“, sagte Luc. „Wir haben auch schon daran gedacht, dort hinzufahren.“ Ich hatte in Colón von der winzigen Insel gehört, die zu Costa Rica gehört und 450 Meilen vor der Küste liegt, außerhalb des Golfs von Panama und ideal für ein Schiff auf dem Weg nach Süden um Kap Hoorn oder in nördlicher Richtung nach Kalifornien und Mexiko. Dort konnte man den Proviant mit Wasser, Kokosnüssen und dem Fleisch wilder Schweine und Ziegen ergänzen, die es dort reichlich gab. Vor einigen Jahrhunderten hatten all die marodierenden europäischen Seeräuber bei den Inkas, Azteken oder wer ihnen sonst gerade in den Sinn kam abgeräumt und, wenn sie sich bedroht fühlten, ihre Beute auf der Kokos-Insel abgeladen. Nach Logbüchern und geschichtlichen Aufzeichnungen zu schließen, kamen einige dieser Helden niemals wieder dorthin zurück. Roberto heizte unsere Phantasie an mit den Erzählungen über frühere Reisen und wie er die immer hingetrickst hatte. So wollte er es auch künftig machen.

„Ich suche mir ein Segelboot mit einer ahnungslosen Crew", freute er sich, „erzähle ihnen, daß ich genau weiß, wo der Schatz vergraben ist. Ihre Augen leuchten, sie bieten mir an, mitzusegeln. Auf meiner vorigen Reise habe ich eine alte Bratpfanne dort vergraben, und wenn wir ankommen, erzähle ich meinen Leuten, daß dort der Schatz liegt. Schon rennen sie hin, mit Schaufeln und Metalldetektoren. Ping, ping, ping. ‚Wir haben ihn, wir haben ihn!' Sie schaufeln wie die Wilden. Und ich bin schon längst an einer anderen Stelle der Insel unterwegs auf meiner eigenen Suchexpedition." Er kippte noch einen Calvados und erzählte weiter, eine Geschichte wilder und verrückter als die nächste. Ab und an unterbrach er sich und wartete, bis Luc geduldig etwas übersetzt hatte, das für mich viel zu hoch gewesen war.

Wir wußten nie genau, ob wir Roberto überhaupt etwas glauben sollten, und ich bin auch nie nach Kokos gekommen, aber das war damals gar nicht wichtig. Nach einer Woche verabschiedeten wir uns von diesen beiden Prachttypen. René wurde von seiner Frau in Costa Rica erwartet, wir mußten weiter, immer nach Westen. Wir segelten nach San José, der letzten Insel der Perlas, und sagten René auf Wiedersehen. Es tat weh, daß nun die ersten Freunde, die ich unterwegs gefunden hatte, getrennte Wege gehen mußten.

„Adieu, mes amis, wir sehen uns wieder", sagte René am 31. August, als SASKIA auslief. „Tania, viel Glück!" rief er herüber, ehe er Kurs nach draußen nahm. Ich winkte und wünschte ihm alles Gute in seinem neuen Leben. Und so wie auf Contadora die Rehe im Unterholz, so verschwand nun sein brauner Hintern am Horizont.

Am nächsten Tag machten wir VARUNA und THEA klar zum Auslaufen. Vor uns lag eine Vier-Tage-Fahrt zur Kokos-Insel. Luc tauchte nach den letzten Panama-Langusten für einen frühen

Brunch, während ich für ihn einen Regenbogen malte und eine Kassette aufnahm, die er nach dreihundert Meilen auf See öffnen sollte. Wir ließen uns Zeit und genossen die letzten gemeinsamen Augenblicke vor dem Auslaufen. Schließlich waren Luc und Jean Marie bereit. Die Boote waren bereit. Und ich war es auch.

„Tania", sagte Luc, „du hast die Seekarten parat, du hast die detaillierten Zeichnungen für den Ankerplatz in Kokos, ja? Du hast alles, was du brauchst. Du mußt die Insel nur finden", spottete er liebevoll. „Jean Marie und ich werden mit geräuchertem Schinken auf dich warten."

„Ja, ist alles okay", sagte ich. „Ich spreche noch über Funk mit dir, ja?"

„Wir werden auf Empfang sein." Luc küßte mich zum Abschied. Sie sahen zu, wie ich den Anker aufholte. Mir war zum Heulen. Jean Marie rief noch herüber: „Courage, petite Tania", dann waren sie unterwegs.

Langsam winschte ich den Anker hoch und dachte an die bevorstehende Fahrt. Wenn alles lief wie geplant, würde ich in vier Tagen auf der Kokos-Insel sein. Das war kein langer Trip, in den vergangenen drei Monaten war ich schon viel länger auf See gewesen. Warum also mein Unbehagen? Weil ich wieder allein unterwegs war, diesmal auf dem größten Ozean unserer Erde? Und noch immer war ich nicht ganz sattelfest in meiner Navigation. Es sollte übrigens achtzehn Tage dauern – nicht vier –, bis ich wieder einen Fuß an Land setzte.

Bisher hatten mich die Launen des Atlantik so im Griff gehabt, daß der Pazifik nun wie ein Sprung ins Ungewisse war. Ich holte mir zum erstenmal die Monatskarten heraus und sah mir an, was mich erwartete. Die vorherrschenden Winde im September waren reine West- bis Südwestwinde, wir würden sie bis zur Kokos-Insel also direkt von vorn haben. Keine schöne Aussicht, zumal ich so sicher gewesen war, den Rest der gesamten Reise vor dem Wind zu machen.

Als wir auf den windlosen Golf von Panama motorten, kam THEA für einen Augenblick längsseits. Luc und ich verabredeten, jeweils zur vollen Stunde über UKW Verbindung zu halten, solange die Entfernung es erlaubte. Ein bis zwei Tage würden wir im Empfangsbereich bleiben, der etwa zwanzig Meilen betrug. Ich beobachtete THEA, als sie auf Kurs ging, und bewunderte wieder einmal ihre schönen Linien. Sie war fast doppelt so groß wie VARUNA und konnte in kürzester Zeit außer Sicht sein, wenn wir beide unter Segeln waren. Doch Luc, der meinen Kummer spürte, lief langsam unter Motor, damit wir länger beieinanderbleiben konnten. Wind bedeutete die Trennung, und dieses Mal zumindest war ich dankbar für die Totenflaute.

Die See war in dem gleißenden Sonnenschein wie ein Spiegel. VARUNAS Bug durchschnitt sie fast einer Messerschneide gleich. Die drohenden Gewitterwolken vom Morgen verzogen sich zum Festland, der Himmel über uns war strahlend blau. Ich stellte den Autopiloten an, ging unter Deck und versuchte zu lesen.

In Augenblicken wie diesem geriet ich oft ins Träumen. Was würde ich wohl gerade tun, wenn ich in New York geblieben wäre? Arbeitete ich noch immer als Fahrrad-Kurier? Vermutlich. Oder würde ich reisen? Vielleicht. Eins war jedenfalls sicher – ich würde von Alternativen zum Boten-Dasein träumen. Es hatte sich zwar schon gezeigt, daß meine jetzige Art zu reisen unerwartete Mühsal mit sich brachte, aber dennoch gefiel mir, daß ich etwas Besonderes tat, abseits ausgetretener Pfade.

Andere Menschen träumen vielleicht ihr Leben lang von einer Reise wie dieser, für mich gab es dafür andere, viel weniger romantische Gründe. In einem Kraftakt versuchte mein Vater, mich von dem Gleis herunterzuholen, auf das ich als Teenager geraten war. Schwerwiegende Veränderungen hatte es in meiner Familie auch früher schon gegeben, das war nichts Ungewöhnliches. Jetzt dachte ich an die besonderen Umstände, die dazu geführt hatten, daß ich mich allein mitten auf dem Pazifik auf der Reise zu einer Schatzinsel befand.

Als ich zwölf Jahre alt war, wurden Tony, Nina, Jade und ich nach den traurigen Erlebnissen unserer Kindheit aus der vertrauten ländlichen Umgebung in New Jersey herausgerissen und nach Manhattan, in eine ganz andere Welt, verpflanzt. Statt der bisherigen Konfessionsschule besuchte ich nun in Chelsea eine Grundschule mit Tausenden von Schülern. Sie kamen aus so vielen Gangs, Cliquen, ethnischen Gruppen und unterschiedlichen sozialen Verhältnissen, daß die Schule mir anfangs vorkam wie eine große Stadt, die nur von Kindern bewohnt wurde. Es schien, als ob alle immer auf einen Grund zum Streit oder zu einer Prügelei warteten, und ich hatte alle Hände voll zu tun, mich gegen die bedrohlicheren Typen zu wehren. Dabei hatte ich noch Glück, daß ich mit harmloseren Belästigungen davonkam, schmatzenden Kußlauten hinter mir her, ab und an mal einem Kneifen in den Po und gelegentlich Ohrfeigen. Andere Kids hatten da sehr viel mehr Probleme, und am schlimmsten war es, wenn sich zwei Mädchen in die Haare gerieten. Einmal biß ein Mädchen tatsächlich einem anderen die Brustwarze ab. Auf dieser Schule mußte man eine Elefantenhaut haben, um zu überleben, aber ich hatte bereits mein ganzes Leben damit zugebracht, eine besonders dicke Haut zu entwickeln.

Als ich dreizehn war, hatte ich schon etliche Freunde und Freundinnen, teils mehrere Jahre älter, und ging oft abends aus. Diese Unternehmungen waren anfangs noch recht harmlos, bis ich anfing, meinen Vater zu beschwindeln, ich wäre Babysitting oder schliefe bei einer Freundin. Unsere Clique machte die Straßen unsicher oder hing im McDonalds rum. Vor Konzerten gingen wir manchmal zu Leuten, die für Karten anstanden, und fragten: „Woll'n Sie für 50 Cents 'n Lied hören?" Wenn uns jemand Münzen zuwarf, platzten wir mit einer wilden Mischung bekannter Fernseh-Melodien heraus. Wir amüsierten uns großartig.

Ich hatte damals in der Schule ganz gute Zensuren, so daß mein Vater nicht allzuviel fragte, was ich sonst tat. Aber fast immer, wenn ich bat, mit meinen Freunden in ein Konzert gehen oder etwas anderes unternehmen zu dürfen, lehnte er ab. Von da an versteckte ich mich hinter meinem Babysitter-Alibi. Es war leichter zu schwindeln, als sich jedes Mal eine lange Predigt anzuhören. Mir war sowieso alles ziemlich egal, mich interessierten nur noch meine Freunde und mein eigenes Leben außerhalb der Schule. Es machte mir Spaß, eine Streunerin – ein *Street Kid* – zu sein.

Die ersten beiden Jahre in der Highschool sind mir nur noch verschwommen in Erinnerung. Ich schwindelte, was das Zeug hielt, stahl mich nachts aus dem Haus, hing auf den Straßen herum, ging in Clubs und war Fan von Bands mit Namen wie The

Bad Brains, The Mad oder The Stimulators. Ich kaufte meine Klamotten bei der Heilsarmee oder in Secondhandshops und bemühte mich um ein möglichst verrücktes Outfit. Wir trugen alle Arbeitsstiefel und dazu Röcke, benutzten Unmengen von Make-up und schwarzem Eyeliner und toupierten unsere Haare. Wir malten Buttons und Pins mit Slogans und verrückten Texten und pinnten sie auf unsere viel zu großen Männerwesten. Mein liebstes Stück war „Wer hat Bambi umgebracht?". Es war ganz leicht, in die Clubs hineinzukommen. Die Türhüter wußten, daß wir drinnen wie die Verrückten tanzten und der Laden dann schnell in Schwung kam. Wir sprachen Männer an, ob sie uns Coca mit Rum spendieren würden, bedankten uns und zischten ab. Wir waren kleine Biester, brachten aber Leben in die Bude.

Mein Vater war felsenfest davon überzeugt, daß alle meine Freunde drogensüchtig seien, totale Versager, und überhaupt zum Abschaum der Menschheit gehörten. Also brachte ich sie so selten wie möglich mit nach Hause. Unsere Beziehung erschöpfte sich in Predigten und Beschuldigungen, und immer endete es damit, daß ich in Tränen ausbrach und in mein Zimmer flüchtete. Eines Tages kam ich nach Hause und sah, daß er eine Collage gemacht und mir gewidmet hatte. Er hatte aus einer Szene-Zeitung Bilder der verrücktesten und bizarrsten Punks ausgeschnitten, dazu Schlagzeilen über Punk-Bands, das Ganze zusammengekleistert, schmiß es mir jetzt zu und fragte, was ich mir eigentlich so dächte. Ich wußte keine Antwort.

Zu guter Letzt konnte ich nur noch schriftlich mit ihm verkehren. Nur in Briefen konnte ich meine Gedanken ordnen und versuchen, ihm zu erklären, was in mir vorging. Er sollte wissen, daß ich nichts Schlimmes tat. Ich nahm keine Drogen. Er glaubte mir nicht. Ich versuchte ihm zu erklären, daß ich hier zum erstenmal richtige Freunde gefunden hatte, Leute, die mich so akzeptierten wie ich war. Er verstand es nicht.

Dann wurde die Sache schlimmer. Als ich auf die Brooklyn Tech kam, eine Oberschule mit polytechnischem Zweig, die ich verabscheute, dehnte ich allmählich meine Lunch-Pausen auf halbe Tage aus. Meine Zensuren rutschten in den Keller. Gute Zensuren waren aber meine einzige Chance, bei meinem Vater etwas Freiheit einzuhandeln. Ich besorgte mir also für zehn Dollar einen Zeugnisvordruck – und machte mich selbst zur Musterschülerin.

Zu dieser Zeit kam meine Mutter aus der Schweiz nach Amerika zurück, um sich operieren zu lassen. Sie nutzte die Gelegenheit, alle unsere Lehrer zu besuchen und zu fragen, wie wir in der Schule standen. An einem düsteren Nachmittag rief sie meinen Vater an und verabredete sich mit ihm in einem Café. Er hatte geschworen, sie nie wieder in unser Haus zu lassen, denn er fürchtete eine böse Szene oder, noch schlimmer, daß sie dann freiwillig nicht wieder gehen würde. Er traf sich also mit ihr und kam schon nach wenigen Minuten kreidebleich zurück. Als er mich fragte, wie ich wirklich in der Schule stünde, war klar, daß er alles wußte. Er schrie und tobte, beschimpfte mich mit wüsten Ausdrücken und stellte mit Jeri auf der Suche nach Drogen mein Zimmer auf den Kopf, weil sie glaubten, Drogen seien die einzige Erklärung für meine krummen Touren.

Ich versuchte ihm klarzumachen, daß ich keine Drogen nahm, sondern nur diese Schule haßte, die wie ein Gefängnis aussah, wo sechstausend Schüler ein anonymes Dasein lebten, Nummern, nichts als Nummern. Alles, was ich dort produziert hatte, waren ein Schraubenschlüssel und zwei Schrauben mit Muttern. Ich hatte ihn so oft gebeten, mich auf eine andere Schule gehen zu lassen, doch er blieb unerbittlich: „Nein. Man muß im Leben lernen, mit Sachen zurechtzukommen, die man nicht mag. Man muß Selbstdisziplin lernen."

Er und Jeri gingen mit mir in ein Restaurant, wo wir versuchen wollten, so ruhig wie möglich über alles zu sprechen, doch mein Vater schrie immer wieder „Warum?", und ich sah verstockt vor mich hin, bis er mir eine Ohrfeige gab und ich aus dem Lokal rannte.

Von da an kontrollierte er alles, was ich machte, und checkte meine Alibis doppelt und dreifach. Ehe ich überhaupt merkte, was er tat, hätte er mich um ein Haar einmal erwischt, als ich mitten in der Nacht in einen Nachtclub schleichen wollte. Glücklicherweise sah ich ihn zuerst und entwischte ihm.

Im Januar 1982 machte mein Vater als Weihnachtsgeschenk mit Jeri eine Europareise. Christian hütete bei uns ein. Ich schwänzte die Schule tagelang und mit ziemlich mageren Entschuldigungen. Eines Abends saß ich mit zwei Freundinnen Zigaretten rauchend in der Küche. Christian kam wütend herein und beschuldigte mich, Marihuana zu rauchen. Er warf meine Freundinnen hinaus, ich lief hinterher. Als mein Vater ein paar Tage später nach Hause kam, erzählte Christian ihm seine Version des Vorfalls. Mein Vater hatte keinen Anlaß, ihm nicht zu glauben. Es war der Tropfen, der das Faß zum Überlaufen brachte. In seiner Wut riß er mich an den Haaren, entfernte das Schloß aus meiner Tür und erklärte mir, von nun an würde er seinen Wecker stellen und alle zwei Stunden kontrollieren, ob ich im Bett sei.

„Keine Anrufe mehr – weder für dich noch von dir!" brüllte er mich an. „Kein Klavierunterricht! Kein Babysitting mehr, und das Haus verläßt du auch nicht – außer zur Schule!" Ich schnappte mir meinen Mantel und meinen gefälschten Personalausweis und sauste zur Haustür.

„Wenn du jetzt gehst", brüllte er vom Treppenabsatz hinter mir her, „habe ich eine Tochter weniger. Du kommst mir nicht wieder ins Haus. Ich spreche nie wieder mit dir, und ich verbiete dir, mit Nina, Tony und Jade zu sprechen. Ich will nicht, daß du sie auch noch in den Dreck ziehst!" Seine Stimme klang mir in den Ohren, als ich auf die Straße hinausrannte. Mit fünfzehn Jahren zog ich zu Jeri. Mein Vater erzählte allen Leuten, er hätte mich verstoßen.

Jeri lebte mit ihren beiden Katzen in einem hellen, gemütlichen Loft, einer Speicherwohnung in SoHo. Überall waren farbenfrohe Teppiche, Sofas, Pflanzen und Bücher. Sie war eine leidenschaftliche Sammlerin. Tausenderlei Kram lag auf den Tischen, und jedes bißchen Wand war übersät mit buntem Allerlei. In ihrer Küche standen große Gläser voll Pasta und Gewürz, und irgend etwas Gutes kochte immer auf dem Herd. Sie sprach mit meinem Vater, und sie kamen überein, daß Jeri einen Versuch machen sollte, mich zu erziehen. Mein Vater war am Ende seines Lateins.

Als ich bei ihr einzog, stellte Jeri als erstes ein paar feste Regeln auf. „Während der Woche darfst du nicht ausgehen, Tania, am Wochenende kannst du machen, was du willst. Ich habe dich sehr lieb, aber du mußt ehrlich mit mir sein. Verstehst du das?" Ich nickte und versprach, ich würde mir wirklich Mühe geben.

Jeri nahm mich aus der Brooklyn Tech und meldete mich bei einer alternativen Oberschule an, deren Motto war: „Lernen als Abenteuer." Ihr Unterrichtsprinzip basierte auf Selbstmotivation. Neben dem ganz normalen Unterricht in der Schule selbst arbeitete ich für einen Stadtrat in Brooklyn, machte Dienst an seinem Bürger-Telefon und stand seinen Wählern bei der Lösung ihrer Probleme bei. Außerdem half ich in einem Kinderhort und hatte einige Kurse an der Abendhochschule belegt. Innerhalb von zwei Monaten ging ich wieder regelmäßig zur Schule, mein Leben hatte sich total verändert, und ich war glücklich. Meine bisherigen Eskapaden hatte ich ziemlich über und setzte mich mit meiner Freundin Rebecca zusammen schrittweise aus meinem alten Leben ab.

Es war wunderbar, jeden Tag zu Jeri nach Hause zu kommen. Sie war zu allen meinen Freunden herzlich und zu mir sehr liebevoll. Nach ein paar Monaten fragte sie mich, ob ich Lust hätte, mit ihr zu meinem Vater zum Abendessen zu gehen. Wollte er das denn? fragte ich. Wessen Idee war das?

„Er möchte wirklich, daß du kommst", sagte sie. „Er redet dauernd von dir und fragt mich immer, was du machst."

Sie redete mir gut zu, und schließlich faßte ich mir ein Herz und ging mit ihr gemeinsam in unser Haus zurück. Ich wußte nicht recht, was ich sagen sollte, und saß ziemlich schweigsam beim Abendessen am Tisch. Doch obwohl mein Vater und ich uns nicht ansahen und obwohl ich wußte, daß ich hier nie mehr leben könnte, war es doch schön, wieder einmal zu Hause zu sein. Das nächste Mal, daß wir unter einem Dach zusammenlebten, war ein Jahr später, auf PFADFINDER. Die See sollte die große Friedensstifterin sein.

Ich sah zu THEA hinüber, eine Meile voraus, und schaute auf die Uhr. Noch eine Viertelstunde bis zum Funkgespräch. Beim Absuchen des Horizonts bemerkte ich, wie das absolut ruhige Wasser der riesigen Bucht vor uns sich in Stromschnellen zu verwandeln schien, und als wir dort waren, begann VARUNA wild herumzuhüpfen. Instinktiv schrie ich: „Ein Riff!", aber das war es nicht. Was dann, ein Erdbeben? Nach etwa zwanzig Metern war es wieder ruhig, dann kamen für etwa zwei Meilen viele kleine Turbulenzen, wie auf einem Fluß. Thunfische sprangen zu Dutzenden aus dem Wasser, Vögel flogen eilig herbei, Wale und Delphine quiekten um das Phänomen herum. Es war gespenstisch, ich wußte nicht, was ich davon halten sollte. Kamen sie, um mich zu begleiten, oder für etwas, von dem ich keine Ahnung hatte? Um sechs Uhr schaltete ich das Funkgerät ein.

„Luc, was war das vorhin auf dem Wasser, diese Kabbelungen?“ fragte ich. „So etwas habe ich noch nie gesehen, ich hatte verteufelte Angst.“

„Vielleicht ein Tidenstrom oder etwas Ähnliches – brachte wohl eine Menge Fische mit. Hast du nicht die Fischerboote gesehen?“

„Fischerboote? Na, sicher.“ Das sollte ganz locker klingen. „Ein bißchen Wind haben wir jetzt ja. Wollt ihr es mal mit den Segeln versuchen?“

„Du mußt gelegentlich aus deiner Höhle rausgucken, Tania“, antwortete er. „Unser Groß ist schon seit einer halben Stunde hoch.“

Ich meldete mich ab, spritzte an Deck, gefolgt von Dinghy, der nach seinem Abendessen miaute. Jean Marie setzte gerade die Fock, und ich beeilte mich, es ihnen nachzutun. Der Wind entwikkelte sich zu einer sanften nordöstlichen Brise, von Steuerbord querab. Beide Boote, noch etwas aus der Übung, nahmen Fahrt auf und eilten der Kokos-Insel entgegen. Nachdem ich den Monitor auf den neuen Kurs eingestellt hatte, holte ich mit neuerwachtem Optimismus bezüglich des Wetters die Karte heraus und rechnete aus, daß unsere Reise zur Schatzinsel etwa drei Tage dauern würde, wenn wir die gegenwärtige Geschwindigkeit beibehielten.

Eine Zeitlang blieben unsere Boote im Bereich des Funkkontakts, und das war gut, aber auch schlecht. Es war wunderbar, nicht allein zu sein, aber den Rhythmus meiner Tage brachte es durcheinander. Statt daß sich wie auf den früheren Reiseabschnitten eine natürliche Routine entwickelte, drehte sich jetzt alles um das Funkgerät. Ich maß die Zeit nicht nach dem Fortschritt der Sonne, sondern nach den Minuten, die es noch dauern würde, bis ich mit Luc sprach. Ich wurde nervös und war mehr von Stimmungen abhängig als sonst, schrieb das aber der Tatsache zu, daß ich einfach nicht mehr an das Leben auf See gewöhnt war.

Nach dem ersten schönen Abend änderte sich das Wetter, Gewitter marschierten wie Armeen über den grauen Ozean. Apathisch las ich oder dichtete Leckstellen, immer in Erwartung der Funkgespräche. Die See war aufgewühlt, Kunststoffkrempel, Baumstämme, Fässer und schwimmender Müll trieben an uns vorüber. Meine Hände, während des Aufenthalts in Panama der Arbeit entwöhnt, wurden wund vom ewigen Segelwechsel infolge der ständig umspringenden Winde und vielen Böen.

Nachdem wir vier Tage gegen widrige Winde, Strömungen und Flauten nach Gewitterböen gekämpft hatten und vier Nächte schlafen, essen, schreiben und lesen mußten, während die Schiffe Lage schoben, kam der unausweichliche Entschluß – wir mußten auf den Besuch der Kokos-Insel verzichten und ohne Unterbrechung direkt zu den Galapagosinseln, fünfhundert Meilen weiter nach Südwest. Wenn alles klappte, würde ich eine Woche dafür brauchen.

Nachts hatte ich das Licht am Masttopp an, und Luc und Jean Marie hielten Ausguck, um nicht außer Sicht zu kommen. Tagsüber blieb der Himmel drohend dunkel, und starker Strom hielt VARUNA in seinen Fängen. Manchmal schienen wir sogar rückwärts zu fahren. An einem Tag hatten wir nach meinem Schlepplog 100 Meilen gemacht, nach Lucs SatNav aber nur 75. Ein Viertel jeder Meile, die wir uns vorankämpften, trug der Strom uns wieder zurück. Ich war sehr überrascht, daß VARUNA mit THEA Schritt hielt, gelegentlich sogar schneller war. Sie war flink, was mir sehr gefiel, und konnte um einige Grad höher an den Wind gehen. Luc beneidete mich, wobei er übersah, daß diese Leistung für mich nicht die Ungemütlichkeit wert war, die es brachte, auf einem so kleinen Schiff hoch am Wind zu segeln.

Täglich ließ ich die Maschine laufen, um die Batterien aufzuladen und Strom für Nachtbeleuchtung, Signale und Funkverkehr zu haben. Am sechsten Tag ließ sich das Biest nicht wieder abstellen. Ich sprach mit Luc darüber, und er riet mir, die Hand einfach auf den Lufteinlaßfilter zu halten, dann würde der Motor von selbst stehenbleiben. Ich hatte keinen Schimmer, wo der Luftfilter war, und hielt meine Hand über das Belüftungsrohr des Dieseltanks. Nach einigen Minuten gab der Motor grollend auf. Als ich am nächsten Tag die Zündung einschaltete, leuchteten die Kontrolllampen im Dunkel über der Steuerbordkoje unter dem Cockpit grell auf. Draußen drückte ich den Starter, hörte, wie sich das Schwungrad drehte, aber der Motor zündete nicht. „O nein, nicht schon wieder!“ rief ich verzweifelt in den Wind, voller Angst vor der Einsamkeit, die mich bedrohte, wenn der Motor nicht in Gang kam. Ich holte mein Werkzeug, löste zum tausendsten Mal die Abdeckplatte zum Motorraum und versuchte mein Glück mit der einzigen Pannenhilfe, die ich beherrschte – die Brennstoffleitung zu entlüften. Nichts! Erbost sah ich das kleine fette rote Biest von Motor an, fluchte, gab ihm einen Tritt und versuchte zu guter Letzt, es mit vorwurfsvollen Blicken in Gang zu kriegen. Bockig starrte es zurück.

„Luc, ich kann meinen Motor nicht starten“, sagte ich am nächsten Morgen bei dem üblichen Gespräch mit THEA. „Wir müssen uns trennen. Ich habe nicht genug Strom, um mit euch über Sprechfunk zu reden oder nachts die Lichter brennen zu lassen.“ Meine Stimme brach, und seine kam aus dem Empfänger.

„Hast du entlüftet?“

„Ja“, antwortete ich. „Aber ich weiß nicht, was ich sonst noch tun könnte.“

„Also gut, ich werde mal überlegen. Verbrauche deinen Strom nicht völlig, und stell das Funkgerät jetzt ab. Ich rufe in genau einer halben Stunde wieder an.“ Dreißig Minuten lang betete ich, er möge mir ein Treffen und seine Hilfe bei der Reparatur anbieten. Als der Sekundenzeiger meiner Uhr in der 29. Minute auf 60 sprang, schaltete ich ein.

„Tania, hörst du mich? Bitte antworte.“

„Hier bin ich. Was denkst du, sollte ich tun?“

„Hör zu. Segle vor dem Wind in unsere Richtung. Wenn du dicht herangekommen bist, werfe ich dir eine Leine rüber und schwimme zu dir. Mal sehen, was ich dann tun kann.“

Ich war selig. Mitten auf dem Ozean würden wir ein Rendezvous haben. Ich klinkte die Selbststeueranlage aus, gab den Schoten Lose und legte die Pinne über. Wir gingen herum, bis wir den Wind von achtern hatten, und machten uns in Richtung THEA auf den Weg.

Nun war THEA nicht mehr länger nur ein Spielzeugboot am Horizont, sie wurde größer und größer. Voller Freude sah ich den vertrauten grauen Aluminiumrumpf voraus. VARUNA holte schnell auf und ging in wenigen Metern Entfernung vorbei, ich fuhr einen Aufschießer, stolperte nach vorn und nahm die Fock weg.

Jean Marie steuerte, und Luc warf mir eine Leine in die Arme. Die Wellen schwappten zwischen den Bootsrümpfen, als ich die Leine an einer Klampe festmachte und damit den sonderbaren Anblick von zwei Segelbooten, mitten auf dem Ozean aneinander vertäut, sozusagen fixierte. Luc sah angewidert auf das eisige Wasser, schrie laut, um die Haie abzuschrecken, und sprang hinein. Mein Schutzengel hangelte sich schnell an der Leine herüber, hievte sich an Bord und landete als feuchter Klumpen an Deck.

„Hallo, ma petite Tania", lächelte er. „Lange nicht gesehen, was?"

Wie eine OP-Schwester reichte ich ihm die Instrumente zu, während er an der Maschine herumprobierte, Schrauben losmachte und wieder festdrehte, im Grunde genommen alles, was ich auch schon versucht hatte, bis er endlich sagte: „Ich glaube, du bist jetzt wirklich ohne Maschine."

„O nein! Das kann ich nicht. Wir müssen es irgendwie in Ordnung kriegen."

Er schüttelte den Kopf. „Es tut mir leid, Tania. Ich habe keine Ahnung, was mit dem Biest los ist." Es half nichts, ich mußte mich damit abfinden. In wenigen Tagen würden die Batterien leer sein, und das bedeutete: keine Gespräche, keine Positionslichter, kein Licht zum Lesen. Wieder einmal, wie schon auf dem Weg zu den Bermudas, würde VERUNA völlig ohne Strom und auf sich allein gestellt sein, aber dieses Mal war die Reise schwieriger. Und ohne Funkgerät konnte ich auch nicht mit THEA in Verbindung bleiben.

„Tania, du bist der tapferste Mensch, den ich kenne", sagte Luc, als wir im Cockpit saßen und einen Salat aus Kohl und Roten Rüben verzehrten, den ich wie in Trance gemacht hatte, um unseren Abschied noch hinauszuschieben.

„Ich? Du willst mich wohl verulken? Ich bin der allerletzte Feigling. Sieh mich doch nur an. Ich bin eine Katastrophe. Ich habe keinen Strom. Wir müssen uns trennen. Nichts läuft so, wie es soll."

„Doch, du bist tapfer", sagte er. „Der Bergsteiger, der die gefährlichsten Gipfel besteigt, ist nicht tapfer. Er steigt gern auf die Berge. Tapfersein bedeutet, du tust etwas, wovor du dich fürchtest, und stellst dich deiner Angst. Tania, hör auf zu weinen. Du kannst alles schaffen, was du dir vornimmst. Wir wollen uns jetzt trennen. In vier Tagen sehen wir uns wieder." Wir küßten uns zum Abschied. Dann sprang er ins Wasser und hangelte sich an der Leine entlang zu THEA hinüber. Jean Marie stand drüben und winkte. Ich winkte auch, wir setzten Segel und waren wieder unterwegs. Beim ersten Licht am nächsten Morgen sausten Dinghy und ich an Deck und suchten den endlosen Horizont ab. Wir waren allein.

In den folgenden zwei Jahren habe ich oft an Lucs Worte über Tapferkeit gedacht, wenn ich glaubte, ich könnte nicht mehr weiter. Da war etwas dran an dem, was er gesagt hatte. Und der Gedanke, daß ich vielleicht wirklich tapfer war, auch wenn ich große Angst hatte, half mir durchzuhalten.

Die nächsten drei Tage hatten wir starke südwestliche Winde von vorn und eine ruppige See. Ich las, tat an Bord, was nötig war, spielte mit Dinghy und träumte vor mich hin. Ab und an, wenn die Sonne aus dem wolkenverhangenen Himmel kurz herunterschien, griff ich schnell zum Sextanten, nahm eine Höhe und versuchte, eine korrekte Position zu errechnen. Aber so richtig funktionierte die Sache immer noch nicht.

Meine Navigation basierte auf gelegentlichen, mit SatNav ermittelten Positionen vorüberfahrender Schiffe. Mit deren Hilfe konnte ich leicht meinen eigenen Standort durch Mitkoppeln bestimmen. Doch solche Positionsbestimmungen aus zweiter Hand waren jetzt rar, und meinen eigenen Sonnenbeobachtungen traute ich nicht. Irgend etwas machte ich total verkehrt, aber ich fand nicht heraus, was. Wenn ich gelegentlich ein Fix von einem anderen Schiff bekam, stimmte es nie mit meiner eigenen Rechnung überein. Das machte mir allmählich wirklich Sorge.

Der 11. September war nach meiner Navigation ein ganz großer Tag – wir überquerten den Äquator und befanden uns nun in der südlichen Hemisphäre. Für diesen besonderen Meilenstein meiner Reise waren etliche der Geschenke an Bord bestimmt. So beschloß ich, meine Sorgen einmal zu vergessen, mir selbst eine Party zu geben und groß zu feiern. Zuerst putzte ich das Boot, dann nahm ich im Cockpit eine Dusche aus dem Eimer und trocknete mich in der Sonne. Ich fand, das ganze Boot roch sofort besser.

Danach arrangierte ich die Päckchen von meiner Familie auf der Koje, kochte mir ein Festmahl aus Makkaroni und Käse, fütterte Dinghy, setzte mich dann selbst zum Essen nieder und speiste mit Genuß. Nun kam der große Augenblick – ich öffnete die Päckchen, die mir meine Lieben für die Äquatorüberquerung mitgegeben hatten. Tony hatte heimlich die abendlichen Streitgespräche am Eßtisch aufgenommen und daraus eine Kassette gemacht, die er *Family Bullshit Tape* – Familienmist – betitelte. Nina schenkte mir einen Beutel Hühnerfrikassee und mein Vater einen Umschlag mit Familienbildern, Fotos von schneebedeckten Bergen und Gletschern, einhundert Dollar, Bonbons, Ballons und einen Sonnenhut, ein sehr praktisches Ding – ein Schirm, den man mit einem verstellbaren Kopfband als Sonnenschutz aufsetzte. Ich baute alles auf und machte die Kamera schußbereit. Da sah ich zufällig an mir herunter und merkte, daß ich noch splitternackt war.

„Auwei! Dinghy, so geht es nicht. Das Bild kann ich doch nicht nach Hause schicken.“ Schnell arrangierte ich die Geschenke so, daß sie mich züchtig bedeckten, setzte mir den Schirm auf und stellte den Selbstauslöser ein. Dinghy knabberte an den Ballons, ich aß die Süßigkeiten. An jenem Abend fielen wir zufrieden in den Schlaf und träumten von zu Hause.

Mitten in der Nacht wachte ich auf und ging für einen Routine-Check an Deck. Da sah ich in der Ferne ein Fischerboot. Ich hatte schon öfter versucht, mit Fischern in Kontakt zu kommen, aber sie hielten wohl nur selten Funkwache. Darum war ich sehr überrascht, als ich diesmal Antwort bekam. Dann brach eine Welt für mich zusammen – nach ihrem Fix waren wir noch immer nördlich des Äquators und würden ihn erst morgen überqueren!

In den nächsten Tagen trieb die Angst mich um. Ich rechnete meine Bestecke und Positionen immer wieder durch – den Fehler konnte ich nicht finden. „Bitte, lieber Gott“, betete ich, „laß mich Land finden!“ Ich machte mich so verrückt, daß ich zuletzt nur noch weinte und davon träumte, auf einem fremden Fluß auf der falschen der Galapagosinseln anzukommen. Am vierzehnten Tag, nach vielen neuen Berechnungen und einigen abgekauten Fingernägeln, redete ich mir ein, daß ich heute Land sehen würde, und versuchte mich voller Hoffnung an einer Funkpeilung. Theoretisch sollten wir im Bereich des Funkfeuers von San Cristóbal, einer der Galapagosinseln, sein, doch ich empfing keine Signale. Jetzt machte ich mir Sorgen, daß der Sender, der nach der *Admiralty List of Radio Beacons*, dem offiziellen Funkfeuerverzeichnis, 200 Meilen Reichweite haben sollte, außer Betrieb sein könnte und ich ohne seine Hilfe die Insel finden müßte. „Also besser richtig navigieren", murmelte ich zu Dinghy und verbrachte den Tag damit, die Wolken immer wieder für Land anzusehen, bis ich dachte, ich schiele.

Hunderte von Vögeln waren auf der Suche nach Fischen unterwegs. Ihre Schreie mischten sich mit dem Geräusch des Windes und der Wellen zu einer wüsten Sinfonie. Wenn Vögel da waren, mußte doch irgendwo Land sein! Ich hoffte, sie würden mir irgendwie die Richtung weisen, aber da kam nichts. Auch die Delphine, die bald unser orientierungsloses Boot umkreisten, vermochten mir nicht zu helfen. Wolken waren überall und gaukelten mir Küstenstreifen vor. Immer wieder suchte ich mit brennenden Augen am Horizont nach einem Fischerboot, das mir seine Position durchgeben könnte.

Schließlich war die Anspannung zu groß für mich. Ich brachte VARUNA auf Gegenkurs und segelte nach Osten, weg von dem vermuteten Land, damit ich nicht versehentlich daran vorbeifuhr. Ich holte meine Bibel hervor, las in den Psalmen und betete um eine Eingebung. Ich war nur noch ein Nervenbündel, und das aus gutem Grund. Wenn wir an den Galapagosinseln vorbeiliefen, war eine Umkehr so gut wie unmöglich. Die Strömungen und Winde der Passatroute würden es nicht erlauben, einen Fehler dieser Größenordnung wieder auszubügeln. Von hier waren es fast 3000 Meilen bis zum nächsten Land.

Um meine Ruhe wiederzugewinnen, konzentrierte ich meine Wahrnehmung auf das, was mich an Schönem umgab. Der Humboldtstrom, reich an Plankton und Anchovis, die sich davon ernährten, war wie ein Korridor aus besonders üppigem Leben im Meer. Oft zerrte Dinghy sich einen schuppigen Fliegenden Fisch oder einen Tintenfisch heran, die auf dem Deck gelandet waren. Ich war zwar dankbar, daß Dinghy sich selbst um seine Mahlzeit kümmerte und ich nicht wieder eine Dose aus dem langsam dahinschmelzenden Vorrat aufmachen mußte, aber wenig begeisterte mich das Geschmier, das seine Mahlzeiten hinterließen. Fliegende Fische haben eine dermaßen klebrige Substanz in ihren Schuppen, daß es mich nicht wundern würde, wenn man Gummilösung daraus machte. Und die Tintenfische hinterließen unweigerlich einen stinkenden Tintenfleck auf dem Kunststoffdeck oder auf meiner Koje. Dinghy klarte aber grundsätzlich nicht selbst auf, egal wie lecker die Mahlzeit war.

Hoffend, bangend und um Rettung betend, saß ich in der Cockpitecke und beobachtete die See. VARUNAS Kielwasser glühte und glitzerte in der mondlosen Nacht, das phosphoreszierende Plankton ließ es fast geisterhaft leuchten. Ich starrte vor mich hin und weigerte mich einfach zu glauben, daß wir uns so verfranzt haben sollten. Also holte ich noch einmal den geliebten Funkpeiler hervor. Und siehe da, das Signal kam durch, laut und klar!

Halleluja! schrieb ich in mein Logbuch. *Land, wir kommen!* Ich korrigierte meinen Kurs nach dem Leitstrahl, und am folgenden Nachmittag, nachdem wir uns am Strahl entlang herangekreuzt hatten, sah ich endlich die unverkennbare, knubbelige Form des Vulkans von San Cristóbal über dem Wasser. Ich setzte mich hin und weinte vor Erleichterung.

Nachdem ich das Land nun endlich gefunden hatte, wollte Neptun mich partout nicht haben. Sechzehn Tage lang hatte der Wind uns schikaniert, nun wechselte er das Spiel und legte sich. Wir rollten in der Dünung. Ich schüttete ein Reff nach dem anderen heraus, ersetzte die Fock durch die Genua und versuchte noch den letzten Hauch der Brise zu erhaschen. VARUNA mühte sich redlich, voranzukommen, stand aber auf der Stelle. Ich saß im Cockpit und steuerte selbst, weil der Monitor unter solchen Bedingungen keinen geraden Kurs halten konnte. Zuletzt tat mir vom harten Sitzen der Hintern weh. Den ganzen Tag und die Nacht über blieb der Wind jämmerlich schwach, während wir mit dem Tidenstrom in und außer Sicht des schroffen Gipfels trieben. Vergeblich versuchte ich wieder einmal mein Glück mit der Maschine, holte dann sogar die Riemen für das Dingi und mühte mich, VARUNA zu rudern. Es brachte alles nichts, wir mußten eben Geduld haben.

Am folgenden Nachmittag setzte endlich eine leichte Brise ein, langsam kamen wir vom Fleck. Was zuerst wie tausend winzige Inseln ausgesehen hatte, verschmolz allmählich zu einer einzigen, als San Cristóbal am Horizont emporwuchs. Zwischen den Berggipfeln gab es Luftspiegelungen, die einem vorgaukelten, es seien dort Gewässer. Im Laufe des Nachmittags kamen wir langsam näher heran, doch dann wurde mir klar, daß wir es wieder nicht schaffen würden, vor Einbruch der Nacht im Hafen zu sein.

Es war nicht zu fassen! Seit zwei Tagen sah ich die Insel vor mir, und doch schaffte ich es nicht, einzulaufen. Wieder einmal drehte ich VARUNA durch den Wind und nahm Fahrt nach Osten auf. Bei Anbruch der Nacht ist es einfach zu gefährlich, dem Land so nahe zu sein, wenn man müde wird und keine Maschine hat. Als wir in sicherer Entfernung von der Küste waren, drehte ich bei, indem ich die Fock backsetzte. VARUNA blieb also praktisch auf der Stelle stehen, mit dem Bug im Wind. Als das geregelt war, bemühte ich mich, vor dem neuen Anlauf am nächsten Morgen etwas zu schlafen.

Als die aufgehende Sonne den Himmel zartrosa färbte, saß ich schon an der Pinne, auf dem Weg in die Geborgenheit eines sicheren Hafens. Eine Urlandschaft lag vor mir, ein Anblick, auf den kein Handbuch und keine Geographiestunde mich hätten vorbereiten können. Die schroffen, zerrissenen Galapagosinseln erhoben sich wie Pyramiden von Ebenholz aus der See, jede von ihnen ein Vulkan, der in grauer Vorzeit auf dem Grund des Meeres ausgebrochen war, Tausende von Metern aus dem Meeresboden emporwuchs und nun etwa zweitausend Meter über die Meeresoberfläche ragte.

Charles Darwin hat sie seine Verzauberten Inseln genannt. Hier fand er Anregungen und Belege für seine Theorien über die Entwicklung der Arten und die natürliche Auslese. Während VARUNA sich langsam zentimeterweise heranschob, sah ich die Inseln so, wie Darwin sie von Bord der BEAGLE aus vor anderthalb Jahrhunderten gesehen hatte, vom Deck eines Segelschiffes aus, das die lange Reise von Amerika hierher gemacht hatte.

Die Dünung des Südpazifik, auf ihrem Weg von Chile und aus den südlichen Breiten bis zu diesem Archipel ungebrochen, donnerte und krachte gegen die drohenden Felswälle vor uns. Ich näherte mich mit Unbehagen, voller Sorge um die Sicherheit meines Bootes, als wir in die starke Strömung um die Inseln herum gerieten. Die Morgenbrise schlief ein. Dadurch ging unsere Manövrierfähigkeit verloren, der Strom erfaßte uns, und hilflos trieben wir unaufhaltsam auf die abscheulichste Küste zu, die ich je gesehen hatte. Keine zweihundert Meter weiter, und die Brecher würden VARUNA unerbittlich auf die Klippen schleudern.

Ich packte die Pinne und wriggte verzweifelt, ohne meine Augen von den Klippen abzuwenden. Das Ruder schlug unter dem Boot kräftig hin und her, so daß wir dadurch wenigstens etwas Manövrierfähigkeit bekamen. Unter uns war kein Kontinentalschelf, nur der steil zum Meeresgrund abfallende Vulkan. Es war also sinnlos, einen Anker auszubringen. Doch es geschah ein Wunder, eine Brise kam auf und befreite uns aus der Umklammerung der Strömungen, die zu Darwins Zeiten die Seeleute hatten glauben lassen, die Inseln selber seien in Bewegung – ein Trugschluß, den ich nun gut nachvollziehen konnte.

Ich folgte der Küstenlinie, bis ich THEAS Mast über einer Huk sah. Um 8.30 Uhr, am achtzehnten Tag dieser nicht gerade ereignislosen Reise, segelte ich in die Wreck Bay von San Cristóbal, ließ den Anker fallen und nahm die Segel herunter. Dies war bisher mein längster Reiseabschnitt, wenn auch nicht nach Meilen, so doch eindeutig nach Zeit. Ich schoß die Leinen auf, barg die Segel und setzte mich an Deck, um mir meinen ersten wirklich exotischen Hafen anzusehen.

Auf den Galapagosinseln ist die Zeit stehengeblieben. Hier ist die Heimat riesiger Meeresschildkröten, blaufüßiger Tölpel, prähistorischer Meerechsen, die zu Hunderten dicht an dicht auf den Küstenfelsen liegen. Es sind Inseln voller Gegensätze, auf denen Tiere der Arktis – Pinguine und Seehunde – einträchtig mit den ältesten Spezies der Tropen zusammenleben. Von Menschen ungestört, haben sie alle hier ihre Heimat, spielen miteinander und kennen keine Furcht vor Eindringlingen. Ich war gespannt auf das, was ich an Land sehen und erleben würde.

Von Deck aus konnte ich ein kleines Fischerdorf erkennen. Die Häuschen waren fröhliche Farbtupfer in der trockenen Landschaft, die von Felsen, Geröll und kärglichen, fremdartigen Pflanzen geprägt wurde. Die lange nicht vernommenen Geräusche einer Siedlung drangen zu mir herüber. Da lebten Menschen ihren Alltag. Meine Augen folgten den Umrissen des Vulkans bis hinauf zu den *calderas*, den Vulkantrichtern, die ständig von Wolken verhüllt sind. Mehrere kleine Fischerboote wiegten sich in der Nähe vor Anker. Direkt vor mir lachte und winkte ein Paar von seinem Segelboot herüber. Ich winkte zurück, sah genauer hin und erkannte ihre Nationalität. „Hallo, ihr seid aber noch weiter von zu Hause als ich“, dachte ich. Sie kamen aus Japan, die Flagge der aufgehenden Sonne hatte sich um ihr Backstag gewickelt.

Friedlich in Gedanken versunken saß ich da, an den Mast gelehnt, sog den Duft brennender Feuer ein und lauschte dem Murmeln menschlicher Stimmen. Auf See konnte ich mich niemals richtig entspannen. Meine Ohren und Gedanken waren ständig auf Wache, registrierten jedes ungewöhnliche Geräusch, jede Wetteränderung. Diese Anspannung verschwand immer erst dann, wenn der Anker gefallen war.

Da, wo der Mittelpunkt des Städtchens zu sein schien, konnte ich einen kleinen Anleger erkennen. Lucs blaues Dingi schaukelte sanft auf und nieder und schlug gelegentlich gegen die Mauer. Zwar war ich begierig darauf, an Land zu gehen, dennoch genoß ich diesen ruhigen Augenblick und malte mir aus, was Luc und Jean Marie wohl für Gesichter machen würden, wenn sie zurückkämen. Ich besah meine Knie und bemerkte zum erstenmal, wie knochig sie geworden waren. Die Hosen, die anfangs gut gesessen hatten, schlabberten nun um meine Oberschenkel. Ich hatte mindestens zehn Pfund abgenommen, seit ich Luc in Panama kennengelernt hatte, und fragte mich nun, ob er das merken würde.

Außerdem brauchte ich ganz dringend eine heiße Dusche. Selbst hier an Land war die Luft frisch und recht kühl, ganz und gar nicht so, wie ich es mir für den Äquator vorgestellt hatte. Mit seinen Bildern von Schnee und Eis zum Anlaß meiner Äquatorüberquerung hatte mein Vater mich etwas neidisch machen wollen, während ich in den Doldrums, dem Kalmengürtel, vermutlich vor mich hinschwitzte. Aber es hatte keine Flauten gegeben, als wir in ihrer Gegend waren. Die Geschichten von Hunderten von Seemeilen in totaler Windstille hatten andere Leute zu erzählen. Bis ich in Landnähe kam, hatte ich als einzige typische Wettererscheinung der Kalmen die Gewitter erlebt. Wenn man an einen glücklich bewältigten Reiseabschnitt zurückdenkt, vergißt man ja schnell das, was daran schlimm war, und die Erinnerung verklärt das Gute noch zusätzlich. Ich dachte gerade an Wale und Delphine, an das nächtliche Meeresleuchten und das Segeln neben THEA, als ein ferner Ruf vom Anleger herüberkam.

„Tania! Tania! Hier sind wir!“ Begeistert sprang ich auf und winkte Luc und Jean Marie zu, die jetzt, so schnell sie konnten, heranruderten. „O Tania, wir haben uns solche Sorgen gemacht. Was war denn los? Wir warten jetzt schon fünf Tage auf dich, was ist denn bloß passiert? Hier ist es herrlich, wir haben schon viel erlebt.“ Lucs Worte überstürzten sich, während er mich fest in die Arme nahm. „Du lieber Himmel. Du bist ja so dünn geworden, wir müssen dich tüchtig päppeln.“

Es war einfach herrlich, ihn so besorgt zu erleben, und mit Genuß überließ ich mich seiner Fürsorge. Jean Marie blieb auf THEA zurück, Luc und ich gingen an Land. Ich schwankte auf meinen Seebeinen ziemlich durch die Gegend, und während ich mich wieder an Land gewöhnte, erzählten wir uns gegenseitig von unseren Erlebnissen. Sie waren fünf Tage früher an der Nordspitze der Nachbarinsel Santa Cruz angekommen und hatten, wie auf heißen Kohlen sitzend, auf meine Ankunft gewartet. Morgen wollte Luc mit mir auf den Berg, von dem sie gerade gekommen waren. Hand in Hand gingen wir zu einem kleinen Café, wo ich ein Steak verschlang, und schlenderten dann in aller Ruhe zu THEA zurück.

Am nächsten Tag fuhren wir mit dem Bus zur Caldera, dem Krater-Gipfel des Berges. Die felsige Landschaft verschwand weiter oben in einer Regenwolke und verwandelte sich von einer trokkenen Wüste in eine feuchte Nebelwelt. Unter den Wolken gediehen knorrige Bäume und grünes Gras, und als wir aus dem Bus stiegen, versanken unsere Füße in feuchter, roter Erde.

Auf Orangenbäumen wuchsen saftige Früchte in reicher Fülle. Die Indianer, die hier lebten, begrüßten uns mit breitem, freundlichem Lächeln. Wir wanderten durch eine Landschaft, die von mehr Kühen als Menschen bevölkert war. Moderiges Laub hing feucht und schwer von den Bäumen. Wir begegneten Eselsgespannen und sahen ganz selten einmal ein Auto. Alle Geräusche wurden vom moosigen Untergrund aufgesogen und gedämpft, und ich fragte mich, wie es sich hier lebte, in einer Gegend, wo kaum einmal die Sonne schien.

In einer kleinen Hütte, in der es von Hühnern nur so wimmelte, kauften wir bei einer runzeligen alten Frau für fünf Dollar einen großen Sack unglaublich süßer Orangen. Dann warteten wir in der Mitte des Dorfes auf den Bus, mit dem wir wieder hinunterfahren wollten. Überall drehten sich lächelnde Menschen nach uns um und beobachteten scheu die Fremden. Der Mittelpunkt der Siedlung war eine kleine weiße Kirche, wo verschleierte Nonnen gerade Horden von Kindern in Gruppen zu ordnen versuchten. Völlig aufgedreht und übermütig, hatten sie nicht die geringste Lust, sich in einen Klassenraum einsperren zu lassen, wo sie uns doch viel lieber beobachten wollten. Sie gaben ziemlich an, machten Handstand und Überschlag und riefen uns die einzigen englischen Worte zu, die sie kannten: „Hello, thank you. How are you. One two three.“ Luc lachte, und in einem Anfall jugendlichen Übermuts sprintete er zu einem Haufen roter Erde und versuchte einen Überschlag rückwärts. Er fiel hin, und der ganze Platz brach in wildes Gelächter aus, jung und alt gemeinsam. Luc machte eine tiefe Verbeugung. Die Bergluft schien ihn übermütig gemacht zu haben.

Die Galapagosinseln waren eine kurze, aber herrliche Unterbrechung der Zeit auf See. Statt Hecken gab es hier Kakteen, und die Straßen der kleinen Stadt waren aus Sand. Alles, was ich sah, kam mir vor wie eine Ansiedlung auf dem Mond. Um ihre einmalige Natur zu schützen, gibt es auf den Galapagosinseln sehr strenge Aufenthaltsbestimmungen. Fünf Tage durften wir nur bleiben. Wir mußten also ernsthaft auf die Fehlersuche an meinem Motor gehen. Luc quälte sich einen ganzen Tag mit dem Biest ab, mit dem traurigen Ergebnis, daß die Brennstoff-Einspritzpumpe offensichtlich defekt war, auch der Starter hatte sich festgefressen.

„Tania“, sagte er. „Du mußt es nach Tahiti unter Segeln schaffen.“ Entmutigt sah ich ein, daß mir nichts anderes übrigblieb.

Luc wollte mir noch das 25 Meilen entfernte Santa Cruz zeigen. Wir versorgten uns also reichlich mit Vorräten, einer Art Kohl in Melonengröße und allerlei Gemüse. Der größte Supermarkt hier war kleiner als der schmale Laden nebenan bei uns in New York und das Angebot kärglich. Ich konnte nur etwas Margarine kaufen und Sardinenkonserven für Dinghy. Die Menschen waren nicht reich und hatten auch nicht wie die Panamaer ständig den materiellen Wohlstand der Fremden vor Augen. Also waren sie alle gleich und offensichtlich mit ihrem Dasein zufrieden, so daß sie uns um nichts beneideten. Im Gegenteil, sie kamen uns in jedem Restaurant oder Laden oder Markt freundlich, fast herzlich entgegen.

Ich schenkte den Dorfkindern meinen bescheidenen Vorrat an Zeitschriften und einige T-Shirts, die ich in Reserve hatte. Die Hochglanzfotos faszinierten sie derart, daß sie nicht einmal merkten, daß sie die Hefte verkehrt herum hielten. Das einzige, was die erwachsenen Männer sich wünschten, waren Schnorchelausrüstungen, damit sie an den Riffen tauchen konnten. Sie hätten sogar dafür bezahlt, aber wir konnten ihnen leider nichts abgeben. Wenn ich jemals dorthin zurückkehre, werde ich in Panama reichlich solche Dinge einkaufen und die Fischer auf den Galapagosinseln damit sehr glücklich machen.

Wir setzten Segel für die Fahrt nach Santa Cruz, Wassertanks randvoll. Begleitet wurden wir von Delphinen und bellenden Seehunden. Es warf mich fast um, als ich deren glückliche, bärtige braune Gesichter das erstemal sah. Diese bewundernswerten Tiere hier zwischen den Inseln so wacker herumschwimmend – darauf war ich nicht gefaßt gewesen. Wie konnte ich das je beschreiben, dieses Wunder, sie neben VARUNA durchs Wasser paddeln zu sehen?

An der Nordküste von Santa Cruz gibt es im Krater eines Vulkans eine kleine Bucht, völlig von Felsen umgeben. Wir passierten eine schmale Durchfahrt und wurden von einem wahren Getöse empfangen. Hunderte von Seehunden, Kühe, Bullen und Junge, bellten sich an. Es war wie ein Zoo ohne Gitter. Leguane – die berühmten großen Meerechsen der Galapagos – schoben sich durch diese Seehundskolonie. Große Kakteen und leuchtend rote, stachelige

Büsche krönten den Anblick. Die Seehunde sprangen ins Wasser und bellten zur Begrüßung, als wir hereinsegelten und ankerten. Sie hatten absolut keine Angst vor VARUNA und wollten offensichtlich nur eins: spielen. Vögel flogen in Scharen herbei, tauchten im Sturzflug ins Wasser und kamen mit einem Fisch im Schnabel wieder hoch. Pelikane trompeteten und bettelten um Futter. Junge Seehunde ließen ihre roten Spielzeug-Krabben im Stich und quiekten vor Vergnügen, daß neue Tiere zu Besuch gekommen waren.

Wir fingen einige Fische und sahen einen makabren Tanz. Wenn wir den Abfall in die Luft warfen, schossen Fregattvögel aus dem Himmel nieder und vollführten akrobatische Kunststücke, um diese Leckereien zu erhaschen. Was sie nicht erwischten, erkämpften sich die wild trompetenden Pelikane. Ein kleiner Vogel, der wohl im Kampfgetümmel einen Fuß eingebüßt hatte, kam sogar heran und fraß mir aus der Hand.

Noch ein Problem mußten wir vor dem Auslaufen lösen – meine Navigation. Aus irgendeinem Grund hatte ich mit der Astronavigation schwer danebengelegen und die Galapagosinseln nur mit Hilfe meines Funkpeilers gefunden. Der nächste Landfall war auf den Marquesas, dreitausend Meilen entfernt, und dort gab es kein Funkfeuer. Außerdem hätte ich die Kunst der Astronavigation inzwischen ja längst kapiert haben müssen. Luc beschloß, mir die Sache beizubringen. Wir machten uns an die Arbeit. Er holte alle seine Lehrbücher heraus. Ich hatte noch einige Berechnungen und Leerkarten vom letzten Reiseabschnitt, von denen ich meinte, ich hätte die Ansätze richtig gehabt. Wir gingen sie gemeinsam durch, Schritt um Schritt, in mühevoller Arbeit. Es zeigte sich bald, daß Lucs Kenntnisse ziemlich eingerostet waren, weil sein SatNav die ganze Arbeit für ihn erledigte. Ich hatte die Berechnungen so oft gemacht und wiederholt und gegengerechnet, daß ich sie allmählich mit geschlossenen Augen im Schlaf erledigen konnte. Es endete damit, daß Luc zugab, ich wüßte wahrscheinlich sogar besser Bescheid als er.

Wo lag das Problem nun aber wirklich? Der Sextant? Wir sahen uns an, ich sprang ins Dingi, sauste an Bord und holte ihn. Für jedes Problem gibt es eine Lösung. Dieses Mal *war* es der Sextant. Ich benutzte einen aus Plastik, den wir schon auf PFADFINDER gehabt hatten. Über die Jahre hatte sich der Kunststoff wohl etwas verworfen, denn die gemessenen Kimmabstände der Sonne lagen leicht daneben. Mit einem nicht justierten Sextanten aber kommt man sonstwohin. Glücklicherweise hatte ich ganz unten in einem meiner Schapps einen ausgezeichneten Freiberger-Aluminium-Sextanten. Ich hatte ihn nur nicht benutzt, weil er schwerer und komplizierter als der andere war. Wenn ich durch den Plastiksextanten schaute, waren Sonne und Kimm beide im gleichen Bildfeld, und ich brauchte die Sonne nur noch auf die Kimm zu setzen. Der Freiberger dagegen hatte ein geteiltes Bild mit der Sonne in der einen Hälfte und der Kimm in der anderen. Wenn VARUNA in der See wie wild herumbolzte, war es schon eine akrobatische Leistung, die beiden Bilder drinzubehalten und sie aufeinanderzusetzen. Von THEAS Deck übte ich nun, die Sonne zu schießen, stellte alle Berechnungen an und traf unsere Position jedesmal haargenau.

Nun hatten wir keinen Grund mehr, länger zu bleiben, und unsere Visa waren auch abgelaufen. Dreitausend Meilen trennten uns von den Marquesas westsüdwestlich von hier. Dieser Reiseabschnitt war viermal so lang wie der längste, den ich bisher bewältigt hatte, und ich wußte, daß es unter Umständen fünf Wochen bis zum Landfall sein konnten. Vorsichtig ausgedrückt: Es war mir nicht ganz wohl beim Gedanken an die Abfahrt.

Segler, die diese Reise schon gemacht hatten, erzählten schreckliche Geschichten von Booten, auf denen etwas kaputtgegangen war und die deshalb achtzig Tage auf See waren. Andere sprachen von Flauten, in denen man wochenlang festlag. Die dreitausend Meilen an sich waren schon respekteinflößend genug, auch ohne daß ich mir zusätzliche Probleme ausmalte. Irgend etwas mußte auf VARUNA immer noch in Ordnung gebracht werden – ich schob den Termin des Auslaufens vor mir her, bis Luc schließlich sagte: „Wir starten jetzt. Wenn du mitwillst, komm. Wenn nicht, dann bleib.“ Ich hatte also keine Wahl. Er gab mir ein Päckchen, das ich an meinem neunzehnten Geburtstag öffnen sollte, und wir nahmen Abschied.

Ich sah zu, als THEA unseren Krater-Ankerplatz verließ, und

fragte mich, wo auf dem Ozean wir wohl sein würden, wenn ich am 7. Oktober sein Geschenk öffnete. Noch einmal, zum letztenmal, sah ich in die Runde auf die seltsam fremdartigen Tiere in der grandiosen Mondlandschaft, zog das Groß hoch, brach VARUNAS Anker aus dem letzten Stück Land für mindestens dreieinhalb Wochen und war unterwegs.

Santa Cruz – Marquesas

24 Tage bis zum nächsten Landfall

Es war einmal ein Mädchen in einer riesengroßen Stadt ganz aus Beton, ein Mädchen mit einem Traum – es wollte um den Globus segeln. Von nah und fern kamen Menschen, um dieses tapfere Kind zu sehen. Sie fürchtete sich vor niemand und vor nichts. Die Ozeane empfingen sie mit Freuden, und die Tiere des Meeres begleiteten ihre Reise mit Gesängen. Der Gott der Winde lächelte auf sie hernieder und segnete sie mit sanfter Brise auf ihrem schnellen Wege um die Erde. Dieses Mädchen hieß nicht Tania.

Der Himmel über den Galapagosinseln war wolkenschwer, wechselnde Winde empfingen uns, und VARUNA tänzelte unruhig über die Wellen, fort von den Inseln, hinaus auf die offene See. Luc hatte vorgeschlagen, wir sollten in Sichtweite bleiben, bis wir die Strömungen hinter uns hatten, und ich war heilfroh darüber. Während der ersten Tage verglich ich über Sprechfunk die Ergebnisse meiner Berechnungen mit denen seines SatNav. Im Kraftwerk auf San Cristóbal hatte ich VARUNAS Batterien aufgeladen, so daß wir nun reichlich Stromreserven hatten, wenn auch nicht genug für lange Plaudereien. Sobald ich meinen Navigationskünsten traute, mußte ich allein zurechtkommen.

Die ersten beiden Tage fühlte ich mich müde und benommen, als VARUNA an den Inseln entlangkreuzte, zuerst San Cristóbal, dann Santa Fé und Santa Maria. Ich weinte, als sie in Nebelschleiern hinter uns versanken, und dachte entmutigt an die furchterregenden dreitausend Meilen bis zum nächsten Landfall. Nirgends empfand ich die überwältigende Größe des Planeten Erde stärker als in meinem Boot mitten auf dem Ozean. Ich fühlte mich vom Schicksal privilegiert und gleichzeitig winzig, wie ein Stäubchen im All. Heute weinte ich ob meiner Winzigkeit. Die Tränen verkochten in meinem Eintopf, benetzten Dinghys Fell und tropften feuchte Kreise auf mein Kopfkissen und die Seekarten. Je mehr mich die Angst plagte, desto mehr Aufmerksamkeit und Energie widmete ich VARUNA, und je weiter wir in die blaue Unendlichkeit krochen, desto fester wuchsen wir zusammen. Wenn ich steuerte, war ihre Pinne wie eine Fortsetzung meiner Hand. Und wenn ich schlief, fühlte ich mich in ihr geborgen wie in einer sicheren Wiege.

Als tückische Böen und dunkle Wolken meine Stimmung auf Null brachten, versuchten Luc und Jean Marie mich aufzuheitern, wenn wir über Funk miteinander sprachen. „Irgend jemand lächelt auf dich hernieder“, sagte Luc. „Sonst wärst du gar nicht erst bis hierher gekommen. Weiter südlich bist du wieder im Passat und wirst eine unvergeßliche Reise haben. Genieße all das Schöne und vergiß nicht, welches Glück du hast, daß du etwas erlebst, von dem andere nur träumen können.“

Am Morgen des 1. Oktober wachte ich auf und stellte das Funkgerät an zum Frührapport. „Luc? Jean Marie? Könnt ihr mich hören? Hallo? Kann mich überhaupt jemand hören?“ Nur atmosphärische Geräusche. Nun, wo der gefürchtete Augenblick gekommen war und unsere Wege sich getrennt hatten, fühlte ich mich erleichtert. Ich wußte, was ich tun mußte – die fernen Inseln selber finden. Jetzt war ich ganz auf mich gestellt.

Ich hatte eine Monatskarte vom gesamten Pazifik – sämtliche 64 Millionen Quadratmeilen. Auf der Karte waren die Marquesas wie ein paar Pfefferstäubchen dargestellt, verschwommene Sprenkel unterhalb des Äquators, etwa halbwegs zwischen Südamerika und Australien. Mein Zirkel arbeitete sich gewissenhaft über die gesamte Distanz und maß die Meilen bis zum letzten Millimeter. Dinghy schnappte nach meinem Bleistift, als ich eine Aufstellung machte, die Daten vom 29. September bis zum 23. Oktober untereinanderschrieb und die Wochentage eintrug, daneben die gesegelte Distanz in jeweils hundert Meilen bis zu 2800. Ich kannte mich gut genug – die ganze Reise ins Auge zu fassen, die vor uns lag, würde mich total entmutigen. In Hundert-Meilen-Etappen, oder Tagesabschnitten, da würde ich es ertragen.

Ich holte die Gitarre heraus und ein Notenheft von Luc. Ich nahm mir vor, „The House of The Rising Sun" in- und auswendig zu lernen, und fing an, die Saiten zu zupfen. Auf den Marquesas wollte ich ein Konzert geben, koste es, was es wolle.

Allmählich kehrte mein Selbstvertrauen zurück. Ich machte mich daran, endlich die Navigation so zu lernen, daß ich sie wirklich beherrschte. Es faszinierte mich geradezu, daß ich nun erfolgreich mit einem Sextanten, Tabellen und Leerkarten arbeiten und genau ausrechnen konnte, wo auf dieser riesigen Karte wir uns befanden. Ich erarbeitete mir feste Zeiten, um die Sonne mit größter Genauigkeit zu schießen. Und für alle Fälle nahm ich auch noch „Extras". Die erste Messung machte ich gleich nach dem Aufwachen, um etwa 7.30 Uhr. Die zweite folgte zehn bis fünfzehn Minuten vor zwölf Uhr mittags und dann noch einmal, wenn die Sonne auf ihrem Weg über den Horizont den Scheitelpunkt erreicht hatte, das Mittagsbesteck. Zur Sicherheit nahm ich eine weitere Höhe am Nachmittag. Die ließ ich allerdings manchmal auch ausfallen, denn auf ihrem Abstieg verschwand die Sonne hinter meinen weit ausgestellten Segeln, und es war dann die Mühe nicht wert.

Vielleicht lag es an der frischen Luft und dem Mangel an innerer Spannung, vielleicht war es aber auch aus der unbewußten Erkenntnis, daß meine äußere Umgebung mich derzeit nicht weiter anregen würde – jedenfalls fing ich an zu träumen. Grandiose Träume, die so lebendig waren, daß es mir schwerfiel, sie als Träume zu erkennen. Oft spielten sie in Gegenden, wo ich noch nie im Leben gewesen war. Aus New York wurde plötzlich Italien; dann Tampa Bay, Florida; dann Griechenland. Freunde tauchten an den sonderbarsten Orten auf, und wir hatten unendliche Diskussionen. Ich stoppte immer wieder das Boot irgendwo und erlebte phantastische Abenteuer an imaginären tropischen Schauplätzen auf dem Weg zu den Marquesas.

Am glücklichsten war ich abends, wenn ich wußte, bald würde ich in die Welt meiner Träume versinken, gute Freunde treffen, alles mögliche mit ihnen unternehmen, die tollsten Sachen essen und unbeschwerte Abenteuer erleben. Es war, als ob ich jeden Abend ins Kino ginge, nur mit dem Vorteil, daß ich keinen Eintritt zahlte. Ich mußte nur warten können, dann begleiteten meine Träume mich auch in den Tag hinein, brachten Unmengen von Erinnerungen und obendrein die Lösung mancher Probleme, die in den nächtlichen Träumen gerade erst aufgekommen waren.

Zweimal täglich hakte ich Meilen ab, und jeden Tag notierte ich das Datum. Zentimeter um Zentimeter schob mein Bleistift auf der Karte VARUNAS Position vor. Auf die erste Seite des Logbuchs schrieb ich den Namen – Baie Taaoa, Hiva Oa –, als ob ich unterwegs mein Ziel vergessen könnte. Ich sprach die Worte in Englisch, Spanisch und Französisch vor mich hin, im Wachen und im Schlafen, und hakte weiter Meilensteine auf der Karte ab. Tagelang kämpften wir uns durch kalte Winde unter dunklem Himmel, doch VARUNA zog unbeirrt ihres Wegs. Das Schlepplog gab den Rhythmus meiner Tage an, wie ein Metronom, das Zeit und Meilen wegtickte, während ich die Gitarre spielte und die Nachmittage hinwegsang.

Der 7. Oktober war mein neunzehnter Geburtstag, und ich war so aufgeregt, als ob ich gerade am Spielautomaten einen Jackpot gemacht hätte. Gegen zehn Uhr morgens hatte die Sonne ihren großen Auftritt, die Wolken verschwanden bis auf ein paar Wattebäusche, die im wärmer werdenden Wind noch am Himmel tanzten. Ich schrieb in mein Logbuch: *Danke, lieber Gott, was für ein wunderbares Geburtstagsgeschenk!* Dann machte ich ein Fix – 138 Meilen seit Mittag am Tage zuvor. In acht Tagen hatten wir 936 Meilen zurückgelegt. Mein Zirkel huschte beglückt über die Karte und errechnete, was an Zeit und Entfernung vor uns lag. Nur noch 2029 Meilen!

Ich las, erledigte die Bootsroutine, korrigierte Segelstellung und Kurs, spielte mit Dinghy und plante mein Geburtstagsessen. Auf den wartenden Päckchen klebten kleine Zettel: „Happy Birthday, Tania. In Liebe, Jade." „An Deinem Geburtstag öffnen – von Deinem Daddy" und „Pour ma petite Tania."

In den vergangenen dreizehn Tagen waren Luft und Wasser zu fröstelig gewesen für mehr als eine Katzenwäsche. Heute aber, wo es sonnig war und einigermaßen warm, gönnte ich mir einen Badetag. Ich seifte mich im Cockpit gründlich ein und genoß meine erste Eimer-Dusche nach fast zwei Wochen. Als ich mir das Salzwasser über den Kopf schüttete, wusch ich auch das Cockpit mit der seifigen Brühe, goß wieder Wasser über meinen Kopf und spülte gleichzeitig damit die Lenzer frei. Happy Birthday, Leib und Nase.

Ich schob das Auspacken der Geschenke auf bis zu dem Augenblick, wo die Tagesposition ausgerechnet war. Nun saß ich und wartete, ob noch etwas Besonderes passieren würde. Am Morgen hatte ich bei meiner Suche nach gestrandeten Fliegenden Fischen für Dinghys Frühstück schon einen echten Nickel auf dem Vorschiff gefunden. Wie er dorthin gekommen war, blieb ein Geheimnis, über dem ich eine halbe Stunde lang vergeblich brütete.

Jetzt machte ich eine Dose Bambussprossen und Wasserkastanien für das Festmahl auf, schnipselte etwas Kohl und mixte das Ganze mit Uncle Ben's Reis, Sojasoße und Sesamöl in der Bratpfanne. Als es fertig war, setzte ich mich ins Cockpit und verzehrte langsam und genüßlich meine VARUNA-Variante des Suzy-Wang-Chinatopfes. Dinghy speiste Galapagos-Ölsardinen in Tomatensoße. Dann wusch ich ab und klarte auf.

Ich wußte, daß alle Geschenke und die Geburtstagspost von meiner Familie vorbereitet waren, ehe ich New York verließ. Und doch kamen sie mir wie ganz neue Nachrichten vor. Zur Einstimmung spielte ich auf meinem Kassettenrecorder das Band ab, das Tony am Abend vor meiner Abreise aufgenommen hatte, ohne daß es die anderen wußten. Sie saßen alle am Eßtisch und waren noch etwas aufgedrehter als sonst. Nach dem Essen hatte er gebeichtet, und dann hatten sie mir alle eine kurze Nachricht geschrieben. Von meinem Vater: „In dieser besten aller Welten ist alles nur zum Besten“ – ein Zitat aus „Candida“ von Voltaire.

„Tania, mit Liebe, von Deinem Bruder. Ich hoffe, Du genießt die Reise, und wenn Du gerade Heimweh hast, dann vergeht es Dir bestimmt, wenn Du das Band gehört hast. In Liebe, Tony, der Hersteller und Producer dieses Tape.“

„Denk manchmal an Dich selbst. Christian.“

„Weil sie alle schon so viel Platz verbraucht haben, sage ich nur noch: Viel Spaß und vergiß mich nicht. In Liebe, Jade. PS. Merkst Du auch, ich habe gesagt – in Liebe – das war gar nicht leicht.“

Und zu guter Letzt von Nina: „Ich hoffe, mein Gesang und meine Klavierversion von ‚Für Elise' gefallen Dir. Adios."

Die Stimmen der heimatlichen Tischrunde erfüllten jetzt die Kajüte, und ich dachte an Nina, Tony und Jade. Was machten sie wohl gerade? War mein Vater mit Fritz in Holland, oder aßen sie bei Raoul in der Prince Street zu Abend? Wie erging es Nina in ihrem ersten Jahr im College? Ich öffnete ihr Geburtstagspäckchen. Diesmal war es Trockenrührei. Sie war so lustig, hatte mir immer geholfen, wenn ich nachts aus dem Haus schleichen wollte. Einmal hatten da meine Freundinnen Rebecca und Jill bei uns geschlafen. Wir zählten die knarrenden Treppenstufen auf dem Weg nach unten, nachdem Nina das Zeichen gegeben hatte, daß die Luft rein war. Plötzlich hatte ich ein schlechtes Gewissen, als mir einfiel, wie peinlich es mir gewesen war, als sie gern mal auf einen unserer „Ausflüge" mitkommen wollte. Widerwillig schleppten wir sie mit, kümmerten uns die ganze Nacht nicht um sie, und sie war sehr traurig darüber. Damals ließ mich das kalt, ich war von meinen Freunden umgeben und platzte fast im Vollgefühl meiner Wichtigkeit. Heute tat es mir leid.

Jades Geschenk kam mir sonderbar bekannt vor – eine Flasche Bailey's Irish Cream. Sie hatte dazugeschrieben: „Daddy sagt, ich soll es Dir zur glücklichen Überquerung des Äquators schenken. Aber wie ich Deine Navigationskünste kenne, wirst Du vermutlich den Äquator gar nicht finden." Ich mußte ihr im nächsten Brief unbedingt schreiben, wie recht sie hatte.

Ich goß mir etwas von dem Likör ein und öffnete das Päckchen von meinem Vater. „Meine liebe Tania", begann sein Brief. „Alles Gute zum Geburtstag wünsche ich Dir. Wo Du jetzt auch sein magst – das Thermometer zeigt sicher so um die 30 Grad. Hier sind es knapp drei Grad über Null, die Sonne scheint. Es ist Sonnabend früh und ganz still. Die Kinder schlafen noch. Nina hat ihren Freund Adrian dabei. Gestern abend fand ich auf der Straße eine fast tote Bambuspflanze. Ich nahm sie mit nach Hause und will versuchen, sie zu neuem Leben zu erwecken. Dabei habe ich mir mein Jackett ziemlich schmutzig gemacht, das ich gerade erst von der Reinigung zurückbekommen hatte! Ich beneide Dich um Deine Reise. Himmel, wie wünsche ich mir, ich könnte für länger hier raus. Sei stolz, glücklich, begeistert, daß Du sie machst. Eigentlich gibt es kein Wort, das richtig ausdrückt, wie Du Dich fühlen solltest. Ekstatisch vielleicht – aber das ist auch noch zu blaß ...

Gestern abend war Fritz in recht gedrückter Stimmung. Als wir zu Abend aßen, rief er an und sagte, er ginge zu Raoul auf ein Pfeffersteak, einen Espresso und einen Kognak. Ob ich ihm wohl bei Kognak und Espresso Gesellschaft leisten wolle. Natürlich wollte ich. Na, ich sage Dir – die Kognaks kamen nur so angerollt zu uns beiden anfangs so betrübten Knaben. Später wollten uns zwei Damen mit zu sich nach Hause nehmen, damit wir ihnen Schwyzerdütsch beibrächten, aber dazu hatten wir keine Zeit, wir waren viel zu sehr beschäftigt, Pläne zu schmieden.

Und was für Pläne! Ich werde ganz schnell meine Angelegenheiten ordnen, nach Holland reisen und *das* Boot in Auftrag geben. Im Herbst reisen wir dann zusammen hin, holen es ab und segeln nach Buenos Aires. Dort geht Fritz von Bord, kauft ein Pferd und einen Packesel und reitet über die Pampas und die Anden nach Santiago de Chile, wo ich auf ihn warten werde, nachdem ich allein um Kap Hoorn gesegelt bin und einen Abstecher in die Antarktis gemacht habe. Gemeinsam segeln wir weiter zu den Galapagosinseln, nach Panama und New York. Dann habe ich auch mein Schiff für die Fahrt zur Nordwest-Passage. Deswegen bin ich jetzt auch gar nicht mehr so neidisch auf Deine Reise. Das kleine Geschenk soll Dir ein bißchen Nostalgie vermitteln. Wir haben ihm gelauscht, als Bobby jammerte und Hanks Adamsapfel tanzte. Sei glücklich an Deinem Geburtstag und an allen anderen Tagen. Daddy."

Das Geschenk war eine Kassette mit Franz Liszts Ungarischen Rhapsodien. Ich erinnerte mich des Sturms, den wir mit PFADFINDER im Golfstrom zwischen den Bermudas und New York abgeritten hatten. Solch bösartige, kochende See hatte ich noch nie erlebt. Unser Boot kämpfte tagelang gegen Neptuns wilde Wut. Die ganze Zeit über opferte mein Vater kostbaren Strom aus den Batterien, um uns mit Liszts Musik Mut zu machen. Und wir standen alles durch, bis zu einem klaren, friedlichen Sonnenaufgang am Ende dieser Tage, in denen mein Vater weder an sich noch an seiner unerfahrenen Crew auch nur im geringsten gezweifelt hatte.

***

Es ist mir noch heute ein Rätsel, wie meine Mutter und mein Vater sich zueinander hingezogen fühlen konnten – er so wild und lebenshungrig, sie so steif und gehemmt. Sie war neunzehn, als sie mich erwartete. „Genauso alt wie ich jetzt", dachte ich, als ich nach dem Umschlag griff, den ich in der ersten Nacht unterwegs gefunden hatte. „In der Mitte des Ozeans zu öffnen", stand in der vertrauten fahrigen Schrift darauf. Ich hatte den Brief für diesen Tag aufgehoben – noch weiter in der Mitte des Ozeans konnte ich kaum sein. An meine Mutter dachte ich sehr oft, daran, wie es ihr jetzt wohl ginge. Sie hatte uns viel Leid zugefügt, und doch konnte ich ihr deswegen nicht böse sein. Sie war wie ein verletzter Vogel. Wenn das überhaupt möglich war, liebte ich sie wegen ihrer inneren Zerrissenheit sogar noch mehr. Was immer ihr geschehen war, ehe sie meinem Vater begegnete, sie würde es wohl als ihr Geheimnis mit ins Grab nehmen.

Sie lernten sich auf einer Party in Paris kennen, mein Vater, damals achtundzwanzig, und meine Mutter, neunzehn, Sabina Borrelli – zumindest nannte sie sich so. Sie studierte französische Literatur an der Sorbonne, eine bildschöne Italienerin mit makellosem olivfarbenem Teint, großen grünen Augen und langem dunklem Haar. Sie war hochintelligent, schien wohlhabend zu sein und sehr geheimnisvoll. „Genau die richtigen Zutaten", wie mein Vater gern sagte. „Sie kam in jener Nacht mit mir nach Hause, kochte Auberginen mit Parmesan und ging nicht wieder fort."

Einiges aber war recht seltsam. Man bekam kein klares Bild von ihrer Vergangenheit, und die Erzählungen über ihre Kindheit veränderten sich immer ein bißchen, wie es jeweils gerade am besten paßte. Sie sagte, sie sei in Turin geboren, sprach aber Italienisch nicht wie eine Italienerin. Sie war mehrsprachig, doch keine dieser Sprachen klang wie ihre Muttersprache. Ihr Deutsch hatte einen französischen Akzent, ihr Französisch einen italienischen. Italiener, die mein Vater damals kannte, sagten, sie spräche Italienisch wie eine Polin. „Sie war eine sehr interessante Frau", erzählte er uns später, als wir ihn nach Einzelheiten über unsere Herkunft ausquetschten. „Doch eure Mutter hatte viele Geheimnisse."

Bald nachdem mein Vater in die Vereinigten Staaten ausgewandert war, erreichte ihn in seiner Wohnung in Englewood, New

Jersey, ein Brief aus Paris. „Lieber Ernst“, schrieb sie, „ich bin schwanger...“

Der Umschlag meiner Mutter war wegen der Feuchtigkeit an Bord im Begriff, sich aufzulösen. Ich öffnete ihn daher behutsam und hoffte, das wäre jetzt der richtige „besondere“ Augenblick. Überall unter Deck gab es Erinnerungen an sie: Zeichnungen, einen Topflappen, den sie gehäkelt hatte, die chinesische Puppe, die sie mir schenkte, die Schweizer Bibel und Bücher, Meisterwerke der Literatur, die sie mir für die Reise aufgedrängt hatte. „Du mußt dich bilden“, hatte sie wohl hundertmal gesagt. „Bildung ist das Wichtigste in der Welt. Sie öffnet dir die Augen, und du erkennst Heuchelei und falschen Schein. Du findest mich jetzt zwar komisch, Tania, aber eines Tages wirst du erkennen, daß deine Mutter recht hatte.“ Mit schlechtem Gewissen sah ich verstohlen zum Bücherbord hinüber. Morgen würde ich anfangen, einen Klassiker zu lesen!

In dem Umschlag war eine Locke ihres langen braunen Haares, mit einem Band gebunden. Ein Zettel lag dabei. „Ich bin bei Dir.“

Die Briefe meiner Eltern waren so typisch für ihre Verfasser, wie sie es wohl selbst nicht ahnten. Mit einem Brief hatte einst alles angefangen, und so würde es wahrscheinlich auch enden...

Vielleicht lag es an der Familien-Unterhaltung auf dem Tonband oder an den Geburtstagsbriefen, an Bailey's Irish Cream oder ganz einfach an der Locke, der Verbindung mit zu Hause und mit meiner Mutter, die ich bis heute nicht so recht verstand – jedenfalls kamen mir die Tränen. Gerade wollte ich Lucs Päckchen öffnen, da hörte ich eine Herde von Delphinen, die mir ein Geburtstagsständchen brachten. Ihre nun schon vertrauten Pfiffe drangen durch den Rumpf, so daß ich nicht einmal nach draußen gehen mußte, um sie zu hören. Ich packte Lucs Geschenk aus – die Kassette des Klassischen Gitarrenkonzerts von Narcisso Yepes, das ich auf THEA so geliebt hatte.

„Ma jolie petite Tania“, begann sein Brief. „Heute ist Dein Geburtstag, und ich komme mit meinen Freunden, dem Wind, dem Himmel und der See. Du bist heute neunzehn Jahre alt und ganz allein auf einem kleinen Segelboot mitten auf dem Ozean. Ich habe versucht, mich zu erinnern, was ich tat, als ich neunzehn wurde. Ich war in Frankreich, machte mir Sorgen um meine Zukunft und träumte davon, fortzugehen, wohin, wußte ich noch nicht. Du durchlebst mit neunzehn ein fabelhaftes Abenteuer und hast damit ein ganz großes Glück. Du bist auf Deinem kleinen Boot, vor Dir die Unendlichkeit des Lebens. Stolpersteine, Kummer und Stürme warten auf Dich, aber auch stille Morgenstunden, wenn alles in sanfte Zärtlichkeit gebettet ist, wenn Du in den Armen eines Menschen erwachst, den Du liebst. Dieser Mensch wird Dein Heimathafen sein, zu ihm kehrst Du stets zurück. Ich glaube, Du fühlst Dich mit Dinghy allein sehr einsam, wo auch immer Du jetzt sein magst. Doch schließe Deine Augen und spüre die Gedanken der Menschen, die Dich lieben. In ihrer Mitte findest Du mich. Halte Kurs und bewahre Deine Zuversicht. In Liebe, Luc."

Beim Lesen liefen mir die Tränen übers Gesicht. Seine Worte waren wunderschön, ich zweifelte nicht, daß er sie ehrlich meinte, und doch wußte ich, daß keine gemeinsame Zukunft vor uns lag. Er war schon verheiratet und hatte ein Kind. Als er mir in Taboga von Fabienne erzählte, glaubte ich, sie wäre eine Freundin. Doch je besser mein rostiges Französisch in Gang kam, desto mehr verstand ich von dem, was anfangs viel zu hoch für mich gewesen war.

Fabienne war seine Frau. Mit achtzehn brannten sie gemeinsam durch und hatten seither immer zusammengelebt. Die Fotos an der Pinnwand über seinem Kartentisch zeigten nicht verschiedene gutaussehende Frauen, sondern eine Frau im Verlauf von fünfzehn Jahren. Sie hatten sich gestritten, Fabienne ging in Martinique von Bord und hielt sich nun in Frankreich auf. Er wollte sich scheiden lassen, sagte er. Das einzige Problem dabei war Tristan, sein Sohn, den er über alles liebte.

„Er bringt mir meine Jugend zurück, Tania. Mit ihm, durch seine Augen, entdecke ich die Wunder dieser Welt. Ich war zum Zyniker geworden, und Tristan lehrt mich, die Schönheit des Lebens neu zu erkennen. Ich weiß nicht, was ich tun soll. Ich weiß nur, ich könnte nie auf ihn verzichten."

In seinen Worten verborgen war die Wahrheit über unsere eigene Lage. Er könnte seine Familie nie verlassen. Ich fühlte mich zwar kreuzunglücklich so ganz allein mitten auf dem Ozean, aber ich konnte mich nicht drücken um die Erkenntnis, was es wirklich bedeutet, schon fünfzehn Jahre mit einem Menschen verbracht zu haben. Nachdem er als junger Mann das Elternhaus verließ, hatte er sein ganzes Leben mit Fabienne geteilt. Sie gehörte zu allen Erinnerungen seiner erwachsenen Jahre. Weihnachten, jede Ozeanüberquerung, Motorradunfälle – immer gab es eine weibliche Hauptrolle: Fabienne. Auf den Galapagosinseln war mir allmählich aufgegangen, daß wir nie eine gemeinsame Zukunft haben würden. Und nun mußte ich versuchen, das als endgültig anzunehmen, so schwer es mir auch fiel. Schon auf den Marquesas würde alles anders sein. Wieder einmal gab es nur uns beide, mich und Dinghy. Ich holte mein Logbuch heraus und versuchte, meine Gedanken in Worte zu fassen:

Mein schönster, aber auch traurigster Geburtstag bisher. Ich höre das Band ab und muß weinen. Mein Zuhause und meine Familie fehlen mir, ob sie wohl heute an mich denken? Die wunderschönen Briefe von Daddy, Jade und natürlich von Luc. Bailey's Irish Cream und Mammis Locke. Ganz gewiß habe ich viel Schönes zurückgelassen – wenn ich heimkehre, wird alles anders sein. Ich liebe sie alle – Luc, Daddy, Mammi, Jeri, Nina, Tony, Jade und meine Freunde. Mein Schiff ist so winzig und der Ozean grenzenlos. Aber der liebe Gott hat mir heute ein besonderes Geschenk gemacht: einen schönen, sonnigen Tag. Ich liebe meine ganze verrückte Familie und wünsche mir, ich könnte sie hören – lachend, streitend, egal was. Ich versuche, mir die Geräusche von Stimmen, Autos und dem Leben an Land vorzustellen. Doch ich bin zufrieden mit dem Rauschen des Wassers und des Windes, manchmal sogar den Lecks. Lieber Gott, ich danke Dir fürs Leben.

Zu guter Letzt überkam mich die Müdigkeit. Ich war ganz aufgedreht von Jades Likör und hatte einen aufregenden Tag erlebt, doch jetzt war ich total erledigt. Ich schlängelte mich aus der verkrampften Stellung hinter dem Tisch hervor, stieß mir dabei die Hüfte und fluchte. Der Tisch sollte als erstes von Bord, wenn VARUNA auf Tahiti gründlich überholt wurde. Ich griff mir das Kissen von der Backbordkoje, zerrte das Leesegel heraus und band es an die Handläufe, legte Schlafsack, Decke und Laken bereit. Noch einen letzten Check an Deck und danach ab in die Koje!

Die Seen waren kleiner geworden und kamen jetzt direkt von achtern. Der Himmel glühte, als die Sonne hinter dem Horizont versank und für die Marquesas weit im Westen einen Sonnenuntergang vorbereitete. VARUNA glitt vor dem Wind dahin und wiegte sich langsam von einer Seite zur anderen. Ich hatte mich so daran gewöhnt, bei ständig überliegendem Schiff praktisch an den Wänden zu leben, daß ich jetzt ganz selig war. Etwas aufgemuntert ging ich wieder unter Deck. Mit Dinghy im Arm rollte ich mich behaglich in der Koje zusammen, versuchte meine Geburtstagserlebnisse noch etwas zu sortieren und schlief schließlich ein.

Zwei Tage lang nahm der Wind immer weiter ab, ich lauschte den flappenden Segeln, unschlüssig, ob ich die Genua setzen sollte. Immer, wenn ich mich gerade dazu durchgerungen hatte, legte der Wind etwas zu, das Log tickte schneller, und ich konnte mich wieder nicht entschließen.

„The House of The Rising Sun“ wurde allmählich langweilig, ich setzte mir also zwei neue musikalische Ziele, Beethovens „Für Elise“ und ein Stück von Bach. Ich übte, bis mir die Fingerspitzen wehtaten, machte dann Berge von Popcorn im Schnellkocher und las. Zwei träge Tage lang arbeitete ich mich mühsam und pflichtbewußt durch „Lady Chatterleys Liebhaber“. Dann gönnte ich mir einen Spionage-Thriller. Und das Schlepplog holperte durchs Wasser, und wir warteten auf mehr Wind.

Am dritten Morgen war ich zum Segelwechsel fest entschlossen, nahm die Fock weg und bemerkte, daß der Spinnakerbaumbeschlag schadhaft war, und zwar an der Stelle, wo er am Mast befestigt war. Wenn das Segel sich bei dem etwas unsteten Kurs mal mehr, mal weniger mit Wind füllte, also verschieden stark unter Druck stand, lösten sich winzige Metallspäne vom Beschlag. Ich brauchte unbedingt einen neuen. Noch eine Reparatur, die erst auf Tahiti erledigt werden konnte.

Mit der Genua, und viel mehr Wind im Segel, surfte VARUNA über die Wellen. Von der einen hoben wir fast ab, wie bei einem Raketenstart, und klatschten dann auf die nächste nieder. Ab und an kamen wir etwas vom Kurs, weil der Monitor nicht schnell genug reagierte. Dann nahm das Groß der Genua den Wind weg, sie fiel in sich zusammen, füllte sich erneut mit Wind, begleitet von einem klatschenden Geräusch, und der Baum knallte gegen den Mast, wieder und wieder. Ich zuckte jedesmal zusammen, sah im Geist, wie der Beschlag weiter abschrammte, und betete, er möge bis zu den Marquesas durchhalten.

Als die Genua oben war, besah ich tiefsinnig die Karte, ärgerlich über mich selbst, daß ich zu faul gewesen war, das Segel eher zu setzen. Zwei Tage früher hoch, und wir wären vierzig Meilen weiter. Aber wenn ich ehrlich mit mir selber war, mußte ich zugeben, daß mir Schnelligkeit eigentlich nicht so wichtig war. VARUNA tanzte über die Wellen, und das Leben konnte im Augenblick gar nicht schöner sein. Ich ging nach draußen und stellte mich an das Spritzverdeck. Dinghy sprang hinterher und legte sich dicht vor mich. Meine Füße leicht gespreizt, bewegungslos bis auf ein leichtes Beugen der Knie und das Spiel der Muskeln in den Oberschenkeln, gab ich mich ganz den Bewegungen des Schiffes hin. Ich fühlte mich wie auf der Schaukel.

Der Südpazifik dehnte sich saphirblau ins Unendliche. Wenn die Sonne senkrecht aufs Wasser schien, bildeten ihre gleißenden Strahlen einen Stern, der bis in die Tiefe reichte. Der Grund des Meeres lag fast 1500 Meter unter uns. Wenn ich daran dachte, fühlte ich mich sehr klein. Ich hatte die Stimmungen dieses gigantischen Ozeans akzeptiert, er wiederum tolerierte meine.

Um uns herum entfaltete sich alltäglich das bunte Schauspiel maritimen Lebens. Wir passierten Vögel, die Fliegende Fische gejagt hatten, bis sie müde wurden, auf der See landeten und sich im Schlaf von den Wellen schaukeln ließen. Eine Zeitlang gehörte auch eine riesige Schildkröte zu unserer Welt. Den Kopf hoch aufgereckt zum Atmen, paddelte sie mit ihren Stummelbeinen wacker dahin, wohl tausend Meilen vom Land entfernt.

„Was macht sie hier?“ fragte ich mich. „Wie lange wird sie unterwegs sein, bis sie ihr Ziel erreicht hat?“ Ich staunte, daß sie ohne Sextant und Seekarte ihren Weg fand. Auf ihrem Rückenpanzer ruhten sich müde Meeresvögel aus, Anhalter zur See. Pilotfische und Mahimahi folgten im Sog unseres Kielwassers. Fliegende Fische sprangen hoch in die Luft, als wir uns einen Weg durch ihre

Mitte bahnten. Dinghy saß auf der Cockpitkante, fasziniert, und starrte auf die vorüberziehenden Blasen.

Eines Tages kamen kurz nach dem Mittagsbesteck die Delphine, aber nicht in kleinen Schwärmen oder Schulen, wie ich es gewohnt war. So weit ich blicken konnte – Delphine, die verschiedensten Arten. Kleine, blauweiß gestreifte, große schwarze, kleine braune und mittelgroße graue – eine internationale Versammlung. Vögel schrien und stürzten sich aufs Wasser nieder, sicher daß es etwas zu fressen gab, wo Delphine waren. Am 10. Oktober, drei Uhr nachmittags, schrieb ich in mein Logbuch:

Die Delphine sind immer noch da, zu Hunderten. Ich begrüße sie begeistert, mit lautem Hallo. Endlos machen sie Sprünge und akrobatische Kunststücke und versuchen, mit mir zu sprechen. Ich bin so glücklich über ihre Gegenwart. Auch Vögel sind da. Es ist wie eine riesige Party, zu der alle eingeladen sind. Hier gibt es so viele Tiere, daß ich mich einen Augenblick schon gefragt habe, ob Land in der Nähe ist.

Ich staunte und jubelte den ganzen Nachmittag mit den Delphinen, bis ich gegen sechs Uhr einschlief und von ihnen träumte. Um ein Uhr nachts wachte ich auf – sie waren immer noch da, rufend, lockend, trillernd. Daß sie volle zehn Stunden blieben, war nahezu unfaßbar. Ich betete, daß sie mich bis zu den Marquesas begleiten würden. Dann driftete ich wieder in den Schlaf. Als ich aufwachte, war es still um uns.

Eines Morgens sah ich am westlichen Horizont ein winziges Segel. Von Land waren wir noch 1229 Meilen entfernt. Ich griff schnell nach meinem Glas, rannte aufs Vordeck und versuchte, an den Mast gelehnt, mehr von dem Boot zu erkennen. Dann stellte ich das Funkgerät an und rief immer wieder: „Kann irgend jemand mich hören? Hier ist die Yacht VARUNA. Over." Niemand antwortete. Den größten Teil des Tages blieb das Boot in Sichtweite, etwa sechs Meilen entfernt, aber taub gegenüber all meinen Anruf-Versuchen. Ich wollte so dringend mit ihnen sprechen und mir die Bestätigung meiner Position holen, denn so ganz traute ich meinen Standlinien immer noch nicht. Wenn mir jetzt jemand meine Position bestätigt hätte, wäre mein Selbstvertrauen sehr gewachsen. Es kam aber keine Reaktion. Zwar fühlte ich einen gewissen Stolz, daß ich besser Wache hielt als das andere Boot, aber in erster Linie war ich entmutigt. Ich hatte mich auf menschlichen Kontakt gefreut, wir waren doch so nah beieinander. Als ich das nächste Mal den Horizont absuchte, war er leer.

Am Morgen des 16. Oktober kam ich an Deck, gerade noch rechtzeitig, um eine von achtern aufkommende, tiefhängende Wolkenwand wahrzunehmen. Ich beobachtete, wie ein dichter Regenvorhang über dem noch ruhigen Wasser den dahinterliegenden, aufgewühlten Teil der See verdeckte. Ruhe vor dem Sturm! Plötzlich briste es gewaltig auf. Böen hoben VARUNA aus dem Wasser und trugen sie davon. Sie drehte sich, die Windfahne der Selbststeueranlage und die Pinne schlugen wild umher. Es war nicht mehr möglich, das völlig übertakelte Boot unter Kontrolle zu halten. Es drehte in den Wind.

Das Groß stand back, und der Baum zerrte am Bullenstander, der ihn an der anderen Seite des Bootes festhielt. Die Talje stand absolut steif, ich sauste hin, um sie zu lösen. Dann gab ich langsam Lose, der Baum ging über, wobei sich das Boot noch mehr überlegte. Mast und Rigg vibrierten heftig, Spinnakerbaum und Genua schleiften im Wasser. Der Großbaum machte freudig mit und hing über die Leeseite. Ich rannte zum Cockpit, warf die Fallen los, holte die Segel hastig runter und sicherte sie. Allmählich kehrte Ruhe ein, und ich kletterte unter Deck, besah mir die nasse Koje und all die Sachen, die über die winzige Kajüte verstreut lagen. Es war sicher keine lebensgefährliche Situation gewesen, aber einmal genügte mir. Ich beschloß, in Zukunft Segel wegzunehmen, ehe eine Sturmbö einfiel. Das war besser für alle Beteiligten.

Der Wind spielte mehrere Tage weiter mit uns Versteck. Ab und an wurde er schwächer, erholte sich zu mäßiger Stärke, schob uns weiter und verpustete sich wieder, sozusagen. Aber immer kam er von achtern. Manchmal krochen wir dahin, mit schlagenden Segeln, die am Rigg und an meinen Nerven zerrten. Wenn das Log langsamer tickte, saß ich ungeduldig vor meiner Karte, piekste Löcher hinein, schätzte verdrießlich die Durchschnittsgeschwindigkeit des Tages und wartete auf mehr Tempo.

Im Logbuch wechselten sich Routine-Eintragungen über Navigation und Wetter mit Betrachtungen über dies und das ab, oder mit Versen zu Melodien, die mir durch den Kopf gingen. In den langen Nächten kehrten die Delphine zurück, ihre Pfade erleuchtet von den Strahlen des Mondes, und meldeten sich mit dem vertrauten Pfeifen an. Ich wurde nicht müde, das Glitzern im nächtlichen Kielwasser zu betrachten, den phosphoreszierenden Neonschein, der unser manchmal schnelles, manchmal auch recht zähes Vorankommen begleitete. Dann träumte ich von den Marquesas. Wir waren fast schon dort.

Am Dienstag, dem 22. Oktober, nahm ich morgens um halb neun die Karte heraus, strich Montag, den 21., aus und hakte Meile 2800 ab. 165 Meilen hatte ich noch vor mir und wußte, daß jeder Vogel, der vorüberflog, vor kurzem noch Land gesehen hatte. Die zunehmende Hitze verlangsamte alle meine Bewegungen. VARUNA machte durchschnittlich vier Knoten, doch durch das Rollen und Stampfen kam es mir vor, als ob wir auf der Stelle stünden. Etwa alle zehn Minuten ging ich nach oben und suchte den Horizont ab, aber da war nur Wasser – nichts als glattes Wasser. Im Schatten unter Deck betete ich um genug Wind, damit wir am nächsten Tag Land erreichten. Wir waren jetzt 22 Tage unterwegs, und ich wünschte mir sehnlichst unseren Landfall – auch als Bestätigung meiner Navigation.

Ich werde noch verrückt! schrieb ich quer über die Logbuchseite, als der Wind endgültig abflaute und der Tag langsam, ganz langsam in den Abend überging. *Morgen kommen wir nicht an!* Ich nahm die Segel herunter, damit das Schlagen endlich aufhörte, und holte mein Kojenpolster zum Schlafen ins Cockpit. Unter Deck war es noch wärmer.

Beim Erwachen strich eine leichte Brise über mein Gesicht – Wind von Norden. Schnell setzte ich Groß und Fock und brachte VARUNA auf Kurs in Richtung Land. Eine letzte Sonnenhöhe bestätigte unsere Position. Voller Optimismus begann ich, Reinschiff zu machen. Den ganzen Vormittag suchte ich nach der verheißungsvollen Wolkenbank, die meistens über Inseln hängt. Ich sah zwar nichts, blieb aber unerschütterlich in meiner Erwartung – diesmal war ich meiner Rechnung sicher. Wir mußten jetzt etwa 55 Meilen

Varuna und Thea vor Anker in der Bay of Virgins, Fatu Hiva: Spektakulärer Landfall nach traumhaft schöner Reise.

Tahiti: Repariert und startklar; ich setzte Segel für Samoa.

Das Beste am Südpazifik war, Olivier zu treffen.

Einmal und nie wieder: Ich habe einen Fisch mit der Harpune erlegt.

Totenflaute: Akka und Varuna dümpeln in der Arafurasee.

entfernt sein. Ich verließ meinen Aussichtsplatz an der Spritzkappe und ging unter Deck, um mir eine Portion Popcorn zu machen, damit die Spannung etwas abflaute.

Jetzt kam der Augenblick der Wahrheit. Wenn ich Hiva Oa fand, dann war meine Navigation absolut auf dem Punkt. Ich saß am Kocher, schüttelte den Topf, damit die Körner nicht am Boden klebenblieben, und dachte an THEA. Luc und Jean Marie würden ihre Steaks und den Salat schon vor Tagen gegessen haben, überlegte ich, und warteten auf mich. Ob sie sich wohl Sorgen machten? Ich nahm das Logbuch vor und schrieb nieder, wie ich mir die ersten Minuten an Land vorstellte.

Mein Plan sieht so aus: Sobald ich zum Landfall ansetze, koche ich erst einmal einen Pudding. Gleich nach dem Ankern feiere ich mit Luc und Jean Marie, und wir trinken zusammen den Bailey's. Wenn sie nicht zu Hause sind, macht das nichts, dann feiere ich allein. Danach blase ich das Dingi auf, fahre an Land, frage nach Post und telefoniere ...

Recht bescheidene Pläne für einen Landfall, der solch ein persönlicher Triumph sein würde, aber ich war nicht in der Siegerstimmung, die ich eigentlich von mir erwartete. Wenn ich überhaupt etwas Besonderes fühlte, dann war es Trauer – darüber, daß eine so wunderbare Reise nun ihr Ende fand. Die vergangenen dreiundzwanzig Tage waren der beste Abschnitt seit New York gewesen; ich spürte fast so etwas wie Verstimmung, daß ich „meinen" Ozean jetzt verlassen mußte.

Ich ging mit meinem Popcorn zurück an Deck, um die Wache wiederaufzunehmen. Als ich aus dem Niedergang auftauchte, war mir, als ob ich ein anderes Boot sähe. „Guck mal, Dinghy, siehst du auch, was ich sehe?" Ich griff nach meinem kleinen Kumpel und hielt ihn hoch, mit Blick zum andern Boot. Es interessierte ihn kein bißchen, er machte sich los und sprang zurück auf meine Koje, um dem gleißenden Sonnenlicht zu entfliehen. In meiner Eile, zum Funkgerät zu kommen, verstreute ich Popcorn im ganzen Cockpit.

„Segelyacht in Richtung Westen, Segelyacht in Richtung Westen. Hier Segelyacht VARUNA. Hört ihr mich?" rief ich.

„Grüß dich, Tania. Wie geht es dir?“ fragte eine vertraute Stimme.

„Luc?“ Ungläubiges Entsetzen packte mich. „Luc! Was macht ihr hier? Was ist los? Ist alles okay bei euch?“

„Ja, ja. Uns geht's gut“, antwortete er. „Es war aber eine ganz abscheuliche Fahrt, zu wenig Wind, und seit vier Tagen essen wir nur Reis. Was anderes haben wir nicht mehr. Hast du noch frisches Gemüse? Wir sind ganz wild darauf. Wie war dein Trip?“

„Also, meiner war gut. Manchmal nicht genügend Wind, aber schön war es doch“, antwortete ich. „Gestern habe ich gerade mein letztes frisches Gemüse gekocht, Konserven sind noch da. Ihr seid herzlich eingeladen. Ich glaube nicht, daß wir es heute abend noch schaffen, reinzukommen. Was meinst du?“

Wenig Chance, meinte er. Jeder erzählte kurz von seiner Fahrt, dann sagte Jean Marie noch schnell „hallo!“. Wir beschlossen, die Nacht durchzusegeln. Vor der Einfahrt zum Ankerplatz sollten die Boote dann bis Tagesanbruch treiben.

Ich war ganz hippelig vor Aufregung und voller Vorfreude. Mit zitternden Händen richtete ich das Cockpit zum Duschen her, kippte mir eimerweise Wasser über den Kopf, wusch meine Haare gründlich und versuchte mir vorzustellen, wie die Marquesas sein würden. Ich hatte sie gefunden! Der längste Abschnitt meiner Weltumseglung war geschafft.

In der Nacht saß ich zeitweise selbst an der Pinne, kochte meinen Pudding und machte einen Salat aus Konserven-Gemüse. Gemeinsam segelten die beiden Freundinnen, THEA und VARUNA, zur Leeseite der Insel. Wie geplant, kamen wir am 24. Oktober um drei Uhr früh in der Traitor Bay, der Bucht der Verräter, an, spannten eine Leine zwischen den Booten und warteten auf den Tagesanbruch.

Der Mond nahm zwar ab, beleuchtete aber noch immer deutlich genug die Umrisse vulkanischer Berge, die sich über der Bucht türmten und an ihren Ufern entlangzogen. Sterne glitzerten vom samtenen Himmel herunter und bildeten den Hintergrund zur dunklen Silhouette von Hiva Oa. Der Duft exotischer Vegetation und der beißende Rauch von den Feuerstellen der Eingeborenen wehten zu uns herüber. Jetzt mußten wir nur noch sehen, was wir schon fühlen und riechen konnten. Mit verhaltener Spannung erwarteten wir den Morgen.

Luc kam zu mir an Bord. Wir klönten einige Stunden, aßen den Salat, gaben etwas zu Jean Marie herüber und stießen auf unseren Landfall an. Witze und Gelächter flogen durch die Nacht von Boot zu Boot. Sie hatten jeden Tag Scrabble gespielt, wobei Jean Marie nur einmal gewann. Am letzten Tag gab Luc endlich zu, daß er immer mogelte, und lachte ihn aus, weil er es nicht gemerkt hatte. Dieses überraschende Zusammensein, der freundliche Spott und die Neckerei rissen mich aus meiner friedvollen Einsamkeit – nun war ich wieder in Kontakt mit der übrigen Menschheit.

Es wurde ruhig an Bord, als der Tag anbrach und die Farben langsam in die noch sonnenlose Welt zurückkehrten. Unsere Boote trieben lautlos in der Stille, und wir schwiegen, überwältigt vom Anblick der Natur. Üppige Vegetation, grünen Wasserfällen gleich, stürzte über zerrissene Felsen in die Tiefe. Berge krallten sich wie riesige Bärentatzen in die Bucht.

Vor uns lag ein Strand, umgeben von einem dichten Hain von Kokospalmen. Zur Rechten sah man die Masten dreier Yachten, offensichtlich an einer kleinen Pier, die vom äußersten Landzipfel in die See hinausragte. Luc sprang wieder auf THEA zurück und warf mir eine Leine zu. Ich saß an der Pinne und steuerte so, daß VARUNA direkt im Kielwasser ihres „Schleppers“ lief, durch die schmale Passage zwischen Pier und Küste in die geschützte kleine Taaoa-Bucht. Sie war von noch mehr wuchernden tropischen Pflanzen über kleinen Kliffen umgeben. Eine sanfte Dünung reflektierte an den Felswänden und schwappte dann in die Bucht. Wir gesellten uns zu einer einsamen Segelyacht, die sich vor Anker in der leichten Morgenbrise wiegte.

Was für ein Gefühl – nach vierundzwanzig Tagen und 2965 Meilen den Anker wieder im Grund zu spüren! Muddiges braunes Wasser spülte um VARUNAS Rumpf, Zeugnis schwerer Regenfälle und der von den fruchtbaren Marquesas heruntergeschwemmten Erde. Ich atmete tief, die Luft war voller Gerüche, getränkt mit dem Rauch der Morgenfeuer. Mir fiel ein, daß sich hier nur wenige Menschen den Luxus eines richtigen Kochherdes leisten konnten. Mit dem Heck zur Pier hatten zwei weitere Segelyachten festgemacht, außerdem noch fröhlich bemalte Fischerboote und die ortsüblichen Pirogen mit dem dreieckigen, auf der Spitze stehenden Segel. Ich vergewisserte mich noch einmal, daß auf VARUNA alles gut gesichert war. Dann sprang ich kopfüber ins Wasser und schwamm zu meinen Freunden.

Meine Vorstellungen von der Südsee waren weitgehend durch Bilderbücher aus meiner Kindheit geprägt – exotische Schönheiten trugen flache Schalen voller Früchte, und Pirogen segelten auf türkisfarbenen Lagunen um die Wette, während lachende Mädchen zusahen. Fast immer wurden die Polynesier als gutaussehende, lächelnde Menschen geschildert, stets bereit zu geben, gastlich und wie ewige Kinder. Jetzt sollte ich entdecken, daß diese Vorstellungen tatsächlich eher die Regel als die Ausnahme waren.

Seit der erste Entdecker aus dem großen blauen Nichts auftauchte und seine Blicke mit Entzücken auf diesen heidnischen Südseeinseln ruhten, haben sich unserer Phantasie in diesen Gefilden neue Weiten erschlossen. Der Maler Paul Gauguin erreichte hier den Höhepunkt seines Schaffens. Als der Sänger und Poet Jacques Brel erfuhr, daß er Krebs hatte, kam er zum Sterben hierher. Und der Forscher und Entdecker Thor Heyerdahl suchte auf Fatu Hiva, einer Insel etwas südlicher, einen einsamen Platz, auf dem er das Land seiner Träume, sein ganz persönliches Utopia, erschaffen wollte. Die Marquesas verleiten Menschen zu Träumen vom Paradies, und ihre Träume haben Generationen beeinflußt.

Die erste gesetzlich vorgeschriebene Handlung nach der Ankunft war das übliche Einklarieren beim Zoll, das hier bei der örtlichen Gendarmerie in dem Dorf Atuona zu erfolgen hatte, etwa fünf Kilometer um die Bucht herum und einen Hügel hoch. Ich war recht wackelig auf den Beinen, und mein Gleichgewichtssinn hatte auf See schwer gelitten. Mühsam stakste ich in den Ort, einen unbefestigten, mit Schneckenhäusern bedeckten Weg entlang, und dachte kummervoll daran, daß der untere Teil meines Körpers an Bord kaum Training hatte. Nur wenige Muskeln waren fleißig im Einsatz und entsprechend gekräftigt, andere waren praktisch zu Wackelpudding geworden.

Der Bergstraße, gesäumt von Orangen-, Mango- und Tamarindenbäumen, war übersät mit Hibiskusblüten in flammenden Farben. Überall hörten wir das Tap-Tap-Tap kleiner Hämmer, mit denen Frauen das Gewebe der wunderschönen Tapas bearbeiteten, die sie anschließend kunstvoll mit geometrischen Mustern verzierten. In der Nähe des Ortes standen schüchtern einige *vahines*, die schönen Frauen von Polynesien, beieinander. „Bonjour", grüßten sie, wenn wir vorbeigingen. Dies war französisches Territorium, mit spürbarem gallischem Einfluß in der Sprache. Vor Postamt und Gendarmerie hing die Trikolore.

Telefongespräche mußten beim Postamt angemeldet werden. Dorthin ging ich zuerst. Ich konnte es kaum erwarten, meiner Familie zu erzählen, daß ich es geschafft hatte, und zu hören, wie es daheim ging. Jeri war als erste dran. Die elf Ziffern ihrer Telefonnummer verließen das winzige Gebäude, überquerten den Pazifik auf dem Weg nach Kalifornien, sausten von dort zum Mittleren Westen, und als der Mann mir winkte und ich den Hörer aufnahm, hörte ich es an der Ostküste der Vereinigten Staaten klingeln.

Jeris Stimme war Musik in meinen Ohren. Sie hatte mir sehr gefehlt. Ich erzählte von Panama und meiner Reise, dem Geburtstag auf See, den Galapagosinseln, dem Wetter unterwegs und den Tieren. Sie brachte mich aufs laufende mit allem zu Hause, und ich war froh, daß es nicht viel Neues gab. Fritz war noch wie eh und je, Christian bereitete sich gerade darauf vor, nach New York zu kommen, um bei Tony und Jade einzuhüten, weil mein Vater verreisen wollte. Wie ging es meinem Vater? Immer derselbe, seufzte sie. Ihre Beziehung war zwar vor nicht allzu langer Zeit auseinandergegangen, doch sie gehörte nach wie vor zur Familie. Nachdem sie sechs Jahre immer für uns dagewesen war, wenn wir eine Mutter brauchten, waren wir für sie ihre Kinder.

„So, und wer ist Luc?" fragte Jeri.

„Er ist nur ein Freund", antwortete ich.

„Wirklich?"

„Na ja also ... wirklich."

Dann wappnete ich mich für das Gespräch mit meinem Vater. Nach unserer Planung sollte ich jetzt eigentlich schon auf den Fidschiinseln sein und hatte auch noch nicht mit ihm über einen Aufenthalt auf Tahiti während der Hurrikan-Saison gesprochen.

Der Mann im Postamt verband mich, und mein Vater übernahm jubelnd das Gespräch.

„Hallo, Ding-a-ling! Alles Gute zum Geburtstag! Wie war's denn?"

Ich antwortete ihm etwas nervös und versuchte, ihn an meiner Begeisterung teilhaben zu lassen. „Die Reise war einfach super, Daddy. Und weißt du was – VARUNA machte die ganzen dreitausend Meilen in derselben Zeit wie Lucs Schiff, und das ist doppelt so groß. Ich kam sogar *vor* ihnen hier an, sie segelten zuletzt ein bißchen hinterher."

„Hei, das ist wirklich gut. Aber nun, wann soll es denn weitergehen?"

„He, Moment mal", stammelte ich. „Ich bin eben erst angekommen. Nun nicht gleich weiter!"

„Ja, ja. Ich will ja nur wissen, wie lange du dort bleiben willst – eine Woche, zwei Wochen, drei Wochen – zwei Monate – also was?"

„So genau habe ich das noch nicht überlegt – wahrscheinlich zwei oder drei Wochen. Aber ich möchte mit dir über etwas sprechen. Was hältst du davon, wenn ich die Hurrikan-Saison über auf Tahiti bleibe? Der Motor ist völlig kaputt, es muß eine Menge am Boot gemacht werden, und ich habe Freunde, die mir dabei helfen würden. Und überhaupt, irgendwo muß ich ja die Hurrikan-Saison abwarten, okay?"

„Ach was, das Risiko, daß du in einen Hurrikan kommst, ist nicht groß. Und wenn du einen erwischst, ist doch halb so wild. Das gibt einen tollen Artikel."

„Ha, ha. Wirklich komisch. Aber mal im Ernst, ich muß irgendwo bleiben und die Arbeit getan kriegen. Kein Grund zur Aufregung. Ich bin schon rechtzeitig zu Hause. Ich hab ja noch zwei Jahre, vergiß das nicht."

Egal, wie locker unsere Gespräche waren, sie endeten immer damit, daß ich mir vorkam, als ob ich mich um meine Pflichten drückte. Ich hatte gerade fünf Monate lang gelernt, mit einem Segelboot auf See zu überleben, mit täglichen Entscheidungen, die mein Schicksal unmittelbar betrafen, aber wenn ich mit meinem Vater sprach, fühlte ich mich wie ein kleines Kind und fing ernsthaft an, meine Entschlüsse in Frage zu stellen. Dennoch – ohne Rücksicht auf den Wert einer guten Hurrikan-Story beschloß ich am Ende dieses Gesprächs, daß ich das Boot auf Tahiti gründlich überholen würde.

Nun schrieb ich für mein letztes Telefonat die Nummer meiner Mutter in New York auf einen Zettel. Nach meinen bisherigen Erfahrungen würde es ein sehr ausführliches Gespräch werden. Früher, wenn meine Mutter uns aus der Schweiz in New York anrief, hätte sie den ganzen Tag gesprochen, doch mein Vater legte nach einer Stunde einfach auf. Wie es ihr jetzt wohl ging?

Ich stand in der Tür und sah einigen kleinen Kindern zu, die draußen mit Stöcken spielten und tobten. Ihre Haut war wunderschön, eine Farbe wie Milchkaffee, die braunen Augen unter den schwarzen Wuschelköpfen sahen mich immer wieder verstohlen an. Ich winkte, und sie rannten kichernd weg. Schließlich gab mir der Mann am Schalter ein Zeichen, ich lief hinein und griff zum Hörer. Es klingelte viermal, dann hörte ich die Stimme meiner Mutter.

„Nehmen Sie ein R-Gespräch von Donia an?“ fragte die Vermittlung.

„Donia? Sie meinen bestimmt Tania.“ Ihre Stimme klang zwar schwach, aber immer noch so herrisch wie früher gegenüber Leuten, die für sie arbeiteten. Als Kind war mir das sehr peinlich gewesen.

„Donia, Tania, wie auch immer“, kam die verzerrte Stimme aus der Leitung.

„Ja, sie ist meine Tochter. Natürlich übernehme ich die Kosten ...“

„Hallo, Mammi“, sagte ich langsam. „Ich bin jetzt in Hiva Oa auf den Marquesas. Ich hab’s geschafft.“

„O meine liebe Tania. Wie schön, deine Stimme zu hören. Wie geht es dir? Trägst du die Unterhemden, die ich dir geschickt habe? Nimmst du auch immer Sonnenschutzcreme? Ißt du genug Gemüse?“

„Mir geht es gut. Ich hatte eine ganz unglaubliche Reise, einfach toll. Aber erst möchte ich wissen, wie es dir geht.“

„Ach, ich bin sehr schwach. Aber Tony und Jade sind sehr gut zu

Mammi. Würdest du bitte Daddy sagen, er soll mein Telefon nicht abstellen lassen? Er ist immer so wütend, nur weil ich versuche, ihm die Wahrheit zu sagen. Er droht es mir wegzunehmen. Tania, Mammi liebt dich. Mammi weiß, was gut für dich ist. Daddy will die Wahrheit nicht hören. Ich versuche sie ihm zu sagen, aber er weigert sich, mir zuzuhören ..." Und damit fing wieder eine ihrer endlosen Geschichten über meinen Vater an. Oft redete sie so lange, daß ich mir überlegte, ob ich nicht den Hörer einfach hängenlassen sollte und weggehen und ihn später mal wieder aufnehmen und sehen, ob sie es überhaupt gemerkt hatte.

„Augenblick, Mammi", unterbrach ich sie. „Ehe wir damit anfangen, sag mir bitte, wie es dir geht. Fühlst du dich besser?"

„Du weißt doch, wie es mir geht", sagte sie.

Das stimmte. Ich versuchte zwar, nicht zu viel darüber nachzudenken, aber ich wußte wohl, daß sie langsam starb. Nicht nur durch den Krebs, der den zarten Körper verwüstete. Auch die Dämonen waren schuld, die sich wohl schon ihrer bemächtigt hatten, als ich noch ein Kind war. Ich glaubte immer, daß alles in der Nacht vor meinem achten Geburtstag begonnen hatte, nach dem Autounfall, von dem sie behauptete, mein Vater hätte versucht, sie umzubringen. Noch Jahre später erzählte er mir, es gäbe da vieles, was ich nicht wüßte.

Kurze Zeit nach diesem Unfall hörte sie auf, sich um ihr Äußeres zu kümmern. Sie trug tagelang dieselben Kleider, später sogar wochenlang. Ihre Stimmung verdüsterte sich, und die Veränderungen in ihrer ganzen Persönlichkeit machten uns Angst. Wir baten sie so oft, sich wie früher schön zu machen, ihre Haare nicht immer in den engen Pferdeschwanz zu würgen, statt der einfachen dunklen Hosen einen Rock anzuziehen, doch sie weigerte sich.

Jeder, der damals zu uns kam, war in den Augen meiner Mutter Lügner, Betrüger, Hure oder homosexuell, und wenn die Eifersucht sie packte, wurde sie ausfallend, beschimpfte die Menschen und trieb sie buchstäblich aus dem Haus. Ihre Feindseligkeit erstreckte sich allmählich auch auf meines Vaters künstlerische Arbeiten. Als zwei Stücke verschwanden – eine Plastik von ihm und ein Tisch, den Fritz gemacht hatte –, behauptete sie, damit hätte sie nichts zu tun. Doch Monate später, als wir zur Schule fuhren, sah ich den Tisch hinter einem Haus im Garten und sagte es meinem Vater. Es war das Haus eines Altwarenhändlers, der ihn angeblich auf einer Müllkippe gefunden hatte. Zehn Jahre später tauchte auch die Plastik wieder auf. Leute in New Jersey riefen uns an, denen meine Mutter sie geschenkt hatte. Sie hatten ihr versprechen müssen, es niemals zu erzählen, aber letztlich war ihr schlechtes Gewissen dann doch stärker.

Mein Vater beantragte die Scheidung und das Sorgerecht für uns, als ich neun Jahre alt war. Meine Mutter tobte noch mehr, als sie sah, wie er seine Kleidung, Farben, Pinsel, Staffel und Leinwand packte. Er zog nach SoHo in Manhattan, wo er mit Fritz zusammen eine Wohnung kaufte, hell, geräumig und als Atelier geeignet. Tony, Nina, Jade und mich ließ er allein in der Leere unseres Hauses. Meine Mutter war todunglücklich und verzweifelt, bis sie die Intaglias kennenlernte, religiöse Fanatiker, die in unserer Nähe wohnten. Bei ihnen suchte sie Trost und fand dort den Glauben, der ihre wirren Gefühle in einen Rahmen spannte. Was ihr noch wichtiger war – die Intaglias zeigten ihr einen Weg, wie sie auf Dauer das Sorgerecht für uns Kinder bekommen konnte. Mit ihrer Unterstützung machte sie sich daran, zu beweisen, daß mein Vater Kinder sexuell belästigte.

Für meine Mutter waren Heirat und Familie das Wichtigste im Leben. Wenn ich zurückblicke, dann kommt es mir vor, als ob sie alles tat, was in ihrer Macht stand, meinen Vater dadurch festzuhalten, daß sie ihn verletzte. Ich weiß noch, wie er zu uns sagte: „Ich schwöre euch, wenn ich zeigen würde, daß mir ein Baum gefällt, dann würde Mammi ihn umhauen lassen."

Doch die Probleme meiner Mutter waren nicht die einer normalen Frau. Sie war viel schwerer gestört, als wir überhaupt ahnten. Ich war zu jung, um ihr bei ihren Problemen helfen zu können. Ich sah nur, daß sie ganz anders war als die Bilderbuch-Mütter meiner Klassenkameradinnen. Sie meinte es gewiß gut, aber ich erlebte eine Mutter, bei der wir tagaus, tagein die gleichen Sachen zur Schule anziehen mußten, bis ich zwölf war – karierter Rock, blauer Pullover, Wollsocken und fade kleine Lederschuhe. Sie sagte, wir sollten so gekleidet sein wie sie, als sie damals in England aufs Internat ging.

Ich war die Älteste und gewillt, alles in meiner jugendlichen Macht Stehende zu tun, damit mein Vater vor Gericht gute Argumente bei dem Kampf ums Sorgerecht hatte. Wann immer eine der langatmigen Geschichten meiner Mutter in eine anklagende Tirade gegen meinen Vater ausartete, gegen New York und alle Menschen auf der Welt, die gegen sie waren, versuchte ich ihn zu verteidigen, wobei ich oft sehr wütend wurde. Ich bekam dann Prügel mit Holzschuhen, wurde in den Keller gesperrt und mit Maiskolben beworfen. Jedesmal, wenn sie mich an den Haaren herumzerrte, bürstete ich hinterher alle losen Haare aus und bewahrte sie für meinen Vater als Beweismaterial vor Gericht auf.

Zweieinhalb Jahre lang mußten Nina, Tony, Jade und ich endlose Sitzungen bei Psychiatern und Sozialarbeitern über uns ergehen lassen, die zu interpretieren versuchten, was wir ihnen erzählten, und zu entscheiden, welcher Elternteil besser für uns wäre. Meine Mutter überredete Priester, die unsere Familie überhaupt nicht kannten, zu eidesstattlichen Erklärungen, in denen sie schriftlich bekundeten, daß mein Vater widernatürliche Handlungen an uns vorgenommen hatte. Eine dieser Erklärungen, die ich einmal zufällig sah, bestätigte, er habe uns zu Sex mit unserem Hund gezwungen.

Eines Tages holte meine Mutter uns von der Schule ab, und wir fuhren nicht den normalen Weg nach Hause, sondern in Richtung New York City. Hinten in unserem zitronengrünen Volkswagen-Camper stapelte sich das Gepäck. Ich dachte: „Hurra, Daddy hat uns endlich gewonnen, und sie bringt uns zu ihm!" und hoffte, das mit den psychiatrischen Sitzungen und den Rorschach-Tests wäre nun überstanden.

In New York fuhren wir zum Hafen, zur QUEEN ELIZABETH II. Nach einer Transatlantikfahrt von acht Tagen kamen wir Ende Mai 1976 in Southampton in England an und zogen in ein Altersheim in London, das Zimmer vermietete. Einen Monat später, als wir von einem Ausflug zurückkehrten, stand mein Vater auf den Stufen unseres Hotels. Für mich ging die Sonne auf. Er hatte es geschafft, den einzigen Menschen aus meiner Mutter Vergangenheit ausfindig zu machen, von dem er je gehört hatte.

In den ersten gemeinsamen Monaten meiner Eltern in Paris war sie alle drei oder vier Wochen nach London geflogen, um, wie sie sagte, dort ihren Onkel Charles zu besuchen. Sie kam immer mit genügend Geld für ein luxuriöses Leben bis zur nächsten London-Reise zurück, sprach aber nur ungern darüber, wo sie gewesen war. Onkel Charles sei ihr Vermögensverwalter, ihr Wohltäter und alles, was sie je an Familie gehabt habe. Als sie heiratete, gab es kein Geld mehr – und auch keine Erklärung dafür.

Zehn Jahre später war es also meinem Vater gelungen, Onkel Charles zu finden. Auf die Frage, ob er eine Ahnung habe, wo meine Mutter uns versteckte, sagte dieser, ja, er hätte kürzlich von ihr gehört. Durch seine Hinweise erfuhr mein Vater nicht nur unsere Unterkunft, sondern auch sonst einiges.

Charles war in Wirklichkeit gar nicht der Onkel meiner Mutter und kannte sie auch nicht so gut, wie sie behauptet hatte. Das wenige, dessen sich mein Vater sicher glaubte, war nun also auch noch dahin. Charles sagte außerdem, er glaube, sie wolle an diesem Nachmittag London verlassen und zum Festland fahren. Da konnte sich mein Vater nicht länger mit Fragen nach der Vergangenheit aufhalten. Er jagte durch London, um uns noch rechtzeitig zu erreichen. Auf den Stufen vor dem Hotel sahen sich meine Eltern lange schweigend an. Als mein Vater später wieder mit Charles Verbindung aufnehmen wollte, erfuhr er, daß er gestorben war.

Weil wir nun sowieso schon auf der anderen Seite des Atlantik waren, beschloß mein Vater, uns alle mit zu seiner Familie in die Schweiz zu nehmen. Wir sprachen kein Wort Deutsch und spielten mit unseren Vettern und Kusinen, die kein Englisch konnten, während meine Mutter sich mit unseren Großeltern stritt, mit meinem Vater, meiner Tante und meinem Onkel und wie ein angeschossener Wolf um sich biß. Eines Tages machten wir mit dem Auto einen Ausflug zu einem Gletscher. Mein Vater fuhr, Großmutti saß neben ihm und hinten meine Mutter mit uns. Es wurde unentwegt gestritten, bis ich anfing zu weinen und jammerte, sie möchten doch bitte endlich damit aufhören. Sie schlug mich ins Gesicht, daß meine Nase blutete.

„Hör gut zu!“ schrie sie. „Bei Gott, ich kämpfe um unsere Zukunft!“

Großmutti, als sie das Blut auf meinem Gesicht sah, schrie dann meine Mutter an und bekam ebenfalls einen Schlag ins Gesicht. Da fing mein Vater an zu brüllen, und nun prügelte meine Mutter wie eine Furie auf ihn ein. Mitten in einer Haarnadelkurve trat er voll auf die Bremse und schrie: „Jetzt reicht's mir aber, Sabina! *Nun ist Schluß!*" und fuhr direkt zu einem Sanatorium.

„Tania, kann ich kommen und bei dir auf VARUNA bleiben? Du weißt, Mammi ist krank, sie wird nicht wieder gesund." Die klagende Stimme holte mich abrupt in die Gegenwart zurück.

„Mammi, das kannst du nicht! Du weißt, das muß ich ganz allein durchziehen. Selbst wenn Daddy dir die Reise bezahlen würde, bist du doch viel zu schwach dafür. Du solltest dort bleiben, wo du alles hast, was dich möglichst gesund erhält. Und wenn du mit allen so lange telefonierst, wie soll ich ihn dann überreden, dir das Telefon zu lassen?" Ich bereute sofort, daß ich das gesagt hatte. Sie brach in Tränen aus, und ich versuchte, sie zu trösten, wobei ich ungeduldig zu dem Bistro hinübersah, wo Luc und Jean Marie auf mich warteten.

„Mammi, ich verspreche dir, ich rufe in einer Woche wieder an, dann können wir noch mal darüber reden. Okay?" Ich hörte sie noch jammern. Tränen flossen leicht bei ihr, und meine Geduld kam allmählich an ihre Grenzen. Ich konnte mir meines Vaters Gesicht gut vorstellen, wenn er die Rechnung für ein 45-Minuten-Gespräch mit den Marquesas bekam, und wollte nun endlich Schluß machen.

„Tania, es wird Zeit, daß du die Wahrheit erfährst", fuhr sie fort, völlig unbeeindruckt. „Ich habe nicht mehr viel Zeit, und ich muß dir noch so viel sagen. Daddy erlaubt mir nichts, Tania." Wieder fing sie an zu weinen.

„Mammi", unterbrach ich sie. „Mammi, tut mir leid, aber ich muß jetzt wirklich aufhören. Ich liebe dich, okay? Ich muß jetzt auflegen. Wir müssen Lebewohl sagen. Bitte! Ich rufe dich in einer Woche wieder an ... Ich liebe dich ... Lebwohl, Mammi."

Ehe der Hörer auf der Gabel lag, hörte ich noch ihre schwache Stimme. „Mammi liebt dich so sehr. Sage nie Lebewohl, Tania, sag immer auf Wiedersehen ..."

Während ich wie betäubt zu dem Bistro zurückging, stellte ich mir vor, was wohl zu Hause los war, und sah im Geist das kleine Apartment meiner Mutter, nicht weit entfernt von meines Vaters Wohnung in SoHo. Nina war nicht in New York, Tony und Jade lebten bei meinem Vater und verbrachten wahrscheinlich eine ganze Menge Zeit bei meiner Mutter, halfen ihr, aßen gelegentlich dort. Von dieser Gesellschaft abgesehen, war sie einsam, am einsamsten Platz der Welt – mitten auf der übervölkerten Insel Manhattan. Vier Monate vor meiner Abreise hatte sie alle ihre Freunde in der Schweiz zurückgelassen. In New York gab es niemanden, der sich um sie kümmerte – außer uns Geschwistern. Dennoch kam sie in die Vereinigten Staaten zurück, denn sie lebte nur für ihre Kinder, sagte sie, und die waren dort.

Ich erinnerte mich, wie ich meinen Vater inständig bat, sie kommen zu lassen, nachdem ich sie einen Monat in der Schweiz besucht hatte. Es war der Monat, in dem ich mich endgültig entschloß, um die Welt zu segeln, und sie gab mir ihren Segen dazu. Sie war krank und hatte ihre vier Kinder zwei Jahre lang nicht gesehen. Ich brachte es nicht übers Herz, sie langsam in einem andern Land dahinsterben zu lassen, nur hin und wieder einer von uns dabei zu Besuch. Ich wollte ihr helfen, sich ihren größten Wunsch zu erfüllen, zu uns nach New York zurückzukehren.

Sie hatte so viel Leid über unsere Familie gebracht, daß mein Vater lange zögerte. Zu guter Letzt gab er nach. Er fuhr in die Schweiz, beschaffte einen neuen Paß für sie, packte ihre Sachen und brachte sie zurück. Nachdem er sie in einer kleinen Wohnung untergebracht hatte, versuchte er, so wenig wie möglich mit ihr zu tun zu haben. Sie war zu stolz gewesen, ihn um die Rückkehr nach New York zu bitten, und hat nie erfahren, daß ich es getan hatte.

Wenn ich mit meinem Vater wegen meiner Mutter in Streit geriet, wußte ich manchmal selber nicht, was mich dazu trieb, so leidenschaftlich ihre Partei zu ergreifen. Der Schaden, den sie ihm und uns Kindern zugefügt hatte, als sie sich an ihm rächte, war nicht spurlos an uns vorübergegangen. Und was sie uns antat, als sie uns nach England entführte, war ein Kinderspiel im Vergleich zu dem, was später in dem Jahr geschah. Ich vergab ihr nie ganz für alles, was sie getan hatte, noch konnte ich ihre Beweggründe verstehen. Ich wußte nur, daß sie meine Mutter war, und je älter ich wurde, desto mehr wuchs das Bedürfnis, sie zu beschützen, und verdrängte den früheren Wunsch, ihr zu entfliehen.

Ich fühlte mich bedrückt und hilflos, als ich an jenem Morgen ihre Stimme hörte. Die Erinnerungen nahmen meinem glorreichen Landfall seinen Glanz. Langsam ließ ich meine Blicke über die hohen Palmen wandern, die sich über dem Dorf im warmen Winde wiegten. Hiva Oa schmückte sich mit dem samtenen Grün des Regenwaldes. Unter meinen Füßen spürte ich die Kraft der jungen vulkanischen Erde.

Einmal im Monat kam der Frachter ARANUUI auf seiner Runde durch die Häfen der Tuamotus und Marquesas, sammelte Säcke mit Kopra ein, die für die Fabriken auf Tahiti bestimmt waren, und nahm Passagiere von einer Insel zur anderen mit. Als ARANUUI in Hiva Oa festmachte, beschloß Jean Marie, es sei nun an der Zeit, neue Abenteuer zu suchen und THEA zu verlassen. Jetzt waren Luc und ich allein.

In Hiva Oa unternahm Luc abermals einen Versuch, den Motor in Gang zu bringen. Er beförderte mich von Bord, als er an die Arbeit ging. „Jetzt muß ich mich mal ernsthaft dranmachen. Geh weg und stör mich nicht mit deinem Geschnatter."

„Okay, ruf mich, wenn du was brauchst."

Eine Woche später bereiteten wir uns auf die Abreise vor. Ich wollte Geld für Vorräte aus meiner Tarnkasse nehmen, einer leeren Schmieröldose, deren Boden man abschrauben konnte. Das Geld war in dem Geheimfach. Ich fand die Dose nicht und suchte verzweifelt auf dem ganzen Boot danach. Zuletzt fragte ich Luc.

„Hmmm, eine Schmieröldose?" Pause. „Ach ja, ich erinnere mich. Als ich an deiner Maschine rumspielte, habe ich eine leere Dose über Bord geworfen."

„Was! Da waren vierhundert Dollar drin! Das war mein ganzes Geld. Du hast vierhundert Dollar über Bord geworfen!" Schweigend suchten wir die ganze Küste ab und kamen mit leeren Händen zurück. Es ging mir zwar gewaltig gegen den Strich, aber ich mußte mir jetzt Geld von Luc leihen, um meine Vorräte zu bezahlen.

Schon seit unserer Ankunft war es zwischen uns nicht mehr so wie sonst. Mir fehlte die frühere Vertrautheit. Wir umgingen das heikle Thema, das wie eine Mauer zwischen uns stand, und ließen an Kleinigkeiten Dampf ab. So schwierig die Dinge während des Aufenthaltes in Hiva Oa auch geworden waren, eins verband uns immer noch – das Ziel, Tahiti zu erreichen. Eines Tages rief Luc Fabienne an und sagte mir dann, sie und Tristan würden sich auf Tahiti mit ihm treffen. Ich war erschöpft, doch gleichzeitig erleichtert. Die Angst, daß so etwas irgendwann einmal zum Ende unserer Beziehung führen werde, die lag nun hinter mir.

Am 18. November ging ich in den Ort, um das wöchentliche Gespräch mit meiner Mutter zu führen. Das Telefon klingelte zweimal, und ich hörte zu meiner Überraschung eine westindische Stimme die Kosten akzeptieren.

„Hallo?“ sagte ich.

„Ich bin Mrs. Aebis Krankenschwester“, kam die Antwort. „Was kann ich für Sie tun?“

„O mein Gott! Hier ist Tania, ihre Tochter. Ist sie okay?“ schrie ich durch das Knistern in der Leitung.

„Ihre Mutter braucht Pflege rund um die Uhr. Aber Sie können mit ihr sprechen. Sie braucht eben nur Hilfe.“

„Okay, danke.“ Ich wartete und stellte mir eine Gestalt ohne Gesicht vor, die mit dem Telefon über den grauen Teppich zu meiner Mutter ging. Die undeutlichen Worte, die durch die Leitung kamen, ängstigten mich.

„Mammi, hier ist Tania. Ich kann nicht verstehen, was du sagst, aber ich komme so schnell wie möglich nach Hause.“ Ich verstand kaum ihr schwaches „ich liebe dich“.

„Ich liebe dich auch, Mammi. Halt dich tapfer.“ Ich hängte ein und buchte dann einen Flug von Tahiti in die Staaten für den 6. Dezember, in zweieinhalb Wochen. Es würde etwa zehn Tage dauern, je nach den Launen des Wettergottes, Varuna die 750 Meilen durch die Korallenwelt der Tuamotus nach Tahiti zu segeln und das Boot dort gut zu sichern, ehe ich nach Hause flog. Ich hatte zwar geglaubt, ich wäre innerlich auf diesen Augenblick vorbereitet, doch nun drehte sich alles um mich. Ich wollte zu Hause sein, ehe es zu spät war, und rannte zu Luc, um ihm zu sagen, daß wir so schnell wie möglich losmüßten.

Das war der Anfang einer Weihnachtszeit des Abschiednehmens. Abschied von Luc, einem Freund, mit dem ich einige der unvergeßlichsten Augenblicke meines Lebens geteilt hatte. Am schlimmsten aber, einen Monat später in Manhattan, von meiner Mutter der Abschied auf immer...

Marquesas – Tahiti

Abschiede

Es war vier Tage nach Weihnachten, ein Uhr früh auf dem Faaa Airport von Tahiti, als ich von Bord der Maschine aus San Francisco ging, deprimiert und ratlos. Mein Flugzeug hatte gerade in nur vierundzwanzig Stunden dieselbe Strecke zurückgelegt, für die VARUNA sechs Monate gebraucht hatte. Die vergangenen zwei Wochen zu Hause mußte ich erst aufarbeiten, im Moment bekam ich sie noch nicht in die Reihe. Nur eins fühlte ich klar – ich hatte eine geradezu verzweifelte Sehnsucht nach VARUNA.

Nach der ständig umgewälzten und gefilterten Luft im Flugzeug empfingen mich wieder die vertrauten Düfte der Insel. Junge, blumengeschmückte Polynesier standen singend nahe der Zollabfertigung. Ein Mädchen, in einen *pareu* gewickelt, überreichte jedem der müden Touristen als Willkommensgruß einen *lei* aus *tiare*, jener zartweißen Blume, die ganz Tahiti mit ihrem betörenden Duft erfüllt. Als sie mir einen Blumenkranz umhängte, dachte ich an meine Mutter und die Kränze, die ich ihr mitgebracht und über ihr Bett gehängt hatte. Ich kämpfte mit den Tränen, die mich so oft und unkontrollierbar seit jenem Telefongespräch auf Hiva Oa überfielen. Als ich an der Reihe war, trat ich vor und reichte dem Mann hinter dem Schalter Paß und Papiere. Alles in Ordnung. Er stempelte den Paß und lächelte: „Willkommen auf Tahiti.“

Ich ging zum Gepäckband und suchte meine Dufflebags und den Karton mit der neuen Fock, Maschinenteilen, Spinnakerbaumbeschlag und Teilen für die Selbststeueranlage, den Jeri mit mir gepackt hatte. Dann passierte ich die Zollkontrolle und sah mich nach Luc um. Er hatte versprochen, mich abzuholen und nach Papeete zu bringen, wo VARUNA vor Anker lag. Ich freute mich auf sein vertrautes Gesicht.

„Taxi, Mademoiselle?“ fragte ein Gepäckträger.

„Nein, danke, ich werde abgeholt“, antwortete ich und ging zu einer leeren Bank. Luc war noch nicht da, also setzte ich mich hin, um zu warten.

Es waren fast genau anderthalb Monate seit dem quälenden Anruf bei meiner Mutter, der mir klargemacht hatte, daß das Schicksal ihr nicht mehr viel Zeit ließ. Ich dachte an die Schönheit der Marquesas, die bedrückende Reise zwischen den Inseln hindurch nach Tahiti und das unendlich traurige Zusammensein mit meiner Mutter. Ich konnte kaum glauben, daß der Besuch in New York schon hinter mir lag.

Nach den Marquesas erwartete ich bei jedem Landfall Orte vergleichbarer Schönheit, wurde aber immer ein wenig enttäuscht. Nie wieder fand ich eine Landschaft, die von der Natur ähnlich grandios gestaltet worden war. Am 21. November hatten Luc und ich Hiva Oa verlassen und waren zu den beiden südlichsten Inseln der Marquesas, Tahuata und Fatu Hiva, gesegelt, um dort einige Tage zu verbringen.

Fatu Hiva reckte sich in die Wolken empor wie ein breitschultriger Riese, ganz in Grün gekleidet. So viel Schönheit könnte selbst den erklärtesten Zyniker nicht ungerührt lassen. Überall begegneten uns die Spuren der Vulkane, aus denen diese Inseln in grauer Vorzeit entstanden. Noch heute erkennt man, welche Wege sich damals die Lavaströme bahnten, sichtbar an den unterschiedlichen Farben der Pflanzen, die jenen Bahnen folgten. Wohin man blickte – chaotischer Überfluß. Wuchernde Dschungelvegetation, Süßwassertümpel, Pfade, die in verrottenden Mangos erstickten, von Steinmauern gesäumte Terrassen – Wohnstätten einer versunkenen Zivilisation –, überhohe Kokospalmen, mächtige, zerklüftete Felsblöcke, einfach so in der Gegend verstreut – nirgends eine erkennbare Ordnung. Als Gott die Marquesas schuf, muß er wohl besonders guter Stimmung, vielleicht sogar ein bißchen übermütig gewesen sein.

Beim Schnorcheln in Tahuata und auf der Suche nach Muscheln um einen zutage liegenden Felsen verzauberte mich der majestätische Anblick eines Seeadlers – *fafahua* in der Sprache der Inseln – bei der Unterwasserjagd. Seine wie Flossen anmutenden Schwingen und der glatte graue Körper gaben ihm fast das Aussehen eines Minidelphins. Ich verhielt regungslos im Wasser und beobachtete dann zwei Rochen, die wie im Hochzeitstanz faszinierend synchron auf und nieder schwangen und mit ihren unglaublich weitgespannten Flügeln das Wasser zum Strudeln brachten. Ich fragte mich, wie ich wohl auf diese eleganten Geschöpfe wirkte mit meinen schlaksigen Gliedmaßen und dem aus meinem Mund hängenden, Blasen absondernden Schlauch.

In Hanavavé freundeten wir uns mit einigen Eingeborenen an und konnten ihnen sogar etwas für sie sehr Wertvolles schenken – Munition. Sie jagen inzwischen lieber mit Feuerwaffen, statt den Speer nach wilden Ebern und Böcken zu werfen und das Wild mühsam niederzukämpfen. Luc hatte einige Patronen, die er ihnen gern abgab. Dafür wurden unsere Boote bis zur Reling voll beladen mit Papayas, Limonen, Mangos, Apfelsinen, riesigen Bananenstauden, Tomaten und süßen Grapefruits, groß wie Fußbälle.

Doch alle diese Freuden waren überschattet durch ein Gefühl drängender Eile. Wir mußten weiter. Noch lagen bis Tahiti 750 Meilen vor uns, durch die Minenfelder der Atolle, dieser für Boote so gefährlichen, ringförmigen Koralleninseln. Bis Tahiti, wo auf Luc Beruf und Familie warteten und für mich der Flug nach Hause anstand. Mit einem letzten wehmütigen Blick zurück segelten wir aus Hanavavé, der Jungfrauen-Bucht, heraus. VARUNA, Dinghy und ich waren wieder allein.

Die Archipele der Marquesas, Tuamotus und Gesellschaftsinseln, die alle zu Französisch-Polynesien gehören, erzählen von der Geschichte der Erde. Als VARUNA sich jetzt zwischen ihnen hindurchschlängelte, verriet ihr unterschiedliches Erscheinungsbild die geologische Entwicklung der meisten südpazifischen Inseln. Als die Vulkane aus dem Meeresboden hervorbrachen und sich nach oben schoben, wuchsen bei den wuchtigeren Ausbrüchen die Gipfel durch die Oberfläche des Ozeans. Die jüngsten dieser Vulkaninseln sind die Marquesas. Die Gesellschaftsinseln, weiter südwestlich, sind eine ältere, verwitterte Ausgabe der Marquesas, allerdings mit gewissen Unterschieden. In Jahrmillionen sind Ablagerungen und Korallen emporgewachsen und haben Schelfe und Riffbarrieren um die Inseln gebildet.

Die Atolle der Tuamotus scharen sich dicht zusammen, und mein Kurs auf Tahiti in den Gesellschaftsinseln zu führte genau durch sie hindurch. Die Tuamotus sind die älteste der drei Inselgruppen, die Erosion ist dort noch weiter fortgeschritten. Die Gipfel der Inseln wurden von der See, aus der sie einst aufstiegen, wieder verschluckt. Nur die äußeren Riffe sind geblieben. Wo einst ein Vulkan war, befindet sich jetzt eine tiefe Lagune, umgeben von einem Ringriff. Die Endphase ist das Atoll – für ein Segelboot ein gefährliches Hindernis. Das einzige, was sich auf einem Atoll gut erkennbar über die Meeresoberfläche erhebt, sind die Kokospalmen. Geht man einmal davon aus, daß eine Palme allenfalls zwischen 30 und 40 Meter hoch ist, so kann man sie bei absolut klarer Sicht von VARUNAS Deck aus frühestens in zwölf Meilen Entfernung ausmachen. Die Sichtweite nimmt logischerweise bei schlechtem Wetter ab und ist nachts praktisch gleich Null. Wäre ich ganz allein gewesen, nur auf Koppelrechnung und Astronavigation angewiesen, dazu noch ohne Motor, hätte ich aus Vorsicht unbedingt um die ganze Gruppe herumsegeln müssen. Ich war nicht wild auf Nervenkitzel und hatte kein Interesse daran, durch fünf bis elf Meilen breite Durchfahrten zwischen den Atollen zu segeln, ohne etwas zu sehen und wohl wissend, daß unberechenbare Wellen auf beiden Seiten gegen die Riffe schlugen. Selbst bei dem geringsten Navigationsfehler konnte ich genauso enden wie viele andere Segler – ohne Schiff, ohne Heim und pitschnaß. Das Problem war nur: Wenn ich außen um die Hindernisse herumsegelte, mußte ich etwa zweihundert Meilen mehr zurücklegen und würde mein Flugzeug dann wohl nicht mehr erreichen. Ich beschloß also, die kürzeste Route zu nehmen, direkt durch den Tuamotu-Archipel nach Tahiti, hinter THEA und dem SatNav her.

Luc hatte mir eine frisch aufgeladene Batterie geliehen, damit ich genügend Strom für das Funkgerät hatte. Die Fahrt kam zeitlich fabelhaft hin mit dem Aufkommen des Vollmonds, und das Mondlicht half uns, auch nachts in Sichtweite voneinander zu bleiben. Wir verabredeten, alle drei Stunden Funkkontakt zu halten für Kursvergleich und Navigationsabsprachen. Wir hatten günstige Wetterbedingungen, die Boote in etwa gleiche Geschwindigkeit. Es war nicht genug Wind, um THEAS schwereren Rumpf schnell laufen zu lassen, aber gerade genug, daß VARUNA munter mithalten konnte. So kam es prima hin.

Ich gab mir Mühe, in den acht Tagen aus VARUNA soviel Geschwindigkeit wie nur möglich herauszuholen, änderte den Segelstand und trimmte die Segel, las, aß von den reichlichen Obst- und Gemüsevorräten, wobei ich versuchte, alles, was kurz vor dem Verderben war, rechtzeitig zu vertilgen. Wir schlängelten uns bei unsteten Winden und Böen behutsam zwischen den Atollen hindurch.

Oft genug tobten unsere Boote aber auch wie ärgerliche, bockige Kinder über das Wasser zwischen den Atollen Manihi und Takaroa, einen Tag später dann zwischen Rangiroa und Arutua. Als wir langsam näher an Tahiti herankamen, bauten sich zwischen Luc und mir Mauern der Bedrückung auf, immer höher, so daß wir uns schließlich nur noch anmotzten. Ich wußte nicht, wie ihm zumute war, jetzt, wo er bald wieder Familienvater sein sollte. Ich jedenfalls war kreuzunglücklich über die Entwicklung. Immer öfter endete unsere Funkverbindung aggressiv und feindselig. Luc hatte ja eigentlich auch so schon genug am Hals, aber trotzdem war ich wütend über ihn und er nun wieder auf das Leben allgemein. Am 2. Dezember schrieb ich in mein Logbuch:

Allmählich dämmert es mir. Ein ganzer, langer Abschnitt meiner Reise geht zu Ende und außerdem ein sehr wichtiges Kapitel in meinem Leben. Wie Luc einmal zitierte – „Abschied ist ein Stückchen Sterben“. Es ist sehr schwer, das zu akzeptieren. Ich komme damit nicht zurecht.

Als ich in Hiva Oa meinem Vater am Telefon gesagt hatte, ich wolle meine Mutter noch einmal besuchen, verstärkte er meinen inneren Zwiespalt nur noch, indem er mir dringend davon abriet. „Hör mal, Tania“, sagte er. „Als du von New York weggingst, wußtest du, das ist vorbei. Wir haben darüber gesprochen. Du wußtest, diese Tür würde für immer hinter dir zugehen. Ich an deiner Stelle käme jetzt nicht zurück. Du machst dir nur selbst alles noch viel schwerer."

Doch es war mir unmöglich, so zu denken wie mein Vater, und er selbst kam erst recht nicht mit der Sache klar. Er reagierte dadurch auf den nahenden Tod meiner Mutter, daß er gleich das ganze Land verließ. In seinen Briefen und unseren Telefongesprächen hatten wir dieses heikle Thema einfach ausgeklammert. Statt dessen beschäftigten wir uns eingehend mit seinen Plänen für die Teilnahme an dem Rennen Paris–Dakar, einem äußerst harten Autorennen von Frankreich durch die Sahara, Algerien, Nigeria, Mali, Guinea und den Senegal in Nordwest-Afrika. Das Rennen einschließlich der Vorbereitungen würde ihn für etliche Monate von New York fernhalten. Ich war ziemlich erleichtert, daß er bei meiner Rückkehr außer Landes und mit seinen eigenen Abenteuern beschäftigt sein würde. Vermutlich dachten Tony und Jade genauso, die mit Christian, Jeri und meiner Mutter zurückblieben.

Genaugenommen war ich in der falschen Jahreszeit im Pazifik unterwegs, ich konnte den starken Südostpassat nie voll nutzen. Mit den immer flauer werdenden Winden wurde die Fahrt nach Tahiti quälend langsam. Jeden Tag war ich aufs neue enttäuscht, so wenig geschafft zu haben. Immer wieder mußte ich den voraussichtlichen Tag meiner Ankunft neu berechnen und auf einen späteren Zeitpunkt verschieben, bis er jetzt schon auf das geplante Abflugsdatum zu fallen drohte. Acht Tage lang schlappten unsere Segel im langsam vergehenden Hauch des Windes. Zentimeter um Zentimeter schoben wir uns voran. Und die Zeit lief mir davon.

Am 5. Dezember um acht Uhr abends erstrahlte der Horizont vor uns im Lichterschein, doch wir waren immer noch 40 Meilen von unserem Zielhafen Papeete entfernt. Mein Flugzeug sollte am Mittag des 6. Dezember starten. Hilflos mußte ich mitansehen, wie der schon schwache Wind ganz einschlief. Der Leuchtturm von Point Venus blinkte seinen Strahl über das ölig glatte Wasser und erleuchtete das Dunkel alle paar Sekunden. Das heizte meine nervöse Ungeduld nur noch weiter an. Fischerboote sausten nach allen Himmelsrichtungen durch die Dunkelheit, während die trübe Nacht dem Morgen zuschlich, der häßlich grau heraufzog.

Luc und ich zankten uns über Funk und kämpften uns dem

Hafen entgegen, nahmen Reffs in unsere Segel und schütteten sie wieder aus, wie Wind und Böen gerade kamen. Zehn Meilen vor Papeete gab der Wind schließlich ganz auf. Ich schälte eine Grapefruit und warf die Schalen über Bord. Eine Stunde später schwammen sie immer noch längsseits. Über uns donnerte mein Flugzeug in den Himmel.

Jetzt saß ich, schon wieder zurück, im Flughafen. Ich lauschte dem Regen, der auf das dünne Dach trommelte, durch die Dachrinnen rauschte und wie ein Wasserfall auf die Straße prasselte. Mir war, als sei ein ganzes Leben vergangen seit unserem Einlaufen in Papeete. Zum hundertsten Male blickte ich mich vergeblich um nach Luc. Ich sah nur eine kleine Gruppe abgerissener Taxifahrer zusammenstehen, und ab und an hallten die Schritte einsamer Gestalten. Ansonsten war das Gebäude leer. Wenn Luc meine Nachricht erhalten hatte und mich wirklich abholen wollte, wäre seine Verspätung selbst mit einem kaputten Wecker nicht mehr zu erklären gewesen. Ich wartete nun schon zwei Stunden lang. Also ging ich zu den Taxifahrern hinüber und bat einen der Gesprächigeren um eine Fahrt in die Stadt, wobei ich vorsorglich ankündigte: „Kann sein, wir müssen kehrtmachen und wieder herfahren."

„Pas de problème", sagte er. „Steigen Sie ein." Wir luden meine beiden Dufflebags, Kartons und Plastikbeutel in den Wagen und fuhren über die von Franzosen erbaute Autostraße in die Stadt. „Kein Problem", das war überall in den Tropen und gleich in welcher Sprache die Antwort auf anscheinend jede Frage.

In New York waren mir alle Menschen blaß und farblos vorgekommen im Vergleich zu den gutaussehenden, sonnengebräunten Tahitianern. Die Bewohner der Insel leben entlang der Küste. Das unwirtliche Landesinnere mit Bergen, Schluchten, Klippen und Abgründen ist fast menschenleer, bis auf gelegentliche Einsiedler. Die weltoffen wirkende Hauptstadt von Tahiti, Papeete, ist das Zentrum der französisch-polynesischen Verwaltung und Industrie, und sie war genauso bunt und glänzend, wie es beim Seglerschnack immer erzählt worden war, eine Art Klein-Paris in den Tropen. Bei meinem Abflug war VARUNA, an THEA festgemacht, am Kai von Papeete zurückgeblieben.

Die teuren Kleider- und Schmuckgeschäfte, Terrassen-Restaurants, Galerien, Supermärkte, die Kirchen und das Postamt, alle vom Kai getrennt durch eine baumbestandene Autostraße, lagen um diese Stunde, fast vier Uhr früh, still und dunkel, doch bald schon würden die Straßen wieder wie ein wimmelnder Ameisenhaufen sein. Frauen hatten dort ihre Stände, wo sie, umgeben von Freunden und Verwandten, Muschelornamente, Aschenbecher und Schmuck verkauften, meistens an Touristen, die von Kreuzfahrtschiffen an Land strömten. Besonderes Gewühl gab es auf dem Markt. In dem einen Bereich drängte sich jeder zu seinem bevorzugten Gemüsehändler, wo es die herrlichsten Früchte gab. Auf der anderen Seite summten Fliegenschwärme über dem reichen Angebot von Meeresgetier, das dort gewogen, gesäubert und verkauft wurde. Chinesische Stoffgeschäfte, Läden mit Eisenwaren und Haushaltsgeräten, Kneipen und Imbißstände umrahmten das Marktgewimmel. Das ganze Durcheinander wurde noch verstärkt durch polynesische Musik, die aus jedem der tahitianischen Busse, dort *le truck* genannt, mit voller Lautstärke herausschallte.

Auf den Marquesas war es viel ruhiger zugegangen, so daß ich den Betrieb hier anfangs recht verwirrend fand. Doch es war wie in jeder fremden Stadt, man sucht zuerst den Mittelpunkt und erforscht von dort aus alles weitere. In Papeete war das der Marktplatz. Über die Stadt erhebt sich der Gipfel des Orohena, mit einem schmalen Rücken unter der Bergspitze, das Ganze wie die Krone einer Königin. Wir hatten gerade vier Stunden des neuen Tages hinter uns, jene ruhigen Stunden, in denen selbst die Nachtschwärmer endlich schlafengegangen sind. Die Geschäftigkeit des Tages und die Schönheit des Mont Orohena schlummerten noch.

Mein Taxi kam in der regennassen Dunkelheit am Hafen an. Mich drängte es heftig, in mein kleines Zuhause und zu Dinghy zu gelangen, mich zwischen allen meinen Sachen in der Geborgenheit der Kajüte zu verkriechen und von der Welt nichts mehr zu sehen. Wo war Theas vertraute Silhouette? Vor meinem Abflug nach New York hatten Luc und ich die Boote nebeneinander vertäut, gegenüber einer weißen Kirche und mit dem Heck zur Riffpassage zum Hafen. Er hatte mir versprochen, während meiner Abwesenheit sich um Dinghy zu kümmern und auf Varuna aufzupassen.

Der Taxifahrer wartete, während ich ans Wasser ging, wo ich VARUNA zwischen zwei fremden Booten entdeckte. Sie lag etwa sechs Meter vom Kai entfernt vor Heckanker, vorn an zwei langen Leinen an Land festgemacht. Von THEA war nichts zu sehen. Irgend jemand hatte mein Schlauchboot umgedreht, damit es im Regen nicht wie eine Badewanne vollief. Ich mußte bis zu einer zivilen Uhrzeit warten, ehe ich einen der Nachbarn bitten konnte, mich an Bord zu bringen, also noch mindestens drei Stunden. So lange konnte ich aber in dem strömenden Regen dort nicht bleiben.

Müde und enttäuscht drehte ich mich zu meinem Fahrer um. „Tut mir leid, aber da ist jetzt niemand. Ich muß wohl doch zum Flughafen zurück und dort bis zum Morgen warten."

„Kein Problem", sagte er, und wir fuhren wieder hinaus, was ihm das Fahrgeld verdoppelte. Ich schleppte meine Sachen zu einer Bank, baute aus den Duffles ein klumpiges Bett und dachte daran, was ich wieder einmal hinter mir zurückgelassen hatte: meine Mutter und mein Zuhause.

Als Christian zwei Wochen zuvor die Tür zur kleinen Wohnung meiner Mutter öffnete, hatte mich der Krankengeruch geschockt, der in den geschlossenen Räumen hing, aber noch viel größer war mein Schrecken beim Anblick ihres körperlichen Verfalls. Ich hoffte inständig, daß sie nichts von meinem Entsetzen gemerkt hatte. Sie ruhte in ihrem Bett, fast sitzend, ausgezehrt und gelb im Gesicht, öffnete ihre tief eingesunkenen Augen und lächelte, als sie mich erkannte. „Tania, du bist gekommen!"

Ich lief zu ihr und nahm sie in die Arme, ganz behutsam, um ihrem zerbrechlichen Körper keinen Schaden zuzufügen, und versuchte, meine Tränen in ihrem Flanellnachthemd zu verbergen. Ich erkannte es, ich hatte es ihr zwei Jahre zuvor in der Schweiz geschenkt. Sie war jetzt winzig wie ein Kind. Zwar war sie schon immer zierlicher als ich gewesen, seit ich begonnen hatte, nach allen Richtungen zuzulegen, doch nun war der Unterschied nahezu grotesk.

Während der nächsten Tage wollte sie alles über meine Reise hören. Ich erzählte ihr von den Tieren des Meeres, dem zauberhaften Leuchten des Wassers und wie schön VARUNA sei, wenn sie vor dem Wind segelt. Ich sprach von meinem Flug, der direkt über die Tuamotus führte, und daß ich von meinem Platz aus die gleichmäßig runde Gestalt der Atolle erkennen konnte, wie ein paar Pfannkuchen auf einem wasserblauen Backblech. Sie hörte mir zu, lächelte und bat mich dann, für Nina, Tony und Jade Weihnachtseinkäufe zu machen. Nina kam vom College. Wir kauften einen Tannenbaum und schmückten ihn im Wohnbereich des Apartments. Jeden Tag frisierte die Schwester sie sorgfältig. Meine Mutter bestand darauf, daß sie bei jedem Besuch aufrecht gesetzt wurde, immer darum bemüht, Dame zu bleiben.

Die Wände ihrer Wohnung waren dicht behängt mit Familienbildern, denselben, die meine Mutter seit ihrer Scheidung in jeder Wohnung gehabt hatte. Es waren Bilder vom Glück aus der ersten Zeit mit meinem Vater und zahllose andere von uns Kindern. Sie hatte Fotos als Poster vergrößern, aufziehen und rahmen lassen. Der Raum wirkte dadurch wie ein Schrein – überall riesige Bilder, sorgsam gehütete Erinnerungen an schönere Zeiten, Sonnentage im Leben meiner Mutter. Jeden Tag saß ich stundenlang bei ihr, lauschte ihrem mühevollen Atem und folgte den lächelnden Gesichtern auf den Fotos zu einer Reise in die Vergangenheit. Es war schwer zu glauben, daß die schöne Frau auf diesen Bildern soviel Leid hatte ertragen müssen.

Ich wußte, daß sie mit allem, was sie während unserer Kindheit getan hatte, nur die Versöhnung mit meinem Vater erzwingen wollte, dem einzigen Mann, den sie je geliebt hatte. Vom Tag des Autounfalls bis zu dem Tag, an dem wir unser Leben mit ihm in New York begannen, hatte sie wie eine Furie alles bekämpft, was zwischen ihr und ihrem Mann stand. Und als es zu spät für eine Versöhnung war, schlug sie wild um sich gegen alles, das zwischen ihr und ihren Kindern stand. Immer wieder versicherte ich ihr, daß ich wisse, sie habe uns niemals absichtlich verletzt, als sie mir, wieder und immer wieder, die Geschichten ihres Kampfes erzählte.

Nachdem meine Mutter einen Monat in dem Schweizer Sanatorium verbracht hatte, fuhren wir mit meinem Vater und ihr wieder nach Hause nach New Jersey. Eine Zeitlang war sie eine Mutter, wie wir es uns immer erträumt hatten. Doch langsam ließ die Wirkung der Behandlung nach, ihre Augen bekamen abermals den gehetzten Ausdruck, der meistens signalisierte, daß ein Vulkan voller Probleme ausbrechen würde. Manchmal, aus heiterem Himmel, riß sie in einem Augenblick der Spannung die Haustür weit auf und schrie, so laut sie konnte: „Hilfe! HILFE! Helft mir doch!" Genauso plötzlich beruhigte sie sich wieder und schloß die Tür. Das hätte man ja noch verstehen können, wenn sie damit bei den Nachbarn den Eindruck erwecken wollte, daß mein Vater sie schikanierte, aber unser Haus in New Jersey stand völlig abseits. Wir hatten keine Nachbarn.

Diese Phase des Friedens war von so kurzer Dauer, daß von der Möglichkeit, das Scheidungsverfahren auszusetzen, nicht einmal richtig gesprochen wurde. Als sich die Verhältnisse zu Hause von neuem verschlechterten, zog mein Vater schließlich widerstrebend wieder aus und ging nach New York zurück. Die Sitzungen mit den Psychiatern begannen erneut, und die Gerichte waren weiterhin mit dem Scheidungsverfahren beschäftigt.

Eines Nachmittags, als ich im siebenten Schuljahr war, kam meine Mutter, wie schon einmal, mit einem Wagen voller Gepäck und holte uns von der Schule ab. Wieder fuhr sie nach New York, diesmal zum Kennedy Airport. Ich hätte meinen Vater anrufen müssen, aber wir wollten ihr so gern glauben, daß wir nur für zwei Wochen nach Kalifornien fliegen würden, wie sie sagte. In Wirklichkeit flog uns IcelandAir mit all unserem Gepäck nach Luxemburg. Meine Mutter mietete einen Wagen, wir fuhren weiter in die Schweiz und landeten schließlich in dem Dorf Huemoz, wo sich eine religiöse amerikanische Sekte aufhielt, L'Abri.

Wie lange wir dort bleiben würden und warum, das wollte uns meine Mutter, wie vieles andere, nie wissen lassen. Für sie war jede Wahrheit derart mit ihren vielschichtigen Phantasien verwoben, daß sie in einer anderen Welt lebte. Es passierte, daß wir alle zusammen etwas erlebten, und später, wenn wir davon sprachen, war es, als ob sich für sie etwas völlig anderes ereignet hätte. Andere Geschichte, andere Zeit, anderer Schauplatz.

Eines Tages traf ich sie, wie sie Namensschildchen in Handtücher und Kleidungsstücke nähte. „Was tust du?" fragte ich. Sie antwortete nicht. „Mammi, bitte sag mir. Was machst du mit all den Dingen?"

„Ich mache eure Sachen fürs Internat fertig", antwortete sie ganz selbstverständlich. „Ihr kommt in ein Internat, bis ich ein Haus und einen Job gefunden habe und wir wieder wie eine Familie leben können."

Das Internat, Château de Montcherand, war in einem ehemaligen Adelsschloß in der französischen Schweiz, mit Ausblick auf die Ländereien und Weinberge, die einmal dazugehört hatten. Jetzt war es im Besitz einer wohltätigen religiösen Gruppe, die etwa vierzig Kinder aufnahm, deren Eltern sich nicht leisten konnten, gut für sie zu sorgen. Wir weinten, als meine Mutter uns dort ablieferte, und flehten sie an, uns nicht zu verlassen. Sie fuhr ab mit dem Versprechen, zurückzukehren, sobald sie könne.

So trostlos diese Veränderung uns anfangs auch erschien, später stellte sie sich als eine Periode der Ruhe in unserem chaotischen Leben heraus. Plötzlich hatten unsere Tage eine feste Ordnung, vom Aufwachen bis zu dem Augenblick, wo abends das Licht gelöscht wurde. Wir waren mit anderen Kindern zusammen und fanden Freunde. Zwar waren wir in einer Umgebung, wo Französisch die offizielle Umgangssprache war, so daß wir mit Hilfe der *tantes*, die die Schule leiteten, tüchtig pauken mußten, doch bald hatten wir unser altes Ungestüm wiedergewonnen. Alle unsere Französisch sprechenden Freunde lernten von uns mindestens zwei englische Worte: „Shut up!" Halt die Klappe!

Von meinem Vater hörten wir in jener Zeit überhaupt nichts. Er war vermutlich krank vor Sorge und versuchte verzweifelt, herauszufinden, wo wir denn abgeblieben waren. Ich schrieb ihm Briefe in der Hoffnung, sie unbemerkt in den Briefkasten werfen zu können, doch jedesmal erwischte mich eine der *tantes* und schickte sie statt dessen an meine Mutter.

Außer den Intaglias hatte meine Mutter keine Freunde, und die weigerten sich, meinem Vater zu helfen. Sie hatte auch nur sehr wenige Bekannte, also mußte mein Vater das Geheimnis unseres Aufenthalts selbst enträtseln. Er fand uns erst, als meine Mutter in der Schweiz die Scheidung einreichte und ihm die Papiere in New York zugestellt wurden. Eines Tages stand er vor der Tür.

Die *tantes* hörten nun meines Vaters Seite der Geschichte und erlaubten ihm, uns zu sehen. Als wir ganz aus dem Häuschen waren in unserer Wiedersehensfreude, merkten sie, wie ernsthaft und ehrlich unsere Gefühle bei dieser Wiederbegegnung waren. Wie konnte er also das Ungeheuer sein, das meine Mutter ihnen beschrieben hatte? Später gaben sie zu, daß ihnen im Laufe der Monate Zweifel an ihren Geschichten gekommen waren, als sie selbst aus erster Hand ihr sprunghaftes Wesen miterlebten. Doch bisher hatten sie nichts veranlassen können.

Nach amerikanischem Gesetz hatte meine Mutter uns entführt und mein Vater automatisch das gesetzliche Sorgerecht. Doch wir waren in der Schweiz und damit nicht im Bereich amerikanischer Gesetze und Gerichtsbarkeit. Meines Vaters Hände waren gebunden, und er konnte nichts daran ändern. Sie hatte die Scheidung unter unserer schweizerischen Staatsbürgerschaft eingereicht. Dies war ihre letzte Chance, und sie war fest entschlossen, soviel wie möglich dabei herauszuholen.

Eine Mutter wird in der Schweiz stets das Sorgerecht für ihre Kinder erhalten, es sei denn, daß sie absolut nicht geeignet ist, für ihre Kinder zu sorgen, oder auffällig geisteskrank. Meine Mutter hatte sich höchst angesehene Anwälte und fromme Christen zu ihrer Verteidigung und als Beistand geholt. Zwar hatte keiner dieser Menschen jemals uns oder meinen Vater gesehen, doch es war ein solches Zerrbild von ihm gezeichnet worden, daß jedem normalen Menschen nur schaudern konnte. Die Gerichte betrauten das Château mit der Vormundschaft über uns, bis der Fall entschieden war.

Zur Gerichtsverhandlung hatte meine Mutter wohl als allerletzten meinen Vater erwartet, doch er erschien vor Gericht, versehen mit allen Beweismitteln, die erforderlich waren, um aufzuzeigen, daß seine Frau geistig unzurechnungsfähig war. Nachdem alle Anschuldigungen und Beweise auf dem Tisch lagen, entschied der Richter zu seinen Gunsten. Mein Vater war voller Zuversicht gewesen, daß er mit der geistigen Unzurechnungsfähigkeit durchkommen würde, er hatte aber auch vorausgesehen, daß meine Mutter dann sofort in die Berufung gehen würde. Damit wäre der ganze Fall wieder fest in das schweizerische Rechtssystem zementiert, und der Himmel mochte wissen, für wie lange. Er war vorbereitet. Er wußte, es würde ungefähr fünfundvierzig Minuten dauern, die

Berufung einzulegen. Fünfundvierzig Minuten lang würde er das Sorgerecht für uns haben und damit auch das Recht, uns aus der Schule zu nehmen.

An jenem Morgen lag Spannung über uns. Wir wußten, es sollten sich aufregende Dinge ereignen. Ehe mein Vater zum Gericht ging, nahm er uns das Ehrenwort ab, nicht zu verraten, wie der Tag weitergehen sollte. Die *tantes* halfen, unsere Sachen zu packen. Unser Onkel Peter kam aus Appenzell, und zur festgesetzten Stunde rasten wir zu einem Treffpunkt im Wald und sprangen in meines Vaters Wagen. Die Brüder umarmten sich zum Abschied, und wir fuhren schnell über die Grenze nach Frankreich und weiter nach Luxemburg, wo wir mit einem Flug der IcelandAir nach New York in ein neues Leben starteten. Es sollten zwei Jahre vergehen, bis wir von unserer Mutter wieder etwas hörten oder sahen. Sie hatte keine Chance gehabt, uns auch nur Lebewohl zu sagen.

Sieben Jahre später, als ich an ihrem Sterbebett saß, war Abschiednehmen mir schon vertraut geworden, und ich hatte gelernt, Lebewohl zu sagen. Zwei Wochen lang bemühte ich mich, soviel Freundlichkeit wie nur irgend möglich in die kurze Zeit zu legen, die uns noch blieb, und stellte mich ganz auf ihre Wünsche und Bedürfnisse ein. Meistens wollte sie nur, daß ich ihr zuhörte. Ich war jeden Tag bei ihr zu Besuch, half ihr beim Essen, brachte ihr kleine Leckereien. Die Bilder und Karten von VARUNAS Vorankommen beschäftigten sie mehr als alles andere. Sie bat mich, sie an den Wänden um ihr Bett herum anzubringen. Sie klagte nie und jammerte nur ganz selten, höchstens, wenn die Wirkung der Betäubungsmittel nachließ, welche die Krankenschwester ihr verabreichte.

Mein größter Wunsch in jenen Tagen war, sie möge uns endlich die Geheimnisse ihrer Vergangenheit anvertrauen. Ich lauschte aufmerksam, wenn sie vor sich hinerzählte, und versuchte zu verstehen, wenn sie in Rätseln sprach. Aber das Puzzle blieb unvollkommen, seine Lösung, so schien es, würde sie mit ins Grab nehmen.

Weihnachten war bittersüß, es kam und ging vorüber, und meine Abreise nach Tahiti nahte. Ich dachte an meinen Vater, der in seinem Landrover, irgendwo in Afrika, auf seine Art versuchte, den schmerzlichen Realitäten zu Hause zu entfliehen. Tony und Jade taten mir leid. Nina und ich ließen sie mit meiner Mutter, mit Jeri und Christian allein. Dabei waren sie erst sechzehn und fünfzehn Jahre alt.

Ich sah, wie meiner Mutter Kräfte nachließen. Am allerletzten Abend saß ich bei ihr, hörte ihr zu, strich ihr übers Haar und prägte mir ihr schönes Gesicht für immer ein. Draußen vor dem Fenster tanzten Schneeflocken, und die farbenfrohen Lichter und Dekorationen glitzerten auf den Straßen der großen Stadt – ihr letztes Weihnachtsfest. Ich legte die Kassette ihres Lieblings-Songs, „Memory“, ein, die ich ihr zwei Jahre zuvor in der Schweiz zum erstenmal vorgespielt hatte. Während meines Besuches wünschte sie sich das Stück jeden Tag. Als die Musik sich zum Crescendo steigerte, schwammen die Tränen in ihren müden Augen.

„Mammi“, sagte ich leise. „Du mußt jetzt schlafen. Ich verspreche dir, daß ich jeden zweiten Tag anrufen werde. Und vergiß nicht, daß ich dich liebe, okay?“

„Lebe wohl, meine Tochter. Denk daran, lerne auf deiner Reise soviel du kannst.“ Ihre Stimme war nur noch ein Flüstern. „Tania“, sagte sie. Ich beugte mich näher über sie. „Komm nicht zurück. Halte dich fern von Menschen, die dir weh tun werden. Auf dem Meer wirst du immer frei sein. Du wirst sehen, nur die Natur ist gut. Vergiß niemals, daß deine Mutter dich mehr liebt als alles in der Welt.“ Sie schlief ein, und ich betrachtete sie ein letztes Mal.

Wie ich so an ihrem Bett saß, ihre zerbrechlich schmale Hand in meiner, sah ich, wie die Sanftheit jener längst vergangenen Jahre in ihre Züge zurückkehrte, als ihr Leben noch einfacher war. Ich erinnerte mich der Jahre in Vernon, als wir noch Kinder waren. Tony, Nina und ich brüteten ein Wachtelei aus, und als der gefiederte braune Vogel geschlüpft war, liebte er meine Mutter am allermeisten. Er flog auf ihre Schulter und flatterte frei im Haus herum. Wir nannten die Wachtel Cinderella, und ein ganzes Jahr lang brachte ihr Gesang Freude in unser Leben. Eines Nachmittags kamen wir aus der Schule und fanden meine Mutter weinend. Sie setzte sich zu uns und erklärte uns, daß Cinderella gegen die Fensterscheibe geflogen war, den Hals gebrochen hatte und nun tot war. „Sie war zu zart für diese Welt, Kinder. Sie sah die schönen Bäume und den Himmel und die anderen kleinen Vögel, und sie hatte Sehnsucht nach ihnen. Ich weiß, nun ist sie glücklich. Sie fliegt frei herum im Himmel. Sie ist dort, wo sie hingehört."

Die wenigen ausgeglichenen, milden Phasen meiner Mutter waren wie Oasen in der unzugänglichen Weite ihres Wesens. Wenn ich mir Mühe gab, konnte ich mich wohl an jede einzelne erinnern, auch daran, wie gern sie strickte und häkelte, an die kleinen Puppen und Decken, die sie oft für uns machte, und wie sorgfältig sie meine Finger führte, als ich mein erstes Tuch selbst machte. Manchmal nähte sie sogar unsere Kleider.

Als sie zum erstenmal aus dem Sanatorium heimkehrte, holte sie aus einem Beutel den Pullover hervor, den sie neun Jahre davor für meinen Vater angefangen hatte. „Den habe ich angefangen, als ihr kleine Kinder wart. Da wird es allmählich Zeit, daß ich ihn fertig mache, findet ihr nicht auch?" sagte sie und lächelte, wenn sich einer von uns zu ihr setzte und zusah, wie die Nadeln vor sich hinklickten. In jenen Tagen waren wir alle voller Hoffnung. Ich erinnerte mich des Abends, an dem sie meinen Vater mit dem Pullover überraschte, in einem groben, grünen Fischermuster. Er streifte ihn über und, so schien es uns, zog ihn niemals wieder aus. „Das ist mein Lieblingspullover", sagte er immer. Er trägt ihn heute noch.

Als wir in der Schweiz im Internat waren, schrieb sie uns oft wunderschöne Briefe, in denen sie versuchte, uns ihre Beweggründe zu erklären und daß sie nur aus Liebe handelte. Einen Brief habe ich heute noch. Seine Worte verbergen nur zum Teil die unruhige, gequälte Seele, die die Feder führte: „Glaube, meine Tochter, daß hinter den Wolken des Kummers immer noch die Sonne scheint. Bald kommt der Wind und vertreibt die Wolken auf immer. Ach, Tania, wem wird der Schritt nicht schwer in dunklen Augenblicken? Wer weint nicht für sich allein, weil er unaussprechlichen Kummer hat? Niemand kennt die Sorgen Deiner Mutter. Es gibt Augenblicke, da ist mir, als ob ich nicht mehr in Gottes Gegenwart bin, und alles ist in fremdartigen Nebel gehüllt. Aber ich muß lernen, langsam voranzukommen, wie ein Boot im Nebel. Manchmal denke ich, es wäre leichter, Lärm zu ertragen statt der befremdenden Stille, die ich höre. Gott ist der einzige Freund, der uns niemals betrügt. Er hat einen Plan für uns, und den kann nichts aufhalten. Mein Liebling, seid immer gut zueinander, Du, Nina, Tony und Jade, und vergiß nicht, was auch immer geschieht, keiner wird Euch je die Liebe Eurer Mammi fortnehmen. Diesen Brief habe ich Dir aus meinem Herzen geschrieben, mein liebes Kind, meine Freundin."

Als ich so auf der Bank im Flughafengebäude von Tahiti lag, krampfte mir das Heimweh den Magen zusammen. Ich hatte den Bogen eigentlich schon überspannt, indem ich VARUNA zwei Wochen allein in einem überfüllten Hafen ließ, aber es schien mir genauso verkehrt, hier zu sein, wo doch zu Hause so viel passierte. Noch immer hatte ich tausendundeine Frage an meine Mutter. Ich sehnte mich danach, wieder mit ihr zu sprechen, ihr zu versichern, daß meine Liebe bei ihr war. Der Lautsprecher kündigte ein Flugzeug an. Ich ging zum Waschraum und wusch mir das Gesicht. Als ich zurückkam, sah ich Luc am Ankunftsschalter warten.

„Hallo! Herzlich willkommen. Wie geht es zu Hause?" fragte er, doch ich traute mich nicht, selbst auf eine so einfache Frage zu antworten, ohne daß mir die Tränen kommen würden. Ich zuckte nur mit den Schultern und sah ihn erwartungsvoll, halb hoffend an, doch er schüttelte den Kopf. „Sie sind hier, und sie weiß Bescheid", sagte er. Und ehe ich noch etwas sagen konnte: „Es tut mir wirklich leid, Tania, aber leicht ist es für uns alle nicht. Bitte hab keine Angst. Du wirst sehen, Fabienne ist wirklich sehr nett. Sie bedauert dich sogar, daß du ausgerechnet einen solchen Taugenichts wie mich treffen mußtest. Sie möchte dich wirklich gern kennenlernen."

Als Luc mich zum Hafen fuhr, stellte sich heraus, daß ich ihm ein falsches Ankunftsdatum mitgeteilt und er mit Freunden und Blumen am Vortag auf mich gewartet hatte. Er setzte mich mit seinem Dingi bei VARUNA ab, und als die Sachen im Cockpit waren, fragte er: „Ist alles okay mit dir?" Er sah mich an und wartete auf ein beruhigendes Lächeln von mir. Zögernd lächelte ich zurück. Er versprach, er würde mich zum Lunch holen, wenn ich mich wieder eingerichtet hatte, und motorte zu seiner Familie zurück.

Ich schloß den Niedergang auf, nahm die Schotten heraus und ging unter Deck, in mein dunkles, feuchtes Zuhause, das zwei regnerische Wochen lang nicht gelüftet worden war. Ausgelaugt wie ich war, warf ich alle Sachen nach vorn, rollte mich zusammen und schlief ein.

An dem Nachmittag hatte ich endlich meinen Kumpel Dinghy wieder im Arm, der auf THEA gewesen war. Luc machte mich mit Tristan und Fabienne bekannt, und wir setzten uns etwas verlegen an dem vertrauten Tisch zum Essen nieder. Plötzlich überfiel mich alles auf einmal, die Erlebnisse der vergangenen vierzehn Tage, der Anblick der Dame und des Kindes von den Bildern, es war einfach zu viel! Ich entschuldigte mich und ging an Deck, ich wollte nicht in ihrer Gegenwart weinen. Fabienne kam hinterher, und ohne ein Wort zu sagen, nahm sie mich in die Arme, und ich weinte mich aus.

Einige Tage später gingen wir mit den Booten nach Arué, einem ruhigeren Platz zwei Lagunen weiter, und ankerten dicht beieinander. Ich hatte Jeri Lucs Büro-Nummer gegeben, damit sie ihm eine Nachricht für mich hinterlassen konnte. Jeden Abend, wenn er auf THEA zurückkehrte, schaute ich gespannt auf seinen Gesichtsausdruck. Jeden zweiten Tag nahm ich *le truck*, den Bus, zum Postamt, oder Luc nahm mich mit in sein Büro, und ich rief meine Mutter an. Ihre Stimme war zu schwach, um die Störungen in der Leitung zu übertönen, so daß unsere Unterhaltungen recht einseitig waren. Ich erzählte von meinen täglichen Erlebnissen, versuchte fröhlich zu klingen und sprach von Neuigkeiten, die es gar nicht gab.

Tagein, tagaus ließ ich den Kopf hängen und durchlebte wie betäubt den Alltag, zwischen Warten und Verzweiflung. Ich haßte das Alleinsein, konnte mich aber nicht aufraffen, neue Leute kennenzulernen. Statt dessen verbrachte ich meine Zeit mit dem einzigen Menschen, den ich gut kannte – Luc, und mit seiner Familie. Fabienne nahm mich in jenen freudlosen Tagen in ihre Obhut, und ich akzeptierte ihre Freundschaft. Sie war sehr nett und freundlich, und ich verbrachte meine Zeit gern mit ihr und dem kleinen Tristan. Wir gingen zusammen auf den Markt, bereiteten gemeinsam Mahlzeiten zu, und gelegentlich versuchte sie, mich durch Gespräche über ihre eigenen Probleme von den meinen abzulenken.

Tag um Tag toste um uns das lebendige Treiben auf Tahiti, wie ein Zyklon, in dessen Auge ich ruhig wartete. Eines Abends kam Luc früh nach Hause, sein Gesichtsausdruck verriet es mir – der Anruf war gekommen.

Mooréa – Samoa – Wallis – Futuna – Efate

Freitagsfahrt

Frische Passatwinde strichen über die Arué-Lagune an der Nordküste von Tahiti, und Böen brachten immer wieder von neuem angenehme Abkühlung nach endlosen tropischen Sonnentagen. In der Stille des späten Nachmittags hörte man rhythmisches Schlagen auf dem Wasser. Muskulöse Tahitianer und Franzosen ruderten ihre Kanus die Lagune auf und ab, im Hintergrund wahre Strudel wilder, wogender Farben. An der Pier saßen tahitianische Familien und sahen zu, tranken *hinanos*, das einheimische Bier, oder angelten von der Kaimauer aus.

Die Regenzeit vergoß die letzten Tränen über den Nachbarinseln Mooréa, Bora-Bora, Raiatea und Huahine. Ein endloser Strom von Segelbooten aus vieler Herren Länder kam und ging auf dem Weg zu anderen, weniger besuchten Inseln, ohne jedoch dem Sirenengesang von Tahiti widerstehen zu können, diesem berühmtesten Treffpunkt im Pazifik.

VARUNA, sicher verankert auf einem einsamen Ankerplatz, wurde zu einer Oase des Friedens. Wir hatten uns darauf eingerichtet, länger zu bleiben. Ein über dem Vorluk geriggter neuer, gelb-blau gestreifter Windsack lenkte den Passatwind als kühle Brise in die Kajüte. Vorher war man bei der stehenden Luft unter Deck ständig in Schweiß gebadet.

Die Inseln Tahiti und Mooréa sind durch eine fünf Meilen breite Passage voneinander getrennt, die Cook's Bay auf Mooréa liegt nur zwanzig Meilen von dem belebteren Arué entfernt. Vier Monate war ich nun schon zwischen beiden hin und her gewandert, je nachdem, welcher Standort meiner Stimmung entsprach oder was ich gerade brauchte. Wenn ich an VARUNA arbeitete, blieb ich in Arué, das günstig zu Papeete und seinen Schiffsausrüstern und Märkten liegt; suchte ich Ruhe und Frieden, so segelte ich nach Mooréa und ankerte in dem klaren, türkisfarbenen Wasser, das je nach Tiefe auch intensiv blau oder ganz hell sein konnte. Der sandige Meeresboden dort erschien bei den knapp fünf Metern Tiefe zum Greifen nah.

Ich hatte schon einige Wochen in Arué gelegen, als ein Boot hereinkam, das ich von Papeete her kannte, die KATAPOUL. Der Skipper, Claude, winkte mir zu und lud mich zu einem Besuch ein, nachdem er vor Anker lag.

Als ich einen Monat zuvor nach New York abgereist war, hatte Luc mir versprochen, er würde sich um VARUNA kümmern, aber die Sache entwickelte sich unerfreulich. Luc machte VARUNA von THEA los und segelte mit einigen Kollegen nach Mooréa, wo THEA auf ein Riff lief. Während sie dort festsaßen, richtete ein Sturm ziemliches Unheil im Hafen von Papeete an. VARUNAS Anker kam frei. Schließlich schlug sie gegen das Boot, das in Lee von ihr lag.

Später erzählte Luc mir, daß Claude zu Hilfe kam und VARUNA mit einem zweiten Anker sicherte. Er drehte auch das Dingi um, das allmählich im Regen absoff, und befestigte den Radarreflektor, der aus der Halterung gebrochen war und gegen den Mast schepperte. Als ich aus New York zurückkehrte, bedankte ich mich bei Claude, und wir klönten etwas von Boot zu Boot. Erst in weniger kummervollen Tagen entdeckte ich, was für gute Freunde er und seine Freundin Margot sein konnten.

Claude war ein lebhafter, beweglicher Franzose mit trockenem Humor, ein ähnlicher Typ wie Crocodile Dundee. Er sprang umher wie ein munterer Vogel und erzählte viel von Margot, die in den Vereinigten Staaten gerade ihre Familie besuchte. Claude hatte die neun Meter lange KATAPOUL, deren Name eine Kombination der Spitznamen seines Bruders war, selbst gebaut. Die Geschicklichkeit, mit der sie konstruiert worden war, und die Pflege, die ihr offensichtlich zuteil wurde, verrieten viel über den Charakter ihres Eigners.

In den nächsten Tagen nahmen wir gemeinsam unsere Mahlzeiten ein, gingen spazieren und machten Einkäufe. Claude lehrte mich, wieder zu lachen, und mühte sich geduldig, mir das Surfen beizubringen. Nach vielen Stürzen und mit Muskelkater in den Armen vom Hochziehen des Segels gab ich schließlich auf und beschloß, künftig nur noch hinter ihm auf dem Board zu stehen, wenn er auf der Lagune surfte.

An einem unserer ersten gemeinsamen Tage gingen Claude und ich gerade am Fußballplatz von Arué vorbei zur Hauptstraße, wo wir *le truck* für eine Fahrt in die Stadt anhalten wollten, als ich beiläufig erwähnte, daß meine Mutter eine Woche zuvor gestorben war. Abrupt blieb er stehen.

„Mein Gott, Tania", sagte er. „Das bringst du so ganz nebenher. Deine Mutter ist gerade gestorben? Mit diesem Ton hättest du mir genausogut erzählen können, daß du dir gerade ein Kleid gekauft hast."

„Wir wußten seit Jahren, daß sie bald sterben muß", sagte ich, selbst etwas überrascht, daß ich das so einfach erwähnt hatte. „Jetzt, wo alles vorüber ist, bin ich eigentlich nur erleichtert. Sie hat sehr gelitten."

„Trotzdem – du bist auf der anderen Seite der Erde, weit entfernt von zu Hause. Das muß schwer für dich sein."

Ich zuckte die Schultern und sagte ihm, ich hätte gewiß nicht gleichgültig klingen wollen. Ich war es ja auch nicht. Es war nur so viel geschehen. Wenn ich überhaupt etwas empfand, fühlte ich mich eher wie betäubt. Dann wechselten wir das Thema.

Als Margot aus Amerika zurückkam, wurden wir schnell dicke Freunde. Sie war ein Ausbund an Energie, einfühlsam, intelligent, sagenhaft geduldig und – das beste von allem – zwanzig Jahre alt. Wirklich ein ungewöhnliches Glück, ein Mädchen fast in meinem Alter, noch dazu eine Amerikanerin, kennenzulernen. Wir fühlten uns geradezu magnetisch gegenseitig angezogen, wie langgetrennte Schwestern. Von nun an arbeiteten wir zu dritt an unseren Booten, und täglich ging es mit *le truck* in die Stadt, zum Postamt, zum Markt und schließlich in eine Patisserie, wo wir in Cappuccinos und Apfelkuchen schwelgten. Während wir unentwegt herumalberten und wetteten, wenn wir uns uneins waren, beobachteten wir von unserem schattigen Platz aus die Menschen, die an uns vorbeiströmten.

Margot und Claude waren ständig damit beschäftigt, KATAPOUL auf Hochglanz zu bringen; sie ölten und fetteten, malten und schrubbten, so daß ich schließlich angesteckt wurde und mir VARUNA vornahm. Sogar Lawrence, ein ruhiger Junge aus der Familiencrew vom Nachbarboot, bot mir dabei seine Hilfe an. Gemeinsam machten wir uns an die erste größere Überholung, fuhren per Anhalter in das Industriegebiet im Hafenbereich von Papeete, kauften Bootsbausperrholz, Schrauben und Bolzen. Wir maßen, sägten, bohrten mit großer Begeisterung und vergrößerten meine kleine Koje, wobei ein Kojenpolster aus dem Vorschiff, das ich sowieso wegtun wollte, mitverarbeitet wurde. Schließlich hatte ich ein komfortables Bett über die ganze Bootsbreite.

Eines Nachmittags brachte Claude mir bei, VARUNA mit dem Dingi zu schleppen. „Stell dir vor, du bist wirklich ganz allein", sagte er. „Kein Mensch ist in der Nähe, der dich durch eine enge Durchfahrt in einen Hafen schleppt, und du hast keine Maschine. Du mußt wirklich nur eine Leine mit gut drei Meter Kette zwischen VARUNA und dem Dingi spannen, dann rudern, aber kräftig! Es mag etwas dauern, aber du kannst es tatsächlich selbst schaffen. Versuch es mal. Wenn es nicht klappt, komm ich zu Hilfe." Margot blieb im Cockpit, ich stieg ins Dingi und schleppte VARUNA nur mit Muskelkraft fast dreißig Meter über die Lagune. Entgegen meiner Befürchtung klappte es gut, ich war sehr zufrieden mit mir.

Claude schaffte es mit Anfeuern und brüderlichem Spott, daß Margot und ich Sachen unternahmen, an die wir normalerweise im Traum nicht gedacht hätten. Auf Mooréa stiegen wir eines Tages in KATAPOULS Mast und sprangen gemeinsam von der Saling ins Wasser, weil Claude sich unbedingt so ein Bild wünschte. Wir brauchten da oben gut eine Viertelstunde, bedachten den Sprung, stellten uns vor, was passierte, wenn wir auf Deck aufschlugen – und erstarrten vor Schreck. Schließlich brachten wir uns gegenseitig zum Lachen, zählten bis drei und sprangen. Margot hielt die Beine zusammen, ich beging aber den Fehler, sie beim Sprung zu spreizen, und knallte aufs Wasser, daß mir war, als ob mich jemand auf dem Weg nach unten mit einer Kanonenkugel angeschossen hätte.

Als der Schmerz vergangen war, gab ich aber doch zu, daß es ein tolles Erlebnis gewesen war.

Ein andermal versuchten wir Spinnakerfliegen. Claude hing das Boot an den Heckanker, setzte die riesige farbige Blase, machte an Hals und Schothorn eine Leine fest und hängte ein Brett ein. Da saßen wir, Margot und ich, und wurden von dieser Schaukel in die Luft gehoben und wieder abgesenkt, je nachdem, wie sich das Segel mit Wind füllte. Auf und nieder ging es mit uns, und kreischend platschten wir wie Teebeutel ins Wasser und wieder heraus.

Dann fand Luc einen Mechaniker, der sich bereit erklärte, sich mal gründlich um den Motor zu kümmern. Wir brachten VARUNA zum Anleger, lösten sämtliche Verbindungen, Brennstoffleitung und so weiter und so fort, bastelten ein Taljensystem vom Motor zum Baum, hoben das rote Monster an Land und in den wartenden Lieferwagen. Das Boot lag plötzlich viel weniger tief im Wasser, als das Schwergewicht von Bord war. Einen Monat später bauten wir die Maschine voll arbeitsfähig wieder ein.

Ihr Geräusch war mir so fremd geworden, daß ich sie jetzt immer mal für alle meine Freunde laufen ließ, damit sie an meiner Begeisterung teilhaben konnten. Um sie nun aber auch funktionsfähig zu erhalten, mußte dringend etwas gegen das Wasser getan werden, das durch die Abdeckplatte, die gleichzeitig der Cockpitboden war, in den Motorraum leckte. Wenn eine See ins Cockpit einstieg oder wenn ich ein Duschbad nahm oder eimerweise Wasser hineingoß, um meinen kleinen Patio zu säubern, floß das Wasser über die Lenzer nicht schnell genug ab und drang bis zum Motor durch.

Luc bemühte sich, mir bei der Lösung dieses Problems zu helfen. Wir ließen einen Aluminiumrahmen schweißen, der in einen zweiten Rahmen paßte. Auf die Motorabdeckung schraubten wir den kleineren Rahmen, der größere kam aufs Deck, dazwischen eine Dichtung, so daß die ganze Sache absolut undurchlässig war. Dann half mir eine Seglerfamilie – Missionare –, VARUNA auf einer Werft in Papeete an Land zu setzen, wo wir die Farbe vom Unterwasserschiff kratzten, den Rumpf schliffen und mehrere Schichten Antifouling auftrugen, um den geschwindigkeitshemmenden Bewuchs zu verzögern.

Eines Tages entdeckte Claude an einem Schwarzen Brett, daß

jemand einen Solargenerator zum Kauf anbot. Der Besitzer hatte sein Boot auf einem Riff in den Tuamotus verloren und konnte neben einigen anderen Dingen den Generator retten. Ich kaufte ihn und war nun alle Probleme mit der Stromversorgung los. Jetzt konnte der Motor ausfallen, so oft er wollte, die Zellen saugten das Sonnenlicht auf und machten daraus Strom, der die Batterien ständig gut geladen hielt. Um die Batterien gegen das Absaufen zu schützen, beförderte ich sie aus der Bilge in die Kajüte, paßte sie unter die Stufen vom Niedergang ein und sicherte sie mit Stoppern, damit sie fest saßen, selbst wenn VARUNA aufs Wasser gedrückt wurde oder – schlimmer noch – durchkenterte.

Ich war stolz auf mein Zuhause. Es war so schön und komfortabel, fast luxuriös geworden. Die neue Koje war wirklich bequem und dazu noch farbenfroh dekoriert mit schönen tahitianischen Baumwollstoffen. Ich nahm die Toilettentür heraus, die sich auf See immer irgendwie aus ihrem Schloß löste, und ersetzte sie durch einen Vorhang. Claude baute sich aus der Tür ein Hängebord für KATAPOUL. Spare in der Zeit, so hast du in der Not. Dieser Spruch gilt auch auf See. Alles, was von Bord kam, wurde schließlich auf einem anderen Boot wiederverwendet.

Als ich mich mit Claude und Margot anfreundete, begann ich irgendwie seßhaft zu werden, fand viele Freunde und gewann damit auch wunderbare Erinnerungen an Tahiti. Allmählich hatte ich kaum noch einen Augenblick für mich allein, außer wenn ich schlief. Das machte mir aber nicht das geringste aus. Es war meine letzte Chance auf der ganzen Reise, irgendwo in Ruhe und ohne Zeitdruck zu bleiben – danach war das bis New York nicht mehr drin.

Die ganze Zeit, was ich auch tat – während der Arbeit, beim Vergnügen und, mehr noch, im Zusammensein mit befreundeten Menschen waren die Gedanken an meine Mutter niemals sehr fern. Margot und Claude hörten mir immer geduldig zu, wenn ich wie ein Wasserfall redete und versuchte, weiterhin meine Vergangenheit zu sortieren – meine Mutter, das Verhältnis zu meinem Vater und zu Luc, alles, was ich seit meiner Abreise von New York erlebt hatte. Sie kritisierten eigentlich nie, und Claude mit seinen Witzen und Margot mit ihrer heiteren Ruhe brachten mich immer auf den Boden der Tatsachen zurück, wenn ich mich zu sehr aufregte. Mit der Zeit begannen die offenen Wunden zu verheilen, niedergeschlagen fühlte ich mich immer seltener, und die Erinnerungen an meine Mutter fanden ihre eigene ruhige Ecke in meinem Herzen.

Alle paar Tage ging ich zur Post für R-Gespräche mit meiner Familie. Mein Vater war zurück vom Rennen Paris–Dakar, nachdem er seinen Wagen zu Bruch gefahren hatte und man um ein Haar sein Bein wegen eines Gangräns amputieren mußte. Er hatte einen frisierten Landrover erfolgreich durch die unwegsame afrikanische Wüste gesteuert, doch dann nahmen er und sein Partner kurz vor dem Ziel eine Abkürzung anstelle einer regulären Straße, verfehlten eine Brücke und stürzten das Ufer hinunter. Ich verkniff mir am Telefon das Lachen ob dieses unglücklichen Ausgangs. Mein Vater hatte noch nicht genug Abstand, um irgend etwas ulkig daran zu finden.

„Sobald das Bein geheilt ist", sagte er, „mache ich mich auf den Weg nach Holland und hole das neue Schiff. Dann mache ich gleich die Atlantiküberquerung, die mich zur Teilnahme am *British Oxygen Challenge* qualifiziert."

Das BOC ist eine Einhandregatta um die Welt von Newport, Rhode Island, aus mit drei Stops – in Südafrika, Australien und Brasilien. Ich bestaunte seine Pläne mit Ooohs und Aaahs, konnte aber seine Abenteuerlust nicht wirklich verstehen. Außer mit ein paar verlegenen Worten erwähnten wir meine Mutter kaum. Er war ja auch gar nicht dagewesen, als sie starb. Ich bekam Vorwürfe wegen meines langen Aufenthalts auf Tahiti und weil ich zu wenig Artikel schrieb. Bald nach diesem Anruf war mein Vater wieder unterwegs. Mit kaum verheiltem Bein machte er sich humpelnd auf nach Holland und zu neuen Abenteuern.

Anstelle langer Artikel schrieb ich abends fleißig Briefe und hatte dafür auch immer reichlich Post in dem Kasten unter „A" für postlagernde Sendungen auf der Hauptpost in Papeete. Während meiner Reise hatte ich erst drei Artikel für *Cruising World* verfaßt, und bald gab es Leserpost, die mir nachgeschickt wurde. Einige Leute schrieben, ich sei tollkühn und mein Vater verrückt, einen unerfahrenen Teenager auf ein Boot zu setzen und auf die Welt loszulassen. Die meisten Briefe aber waren voll Ermutigung und gutem Zuspruch von Leuten, die wünschten, sie könnten selbst eine solche Reise machen. Zuerst hatten mich die negativen Zuschriften wirklich aufgeregt, doch die netten Briefe taten mir richtig gut, und ich schrieb auf einige zurück. Allmählich dämmerte mir dabei, daß ich jetzt auch eine Verpflichtung anderen gegenüber übernommen hatte, es war nicht länger nur eine Angelegenheit zwischen meinem Vater und mir. An diese Briefpartner dachte ich im weiteren Verlauf der Reise immer dann, wenn mir alles über den Kopf zu wachsen drohte. Dann half mir, daß sie mich in Gedanken anfeuerten, weil ich ihnen die Hoffnung gab, auch sie könnten sich eines Tages ihre Träume erfüllen – wenn sogar ich, ein völlig unbeschriebenes Blatt, das geschafft hatte.

Im März kam Jeri zwei Wochen auf Besuch und dann meine Freundin Elisabeth. Wir wanderten zusammen auf überwucherten Pfaden, und ich zeigte ihnen die riesigen Wasserfälle, die sich hinter dichten Vorhängen tropischen Laubwerks verbargen. Wir badeten in Bergseen und schwammen an vulkanischen schwarzen Sandstränden. Auf Tahiti kurvten wir mit Vespas durch die Gegend, auf dem benachbarten Mooréa mit Fahrrädern.

Die Tage in der Sonne verschmolzen ineinander – ein Tag, zwei Tage, zwei Wochen, zwei Monate. Die vier Monate, die mir zuerst so lang erschienen waren, neigten sich ihrem Ende zu. Ich hatte mich in dieses Land verliebt und dachte allmählich, daß ich meine Freunde hier niemals verlassen wollte. Die Hurrikan-Saison war vorüber, der Tag der Abreise rückte unerbittlich näher. Es wurde Zeit für uns, Dinghy und mich, an die Weiterfahrt zu denken. Doch eine Sache mußte ich noch erledigen.

Sobald ich das Boot verließ, hatte ich ein schlechtes Gewissen, wenn Dinghy großäugig und verloren hinter mir hersah. Aber bei der Rückkehr war es dann herrlich, zu erleben, wie glücklich er an Deck herumlief, zur Begrüßung miaute und selig schnurrte, mich umringelte und nicht mehr abzuschütteln war. An Land gab es da in einem Bootsverschlag eine junge, graugescheckte Katze, die sich angewöhnt hatte, mir nachzulaufen. Ich brachte ihr oft Futter und spielte mit ihr. Wenn ich zu Dinghy zurückruderte, stand sie jammernd am Anleger. Eines Tages, kurz vor der Abreise, nahm ich sie mit an Bord und machte sie mit Dinghy bekannt, der sie sofort akzeptierte. Von dem Augenblick an war Mimine seine kleine tahitianische *vahine*. Es paßte alles gut zusammen.

Auf Vermittlung eines Journalisten, der mich bei der Ankunft interviewt hatte, bekam ich von der Yamaha-Vertretung einen 2-PS-Außenborder für mein Dingi. Im Gegenzug sollte es einen Fototermin bei der Abreise geben.

Am 28. April war es soweit. Varuna war beladen mit französischen Delikatessen und allem anderen, von dem ich endlich begriffen hatte, daß ich es an Bord brauchte. Der Motor funktionierte, und es gab keine Gründe mehr, länger zu bleiben. Nie zuvor war mir Arué so heimisch vorgekommen wie jetzt. Ich sah über die Nachbarboote, zum letzten Mal, und auf die Menschen, die so gut zu mir gewesen waren.

Noch einmal ging ich an Bord von Thea und umarmte die ganze Familie, die ich so liebte. Ich sagte Claude auf Wiedersehen und segelte mit Margot die zwanzig Meilen nach Mooréa. Claude schenkte mir zum Abschied eine Zeichnung von der Erde in Form einer Melone, aus der ein Stück herausgeschnitten war, mit dezenten Hinweisen auf stinkige Katzenstreu, mit Karikaturen von Australiern, Afrikanern und auch noch King Kong, als Uncle Sam verkleidet oben auf der Spitze des Empire State Building.

Margot und ich vertrödelten zwei Tage auf Mooréa und vergossen Tränen, als sie mit der Fähre zu Claude zurückfuhr. Vielleicht hätten wir uns in New York nicht so innig angefreundet, aber hier, in vier gemeinsamen Monaten auf diesen wunderschönen Inseln, in gemeinsamer harter Arbeit an den Booten und in einer besonders schwierigen Phase meines Lebens, wurde Margot eine der engsten Freundinnen, die ich je gehabt hatte.

Zwei Wochen lang fand ich auf Mooréa tausend gute Gründe, noch zu bleiben – schlechtes Wetter, kaputtes Schlepplog, verdorbenes Gemüse, mehr Bücher besorgen. Schließlich war es soweit, um neun Uhr früh am Freitag, dem 9. Mai 1986. Das Schlauchboot entlüftet, gefaltet und an Deck gezurrt, gab es keine Möglichkeit mehr, an Land zu gelangen.

Nie an einem Freitag auslaufen, ist ein alter Aberglaube unter

Seeleuten, vermutlich, weil Jesus an einem Freitag gekreuzigt wurde. An diesem speziellen Freitag beschloß ich, darauf keine Rücksicht zu nehmen. „Wenn ich wieder einen Grund finde, nicht auszulaufen, kann ich auch gleich für immer bleiben", sagte ich mir.

Wenn ich geblieben wäre und den Sonnabend abgewartet hätte, würde ich von dem Tief gehört haben, das im Westen lauerte, und meine Ohrenschmerzen hätten in der Nacht angefangen, und ich wäre zur Behandlung zu einem Arzt gegangen. Wäre – würde – hätte – sollte – tat aber nicht...

Wenn alles gut lief, war der nächste Landfall in Pago Pago, Amerikanisch-Samoa, 1200 Meilen Westnordwest. Aufgeregt und unbeholfen stolperte ich an Bord herum, bereitete das Segelsetzen vor und merkte plötzlich,daß ich fast fünf Monate zuvor zuletzt auf See gewesen war.

In der Riffpassage der Cook's Bay hatte ich aufmerksam unsere Entfernung zum Riff im Auge, als ich die Fockschot am Schothorn der Genua festmachte, und torkelte zurück ins Cockpit wie eine Landratte, nicht gewöhnt an die Dünung des Ozeans. Dann drehte ich das Boot in den Wind, beugte mich unter dem Spitzverdeck vor, zog das Groß hoch, danach die Genua, winschte sie dicht und trimmte die Segel. Meine Armmuskeln schmerzten, als ich mit aller Macht an der Winsch kurbelte, um die Segel so dicht wie möglich zu bekommen. Sofort ging VARUNA auf einen Raumschotskurs, der Wind kam von Nord.

Mit klopfendem Herzen sah ich die gezackten Gipfel des Mont Tohiea langsam achteraus verschwinden. Sie hatten so selbstverständlich über den Ankerplätzen von Opunohu und Cook's Bay gestanden. Das beschäftigte mich sehr, ich nahm kaum zur Kenntnis, wie der Wind langsam auf West ging. Es fiel mir überhaupt nicht auf, daß wir in abflauende Passatwinde hineinsegelten, während sie eigentlich kräftig von achtern hätten schieben sollen. Erst nach einigen Stunden, ganz plötzlich, traf es mich mit voller Wucht.

„Moment mal, was ist hier eigentlich los?" sagte ich laut. „Ihr Götter, habt ihr kürzlich nicht mehr auf eure Monatskarten gesehen? An dieser Stelle des Ozeans ist eine 99-Prozent-Chance für achterliche Winde, und zwar mit Stärke fünf. Wieso eigentlich bekomme ich die Ein-Prozent-Chance mit Wind von vorn, Stärke zwei? Was soll das denn?"

Stundenlang sprach ich laut mit mir selbst. Zum erstenmal auf See probierte ich dann ein neues Autoradio aus, das ich Weihnachten in New York erstanden hatte. Doch die Musik störte mich und war mir auch unbehaglich. Instinktiv wollte ich jedes Knirschen, jedes Quietschen identifizieren können, während VARUNA sich wieder an die See gewöhnte. Musik paßte jetzt nicht hierher, aus damit.

Ruhelos versuchte ich ein Buch zu lesen, legte es gleich wieder weg und ging nach draußen, um den Himmel zu studieren. Die feuchte, dunstige Luft sagte mir nicht viel, also kroch ich wieder unter Deck, kaute ein paar Kürbiskerne, beobachtete meine beiden Kumpel und fragte mich, ob es ihnen so wie mir erging. Doch Mimine und Dinghy schienen völlig unbeeindruckt.

Langsam passierten wir in Lee die kleine Insel Maiao, von der ich noch nie gehört hatte. Ich mußte sie erst auf der Karte suchen. Mein Ohr war morgens schon ein bißchen sonderbar gewesen, nun konnte ich es kaum noch ignorieren, so sehr klopfte es in meinem Kopf. Etwa zur selben Zeit bemerkte ich, daß das Barometer langsam fiel. „Schöne Bescherung", grummelte ich vor mich hin. „Das kann ja eine nette Fahrt werden."

Die ganze Nacht durch wechselte ich die Genua gegen meine neue Fock, reffte das Groß und schüttete Reffs wieder aus, je nachdem, wie die Böen gerade kamen. Die neue Fock hatte Reffbändsel, so daß ich sie bei miesem Wetter kürzer binden konnte, ein bisher nie gekanntes Vergnügen. Nun hatte VARUNA ein Segel, das bei hartem Wind genutzt werden konnte, bisher mußte ich es ganz wegnehmen.

Am Morgen des 10. Mai platschten wir in immer höhere Seen. Groß und Fock hatte ich gerefft. In Luv sah ich die Insel Raiatea, meine vorerst letzte Landmarke. Ich hatte keine Gelegenheit gehabt, Raiatea und ihre Nachbarinseln Bora-Bora und Huahine zu besuchen. Mooréa und Tahiti waren so zauberhaft, daß ich mich darauf beschränkt hatte, zwischen ihnen hin und her zu driften. Die anderen mußten warten. Vielleicht später einmal.

Ich machte mir nicht lange Gedanken über „was wäre, wenn ...", ich hatte ein größeres Problem, den nahenden Sturm. Wir waren für meinen Geschmack noch ein bißchen zu dicht unter Land, doch glücklicherweise ließ der Wind sich gut Zeit, so daß wir reichlich Raum gewinnen konnten auf die offene See hinaus. Ich machte im Cockpit alles dicht und setzte fest, was nötig war, trimmte die Segel und stellte den Monitor auf einen südlichen Kurs ein, der von Land wegführte. Dann ging ich unter Deck, um dort die Sache abzuwarten. Den Niedergang machte ich dicht, einmal aus Sicherheitsgründen, aber auch, um den Lärm da draußen etwas zu dämpfen.

Wieder einmal überließ ich es VARUNA und dem Monitor, zurechtzukommen und uns durch den inzwischen schon vertrauten Ablauf hindurchzubringen. Wir würden jetzt zwar auf unbestimmte Zeit keinerlei Distanz machen, aber zumindest waren wir auf sicheren Wegen. Als der Sturm zunahm, begruben uns die Wellen unter sich, es wurde feucht unter Deck, und durch die Bodenbretter drang der Geruch von Bilgewasser und Diesel.

Das schmerzhaft klopfende Ohr wollte mich nicht in Frieden lassen. Die Ohrentropfen in meinem Erste-Hilfe-Kasten, die ein Arzt in New York mir verschrieben hatte, brachten überhaupt nichts. Ich betäubte mich mit Aspirin.

Kurz vor Mitternacht döste ich ein und wachte aus unruhigem Schlaf von einem Krach erschrocken auf. Die ganze Kajüte roch intensiv nach Sesamöl. Beim Stampfen des Bootes hatte sich eine Flasche aus der Halterung gelöst und ihren Inhalt über meine Koje ergossen, eine duftende, schmierige Bescherung. In einem Anfall von Wut öffnete ich das Schott, um die Flasche über Bord zu werfen. Statt dessen knallte sie gegen eine Winsch und sprühte tausend Splitter übers Cockpit.

„Das ist doch nicht zu glauben!" Ich schrie es wutentbrannt und kletterte nach draußen. Im schwachen Licht, das aus der Kajüte drang – ein winziges Fleckchen Leben in der stockdunklen Nacht –, sammelte ich die Scherben auf, ehe eine der Katzen oder ich darauf traten. Ich wollte gerade wieder nach unten, als ein Lichtstrahl aus dem Niedergang auf das Groß fiel, das im Cockpit lag: Irritiert und angeekelt sah ich, daß es voll Katzendreck war.

Jetzt war mir nach einer Zigarette, doch da fiel mir ein, ich wollte mir ja das Rauchen auf der Reise abgewöhnen und hatte in einem tollkühnen Augenblick beschlossen, vorsichtshalber keine Zigaretten mitzunehmen. Nun, mit den ersten Entzugserscheinungen, fluchte ich auf mich und futterte Kürbiskerne, bis meine Lippen und meine Zunge wund vom Salz waren.

Während der stürmischen Nacht schlief ich sehr unruhig, wachte aus lebhaften Träumen auf, in denen ich mich mit Freunden unterhielt oder fremde Menschen um Marlboro anbettelte. Ich nahm noch mehr Aspirin, räumte auf, was sich unter Deck verteilt hatte oder einfach vom Platz katapultiert worden war, und ging nach draußen, um nach dem Wetter und dem Horizont zu sehen. Gischt explodierte buchstäblich über VARUNA, die See war ein Hexenkessel, von prasselndem Regen niedergetrommelt.

13. Mai, 17.30 Uhr. Endlich konnte ich ins Logbuch schreiben, daß es vorüber war.

Ich habe gerade das Boot aufgeklart und saubergemacht. Heute nachmittag hörte der Sturm ganz plötzlich auf. Jetzt rollen wir nur noch in der alten Dünung. Ich mache mir einen Espresso mit dem Maschinchen, das Claude mir geschenkt hat, und tue Unmengen von Milchpulver und Zucker rein. Ich muß mir jetzt was gönnen. VARUNA ist rundum trocken und proper. Danke, lieber Gott, daß du es wieder hast schön werden lassen. Ich war allmählich schon besorgt. Du weißt, El Nino, Atomwolken…

Diese Angst hatte ihre Ursache in der Tschernobyl-Katastrophe, die sich kurz vor meiner Abfahrt von Tahiti ereignet hatte. In den Tropen hört man nicht so viel vom Weltgeschehen, ich wußte also wirklich nicht recht, woran ich war, während ich allein über den Ozean segelte und immer mal nach Atompilzen Ausschau hielt. Ich stellte mir alle möglichen Katastrophen vor – Hurrikane, Wasserhosen, Tornados, Seeungeheuer, wütende Wale. Es war ein fast makabres Vergnügen, mir das auszumalen, als ob man allein in einem verlassenen Haus eine ganz schlimme Horrorgeschichte liest.

Schließlich stellten sich die Passatwinde wieder ein, achterlich, in wechselnder Stärke und ohne die geringste Rücksicht auf meine Gefühle. Der Himmel blieb düster, wir kamen mühsam voran, während ich Segel wechselte, bis meine kaputten Hände es nicht länger aushielten. Böen überfielen uns aus allen Richtungen, brachten heftige Regengüsse, oft gefolgt vom Passat, seinerseits mit gewaltigen Böen, die sich schnell austobten und zusammenfielen, wenn ich gerade gerefft hatte. Meine Ohrenentzündung war schlimm genug auch ohne dieses Wetter. Alles zerrte an Seele und Gemüt und schlug mir zusätzlich auf die Stimmung. Ich wartete nur noch darauf, daß die Katzen auf meine Koje pieten, was sie auch taten, worauf ich sie anzeterte: „Ich hoffe, ihr werdet eines Tages wiedergeboren, und wenn ihr wieder auf die Welt kommt, wünsche ich euch, daß ihr als Klo-Männer im Herrenklo der Grand Central Station arbeiten müßt!"

Am Morgen des Siebzehnten kehrten die stetigen achterlichen Passatwinde zurück, erst sachte, dann stärker, und ich setzte die Segel wieder als Schmetterling, den Großbaum mit dem Preventer weit nach draußen gezurrt. Während ich die Selbststeueranlage einstellte, stand ich am Heck, fühlte den Wind vorbeistreichen, beobachtete den Kurs und machte winzige Korrekturen, bis ich zufrieden war.

Was Vorankommen anbelangt, brachten die ersten vier Tage dieser Etappe wegen des Sturms kaum etwas. In den nächsten vier Tagen war jede Meile naß und hart erkämpft. Nun rauschte VARUNA vor dem Wind voran. Das Schlepplog war kaputt, so hatte ich keine genauen Zahlen, jedenfalls machten wir gute Meilen. Ich rief die Katzen. „Guckt mal, wie schnell es jetzt geht. Bei der Geschwindigkeit sind wir in einer Woche in Pago Pago." Dinghy sah kurz aus dem Niedergang, als eine Welle gerade verspielt ins Cockpit spritzte, und bekam ein paar Tropfen auf die Nase. „Nix für mich", schien er zu sagen, machte eine Kehrtwendung und sauste zurück auf die Koje.

„Toll!" rief ich begeistert. „Endlich wieder Glück für mich!" Ich wollte Dinghy unter Deck folgen, als VARUNA stolperte, ich die Balance verlor und auf die Cockpitbank knallte, direkt auf mein abgebogenes Handgelenk. Wie Feuer schoß mir der Schmerz in den Arm. Ich erstarrte. „Nein, das darf nicht wahr sein!" schrie ich verängstigt. „Ich hab mir doch wohl nicht hier draußen noch einen Knochen gebrochen?"

Bis zum Abend war das Handgelenk angeschwollen, in einem interessanten Blau, und ich konnte nicht mal eine Zahnbürste halten. Zu allem Überfluß waren auch die Ohrenschmerzen wieder da – doppelt Grund, mich über das Aspirin herzumachen. Ich hatte kühlendes Sportlergel und Bandagen an Bord, massierte das Gel behutsam ein, bis ich die Wirkung spürte, machte dann aus einer Zeitschrift eine Schiene und verband das Ganze.

Glücklicherweise hatten wir fünf Tage lang konstanten Wind, bis zum 22. Mai. Dann ließ er nach, bis zu einer totalen Flaute. Ich mußte den Kurs die ganze Zeit nicht ändern, und der erste Schmerz an der Hand und der Schock hatten sich gelegt. Da kam ich vorschnell zu dem Schluß, die ganze Sache mit dem Freitagsglauben sei ziemlicher Käse, denn dank dem Aspirin tat auch mein Ohr kaum noch weh, und die paar schönen Tage hatten auch geholfen. Das dachte ich gerade, da fiel mir beim Haarebürsten etwas Braunes in den Schoß. Ein paar weitere braune Insekten folgen. Ich hatte Läuse.

Nimmt man alles zusammen, die Ohrenschmerzen, das ekelhafte Gefühl, Läuse im Haar zu haben, und dann noch das verstauchte Handgelenk, so wundere ich mich noch heute, daß ich die Energie fand, mit dem Sextanten nach draußen zu gehen, um eine Höhe zu nehmen. Mein Handgelenk machte das doppelt schwierig, weil ich mich nicht festhalten konnte. Ich mußte mich also auf meine Beinmuskeln verlassen und auf etliche Verrenkungen, die eines Orang-Utan würdig waren, klemmte mich zwischen Spritzverdeck und Relingstütze und beobachtete die Wellen, um meine Balance zu halten. Navigation war mein einziger Trost, ich liebte es, all die Berechnungen zu machen und mitzukoppeln.

Ein Freund auf Tahiti hatte mir eine einfache Methode gezeigt, die Sterne zu identifizieren und zur Navigation zu nutzen. Ich übte mit ihnen an ruhigeren Abenden, denn es war nicht ganz einfach, sie zu erkennen und im Sextanten auf die Kimm zu setzen. Die beste Zeit dafür ist die Dämmerung, wenn sie gerade am Himmel erscheinen und das Sonnenlicht noch nicht vollständig verschwunden ist. Doch oft genug verdeckten mir in diesem entscheidenden Augenblick leider Wolken die Sicht.

Am 24. Mai, nach 48 Stunden Totenflaute, malte ich in mein

Logbuch eine wunderschöne, kunstvolle Zeichnung um das Wort „Mist“ herum und schrieb:

Gestern habe ich etwas Salz erhitzt, in eine Socke getan und mein Ohr damit verwöhnt. Das hat gutgetan. Vielleicht versuche ich es heute noch mal. Der Ozean ist absolut still und glatt. Ab und an verulkt uns ein kurzer, zarter Hauch von Wind und auch mal eine Wolke. Dann habe ich noch meine Bücher. Der Rutscher für den Spinnakerbaum sitzt in halber Höhe der Mastschiene fest. Ich muß meinen alten Mastrutscher benutzen, weil ich im Augenblick nicht in den Mast steigen kann. Ich glaube, ich werde süchtig nach Schokoladenmilch. Mein Ohr tuckert immer noch, meine Kopfhaut juckt, und wir haben noch 300 Meilen vor uns. Wenn wir stürmischen Wind bekommen, sind es noch gut zwei Tage. Das Barometer fällt langsam, also vielleicht... Es kann eigentlich nur besser werden...

Am selben Abend, etwa um halb neun, griff eine superschwere Bö nach den Segeln, die ich vorsorglich gerefft hatte, und wir sausten davon. Regen knallte hektoliterweise aufs Deck, ich hielt mich in der Kajüte fest, so gut ich konnte, während Töpfe und Pfannen in den Schapps einen Heidenlärm veranstalteten. Ich gab mir soviel Mühe, auf See alles dichtzuhaben und festzusetzen, aber irgend etwas übersah ich meistens, und das wurde dann gemeingefährlich. Diesmal war es ein Plastiktopf, der im freien Flug durch die Kajüte schoß und alles mit Wasser bespritzte. Die Katzen spielten verrückt, und als ich das Wasser aufzuwischen versuchte, sah ich gerade noch aus einem Augenwinkel, wie Dinghy auf mein frischbezogenes Kopfkissen machte.

„Das ist ein Alptraum!“ dachte ich und begann zu weinen. Ich war so fertig. Ich konnte mich nur noch irgendwo anklammern, sonst hätte es mich durch die Kajüte geschleudert.

Fünf Stunden später hatten wir die Böenwalze hinter uns, der Wind ließ nach, und ich konnte an Deck gehen, um den Kurs zu korrigieren, ohne triefnaß zu werden. Als schließlich alles im Normalzustand war, kroch ich unter Deck und auf meine stinkige Koje und schlief ein. Es war halb vier Uhr morgens.

Nach meinem gegißten Ort mußten wir in den nächsten 24

Stunden unser Ziel erreichen. Als ich im Morgengrauen des 26. aufwachte, glaubte ich schon halb, bald den dunklen Fleck voraus am Horizont erkennen zu können. Die östlichste der Inseln von Amerikanisch-Samoa würde mir dann den Weg nach Tutuila Island und Pago Pago weisen. Der Wind tobte sich mal wieder aus, laut und lärmend. Ich nahm die Fock weg, nur das Groß mit zwei eingedrehten Reffs blieb oben. Der Tag war sonnig, mit hoher Geschwindigkeit liefen wir vor dem Wind, und wie ungemütlich es zeitweise auch war, es machte Spaß, wie VARUNA so dahinbrauste, sehr viel schneller als mit Rumpfgeschwindigkeit. Die Meilen, die uns noch vom Ziel trennten, spulten nur so ab.

Und richtig, da tauchte die Inselgruppe schon auf. 60 Meilen weiter war der Hafen meiner Träume. Singend änderte ich den Kurs so, daß wir südlich der Inselgruppe vorbeilaufen würden. Ich vergaß meinen kribbeligen Kopf, alle meine Schmerzen und Leiden, ging nach vorn, um ein Duschbad zu nehmen, band mir zur Sicherheit eine Leine um die Taille und behielt beglückt die braune Silhouette der Inseln Tau, Olosega und Ofu im Auge, die Meile um Meile klarer und deutlicher wurden.

An dem Abend drehte ich etwa fünfzehn Meilen vor der Küste bei und schlief in Zwanzig-Minuten-Intervallen. Zuvor plante ich meine ersten Schritte an Land und dankte dem Allmächtigen, daß dieser schaurige Schlag endlich hinter mir lag. Kurz vor Morgengrauen platzte ein verfaultes Ei in der Vorratshängematte über meiner Koje, und die schleimige Soße tropfte auf mein Bett.

Gleich nach der Ankunft sammelte ich jedes Stück stinkiger Wäsche und Kleidung zusammen, packte alles in Segelsäcke und fuhr mit dem nächsten Bus zum Waschsalon. Danach nahm ich einen Bus in der Gegenrichtung und fuhr zum Krankenhaus. Die Leute drängelten sich in den Bussen wie in einer Sardinenbüchse, und erst nach einer Weile merkte ich, daß man den Bus zum Halten bekam, wenn man kräftig an die Decke klopfte, was einen beachtlichen Geräuschpegel erzeugte. Ich brachte es einfach nicht gleich über mich, ebenso aggressiv zu agieren, und rief bescheiden: „Halten, bitte!“ Ohne Erfolg, bis eine mitfühlende Seele für mich an die Decke hämmerte.

Krankenhäuser sind wohl überall gleich, auch auf der anderen Seite der Erde. Nachdem ich mich angemeldet hatte, mußte ich zwei Stunden warten, bis ein Arzt Zeit für mich fand. Mein Handgelenk war verstaucht, nicht gebrochen, stellte er fest und verband es sachgemäß, verschrieb mir andere Ohrentropfen und bestätigte mir die ärgerliche Erkenntnis, daß ich Läuse im Haar hatte.

„Sie waren unvorsichtig. Hier hat jeder Läuse, Sie sammeln sie buchstäblich auf, wenn Sie irgendwo drankommen, wo jemand anderes seinen Kopf angelehnt hat. Hier ist ein Shampoo, damit waschen Sie täglich den Kopf und kämmen die Biester aus, besonders die Eier."

Die Hafendusche war eine kleine Bude am Kai dicht beim Liegeplatz der Dingis. Die Sache mit den Läusen war mir sagenhaft peinlich. Ich redete mir ein, daß jeder, der mit mir vor der Dusche anstand, den Geruch des medizinischen Shampoos riechen könnte und vor mir zurückschreckte, wenn ich vorbeikam. Ich scheuerte und desinfizierte auf VARUNA praktisch jeden Winkel, wusch und kämmte meine Haare täglich mit äußerster Sorgfalt. Doch jedesmal, wenn ich mich eingehend im Spiegel besah, waren immer noch diese widerlichen weißen kleinen Eier im Haar.

Der Hafen von Pago Pago ist eine lange, schmale Bucht, die die Insel Tutuila fast halbiert, dicht umgeben von hohen Bergen und damit Fallwinden ausgesetzt. Ich legte also zum Schutz meine blaue Persenning über den Baum und sicherte sie an den Relingstützen wie ein Zelt. Sie hatte ihr Dasein als Sonnensegel auf Tahiti begonnen, konnte hier aber gleich vielseitige Dienste tun und auch den Niedergang und den Kasten mit der Katzenstreu vor den häufigen Regenfällen schützen.

Bei einem Anruf zu Hause erfuhr ich, daß meine beste Freundin, Rebecca, die mich Weihnachten in New York mit einer Schwangerschaft überrascht hatte, gerade Mutter geworden war und ich die Ehre hatte, Patentante zu sein. War das wirklich schon fünf Monate her? Jeri erzählte, daß mein Vater mit seinem neuen Schiff einhand über den Atlantik segelte und auf dem Weg nach Newport zum Start für das BOC war.

„Also macht er es wirklich?" sagte ich. Wir alberten herum und wünschten ihm nicht gerade das Beste für seinen Törn allein über den Atlantik, damit er in Zukunft gründlicher nachdachte, ehe er mir zuredete, ich sollte die Wirbelsturmsaison einfach ignorieren. Tony und Jade ging es gut, sie schienen auch mit ihrer Freiheit zurechtzukommen. Nina hatte erfreuliche Zensuren. Jeri fand endlich Zeit für ihren Dachgarten, wo sie Blumen und Gemüse pflanzen wollte. Die Jahresabschlüsse waren vorbei, das Finanzjahr um, die meisten Steuererklärungen ihrer Kunden abgegeben. Das Leben dort ging wunderbar weiter auch ohne mich. Die Nachricht von Rebeccas Baby gab mir zu denken. Das war ein Einschnitt, wie ich ihn noch nicht erlebt hatte. Als ich aufhing, fühlte ich mich ferner von daheim als je zuvor.

Pago Pago entpuppte sich als eine ziemlich heruntergekommene Kolonialstadt mit schmuddeligen, billigen Restaurants und knallig bunten, lärmenden Kneipen, insgesamt eine deprimierende Überraschung. Ich hatte mich auf ein bißchen Heimat mitten im Pazifik gefreut, aber dies hier ließ mich kalt. Amerikanische Drinks, Hamburger, Schnellimbisse, Rambo-Poster, Popmusik, „Denver" und „Dallas" auf jedem Kanal. Der totale Gegensatz zur farbenfrohen Heiterkeit von Tahiti.

Kurz nach uns lief die norwegische RENICA ein, die auf Tahiti mehrere Monate lang ganz in unserer Nähe geankert hatte. Ich freute mich, Reidar, Margrete und ihre beiden Söhne Bent und Carl-Frederic wiederzusehen. Mit Claude und Margot zusammen hatten wir eine herrliche Zeit gehabt, und wieder wurde ich wie eine Tochter bei ihnen an Bord aufgenommen. Sie waren schon einmal über den Pazifik gesegelt und rieten mir sehr zu einem Besuch auf Westsamoa. Es wäre schade, die Samoa-Inseln nur mit der Erinnerung an Pago Pago zu verlassen und gleich nach Vanuatu, 830 Meilen westlich, zu segeln, wie ich eigentlich vorgehabt hatte.

Also stopfte ich VARUNAS Schapps voll mit Cookies, Müsli, Nüssen, H-Milch, Tofu und tausend anderen Dingen, die man nur in einem Supermarkt mit amerikanischen Waren findet. Es war immer mühsam, Vorräte unterzubringen, ein bißchen nach dem Motto „wird passend gemacht", wenn sackweise Konserven, Obst, Gemüse, Klopapier und so weiter verstaut werden sollten, alles in den paar Schapps unter den Kojen und dem winzigen Vorschiff, das schon mit Kleidung und Gerätschaften vollgepropft war. Wenn ich alles an Bord hatte, lag VARUNA zwei bis drei Zentimeter tiefer im Wasser.

Dann fotokopierte ich Seekarten anderer Segler und revidierte meine Südpazifik-Reiseroute. Ich wollte eigentlich Neukaledonien besuchen, weil ich mir dort französische Atmosphäre erhoffte, ähnlich wie auf Tahiti, wo es mir so gut gefallen hatte. Beim Blick auf die Karten sah ich aber, daß der Kurs an reichlich vielen Riffen vorbeiführte. So ließ ich den Plan fallen zugunsten einer weniger hindernisreichen Strecke.

Als ich unmittelbar vor dem Auslaufen beim Zoll ausklarierte, kam eine meiner neuen Bekanntschaften, Colleen, zu mir. Sie hatte das Schiff, auf dem sie als Crew angeheuert hatte, verlassen und wollte nun nach Apia, um sich dort etwas Neues zu suchen. Das war ein rechter Glücksfall, schien mir, wollte ich doch auch dorthin. Ich lud sie also ein, mitzukommen. Die 80 Meilen bis Apia waren für VARUNA nur ein kurzer Sprung, und ich hätte zum erstenmal jemand anderes als nur Dinghy, mit dem ich sprechen konnte, jemanden, der auch mal fragte, ob ich eine Tasse Kaffee oder etwas Saft haben wollte.

Colleen war enttäuscht, daß sie an jenem Tag nichts von VARUNAS Segeleigenschaften mitbekam. Wir hatten Totenflaute und mußten den ganzen Weg motoren. Die beiden Hauptinseln von Westsamoa gehören zu den größten Pazifikinseln überhaupt. Die Fahrt an dieser langen, teils bergigen Küste entlang kam mir wie eine Ewigkeit vor. Schließlich, am Nachmittag des 14., motorten wir durch die Riffpassage und dann zur Zollbrücke von Apia.

Wir lagen zu drei Booten nebeneinander und warteten auf das Einklarieren am Montagmorgen. Danach erst konnten wir uns einen Ankerplatz suchen. Ich hatte etwas Sorge, Dinghy und Mimine würden an Land springen und dort verlorengehen. Doch sie blieben an Bord und erschreckten statt dessen die Nachbarn, als sie ihnen mitten in der Nacht durch das geöffnete Luk auf den Bauch sprangen.

Die Landschaft um Apia war ein kleines Märchenland, mit dunstverhangenen Berggipfeln und gesprenkelt mit Kühen. Die Häuser waren sozusagen Freiluft-Wohnungen – Zementfundamente mit Säulen, welche die Dächer aus Pandanus-Palmenblättern trugen. Von der Straße konnte man in all diese Mini-Parthenons samoanischen Lebens hineinblicken. Auch schon auf den anderen Inseln hatte ich entdeckt, daß die allgegenwärtige Pandanuspalme einfach zum Leben des südpazifischen Inselbewohners gehört. Sie ist geschmeidig und haltbar, wird zu Körben, Schlafmatten und zu den Wänden ihrer Häuser verarbeitet und schützt sie so vor Sonne und Regen.

Die Samoaner behalten die Toten in ihrer Nähe; oft sieht man in den Vorgärten weißgekalkte, blumengeschmückte, blitzsaubere Gräber. Es gibt keine Zäune und Mauern als Grenzen für Weiden und Eigentum. Die Menschen reiten noch immer stolz auf ungesattelten Pferden durch Ziegen- und Rinderherden, die offenbar Gemeineigentum sind.

Die Samoaner sind ein eigener Menschenschlag, nicht fett, sondern ziemlich gesund, offensichtlich gut genährt und muskulös. Infolge ihrer polynesischen und melanesischen Herkunft haben viele recht krauses Haar, wie Afrikaner. Oft sind die hellhäutigen Männer von Kopf bis Fuß mit kunstvollen Tierbildern und geometrischen Figuren tätowiert. Sie tragen diese schönen Tätowierungen mit solchem Stolz zur Schau, daß ich schon überlegte, ob ich mir nicht auch eine machen lassen sollte.

Um den Hafen herum war Apia ganz flach, die Sonne glühte auf die pastellfarbenen Gebäude im Kolonialstil nieder. Es war alles friedlich, etwas verschlafen – Tom Sawyers Dorf könnte auch so ausgesehen haben. Hier fand ich nicht die temperamentvolle lateinamerikanische Mentalität wie in den französischen und spanischen Ländern. Die Insulaner schlagen wohl mehr nach den ruhigen Deutschen und den Neuseeländern, die das Land kolonialisierten. Die zweite Sprache ist hier Englisch, fast jeder spricht es mit reizendem neuseeländischem Akzent und Anklängen der eigenen musikalischen Sprache. Für mich hörten sich die Sprachen auf den Marquesas, auf Tahiti und Samoa ziemlich gleich an, wie eine phonetisch gesprochene asiatische Sprache. Ich stotterte mich so durch mit meinem üblichen „bitte“ und „danke“ in Samoanisch, für mehr reichte es in der kurzen Zeit nicht.

Auf Varuna hielten sich Fleisch und Molkereiprodukte nicht

länger als 24 Stunden, aber die Konserven mied ich so lange wie möglich. Wegen des feuchtheißen Klimas und Mangel an Kühlmöglichkeiten ging ich täglich auf dem Markt einkaufen – bis ich die KREIZ traf.

Der französische 20-Meter-Schoner KREIZ AN AEL war am Tag vor meiner Abfahrt in Pago Pago eingetroffen und ankerte kurz nach unserer Ankunft in Apia neben uns. Colleen hatte den Skipper auf Tahiti kennengelernt, und ehe sie bei mir von Bord ging, machte sie mich noch mit Fred und seiner Crew bekannt – Patrick, einem Jungen aus Tahiti, und drei Mädchen, Estelle, Laurence und Marie, die alle nach Neukaledonien wollten.

In Gegenwart dieser bildschönen jungen Französinnen kam ich mir wie ein ungelenker Teenager vor, aber sie waren sehr nett zu mir und nahmen mich sofort in ihre Runde auf. Für Estelle war die Reise ein Urlaub vom anstrengenden Leben einer Tänzerin, die anderen trieb die Reiselust, sie wollten ganz einfach die Welt sehen.

KREIZ war eine geräumige Schönheit, den Innenausbau hatte Fred selbst entworfen. Unter Deck konnte man vergessen, daß man sich auf einem Schiff befand. Um den Hauptsalon mit Eßtisch, Küche und Sitzecke herum lagen mehrere Kabinen. Ein riesiger Gefrierschrank enthielt lauter Köstlichkeiten wie Steaks, Hähnchen und Fisch. So etwas als Vorrat für unterwegs zu haben, war für mich eine völlig abartige Vorstellung. Auf VARUNA gab es einen Eiskasten, und wenn ich überhaupt irgendwo Eis bekommen konnte, blieben die Sachen dort bestenfalls wenige Tage einigermaßen kühl. Nach einer Schlemmermahlzeit auf KREIZ machte ich es mir mit Estelle in der Kabine von Marie und Laurence gemütlich, wo wir uns über Handcreme, Fußmassagen und Filme unterhielten. Dann aber saß ich mit Fred im großen Salon, und wir diskutierten über Motoröl und Wasserpumpen – nach den Albereien mit den Mädchen ein ernsthaftes Gespräch zwischen zwei Skippern.

Patrick, der schüchterne, gutaussehende Junge aus Tahiti, wollte sich tätowieren lassen, als Ergänzung zu dem Muster hinten auf seiner Schulter. Er und Colleen entdeckten einen ortsansässigen Tätowierer namens Sam, und wir gingen alle zu seiner Werkstatt, um zuzusehen, wie Patrick seinen neuen Schmuck bekam.

Eine Gruppe riesiger Samoaner versammelte sich und kippte fleißig Biere, während Patrick sich für die Operation auf den Boden legte. Sam benötigte zwei Nachmittage mühevoller Arbeit, um das neue Design rund um Patricks Oberschenkel zu schaffen. Ich beobachtete Patrick sehr genau, ob es Nachwirkungen gab oder extreme Schmerzen, doch er versicherte mir, es sei nicht allzu schlimm. An dem Nachmittag beschloß ich, mir einen samoanischen Fußring tätowieren zu lassen.

Als am nächsten Morgen Sam und drei seiner Freunde bei mir an Bord erschienen, rannte Colleen an Land und kaufte eine Flasche Rum als Betäubungsmittel. Ich kochte Wasser, und Sam mischte es mit schwarzem Ruß von einer Petroleumflamme als Farbe. Dann wickelte er ein Päckchen Nähnadeln aus und befestigte fünf davon mit einer festen Schnur auf einem Holzstückchen. Während dieser Vorbereitungen erzählte er uns, daß ein echter Mann mit einem Haifischzahn statt mit einer Nadel tätowiert wird. Der Färbezahn, der längst nicht so spitz ist wie eine Nadel, wird mit einem Holzhammer mit kurzen leichten Schlägen in die Haut geklopft. Einer seiner Freunde wollte uns mit seiner Tätowierung eines fliegenden Fuchses beeindrucken, drehte sich um und enthüllte die riesige Südpazifik-Fledermaus, die seinen ganzen Rücken bedeckte.

Als ich mir all die Pockennarben von dem Zahn besah, wurde mir doch etwas mulmig. Der Gedanke an fünf Nadeln war schon schlimm genug. Colleen kam gerade rechtzeitig zurück und schüttete mir einen Kaffeebecher voll Rum ein. Während ich normalerweise überhaupt nicht trinke, inhalierte ich jetzt kräftig und vertraute mich dann Sams schöpferischen Fähigkeiten an. Drei Stunden lang lag ich wie betäubt auf meiner Koje, während er sehr sorgfältig die Linien entwarf und dann mit den Nähnadeln das schönste Fesselband produzierte, das ich mir hätte erträumen können. Sam versicherte mir, daß er nur Unikate fertigte und meines wirklich ein Original sei. „Ich kann sie mir sowieso nicht im einzelnen merken, um sie nachzumachen“, sagte er.

Patrick war von seiner Tätowierung so begeistert, daß er sich bei Sam gleich noch eine bestellte, auch um das Fußgelenk, sobald meine fertig war. Sam hatte langsam meine Flasche Rum geleert, so daß zu Patricks Pech das nächste Kunstwerk etwas unstet in den

Linien wurde. An dem Abend kamen fast alle Ankerlieger aus der Nachbarschaft vorbei, um unauffällig meinen Fuß zu besehen oder ganz offen zu fotografieren. Als am nächsten Tag bei Sam die Wirkung des Rums verflogen war, ließ Colleen sich einen Ring um den Finger tätowieren. Ein Trend hatte eingesetzt.

Als letzten Dank an Sam, der sehr gern musizierte, schenkte ich ihm meine Gitarre. Er war darüber so glücklich, daß er mir ein Paar Ruderriemen schnitzte, einen aus dem Holz eines Limonenbaums, den anderen von einem Mangobaum, auf beiden den Namen VARUNA.

Eines Abends kehrte ich vom Essen auf KREIZ zurück und fand einen am Handlauf befestigten Zettel vor. „Wir wollen Dir nur sagen, daß jemand alles verraten will über Deine Crew von Pago Pago nach Apia. Wir raten Dir dringend – kehre nach Pago Pago zurück, und mach die Fahrt noch mal allein." Keine Unterschrift.

Das war wie ein Schlag in die Magengrube. Ich las den Zettel immer wieder, mir sträubten sich die Nackenhaare. Es war mir in Pago Pago gar nicht in den Sinn gekommen, daß 80 Meilen Begleitung bei einer Reise von 30 000 irgendeinem Rekord abträglich sein könnte, wenn ich überhaupt rechtzeitig dafür zu Hause ankäme. Daß jemand glauben konnte, ich hätte Colleen heimlich mitgenommen, war eine Beleidigung für mich und brachte mich auf die Palme. Umzukehren wäre mir gegen den Strich gegangen. Ich war unterwegs, die Welt zu sehen, nicht, um in das Guinness-Buch der Rekorde zu kommen. Obwohl verschiedene andere Leute mir sehr zuredeten, den Abschnitt noch mal allein zu fahren, blieb ich stur. „Ich habe Colleen nicht auf eine ganze Überquerung mitgenommen", darauf bestand ich. „Ich habe sie auf einer Tagestour dabeigehabt, wir sind nicht mal gesegelt, sondern nur motort. Achtzig lausige Meilen von den vielen tausend."

Hochmütige Überlegungen! Was mein Vater dazu sagen würde, wie enttäuscht er wäre, das kam mir überhaupt nicht in den Sinn. Es waren ja wirklich nur achtzig Meilen, und es hätte mich nicht umgebracht, sie noch mal zu machen. Ich fand aber, irgendwie stehe meine Ehre auf dem Spiel, machte also weiter, ohne Bedauern, und verdrängte die ganze Sache.

***

Ich erzählte Fred, daß ich noch überlegte, Wallis Island anzulaufen, eine französische Insel etwas westlich von Samoa, wo selten Yachten hinkamen. Auf Tahiti hatte mir ein Freund gesagt, es lohne sich unbedingt, selbst bei einem so dichten Zeitplan wie dem meinen, es liege auch nur zwei Tage von Pago Pago entfernt und direkt auf meinem Weg. Ich hatte Margrete und Reidar versprochen, mich dort mit ihnen zu treffen, und freute mich schon darauf. Und so schwärmte ich Fred dermaßen von Wallis vor, daß er schließlich auch Patrick und die Mädchen motivierte und sie beschlossen, mitzukommen. „Wir segeln zusammen, das macht Spaß. Und werfen dir gelegentlich ein Dinner rüber."

Nun hieß es Abschied nehmen von Colleen und all den anderen, die ich in Pago Pago kennengelernt hatte. Meine Route führte nördlich an Tonga und Fidschi vorbei, den Inselgruppen, zu denen fast jeder von Apia aus segelte. So war hier der letzte Treffpunkt für uns alle, danach würde ich auf einer weniger befahrenen Route unterwegs sein und kaum noch bekannten Gesichtern begegnen. Das Programm der anderen war meistens weniger gedrängt und unter Zeitdruck als meins, ihre Wege führten sie zu südlicheren Inseln.

Am 21. Juni um 15 Uhr holte ich Hand über Hand den Anker hoch und motorte aus dem Hafen von Apia. Hinter mir hockten die Mädchen der KREIZ auf dem Vorschiff und drückten ganz einfach auf einen Knopf, so daß die Ankerkette automatisch aufgeholt wurde. Eine frische, sanfte Brise kam von Osten. Ich setzte Segel, baumte die Genua aus und beobachtete, wie VARUNA über die Wellen dahinflog, während ich vor mich hin flüsterte: *„Tofa soy fua. Tofa soy fua. Tofa soy fua ...*" Danke auf samoanisch.

Es waren 250 herrliche Meilen bis Wallis. KREIZ hatte gerefft, damit VARUNA ihr folgen konnte, und ich setzte an Segeln, was irgend möglich war, um die Geschwindigkeit zu halten. Wir machten traumhafte Fahrt, meine Fixe waren geradezu perfekt, wenn ich sie mit Fred über Funk verglich, und ich speiste wie eine Königin.

Dank des Solargenerators war der Stromverbrauch kein Problem mehr. Ich dachte mir immer neue Möglichkeiten aus, den frischproduzierten Strom zu verjubeln, klönte über UKW mit den Mädchen, wenn sie sich auf Wache langweilten. Sie riefen an und erzählten, was es zum Abendessen gab, und ich sagte zwischendurch mal eben guten Tag. Gelegentlich nahmen sie ein Reff raus und kamen näher, damit wir uns gegenseitig fotografieren konnten.

Am späten Nachmittag des 23. Juni lugte der flache runde Hügel von Wallis in den feurig gelben und orangefarbenen Strahlen eines Sonnenuntergangs über den Horizont. Selbst mit KREIZ im Gefolge war ich nervös wegen des Landfalls. Das Ringriff dehnte sich weit über die Küstenlinie hinaus, und nur ein einziger Einschnitt war breit genug, um auf die Lagune zu gelangen. Das Seehandbuch warnte vor höchst unangenehmen Gegenströmungen von bis zu fünf Knoten und hohen Wellen in der Honi-Kulu-Passage. Die Wassermassen, die durch die über die Riffe donnernde Pazifikdünung in die Lagune gelangten, liefen hauptsächlich durch diese eine Passage ab. Nicht sicher, ob wir überhaupt hineinkommen würden, näherten wir uns, KREIZ vorneweg, VARUNA lammfromm hinterher, Motoren im Leerlauf.

Von Fred kam das Signal „Fahrt voraus!", wir gaben Gas und kämpften uns hinein. Der Strom stand so stark gegenan, daß wir selbst mit voller Kraft voraus fast zwanzig Minuten brauchten, um die 150 Meter lange Riffpassage zu bewältigen. Der Abendwind hatte auch zugenommen, und so motorte ich gegen den Wind im schwindenden Licht dorthin, wo KREIZ schon ankerte, hinter einem Riff vor der Dünung des Ozeans geschützt. Es war zu spät, um durch die Korallenbänke einen sichereren Ankerplatz anzusteuern. Wir beschlossen, das auf den frühen Morgen zu verschieben, wo wir auch die Sonne im Rücken hatten. Bei blendendem Sonnenlicht von vorn konnte es passieren, daß wir ein Riff erst dann bemerkten, wenn es bereits am Rumpf knirschte. Früh am nächsten Morgen, noch ehe der Passat die Flaute ablöste, banden wir VARUNA an das größere Schiff an und schleppten sie um die Korallenbänke herum zu einem Ankerplatz in Lee der Insel.

Seit wir uns kannten, bemühte Fred sich, mir alles beizubringen, was er selbst über Boote wußte. Während Patrick und die Mädchen auf Entdeckungsreisen an Land gingen, verbrachten wir die nächsten paar Tage damit, VARUNA gründlichst zu überholen. Mit achtundzwanzig Jahren war Fred Skipper eines eigenen, prachtvollen Schiffes, und das hatte er nicht mit Luschigkeit geschafft. Ehe er sich über VARUNA hermachte, zeigte er mir voller Stolz seine Maschine, seine neue Pantrypumpe und die Eignerkabine mit all seiner Elektronik. Als ich eine Bemerkung über seinen supersauberen Maschinenraum machte, sagte er: „Als mir beigebracht wurde, wie man mit einem Boot umgeht, lernte ich auch, man sollte einen Motor überall mit weißen Handschuhen anfassen können, und sie sollten danach immer noch weiß sein." Ich dachte an VARUNAS kleines rotes Biest und wie selten ich die Abdeckung hochnahm, geschweige denn, mich mal darüberbeugte und es sauberwischte.

„Schiffe sind sensibel", sagte er. „Du mußt sie behandeln wie eitle Frauen, die viel Aufmerksamkeit brauchen." Er versuchte, VARUNAS Toilette wieder gängig zu machen, und schüttelte den Kopf. Während wir uns über unser Leben unterhielten, nahm er die Pumpe auseinander und erklärte mir ganz genau, wie sie funktionierte. Im Handumdrehen waren die Dichtungsringe gegen neue ausgetauscht und das Ganze wieder zusammengebaut. Bis dahin hatte ich noch nie das Innere einer WC-Pumpe gesehen und einfach gehofft, meine wäre die eine, einmalige, die nie kaputtging.

Wir führten die Radioantenne aus dem Niedergang heraus am Handlauf entlang und befestigten sie mit Tape seitlich am Mast. Bisher war ich immer mit dem ganzen Radio nach draußen gegangen und hatte die kleine Teleskopantenne so lange hin und her bewegt, bis ich ein fernes Zeitzeichen empfing, nach dem ich meine Uhr stellte. Größer waren meine Ansprüche nicht. Das Radio ist an sich ja aber für sehr viel mehr erfunden worden, und wenn die Antenne hoch genug ist, kann es sein Potential auch voll zum Tragen bringen. Plötzlich, nach Freds Verbesserungen, konnte ich auf Mittelwelle alle mögliche Musik und Nachrichten in verschiedenen Sprachen von den Stationen der umliegenden Inseln empfangen. Auf Kurzwelle hörte ich BBC, die Stimme Amerikas, Radio France und Radio Moskau. Die Welt war zu mir an Bord gekommen, und ich freute mich auf die Abwechslung, die mich auf der nächsten Etappe erwartete.

Nachdem Fred neue Schaltklemmen an die Enden der korrodierten Stromleitungen gesetzt hatte, wuschen wir mit Schwamm,

Seife und Wasser sanft den Motor. Wir leimten den Holzrahmen um eine Backskiste wieder fest, und er schenkte mir Zweikomponentenkleber, Metallkleber und alles mögliche, was er im Lauf der Jahre nützlich gefunden hatte.

Wir kauften Limonen, und er zeigte mir, wie VARUNAS Teak dadurch sauber und dauerhaft hell wurde. „Diese Limonen sind ein Wundermittel", sagte er und quetschte den Saft über das Holz. „Wer braucht schon säurehaltige Reinigungsmittel, wenn die Natur die besten Mittel selbst liefert?" Das Holz leuchtete in warmem Glanz, in einem völlig anderen Ton von Lichtbraun, und atmete endlich wieder mit freien Poren, nachdem die Schmutz- und Schmierschicht herunter war. Wir nahmen die Selbststeueranlage auseinander und ersetzten die abgenutzten Teile. Dann machte Fred sich über die Nirostateile her, einschließlich Bug- und Heckkorb, und entfernte die Roststellen mit seinen eigenen speziellen Mitteln.

Fred war ein Fanatiker, aber sein Fanatismus steckte an. Es machte richtig Spaß, die Schiffe herauszuputzen und in Ordnung zu bringen mit den Mitteln, die wir verfügbar hatten. Und je länger wir zusammen waren, desto mehr erkannte ich, was ich inzwischen selbst schon alles wußte. Ich hatte im vergangenen Jahr viele geduldige Lehrer gehabt, jeder brachte mir etwas Neues über mein eigenes Boot bei. Es war mir nicht mehr peinlich, wenn ich etwas nicht wußte. Ich hatte gelernt zu fragen, und noch mal zu fragen, und wenn ich es dann immer noch nicht kapiert hatte, fragte ich wieder nach. Ich wußte längst nicht alles, aber das hatte ich gelernt: Mit kühlem Kopf und gesundem Menschenverstand kommt man praktisch immer zurecht.

Die KREIZ-Crew und ich wollten uns eigentlich nur einige Tage auf Wallis aufhalten, fanden aber reichlich Gründe, zwei Wochen zu bleiben. Vom Anblick her bot die kleine runde Insel nicht allzuviel, ganz anders als in Französisch-Polynesien. Der Charme lag in dem, was die Menschen aus ihrer Insel gemacht hatten.

Es war ein winziger Platz, etwa 15 Kilometer lang und neun Kilometer breit, aber sie hatten es geschafft, auf diesem Stückchen Erde drei prächtige Königreiche unterzubringen. Eigentlich war die Insel unter französischer Herrschaft, ebenso wie Futuna 120

Meilen westlich. Alle Verbindungen zur Welt da draußen liefen über Neukaledonien. Wenn man die sauberen, lehmgestampften Straßen entlangging, mit Blumengärten und hübschen, strohgedeckten Häusern, konnte man sich kaum einen größeren Gegensatz zur kultivierten Eleganz ihrer französischen Regenten vorstellen. Wunderschön, unberührt von fremden Einflüssen und abseits ausgetretener Pfade, das waren die Königreiche von Wallis, nur im Wettstreit untereinander, welches das malerischste sei. Einmal sah ich sogar einen Mann, der seinen Rasen fegte.

Auf Wallis waren die Schweine die Fürsten. Statt Katzen und Hunden liefen hier Ferkel, Säue und Eber frei herum. Es gab wunderschöne kleine Bungalows inmitten wohlgepflegter Gärten mit Blumenbeeten, jedes dieser Tableaus eingerahmt von Hibiskushecken in unendlich vielen verschiedenen Farben, Größen und Arten. Fred und ich wanderten andächtig umher und grüßten die freundlichen Insulaner, deren *pareus* so exotisch und farbenfroh waren. Sie drapierten ganze Stoffbahnen über die Gräber auf dem Friedhof und wechselten sie oft.

An der Küste, da, wo wir mit unseren Dingis anlegten, war das Haus einer Familie mit zahlreichen Kindern und Horden von Schweinen. Die Leute lächelten uns zu und winkten uns an ihren Brunnen zum Wasserholen. Höflich umgingen wir ihren Rasen, um seiner Schönheit nicht zu schaden.

Die Polynesier sind jahrhundertelang zwischen den Inseln zur See gefahren; moderne Seeleute bestaunen noch heute das Können ihrer altertümlichen Auslegerboote. Sie haben ein riesiges Netzwerk geschaffen, das die benachbarten Inseln zu einer Art Bruderschaft verknüpft. Und so sind sie im Grunde unverändert geblieben, trotz des Wandels, den ihre Kolonialherren einzuführen versuchten.

Patrick, der mit einem Segelboot angekommen war, wurde von den Jungen auf Wallis wie ein langverlorener Bruder aufgenommen, obwohl er eine andere Sprache sprach. Offenbar verstanden sie einander tadellos, so als ob es eine universelle Ebene gäbe, auf der die verschiedenen Inseln untereinander eine Beziehung herstellen konnten. Sie begrüßten ihn wie das Mitglied einer königlichen Familie, und er genoß das sichtlich. Fred war voller Stolz –

wie ein Vater, der seinem Sohn dies alles ermöglicht hatte. Wir sahen Patrick nur ab und an, wenn er mit seinen Freunden angerudert kam und Fisch brachte, den sie für Dinghy und Mimine in der Lagune gefangen hatten.

Margrete, Reidar und ihre Söhne liefen mit RENICA ein und ankerten in unserer Nähe, als ein Tief für etliche Tage den friedlichen Himmel störte und unsere Abreise verschob. Eines Tages wurden wir alle zu einem der alljährlichen Feste im Königreich eingeladen. Männer und Frauen in farbenfrohen Gewändern sangen religiöse Lieder und tanzten vor der Veranda, auf der ihr König und sein Gefolge saßen und Hof hielten. Die Tänzer hatten sich Arme und Schultern mit Vaseline eingerieben, und die Zuschauer klebten Papiergeld an ihre Lieblingstänzer – als Spende für ein neues Gebäude.

Man kredenzte dem König und seiner Familie *Royal kava*, ein südpazifisches Getränk aus der Wurzel des Kavabaumes.

Fünfzig Körbe mit gebratenen Schweinen standen in der Sonne bereit. Als ich von einem Baum herunterkletterte, von dem aus ich versucht hatte, die Festlichkeiten zu filmen, verlor ich auf einem Astknubbel den Halt und fiel zu Boden, wobei ich mit dem Kleid über dem Kopf landete. Es dauerte einen Moment, bis ich wieder klar im Kopf war und erkannte, daß sich um mich herum eine Gruppe Kinder versammelt hatte, begeistert, daß eine so exotische Nummer dieses für sie langweilige Ritual unterbrach.

Dann kam der 4. Juli, nicht nur der Geburtstag meines Landes und der Freiheitsstatue mit der großen Festparade im Hafen von New York, auch Freds Geburtstag. Fast einen Tag lang hatten wir vier Mädchen uns in VARUNAS Kajüte zusammengequetscht, Geburtstagskarten gemalt und beraten, was wir ihm schenken könnten. Ich kaufte einen Ballen Stoff und wickelte *Fat Freddy's Cat* darin ein, ein Buch mit Cartoons, das ich in New York bekommen hatte und allmählich auswendig kannte. Auf die Karte malte ich ein Bild von VARUNA, Dinghy und Mimine und dankte ihm für seine Freundschaft und für alles, was er für uns getan hatte.

Am Abend buk Laurence eine Schokoladentorte mit Erdbeerfüllung. Marie machte Fotos von uns allen. Dann gingen wir an Deck und schossen eine rote Rakete ab. Es war das erste Mal, daß ich ein

Notsignal aufsteigen sah. Es erleuchtete den ganzen Himmel, sank dann langsam nieder und tauchte das Deck der KREIZ in einen rosigen Schein. Erst am nächsten Morgen wurde uns klar, daß wir dreißig Meter von einer Insel voller Menschen entfernt SOS gegeben hatten und niemand etwas sah. Ich fragte mich, was wohl mitten auf dem Ozean passieren würde.

Bald danach war ich zum Abschiedsessen auf RENICA eingeladen, am nächsten Tag brachen sie auf zu neuen Ufern. Das brachte uns dazu, ebenfalls allmählich an den Aufbruch zu denken.

Nach einem Blick auf Himmel und Barometer gingen wir am 7. Juli in der Morgenbrise ankerauf, sagten Lebewohl und versprachen uns viele Briefe. KREIZ schleppte VARUNA aus der Lagune. Ich stand vorn und winkte, während wir noch ein paar Witze machten.

Abschiednehmen war nicht leichter geworden. Ich dachte an die Zeichnung unserer beiden Boote, die Fred mir geschenkt hatte, mit einer Unterschrift, die ausdrückte, was ich fühlte: „Was für ein nettes Treffen. Genau das, was ich so hasse bei unserer Art zu reisen. Hallo ... Lebe wohl ... Bis bald mal wieder ...“

Draußen, nach dem letzten Riff, ging ich nach vorn, löste die Schleppleine und zog das Groß hoch. Ich drehte zwei Reffs ein wegen des böigen Windes, baumte das Segel aus und setzte den Bullenstander. Dann ging ich nach achtern, um die Selbststeueranlage einzustellen. Schließlich nahm ich die Fock, lief etwas mühsam wieder nach vorn und machte sie am Vorstag fest. Ich war so beschäftigt mit Segelsetzen, daß ich KREIZ auf ihrem Kollisionskurs nicht eher sah, bis sie ganz dicht heran war. Entsetzt sprang ich auf, um zu sehen, ob sie den Kurs änderten. Sie waren aber auch mit Segelsetzen beschäftigt. Ich brüllte eine Warnung, rannte nach achtern, um die Selbststeueranlage auszukuppeln und das Boot noch vor dem Zusammenstoß in den Wind zu drehen.

Zu spät! Die Befestigung weigerte sich stur, sich lösen zu lassen. Wie in Zeitlupe sah ich, daß Fred den Kopf drehte und mich entsetzt ansah. Aus dem Auspuff von KREIZ quoll blauer Rauch, als er hart den Rückwärtsgang einlegte. Zu meiner Überraschung kam der erwartete harte Stoß nicht. VARUNAS Bug traf KREIZ mittschiffs, als es mir gerade gelungen war, sie schließlich in den Wind zu drehen, und KREIZ volle Pulle rückwärts fuhr.

Ich stellte schnell meinen Steuermann wieder an und besah mir den Rumpf der KREIZ, in der Erwartung, dort ein riesiges Loch zu finden. Da war nichts! Verblüfft betrachtete ich mir VARUNA – hier war etwas ganz verkehrt. Die Relingsdrähte hingen schlaff aufs Deck, und ich blickte zum Bugkorb. Während ich um das Spritzverdeck herumging und mich am Handlauf festhielt, sah ich den Schaden – der Bugkorb hatte die ganze Ramming aufgefangen, war nach achtern zu aus den Deckshalterungen gerissen und dabei wie eine Ziehharmonika zusammengedrückt worden.

Ganz plötzlich war VARUNA nackt und hilflos. Jetzt erkannte ich erst, wie sicher ich mich zwischen diesen Drähten gefühlt hatte. Was außerhalb VARUNAS passierte, interessierte mich nicht, solange die beiden langen Drahtseile an jeder Seite mich wie ein Laufställchen schützten. Mit aller Kraft versuchte ich, den Bugkorb zurückzupressen und etwas in Form zu bringen – vergeblich. Ich rannte unter Deck und hörte Freds Stimme aus dem Sprechfunkgerät.

„Hallo, Fred. Das war verdammt knapp. Wie geht's KREIZ? Hat sie etwas abbekommen?"

„Nein, alles in Ordnung. Aber was ist mit VARUNA?"

„Ich muß wohl zurück nach Wallis und versuchen, sie in Ordnung zu bringen", antwortete ich etwas zitterig. „Der Bugkorb ist total verformt, und die Relingsdrähte hängen durch. So will ich nicht los."

„Warte mal einen Moment", sagte er. Ich sah ihn im Geist an seinem Kartentisch sitzen, mit den aufgeregten Mädchen reden, nach einer Lösung suchen. Dann war seine Stimme wieder da. „Hör zu, Tania. Ich habe eine Idee, und sie meinen alle, das sollten wir tun. Natürlich werden wir dir helfen. Wir hätten Ausguck halten müssen. Also, wir sollten nach Futuna gehen. Dort tun wir dann unser möglichstes, den Schaden zu beheben. Die Insel ist nur 120 Meilen entfernt. Das segeln wir in einem Tag. Was meinst du?"

„Danke, Fred. Das klingt vernünftig. He, ist eigentlich gar nicht schlecht. Wir sehen uns schneller wieder als wir glaubten, ja?"

Unsere Stimmung stieg, als wir nun anfingen, Witze zu reißen über den Mist, den wir gebaut hatten. Wenn VARUNA gesunken wäre, so verkohlten wir uns jetzt gegenseitig, hätten sie mich retten müssen, und es gäbe keinen Abschied mehr. Den Rest des Tages und die Nacht über segelten wir in Sichtweite voneinander auf einem unangenehmen Ozean voller Böen und unstetiger Winde.

Am nächsten Nachmittag machten wir voraus einen einsam aufragenden Berg aus. Wir motorten an seiner Leeseite entlang, bis wir den einzigen Ankerplatz, Sigave, erreicht hatten. Um Futuna gab es praktisch kein Ringriff, und der Schutz für den Ankerplatz war einzig die Insel selbst, solange der Passat von Ost wehte. Eben vor der Küste lag eine Muringboje für das gelegentlich vorbeikommende Versorgungsschiff. Sobald wir vor Anker lagen, schwärmten Kanus voll lachender Polynesier heran, die uns fröhlich begrüßten.

Fred kam und besah sich den Bugkorb. Wir beschlossen, uns am nächsten Morgen daranzumachen, wenn wir uns frischer fühlten. Abends gingen wir an Land zu einer Hütte, wo uns ein Hähnchen-Essen erwartete. Wieder an Bord zurück, schliefen wir nach all den Aufregungen wie die Toten. Als ich am Morgen aufwachte, kam mir irgend etwas komisch vor.

Langsam wanderten meine Augen durch die Kajüte. Meine Lieblingskassetten, die ich wieder und wieder spielte und deshalb oben auf die anderen gelegt hatte, waren verschwunden. Auch das Tonbandgerät fehlte, mit dem ich Aufnahmen für meine Familie und Freunde zu Hause machte. Ich sprang aus der Koje und rüber auf die KREIZ.

Noch halb verschlafen, suchte Marie gerade nach ihrem Walkman, und Fred kehrte alles um nach einer Stange Zigaretten, wobei er murmelte, er hätte sie doch irgendwo hingelegt. Ich sagte ihnen, daß von meinen Sachen auch etwas fehlte. Langsam wurde uns klar, daß man unsere Boote bestohlen hatte, als wir zum Essen an Land waren. Die anderen liefen jetzt herum und machten Bestandsaufnahme. Der wasserdichte Kassettenrecorder fehlte, außerdem der Walkman und weitere Kassetten. Marie und Laurence beschlossen, zum Dorfhäuptling und zur Gendarmerie zu gehen. Wir konnten nur abwarten, was daraus wurde.

Futuna war der unberührteste Platz, den ich je gesehen hatte. Es gab keinen elektrischen Strom auf der Insel, außer einigen Generatoren in Privatbesitz. Die jüngeren Leute im Dorf, Männlein und Weiblein getrennt, duschten abwechselnd unter einem Wasserhahn, der aus einer Zementwand am Strand kam. Die Mädchen bildeten kichernd einen Schutzwall um die Badende. Es gab zwei Läden mit den unvermeidlichen Sao-Crackern und dem Streichkäse von der Lachenden Kuh – seit Tahiti meine Standardverpflegung auf See, weil sie am billigsten war und am leichtesten zubereitet werden konnte.

Am späten Nachmittag machten Fred und ich uns über den Bugkorb her, die andern gingen an Land zum Wäschewaschen. Fred besah sich den Schaden und entwickelte einen Plan. Er baumte seinen Spinnakerbaum aus, direkt über VARUNAS beschädigten Bug, und mit einer Leine, die vom Bugkorb zu einer Talje am Baum führte, winschten wir den Bugkorb zurück in die alte Form, Zentimeter um Zentimeter, knarrend, quietschend. Fred formte aus Gaze und Epoxid eine Art Gipsverband für die gebrochenen Stützenfüße, und wir schmierten reichlich Harz um die schwachen Stellen.

Niro-Rohr verliert einen Teil seiner Festigkeit, wenn es gebogen wird. Ich besah mir den Bugkorb sehr genau und entdeckte kleine Fehlerstellen. Er würde nie wieder so stabil sein, wie er mal war, und ich konnte mich nicht mehr mit vollem Gewicht dagegenlehnen. Das bedeutete aber auch, daß ich mich nicht wie früher auf die Relingsdrähte ums Boot verlassen konnte. Ich fühlte mich ganz schuldig, wenn ich VARUNAS Bug besah, als ob ich, ohne daß sie etwas dafür konnte, ihre Schönheit beschädigt hätte und einen Teil ihrer Integrität ebenfalls. Am Abend, als alle kamen, um das fertige Werk zu bewundern, brachte Patrick die Nachricht, die Kapitäne der beiden Boote würden am nächsten Morgen früh um sieben im Haus des Häuptlings erwartet.

Die Strahlen der Morgensonne filterten durchs Blattwerk und blitzten über den Berg, und kleine Kinder, die schon draußen herumtobten, folgten uns in die von Patrick angegebene Richtung, bis Fred und ich bei einem kleinen zweistöckigen Haus auf Pfählen ankamen. Die Frau des Chiefs bat uns herein. Ich sah mich neugierig um in dem bescheidenen Heim des Mannes, der hier regierte. Einige Wandbehänge, eine Strohmatte, auffällig auf dem Tisch liegend zwei Plastikbeutel, das war so ziemlich alles. Der Häuptling, stattlich von Gestalt, betrat geräuschvoll den Raum. Fred und ich sprangen auf, nahmen Haltung an und stellten uns vor. Feierlich und mit Pomp, wie beim Wachwechsel der Garde der englischen Königin, begann er mit großen Gesten zu sprechen. Seine Frau übersetzte ins Französische.

„Was geschehen ist, tut uns leid“, begann sie. „Seht mal, unsere Kinder wissen nicht, was Stehlen ist. Hier auf Futuna gehört jedem alles. Es ist so eng hier, daß wir so etwas nur als Borgen betrachten. Da ist euer Eigentum.“ In den beiden Beuteln waren die geborgten Gegenstände von unseren Booten, fein säuberlich nach Eigentümer getrennt.

Wir dankten dem Häuptling respektvoll und entfernten uns mit guten Wünschen für ihn und seine Frau. Auch auf Tahiti hatte ich dieses „Borgen“ schon erlebt. Zweimal fand ich bei der Rückkehr zum Anleger mein Schlauchboot nicht mehr vor, und beide Male war es von den „Borgern“ am anderen Ende des Hafens angebunden worden. Diese Lebensauffassung brachte uns zwar manchmal etwas aus dem Konzept, aber es war völlig sinnlos, sich darüber aufzuregen. Die Menschen auf den Inseln waren eben daran gewöhnt, alles zu teilen, und konnten Leute nicht verstehen, die das nicht taten.

Daß der Häuptling unsere Sachen gefunden hatte und nicht die Gendarmerie, zeigte wieder einmal, wie die Inselleute zusammenhielten, wenn es die Kolonialherren betraf. Französische Gesetze wurden großzügig – aber schweigend – ignoriert. Diese Menschen hatten ungezählte Jahrhunderte mit ihren eigenen Gesetzen überlebt, ohne die Franzosen, und wie sie es vermutlich sahen, waren die Franzosen eigentlich nur auf der Durchreise.

Unser unvorhergesehener zweitägiger Aufenthalt und unser Erlebnis mit dem Häuptling hatten uns zumindest eins gelehrt – fast ein Schlag ins Gesicht gegen die Gewohnheiten, die wir von unseren Kontinenten mitgebracht hatten: Wir waren auf die andere Seite der Erde gereist und hatten dort Menschen angetroffen, die wahrhaftig nicht materialistisch eingestellt waren. Wir kamen ihnen mit unserer Einstellung materiellen Gütern gegenüber nur komisch vor.

Am 10. Juli sagte ich Fred und der fröhlichen Kreiz-Crew zum zweitenmal Lebewohl. Sie hatten es eilig, nach Fidschi zu kommen, weil dort Post auf sie wartete. Post wartete auch auf mich, doch Dinghy, Mimine und ich mußten nach Efate, Vanuatu, 750 Meilen weiter westsüdwestlich. Gegen zwei Uhr nachmittags machte ich los von der Muring in Futuna, um ein paar Narben reicher, als mir lieb war, aber auch um die Bekanntschaft mit der kleinen Felseninsel in der Weite des Pazifik.

Die ersten beiden Tage war traumhaftes Segelwetter – kühler, stetiger Passat von achtern, richtiger Schiebewind, dazu reichlich Sonnenschein. Ich konnte sogar ein paar Extrastunden Schlaf einlegen zwischen müßigem Dösen und großzügigem Räubern meiner Snack-Vorräte. Am zweiten Abend war ich gut vorbereitet, als der Wind etwas nach Süden ging und kräftig zulegte. Der 11. Juli 1986 wird für immer in meiner Erinnerung fehlen, VARUNA überquerte nämlich die Datumsgrenze.

Während der Nacht hatte ich wenig Lust, meine warme Koje zu verlassen und bei dem immer schlechter werdenden Wetter an den Segeln etwas zu verändern. Als ich am Morgen eine Höhe genommen hatte, stellte sich heraus, daß wir weit vom Kurs abgekommen waren und gegen den Wind zurückmußten, um verlorene Meilen gutzumachen. Auf See zu schludern, bringt unweigerlich doppelte Arbeit, aber diese Lektion wollte in meinen faulen Kopf nie so richtig rein.

Ich mußte den Spinnakerbaum wegnehmen und mit gerefften Segeln ungemütlich hoch am Wind segeln. Noch vor zehn Uhr früh stampften wir praktisch kopfüber in die höchsten, widerlichsten Wellen, die der Südpazifik uns bis jetzt beschert hatte, und so blieb es auch – bis zum Landfall fünf Tage später.

Seen schlugen auf VARUNAS Vorschiff, strömten von beiden Seiten ins Cockpit und überschwemmten es. Wir wurden so überflutet, daß die Lenzer das Wasser nicht bewältigten, ehe die nächste Lawine über uns wegrollte. Der Gedanke an die neue Cockpit-Versiegelung tröstete mich – sonst hätte der Motor sehr viel mehr Nässe abbekommen. Unter Deck kuschelten sich die Katzen auf der Leeseite der Koje zusammen und spitzten nur die Ohren oder rührten sich, wenn sie hörten, daß ich eine Dose aufmachte.

Wenn ich die Höhe messen wollte, mußte ich im Wetterzeug nach draußen. Durch das Rollen und Stampfen waren die Schiffsorte oft nicht ganz genau. Die Wellen verursachten eine unruhige

Kimm, und wenn die Sache sich nicht richtig rechnete, mußte ich wieder nach draußen und bei überkommendem Wasser alles noch mal durchexerzieren.

Ich war hellauf begeistert von VARUNAS extremer Geschwindigkeit, trotz der ungemütlich wilden Bewegungen, und kam mir wie ein richtiger Abenteurer vor. Alle meine Aktionen erlebte ich in äußerster Klarheit – als ob unsichtbare Augen mich stets beobachteten und kritisch beurteilten. Gewissenhaft, bis ins kleinste, checkte ich die Segel, für meine imaginären Zuschauer eins mit dem Boot. Jedes Rollen, jedes Stampfen ritt ich ab, Pferd und Reiterin aus einem Guß.

Wenn eine See uns emporhob, uns auf die Seite schleuderte und Bücher, Kassetten und Haarbürste durch die Kajüte katapultierte, so machte mir das nichts aus, das gehörte zur Seefahrt dazu. Wutanfälle, wildes Fluchen bei einer besonders tückischen Welle, die Erkenntnis, daß ich immer noch Läuse hatte, aus dem Vorschiff unerwünschter Katzenduft, alles fügte sich zusammen, um meine Rolle „Oscar"-würdig zu machen. Ich wußte, ich konnte alles meistern. Gemeinsam kämpften wir uns durch, VARUNA und ich, und die Massen jubelten uns zu bei unserem Teufelsritt.

In der Nacht des 15. Juli drang das Geräusch von schwappendem Wasser langsam in meine Träume. Ich griff nach der Taschenlampe unter dem Kopfkissen, richtete mich auf und leuchtete den Fußboden ab. Die Unsichtbaren grölten, als ich in Panik aufsprang. Fünfzehn Zentimeter Wasser über den Bodenbrettern! Dabei hatte ich erst ein paar Stunden zuvor die Bilge gelenzt. Welch eine Bauchlandung in die Wirklichkeit! Sicherheitsgurt um, Taschenlampe zwischen den Zähnen, rannte ich nach oben und zerrte die Fock herunter. Die wilden Bewegungen hörten augenblicklich auf, VARUNA schob keine Lage mehr und ging mit weichen Bewegungen durch die See. Der ohrenbetäubende Lärm vorbeirauschender Wassermassen ließ nach. Ich lenzte abermals die Bilge und suchte vergeblich nach dem Leck. Alles schien in Ordnung.

Noch geschockt, setzte ich wieder die Fock und kroch unter Deck, um abzuwarten. Die Menge buhte mich aus, als ich mir mit zitternden Händen eine Zigarette anzündete. Mit dem Abgewöhnen hatte es nicht geklappt. Innerhalb einer Viertelstunde stand wieder Wasser im Boot, ich raste an Deck, nahm das Segel weg und pumpte erneut. VARUNA richtete sich auf und lief ruhig weiter, wie gehabt. Es kam kein Wasser mehr. Ich beschloß, erst am Morgen auf Lecksuche zu gehen, legte mich auf die Koje, döste unruhig vor mich hin und leuchtete immer wieder den nassen Fußboden ab.

Am Morgen nahm ich die Motorraumabdeckung weg, überprüfte die Seeventile und schloß die offenen. Sie schienen in Ordnung zu sein. Als ich die Backbord-Backskiste öffnete, kam mir von fern eine Erinnerung. Ich checkte die elektrische Bilgepumpe, die schon lange ihren Geist aufgegeben hatte, und fand das Seeventil offen. Ob VARUNA sich unter vollen Segeln so auf die Seite gelegt hatte, daß das ganze elektrische Pumpensystem unter der Wasserlinie war? Das Absperrventil mußte eingerostet oder kaputt sein, so daß das Wasser nur so reinlief. Jedenfalls war das Problem aus der Welt, als ich das Seeventil dicht hatte.

Am siebten Tag bei Sonnenaufgang erschien Efate am Horizont. Nachdem wir uns genähert und die Küste nach Port Vila abgesucht hatten, öffnete sich die riesige Hafenbucht vor uns, wir segelten hinein und ankerten bei der gelben Quarantänetonne. Die Reise war zwar ungemütlich gewesen, aber wir hatten in nur sieben Tagen 750 Meilen zurückgelegt. Angesichts des Seegangs und der Tatsache, daß wir den Wind tagelang von vorn hatten, war ich stolz auf VARUNAS Leistung. Dies sollte meine erste Begegnung mit Melanesien und mein letzter Landfall im Südpazifik mit VARUNA, Dinghy und Mimine sein.

Vanuatu – Bali – Sri Lanka

Zum dritten Ozean

Beamte waren immer etwas verlegen, wenn sie mich allein an Bord antrafen. Die Zöllner und Einwanderungsbeamten in Vanuatu machten da keine Ausnahme. Ich hatte mich über UKW bei den Behörden gemeldet, und kurz darauf kam eine weiße Barkasse mit der schwarzen Aufschrift POLICE auf uns zugefahren.

Zwei ebenholzschwarze Männer in weißer Uniform und glänzenden Lackschuhen sprangen auf VARUNA über und sahen etwas schüchtern in die Kajüte, als sie merkten, daß ich allein war. Dort unten waren nur Dinghy und Mimine, die sich eifrig putzten. Ich lächelte und klönte etwas mit ihnen und erzählte, daß VARUNA wie eine Badewanne vollgelaufen und beinahe abgeblubbert war. Dabei füllte ich die üblichen Einklarierungsformulare aus. So ganz glaubten sie noch immer nicht, daß ich allein unterwegs war, und machten sich kopfschüttelnd von dannen.

„Und übrigens: Willkommen auf Vanuatu!“ riefen sie noch herüber, als sie schon unterwegs waren. „Viel Vergnügen hier.“

Ich winkte ihnen nach und sah zu dem Ankerplatz hinüber, den sie mir zugewiesen hatten. Weiter oben in der Bucht schwojten Segelboote vor Anker, ein wenig näher lagen Boote an der Hafenmauer. Langsam motorten wir an einem flachen Riff vorbei zu den anderen. Kurz hinter der Fahrrinne stellte ich das Echolot für die Suche nach einem geeigneten Ankerplatz an.

Es piepte bei 30 Meter Tiefe, als VARUNA einen Kreis um die Ankerlieger fuhr. „Irgend etwas stimmt da nicht“, sagte ich und beschloß, den Anker einfach an einer freien Stelle fallenzulassen. „Die Boote können ja nicht alle auf so tiefem Wasser ankern.“ Ich legte den Leerlauf ein, rannte nach vorn und ließ die gesamte Ankerkette, fast 30 Meter, von Hand auslaufen. Am Ende waren noch sechs Meter Ankertrosse, die ich in Reserve behielt und wartete, ob der Anker faßte.

Am Bug hörte ich kaum noch das Geräusch des Motors, die Stille des Spätnachmittags wurde jetzt vom Sirren der Insekten unterbrochen. Schwach drangen Stimmen über das ruhige Wasser bis zu mir herüber; ein paar Leute saßen an Deck ihres Bootes, beobachteten Varuna und lächelten. Die Ankerkette hing senkrecht in die Tiefe, wir drifteten. Der Anker hatte den Grund nicht einmal berührt.

Mühelos holte ich das Eisen wieder hoch. Nach einer gewissen Zeit auf See hatte ich keine Probleme, wenn es um körperliche Leistung ging. Ob die Leute da drüben mich für besonders kräftig hielten? Ich ging an die Pinne und suchte weiter nach flacherem Wasser. Einige Boote lagen an Murings dicht bei einer kleinen Insel. Mir war, als ob ich eins dieser Boote schon auf Tahiti getroffen hatte. Gerade stieg dort jemand ins Dingi und motorte zu mir herüber. Ich erkannte Christoph, einen wanderlustigen Einhandsegler und Junggesellen, den ich in Papeete kennengelernt hatte. Wie schön, ein bekanntes Gesicht zu sehen! Ich lernte zwar immer nette Leute kennen, fürchtete mich aber jedesmal vor den ersten einsamen Schritten an Land und vor der Ungewißheit, wie es weitergehen würde. Christoph machte längsseits fest, wir begrüßten uns, und ich lud ihn an Bord ein.

„Hast du eine Ahnung, wo ich hier auf einer vernünftigen Tiefe ankern kann?“ fragte ich.

„Geh an die Muring neben der schwarzen Ketsch da drüben.“ Es freute ihn offensichtlich, mir behilflich sein zu können. Ich steuerte Varuna hinüber, Christoph pickte mit dem Bootshaken die Greifboje auf, einen weißen Ball, und machte den Bojenstander an einer Klampe am Bug fest.

Endlich fiel die Spannung von mir ab. Wir lagen sicher in einer geschützten Bucht, mindestens zwei Wochen gab es keine Probleme mehr mit Navigation, Kursänderungen, Stürmen und Lecks.

Wir saßen friedlich im Cockpit, sahen uns um, und Christoph erklärte mir, wo es Duschen, Waschsalon und gutes Essen gab. Es ist immer wieder erstaunlich – zwei Boote können monatelang Nachbarn auf einem Platz sein, man nickt sich zu, und das ist alles. Tausend Meilen weiter, in einem fremden Land, wird plötzlich aus einem flüchtig bekannten Gesicht ein wirklich guter Freund. Vor langer Zeit, in einer anderen Welt, hatten Christoph und ich uns nur eben gegrüßt, jetzt waren wir wie Vetter und Kusine zueinander.

Zwischen seiner ADONIS und der schwarzen Ketsch lag ein kleines grünes Segelboot, das aussah, als ob es schon bessere Zeiten gesehen hatte, genau wie die Ketsch. Ich fragte Christoph, ob sie überhaupt noch gesegelt würden.

„Und ob! Sie kamen gestern gerade von Fidschi. Heute abend feiern wir Landfall. Sie segeln beide einhand. Michel ist Franzose, Olivier kommt aus der Schweiz. Warte nur, bis du ihre Geschichten hörst."

Interessiert betrachtete ich die harmonischen Linien der Ketsch. Sie war wohl kaum zehn Meter lang, offensichtlich aus Stahl, wie man an den Rostflecken an Rumpf und Deck erkennen konnte, ein altes Schlachtroß, das manche Meile hinter sich hatte.

Als Christoph von AKKA und PENELOPE sprach, klickte es bei mir. AKKA? Schweizer? Olivier? Fred hatte oft von einem guten Freund, Olivier, erzählt, dem er zuletzt auf Tahiti begegnet war. Ich sah wieder hinüber, und ich erinnerte mich, daß ich in Papeete neben AKKA geankert hatte, als Jeri mich dort besuchte. Ein blonder Mann stand damals an Deck und blickte zu uns herüber, was ich zwar ignorierte, dabei aber insgeheim hoffte, er würde kommen und hallo sagen. Wir waren mehrmals an AKKA vorbeigerudert, ich hatte einen prüfenden Blick auf sie geworfen und ihren Eigner um sein Leben beneidet. „Wer immer das sein mag: Ein Fanatiker in bezug auf blitzenden Niro ist er jedenfalls nicht", dachte ich damals.

Christoph und ich brachten uns gegenseitig aufs laufende über unsere Erlebnisse seit Tahiti. Unsere Routen waren recht verschieden gewesen, mit einer Ausnahme. Nach Tonga und Fidschi hatte er Futuna besucht, als zweites Boot in jenem Jahr. KREIZ und VARUNA waren zwei Tage nach seiner Abreise dort angekommen.

„So, ich muß noch an Land, telefonieren", sagte er dann plötzlich. „Die Party ist auf Akka. Komm doch nachher auch rüber."

Ein paar Vögel jagten kreischend über dem Wasser nach ihrer Abendbeute, als ich unter Deck ging, um aufzuklaren. Es war unmöglich, bei einem Landfall Ordnung zu halten. Fernglas, Kaffeebecher, verstreutes Milchpulver, Seekarten, Sonnenbrille, Zirkel, Hut und Sonnenschutz – alles wurde irgendwann irgendwo gebraucht, und vor der Ankunft konnte ich es nicht wegräumen. Ich tat neues Sägemehl in die Katzenkiste und sah, daß Dinghy hineinstieg. Auf Tahiti war mir schon aufgefallen, daß er öfter unverrichteter Dinge wieder herauskam. Ich ging mit ihm zum Tierarzt, bekam aber nur den guten Rat, ihm mehr feuchtes Futter zu geben. Das hatte jedoch nichts geholfen. Allmählich machte ich mir ernsthaft Sorgen. Was konnte ich noch tun? Nachdem ich die Katzen gefüttert hatte, trank ich einen Becher Tee und legte mich schlafen.

Erschrocken wachte ich vom Gelächter und lauten Stimmengewirr der Party auf. Der Vollmond schien durchs Luk, auf Akka war schwer etwas los. Mit dem letzten Frischwasser aus den Kanistern, verborgen hinter einem vorgehängten Handtuch, machte ich mich im Cockpit partyfein. Christoph rief schon herüber, daß ich eine ganze Menge versäumte.

Als ich endlich hinübergerudert war und in der gemütlich von Petroleumlicht beschienenen Kajüte der Akka auftauchte, war die erste Flasche Whisky schon leer. Es war geräuschvoll und ein bißchen chaotisch, und weil ich kaum Alkohol trinke, hatte ich wie üblich etwas Schwierigkeiten, mich in der Runde einzugewöhnen. Ich setzte mich möglichst unauffällig in eine Ecke und hörte zu. Hier feierten Freunde, die sich zu einer anderen Zeit in einem anderen Land zuletzt begegnet waren.

Souvenirs von Oliviers Reisen waren über das ganze Boot verteilt – Masken aus Südamerika, Teppiche, Bilder und Perlen bedeckten dicht an dicht die Wände. Zwischen zwei Bronze-Bulleyes war ein brasilianisches Instrument aufgehängt, ähnlich wie eine Ukulele, aber aus einer Kokosnußschale. Farbige Muscheln und zarte Korallengebilde lagen überall herum. Ich sah mir alles neugierig an und lächelte gelegentlich, wenn Bruchstücke der Unterhaltung besonders komisch waren.

Didier, der auf PENELOPE mitsegelte, zeigte mir sein Skizzenbuch und wollte unbedingt ein Porträt von mir machen, während Christoph eine philosophische Phase hatte und einen langen Vortrag darüber hielt, daß das ganze Leben eine Illusion ist und wir eigentlich nur eine Kassette abspielen, die jemand anders aufgenommen hat.

PENELOPES Skipper Michel kam spät, weil er erst noch versucht hatte, einem Souvenirladen in der Stadt einige Muscheln zu verkaufen, um das Geld für seine nächste Mahlzeit zusammenzubekommen. Jetzt stellte er fest, daß die anderen seinen Anteil Whisky ausgetrunken hatten. Ehe er eine neue Flasche organisierte, sprachen wir über eine französische Comicbuch-Reihe. Als ich ihm sagte, daß auch ich die gutgefunden hätte, hielt er es für seine Pflicht, mir ausführlich das Entstehen dieser Zeichnungen zu schildern und die Menschen, die für die einzelnen Figuren die Modelle abgegeben hatten – alles in allem eine etwas verschwommene Geschichte, die manche Frage offenließ. Wie konnte er über so etwas derartig viele Einzelheiten wissen? Im Laufe der Zeit kam ich dahinter, daß bei Michel alles mögliche nicht so ganz zusammenpaßte.

Er erzählte mir von seiner Reise und wie er PENELOPE auf den Kanarischen Inseln für ganze zweitausend Dollar gekauft hatte. Sie war winzig, ein Daysailer, zehn Jahre alt, der nur zu unterhaltsamen Tagestouren auf weitgehend geschützten Gewässern genutzt worden war. Doch Michel sah in ihr ein Boot mit genügend Pfiff und Charakter für tolle Touren. Er hatte sie über den Atlantik nach Brasilien und zu den Antillen gesegelt, dann weiter mit einer gemischten Crew nach Panama. PENELOPE war vom Blitz getroffen worden und auch schon einmal gesunken, aber immer wacker durchgekommen. Jetzt wollte sein letztes Crewmitglied, Didier, nach Neukaledonien fliegen, um dort seine Künstlerkarriere möglichst erfolgreich fortzusetzen. „Auf französisches Gebiet kann ich nicht gehen“, sagte Michel mit einem tiefen Zug aus dem Glas, erwähnte aber nicht, warum.

Auch Olivier hatte den ganzen Abend über alles und jedes gesprochen, und zwar reichlich. Vergeblich versuchte ich, seiner Unterhaltung zu folgen – er kam von den Sternen auf einsame Inseln, streifte das Universum und die Außerirdischen, meditierte über Landfälle und fehlende Gabeln. Ich verstand zwar seine Worte nicht immer, beobachtete aber intensiv sein sonnengebräuntes, gutgeschnittenes Gesicht und redete mir sogar ein, er klänge etwas poetisch. Außerdem war er der einzige, der nicht versuchte, auf mich Eindruck zu machen – er schien mich sogar gezielt zu ignorieren. Und, wie die Menschen nun einmal sind, dafür beobachtete ich ihn um so mehr.

Christoph verschwand für kurze Zeit und tauchte dann mit einem Mädchen, Lillianne, wieder auf. Sie wohnte auf der Insel. Als sie später mit Olivier tanzte, machte mich das ein bißchen eifersüchtig. Den ganzen Abend, erst auf Akka, während ich mich in meiner Ecke mit Michel unterhielt, und später in Lilliannes Jeep, als wir durch die dunklen Straßen zu einem Strand fuhren, beobachtete ich diesen etwas rätselhaften, braunäugigen, blonden Mann und versuchte, aus ihm schlau zu werden. „Fred hat immer wieder gesagt, daß Olivier ein prima Mensch ist. Ich muß wohl etwas warten, bis ich ihn beurteilen kann“, dachte ich.

Im Morgengrauen verdrückte ich mich und ruderte an Bord zurück, um noch etwas Schlaf zu bekommen. Morgens um zehn, als ich noch auf der Koje lag und über die Ereignisse des vergangenen Abends nachdachte, hörte ich ganz in der Nähe einen Platsch im Wasser. Ich warf die Decke von mir und war so schnell im Cockpit, daß ich gerade noch den Gegenstand meiner Träume neben der Bordwand auftauchen sah.

„Guten Morgen“, sagte ich. „Möchtest du etwas Kaffee ... und ein paar Aspirin?“

„Nein, danke, mir geht's prima.“ Er lächelte, zog sich an Bord und sprang ins Cockpit.

„Das war ja eine tolle Party“, sagte ich etwas verlegen. „Wie geht es deinem Kopf?“

„Das Schwimmen hat gutgetan“, sagte er. „Ich habe seit Jahren nicht so viel getrunken, aber das muß auch mal sein, wenn man von See kommt. Meinst du nicht auch?“

„Ja, es war herrlich, zu reden und zu lachen.“

An dem Morgen lernten wir uns etwas näher kennen. Olivier war ruhig und zurückhaltend, doch allmählich taute er bei meinen vorsichtigen Fragen auf. Er war dreiunddreißig, kam aus Neuchâtel in der französischen Schweiz, aus der Gegend, wo meine Mutter gewohnt hatte und wo wir im Internat gewesen waren. Er hatte ein Examen in Geologie gemacht, aber niemals in seinem Fach gearbeitet, weil er ein Leben auf See besser fand. Er hatte Charterboote geskippert, auf Regattayachten navigiert und als Segel- und Skilehrer gearbeitet.

„Vor drei Jahren", sagte er auf französisch, mit dem vertrauten Schweizer Akzent, den ich so mochte, „war ich an einem entscheidenden Punkt in meinem Leben angelangt. Irgend etwas mußte ich tun, das wußte ich, aber nicht, was. Am liebsten wollte ich ein eigenes Boot haben und so viel wie möglich von der Welt sehen."

Als er eine Yacht von Taiwan nach Martinique überführt hatte, empfand er seine Zukunft als ein großes Fragezeichen. Eines Tages las er in einem Lokalblättchen die Kleinanzeige eines Mannes, dessen Yacht ungenutzt in einer spanischen Marina lag. Er suchte einen Mann mit Erfahrung, der das Schiff segeln wollte. Olivier traf sich mit ihm, sie wurden sich einig und AKKA damit Teil seines Lebens.

Ein halbes Jahr arbeitete er Tag und Nacht als Taxifahrer, um das Geld für die beträchtlichen Liegegebühren in der Marina zusammenzubekommen. Dann ging er auf Reisen – Brasilien, Kolumbien, Panama und Tahiti. Er war immer knapp bei Kasse und verdiente sich unterwegs Geld mit den erstaunlichsten Dingen, kaufte Rum in Martinique und verkaufte ihn mit gutem Profit auf Tahiti, machte Schmuck in Südamerika und arbeitete als Charterboot-Skipper. Er gab nicht an mit seinen Abenteuern, und nur allmählich, in vielen gemeinsam verbrachten Tagen, erfuhr ich, zu welchen exotischen Ecken und Winkeln AKKA ihn schon getragen hatte.

In jenen ersten Tagen in Vanuatu wurden wir unzertrennlich. Mühsam verdrängte ich den Gedanken, daß ich einem Kurs folgen mußte, den Olivier vielleicht nicht mit mir segeln konnte. In dem Monat auf Efate machten wir einfach so viel wie möglich aus jeder Minute.

Man spürte, daß AKKA zwanzig Jahre auf dem Buckel hatte, wenn man auf diese sturmerprobte Stahlketsch kam. Vermutlich dachte sie an ihren Ruhestand, als Olivier seinerzeit an Bord ging, bestimmt nicht an eine Weltumseglung. Bei ihr war alles auf das Notwendigste beschränkt, auf ein zweckmäßiges Minimum. Die einzigen Hilfsmittel an Bord waren drei kleine Kajütlampen, der Freiberger-Sextant, eine Uhr und ein uralter Kurzwellenempfänger. Als Positionslaternen benutzte Olivier Petroleumlampen, mit rotem und mit grünem Glas. Er verließ sich fast nur auf AKKAS Segel und eine recht alte Selbststeueranlage, war damit aber weit gekommen, teils mit, teils ohne Crew. Olivier war wie sein Schiff, genauso unverfälscht und ohne Schnörkel, frei von der Sucht vieler Menschen, Gegenstände um sich zu versammeln. Die wenigen Dinge, die er hatte, waren einfach und schön.

„Ehe ich dich traf, wollte ich nach Australien gehen und dann nach Papua-Neuguinea, um Gold zu suchen. Nun müssen wir mal sehen, was kommt", sagte er nach den ersten beiden gemeinsamen Wochen.

Die Stadt Vila zog sich etwa eineinhalb Kilometer an der Küste hin, mit Supermärkten, Textilgeschäften, ein paar Restaurants und Bars, Regierungsdienststellen und Souvenirläden, alle an der einzigen Hauptstraße. Wenn nicht gerade eins der seltenen Kreuzfahrtschiffe Unmengen blasser australischer Touristen an Land entließ, waren die Läden meistens leer. Die verlassenen Straßen wirkten immer ein bißchen wie eine an sich schon verschlafene Kleinstadt bei der Siesta.

Es hätte so ziemlich jede Insel in der Karibik sein können, nur, daß die Menschen hier Bislama sprachen, eine Art melanesisches Pidgin. Wir verständigten uns in Englisch oder Französisch, den offiziellen Landessprachen. Uns fiel ein Wort besonders auf, das auf jedem Schild, in jeder Sentenz vorzukommen schien: *Blong*. Wir fragten Lillianne, die als Übersetzerin für die Regierung arbeitete, was es bedeutete. Sie sagte, es sei eine Art Abkürzung von *belong* – gehören, etwas besitzen, (zu) jemandem gehören. Wir fanden das Wort so komisch, daß wir uns angewöhnten, „I blong you" zueinander zu sagen, ehe wir es zu zärtlicheren Anreden gebracht hatten.

Vanuatu war meine einzige Chance, mit den Melanesiern und ihrer Kultur in Berührung zu kommen. Wir gingen mit Lillianne zu

Kava-Zeremonien und lernten viel über die Traditionen und ungewöhnlichen Bräuche der Insel. Den Göttern zur Freude und um sie für eine profitable Yam-Ernte gnädig zu stimmen, zelebrierten die Männer *naghol*. Sie sprangen von Bambusgestellen achtzig Meter in die Tiefe, um die Fesseln lange, flexible Ranken – *lianes* – gebunden, die ihren Fall nur wenige Zentimeter über dem Boden stoppten. Diese Menschen mußten wohl Yams besonders gern mögen.

Das Petroleumlicht von der Kava-Hütte zog uns eines Abends nach Sonnenuntergang wie die Moskitos an – wir waren neugierig, was es mit diesem Ritual der Häuptlinge auf sich hatte, die – wie auf anderen Pazifikinseln – vor Versammlungen Kava tranken, um von der Weisheit erleuchtet zu werden. Im Schutz dieser mit Pandanus-Palmenblättern gedeckten *gazebos* war ein Mann dabei, die Wurzel zu zermahlen, ein anderer preßte die Flüssigkeit aus der breiigen Masse in die Kokosnußhälften der Gäste, die zum Nachfüllen kamen. Sprechen war erlaubt, aber nur gedämpft. Einige gingen still zur Seite und erbrachen die abscheulich stinkenden Überreste. Je älter die Wurzel, desto wirksamer war offenbar der Trank.

Lillianne, Christoph, Olivier und ich holten uns von dem übelriechenden Gebräu. Ich konnte die Faszination einfach nicht verstehen. Um uns herum tranken erwachsene Männer eine Brühe, die wie schmutziges Abwaschwasser schmeckte, das man einen Monat hat stehenlassen, würgten das Zeug heraus und holten sich die nächste Portion. Plötzlich war mir, als ob in meinem Kopf eine 100-Watt-Birne angegangen wäre und ihn von innen beleuchtete. Ich schmeckte nichts mehr, die störenden würgenden, spuckenden Geräusche drangen nur noch ganz von fern heran. In den nächsten Stunden strömten die unglaublichsten Gedanken nonstop durch meinen Kopf, und Olivier und ich versanken in ein tiefgründiges philosophisches Dauergespräch – und hatten auf alle Fragen eine Antwort.

Im Laufe dieses Abends erfuhren wir mehr über einander als in den beiden vorangegangenen Wochen. Jetzt verstand ich auch, warum die Häuptlinge vor wichtigen Versammlungen Kava tranken. Pech ist nur, daß der Geist unter seinem Einfluß zwar wahre Höchstleistungen vollbringt, sich aber irgendwie vom Körper löst.

Als Lillianne Aufbruch signalisierte, war ich so wackelig auf den Beinen, daß ich es nur dank einer extremen Willensanstrengung zum Wagen zurück schaffte und rechtzeitig zum Restaurant am Hafen, wo mir alles wieder hochkam. Noch Monate nach unserem Kava-Erlebnis brauchte ich an den Geschmack nur zu denken, und mir wurde übel.

Eines Tages veranstaltete der Waterfront Yacht Club eine Regatta über einen 20-Meilen-Kurs um eine Insel gleich vor der Küste, und wir meldeten Varuna. Unsere größte Konkurrenz waren Christoph und Lillianne auf Adonis. Als wir zum Start motorten, frozzelten sie uns: „Wenn ihr mit diesem Dingi noch vor Dunkelheit zurückkehrt, habt ihr Dusel. Wir werden Dinner für euch auf dem Feuer haben. Weckt uns nicht."

An dem Tag war Olivier der Kapitän, Michel und ich tanzten ganz nach seiner Pfeife. Er hatte schon mit vielen Booten Regatten gesegelt; zum erstenmal konnte ich alles genießen ohne Sorge um unseren Kurs, denn ich wußte Varuna in guten Händen.

Auf dem Vorwindschenkel setzten wir den Spinnaker, den Michel uns geliehen hatte. Zum erstenmal spürte Varuna, was ein leichtes Segel bringen kann. Als wir auf die Quarantänetonne zusausten, waren einige Zuschauer an Land, die uns auf der Zielgeraden beobachteten. Michel saß an der Pinne, als wir stolz die Tonne rundeten, den Spinnaker bargen und dann in Richtung Muring segelten. Olivier und ich schossen gerade die Leinen auf, als es plötzlich gewaltig knirschte, wir die Balance verloren, nach vorn fielen und der Mast nach achtern ruckte. Michel arbeitete hektisch mit der Pinne, um uns von dem Riff zu holen, auf das wir gelaufen waren. Er entschuldigte sich wortreich, während Varuna über die Korallen stolperte und schrappte, als ob ihr der Kiel abgerissen würde.

Ich sauste unter Deck und riß die Bodenbretter hoch. Alles trokken! Kein Geräusch von einströmendem Wasser. Michel lachte, als ich zurückkam. „Wenn das, was eben passierte, ihr ein Leck verpaßt hat, dann taugt sie nicht viel", sagte er. „Wir sind schon auf viele Riffe aufgelaufen, in verschiedenen Lagunen, das muß ein Boot abkönnen. Es gab bisher höchstens mal ein paar Kratzer."

„Egal, was du mir erzählst", gab ich grimmig zurück. Mir war noch ganz zitterig. „Wir tauchen und besehen uns den Rumpf genau, sobald wir fest sind."

Nachdem wir wußten, daß VARUNA tatsächlich nur ein paar Kratzer abbekommen hatte, gingen wir an Land und sahen zu, wie ADONIS als letzte über die Ziellinie kroch. Ich war geschockt, daß ich mein Boot für eine derart unwichtige Regatta in Gefahr gebracht hatte, und fand es auch peinlich, daß wir vor Zuschauern aufgelaufen waren. Deshalb ging ich auch nicht zu der anschließenden Feier, erfuhr aber hinterher, daß VARUNA nach berechneter Zeit gewonnen hatte. Statt dessen ließ ich Olivier und Michel auf einer Bank zurück, vertieft in den Anblick eines grandiosen Sonnenuntergangs, und ging allein in den Waschraum des Restaurants an der Wasserfront. Deprimiert und ganz in Gedanken kam ich an einem Spiegel vorbei, erblickte mich und blieb abrupt stehen.

„Was glaubst du eigentlich, was du hier machst?" fragte ich mich energisch. „Warum bist du überhaupt noch hier? Du hättest schon vor über zwei Wochen weitergemußt. Und geschrieben hast du nichts seit dem schäbig kurzen Artikel auf Tahiti. Du amüsierst dich großartig, und das ist alles. Daddy gab dir das Boot aber nicht als Geschenk. Er gab dir einen Job."

Ich hatte auch anderswo meinen Zeitplan nicht eingehalten, aber wenigstens immer aus gutem Grund. Hier in Vanuatu war ich schon drei Wochen statt der zwei, die ich mir genehmigt hatte, und machte noch keinerlei Anstalten, abzureisen. VARUNA war gerade auf ein Riff gelaufen – das hätte böse enden können. Irgendwie hatte ich auch ein schlechtes Gewissen wegen der vielen Zeit, die ich mit Olivier verbrachte, als ob ich keinerlei Verpflichtungen hätte. Am drängendsten aber war der Druck der Jahreszeiten.

Jeder Ozean hat in seinen Sommermonaten eine Wirbelsturm-Saison. In dreieinhalb Monaten würde sie im Indischen Ozean beginnen. Bis dahin mußte ich in Südafrika sein, oder ich riskierte, in die Schlechtwetterphase zu geraten. Jeder weitere Tag an Land kostete mich etwa hundert Meilen auf See. Eine Uhr fing an zu ticken, lauter, immer lauter mit jedem Tag.

Voller Selbstvorwürfe beschloß ich, am nächsten Tag einen Artikel zu schreiben und dann sofort an die Vorbereitungen für die Abreise zu gehen. Ich hatte das unbehagliche Gefühl, es sei im

Grunde genommen schon zu spät, um Südafrika noch rechtzeitig zu erreichen, schob diesen Gedanken aber erst einmal beiseite und konzentrierte mich auf einen einzigen Plan: möglichst schnell nach Australien zu kommen. Der Rest würde sich dann ergeben.

Mir war schon besser, nachdem ich mir mein Programm so zurechtgelegt hatte. Als ich an dem Abend an Bord zurückkam, fand ich Dinghy aus den Genitalien blutend vor. „Oh, lieber Gott, bitte nicht Dinghy!“ jammerte ich laut. Behutsam wischte ich ihn sauber und gab ihm etwas von seinen Lieblingsschleckereien. Er lag schwach und jämmerlich da und miaute kläglich. Mimine miaute auch, als sie ratlos um ihn herumschlich und ihn mit der Nase anstupste.

Ich kratzte ihn hinter den Ohren, wo er es am liebsten hatte, und redete ihm immer wieder gut zu. Er sah so klein und hilflos aus. Ich bemühte mich, ihm Wasser einzuflößen. Er schlappte etwas auf, so daß ich neue Hoffnung schöpfte. Während der ganzen schlaflosen Nacht versuchte ich, den Gedanken zu verdrängen, daß unserer einmalig engen, kostbaren Beziehung zueinander, die mir um die halbe Welt geholfen hatte, etwas Schlimmes bevorstand.

Als erstes packte ich ihn am Morgen behutsam in ein großes Frotteetuch. Olivier brachte uns im Dingi an Land, und wir fuhren mit einer Taxe zur einzigen Tierklinik der Insel. An sich gehörte sie zum Landwirtschaftsministerium und war hauptsächlich dafür da, die riesigen Viehherden zu impfen. Sie hatten aber auch eine Abteilung für Kleintiere. Ein junger Australier brachte Dinghy zu einem Behandlungstisch aus kaltem, fröstеligem Nirosta.

„Wo lebt diese Katze?“ fragte der Tierarzt, als er die Bauchgegend abtastete.

„Bei mir auf einem Segelboot“, antwortete ich. „Wir sind zusammen den ganzen langen Weg von New York hierhergekommen.“

Der Arzt zog die Augenbrauen hoch. „Was? Sie haben ein Tier aus dem Ausland hier an Land gebracht? Es könnte Krankheiten einschleppen. Das ist nicht erlaubt!“

Mir wurde ganz schwach, ich hatte eine böse Vorahnung, Dinghy würde nicht mit mir an Bord zurückkehren. „Sehen Sie ihn doch an. Er blutet, und er hat überhaupt keine Bodenberührung gehabt. Ich habe ihn den ganzen Weg hierher getragen. Was sollte ich denn tun? Ihn leiden und an Bord zu Tode bluten lassen?" Mir kamen die Tränen.

„Ich muß genauer nachsehen, was er hat", sagte er etwas milder. „Wenn es das ist, was ich befürchte, kann ich ihm vermutlich nicht helfen. Es sieht aus wie Nierenkrebs."

„Laß uns draußen warten", sagte Olivier, hielt meine Hand ganz fest und brachte mich zu einer Bank, auf der ich wie betäubt sitzenblieb. Schon wieder das Wort Krebs, nach so kurzer Zeit! Ich dachte an meinen tapferen kleinen Kumpel. Wie oft war ich böse auf ihn, weil er nicht rechtzeitig in seine Kiste gestiegen war. Er konnte doch nichts dafür. Nur er war bei mir gewesen in den schlechten und den guten Tagen unserer Reise. Er allein hatte mir geduldig zugehört, wenn ich schrie und fluchte, sah mich lachen, hörte meine Selbstgespräche und teilte die Mahlzeiten mit mir. Wenn ich so richtig am Boden zerstört war, tröstete er mich, schubberte sein Näschen an meinem Gesicht und kuschelte sich in meine Arme. Mein hübscher kleiner Kuschelkater war das einzige Wesen auf dieser Welt, das meine Erinnerungen an die endlosen Tage in den Fängen der See mit mir geteilt hatte.

Der Arzt kam heraus und schüttelte stumm den Kopf. Ich hatte nicht mal Lebewohl sagen können.

Ich zahlte die Rechnung, dann kehrten Olivier und ich per Anhalter zu dem befremdlich einsamen Boot zurück. Mimine schnüffelte suchend an meinen Beinen, suchte in allen Schapps und an den Stellen, wo sie mit Dinghy gemeinsam so gern gekuschelt hatte. Sie wirkte ratlos und geistesabwesend. Ich machte mich an die Reisevorbereitungen. Vanuatu würde auf immer eine wunderbare Erinnerung für mich sein, weil ich Olivier dort fand, doch würde ich nie vergessen können, daß ich hier einen großen Verlust erlitten hatte. Ich wollte schnell weg.

Christoph, Michel, Olivier und ich tauschten und fotokopierten Karten für unseren nächsten Landfall – Cairns, Australien – und begannen, Vorräte aufzufüllen. Als ich zu Hause anrief, um mich abzumelden, war mein Vater am Apparat, der gerade einhand sein neues Boot über den Atlantik gebracht hatte. Allerdings hatte er inzwischen beschlossen, doch nicht an dem BOC rund um den Globus teilzunehmen.

Die Regatta sollte ein ganzes Jahr dauern, und das schien ihm doch zu lange wegen Tony und Jade, die gerade so Schweres mit unserer Mutter durchgemacht hatten. Ich war erleichtert, daß er sich so entschieden hatte, und erzählte ihm von meinem Kummer um Dinghy. Das war natürlich Pech, fand er, aber ja noch lange nicht das Ende der Welt. Typisch mein Vater in einer seiner schnellen, etwas oberflächlichen Reaktionen. Ehe wir auflegten, kam er aber noch auf das unvermeidliche Thema – ich hinkte hinter meinem Zeitplan her. „Du bist auf Tahiti geblieben, um den Hurrikanen auszuweichen. Nun sieht es so aus, als ob du sie sowieso mitbekommst, nur auf einem anderen Ozean. Warum bist du eigentlich so lange in Vanuatu geblieben?"

„Na ja, ich habe hier einen wirklich guten Freund gefunden, einen Artikel geschrieben und eine Regatta gewonnen." So ein bißchen drückte ich mich um eine ehrliche Antwort. Ich wußte, wie sehr mein Vater hohe Telefonrechnungen haßte, da war es leicht, noch nichts von Olivier zu erzählen.

Ehe Mimine sich zu sehr ans Alleinsein gewöhnte, sollte ein neues Kätzchen an Bord kommen. Ein Bekannter wußte von einem jungen Wurf, fuhr mich dort hin, und wir kehrten mit einem kleinen, fusseligen Ball zurück. Mimine nahm das Junge sofort in ihre Obhut. Das Katerchen folgte ihr auf dem Fuße, krallte sich an Vorhängen, Gürteln, meinen Beinen und – bei Mahlzeiten – am Tisch empor. Seine unbeholfenen Bewegungen brachten uns darauf, es Tarzoon zu nennen nach der Comic-Figur, die den Ehrentitel „Schande des Dschungels" trug.

Michel verließ Efate als erster, auf dem Weg zu einer etwas nördlicher gelegenen Insel der Vanuatus. Zwei Tage danach, am Donnerstag, dem 21. August 1986, motorten AKKA und VARUNA in der frühen Morgenflaute durch die Passage zwischen den beiden Inseln, die die Bucht von Port Vila gegen die See schützten. Wir riefen ein letztes „auf Wiedersehen!" von Boot zu Boot, ich baumte Groß und Genua aus – und langsam, ganz langsam drifteten wir in dem schwachen Wind auseinander.

In der Kajüte machte Tarzoon seine erste Erfahrung mit der Seekrankheit. Alle Milch, die er kurz zuvor schnell heruntergeschlabbert hatte, war nun auf meiner Koje gelandet. „Bravo, Mr.

T.“, sagte ich, als ich den Kram entfernte. „Haben auch Sie die Absicht, meinem Schlafquartier nicht den nötigen Respekt zu erweisen?“ Er blickte auf, und als ich fertig war und mich in meiner Navigationsecke niederließ, kroch er in die Beuge meines Arms. Behutsam, um ihn nicht zu stören, holte ich die Karte hervor.

Die Genua schlug träge hin und her, als wir die Ozeandünung zu fassen kriegten und nun Richtung Australien dümpelten, 1300 Meilen weiter westlich. Ich blickte aus dem Niedergang. AKKAS Segel verschwanden allmählich in der Ferne. Plötzlich wurde mir bewußt, daß die Insel hinter uns mein letzter Landfall in der Südsee gewesen war. Meine Erinnerungen daran würden mir für mein ganzes Leben bleiben, die stärksten an jene Inseln, auf denen Menschen, die ich liebte, in mein Leben getreten waren oder Abschied genommen hatten.

Zum erstenmal nach langer Zeit dachte ich wieder an Luc, an unsere kurze, stürmische Beziehung und an die Schönheiten der Erde, die ich durch die Augen dieses Träumers gesehen hatte. Die schartigen Kanten dieser Erinnerungen glätteten sich allmählich. Ungeachtet dessen, wie die Sache ausgegangen war: Ich konnte nicht leugnen, daß er mich viel gelehrt hatte und mir bei meiner Reise weiterhalf, die mich schließlich zu Olivier führte.

Meine Gedanken wanderten zu Olivier. Anders als Luc, war er ein Mensch, der mit sich selbst in Einklang lebte. Bei ihm fand ich Ruhe, die auch mit innerer Stärke zu tun hatte, und Gelassenheit – ohne die betäubende Faszination grandioser Pläne oder die Dringlichkeit, ein Ziel schnell zu erreichen.

Leider hatte uns mein enger Terminplan nicht den Luxus des Verweilens und näheren gegenseitigen Kennenlernens erlaubt, das uns die Weichen für unsere Zukunft von allein gestellt hätte. Ich hoffte insgeheim, daß Olivier seine Pläne änderte, damit wir länger auf den gleichen Kursen reisen konnten. Andernfalls müßten wir uns in Australien trennen. Wenn das Schicksal uns wirklich Gemeinsamkeit bescheren wollte, würde sich alles zum Guten für uns entwickeln. „Und überhaupt – erst mal muß ich nach Australien kommen, und so einfach ist das wirklich nicht“, dachte ich bei mir.

Vor uns lag das Korallenmeer, gespickt mit Riffen, die ihm den

Namen gaben, tückisch knapp unter der Oberfläche des Meeres verborgen. Bis zum nächsten Landfall würde ich mein endgültiges Navigations-Examen abzulegen haben. 1300 Meilen – und nirgends eine Möglichkeit, eine Position optisch zu bestätigen. Ohne SatNav mußte ich nach der Sonne und den Sternen navigieren, mußte VARUNA von Schiffsort zu Schiffsort ihren Weg finden, um lauernde Korallenriffe herum, die nur darauf warteten, daß ein Boot sich verfranzte und dann ihr Opfer wurde. Ich mußte auf einen Leuchtturm oben auf einem Riff 35 Meilen vor der australischen Küste treffen, der uns den Weg zur Grafton-Passage wies, die durch das extrem schwierige Große Barrier-Riff führte. Meine Navigation mußte also auf dem Punkt sein.

Ich hatte etwa zehn Tage, um mich in astronomischer Navigation zu üben und mich mit dem Sextanten so vertraut zu machen, daß er mir zur zweiten Natur wurde. Das Wetter spielte mit – nach einer Böenfront am ersten Tag bescherte mir der Südpazifik in den letzten Tagen einen freundlich-sanften Abschied. Am sechsten Tag begleitete eine Schule von Walen VARUNA zwei Stunden lang, wobei ein besonders übermütiger uns Extravorstellungen gab. Unter Deck spielten Mimine und Tarzoon Fangen, immer hinter ihren Schwänzen her.

Am neunten Tag mußten wir nach meiner Berechnung 15 Meilen nördlich von Willis Riff sein. Bei jeder See, die VARUNA anhob, wartete ich innerlich bebend auf das abscheuliche Geräusch des Auflaufens, falls ich mich mit meiner Navigation auch nur ein bißchen vertan hatte. Wenn wir sicher an dem einen Unterwasserhindernis vorbei waren, mußten wir hart backbord halten, um eine weitere Gruppe lauernder Riffe zu umgehen, und dann direkt auf den Leuchtturm zuhalten. Immer wieder starrte ich auf den Horizont und auf die Karte, die mit Bleistiftkreuzen meiner Fixe und kolorierten Scribbles zum Identifizieren von Korallenköpfen übersät war. Ein Fehler, und ...

Das erste Tageslicht sah mich wieder mit dem Sextanten an Deck. Nach dem Fix mußte der Leuchtturm gegen elf Uhr in Sicht sein – ich hoffte, eher. Nervös saß ich auf dem Vorschiff und suchte den Horizont mit dem Fernglas ab, ging wieder zum Monitor, um den Kurs noch etwas genauer einzustellen. Frustriert sah ich, wie dunkle Wolken allmählich die Sonne verhüllten. Eine halbe Stunde lang übernahm ich selbst die Pinne, hielt es dann aber nicht länger dort aus, weil ich vom Cockpit aus nicht so gut sehen konnte wie von vorn, klinkte den Monitor wieder ein und übernahm erneut den Ausguck auf dem Vorschiff.

Der Wind wurde böig. Ich reffte das Groß, weil ich Angst vor einer Kursabweichung hatte, und wachte um so sorgfältiger. Wir näherten uns jetzt dem australischen Kontinentalschelf, die Wellen bauten sich höher und höher auf. Jede hob Varuna an, und dann surften wir die Kämme herunter. Ich hielt mich am Handlauf fest und stützte mich am Mast ab. Es war wie in einer Achterbahn. Gegen halb elf war die Morgensonne von einer enormen grauen Front mit schwarzen Wolkenfetzen verdeckt. Kein Leuchtturm in Sicht! Um halb zwölf war ich kurz vor einem Nervenzusammenbruch, nahm die Fock weg und stoppte Varuna, um eine Atempause zum Denken zu haben. Ich hasse Achterbahnen.

Der beste Ratschlag, den ich immer wieder von anderen, erfahreneren Seglern bekam, war der: „Wenn du irgendwelche Zweifel hast, suche dir freien Seeraum und warte ab, bis du dich bereit zum Landfall fühlst. Keine übereilten Entscheidungen um eines Ankerplatzes oder einer Dusche willen." Jetzt, bei immer schlechter werdendem Wetter und direktem Kurs auf das größte Korallenriff der Erde zu, fühlte ich mich überhaupt nicht „bereit zum Landfall".

„Vergiß es", sagte ich zu mir, „das kann ich jetzt nicht durchziehen", und steuerte unter gerefftem Groß nach Osten, zurück auf die offene See.

Der nächste Morgen dämmerte bei bedecktem Himmel. In der Gewißheit, daß ich nun viele Stunden Tageslicht hatte und im Zweifelsfall wieder auf die offene See hinaus konnte, ging ich auf Gegenkurs und nahm die Suche nach dem Leuchtturm wieder auf. Als die Sonne kurz durch die Wolken blickte, nahm ich schnell eine Höhe und kreuzte die Standlinie mit der eines von der Küste empfangenen Funkfeuers.

Bis neun Uhr war die Sicht miserabel, Regenböen schikanierten uns. Plötzlich war mir, als ob ich voraus einen Vogel sah. Ich starrte unverwandt auf den schwarzen Fleck, bis ich merkte, daß er sich nicht rührte. Der vage Umriß wurde klarer, unter dem „Vogel" zeichnete sich der Unterbau eines Leuchtturms ab – dann sah ich einen Mini-Eiffelturm vor mir. Ich hatte ihn gefunden! Erst schnappte ich nach Luft, dann schrie ich meine Begeisterung laut hinaus.

„Gefunden! Ich habe ihn gefunden!" Das war ein Augenblick des Triumphs, ich griff mir Tarzoon und zeigte ihm, was wir erreicht hatten. Der Regen gefiel ihm aber gar nicht, auch nicht die Bö, die uns gerade packte. Er grub seine Krallen in meinen Arm, machte sich frei und schoß unter Deck.

Böen zogen heran, eine nach der anderen, und wurden stärker, als wir gegen Mittag, Segel dichtgeholt, am Leuchtturm vorbeiliefen. Als wir die Riffpassage erreicht hatten, tobte der Wind mit 35, in Böen mit bis zu 45 Knoten. Stromwirbel und eine ruppige Kabbelsee machten das Steuern unglaublich anstrengend. Weißes Wasser schäumte zu beiden Seiten gegen und über die Riffe. Statt vom Fleck zu kommen, schien es, als ob uns die endlosen Sturmböen seitlich auf die Riffe zuschoben, während sie die Leeseite des Cockpits unter Wasser drückten.

Ich kämpfte schwer, VARUNA unter Kontrolle zu halten, versuchte, die Wellen im voraus einzuschätzen, und steuerte sie aus, so gut ich nur konnte. Ich war total erschöpft von den letzten vier Tagen, in denen ich kaum geschlafen hatte, immer wieder Segel wechselte und reffte. Jeder Muskel meines Körpers schmerzte, mir war, als ob mein Kopf bald platzen würde.

VARUNA stand jetzt auf der Stelle, aber ich dachte, wenn ich nur einmal etwas vom Land sehen würde, das aber noch dreißig Meilen entfernt im Dunst verborgen lag, dann fände ich auch die Kraft, weiterzumachen. Doch natürlich war nichts zu sehen, und das Wetter wurde eher noch schlechter. Verzweifelt nahm ich wieder Kurs auf die offene See hinaus.

Den Rest des Tages und die ganze Nacht waren wir ein Spielball der Wellen. Ich konnte nicht mehr – körperlich und seelisch war ich am Ende meiner Kraft und schwor tausend Eide, daß ich Australien nur noch an Bord einer 747 verlassen würde. Von der ganzen Reise erinnerte ich mich an nichts als den verzweifelten Kampf mit den Wellen, das Stampfen und Schlagen auf See, die Tage, an denen ich mich vor Angst kaum rühren konnte, Angst vor dem

Sturm und dem Heulen des Windes, vor den einsamen Nächten, in denen ich wie ein Korken auf dem größten Ozean der Erde herumgeschleudert wurde und darum betete, ich möge am Leben bleiben und wieder an Land kommen. Wer war ich denn schon? Ein einzelner Mensch auf einem Planeten, auf dem sowieso zu viele lebten. Wenn meine Gefühle auf einem solchen Tiefpunkt waren, schien mir das ganze Leben ohne Sinn, und ich sah das Wasser nicht vor lauter Wellen. An jenem Dienstag, dem 2. September 1986, wußte ich nur eines – ich war eine total verängstigte Neunzehnjährige und hatte das ganze Affentheater gründlich satt. Ich wollte aussteigen aus dem Unternehmen.

Der 3. September zog sonnig herauf. VARUNA war unruhig wie ein toller Hund vor einer verschlossenen Tür, und die Gegend war uns inzwischen fast vertraut. Der Wind wehte noch kräftig, doch die Böen hatten sich verzogen. Fest entschlossen, diesmal durchzukommen, liefen wir auf dem Kurs vom Vortag zurück und fanden den Leuchtturm auf Anhieb.

Was für ein Unterschied! Die wütend schäumende, graue See hatte sich verwandelt in ein blitzendblaues Gewässer mit hingetupften Schaumkronen, deren Gischt wie Kristall funkelte. Ich wußte, die Sonne beeinflußte meine Stimmung stark. Wenn sie so warm auf uns herniederlächelte, auf Deck und Segel, das Kielwasser beschien und mein Gesicht, dann fing alles an zu strahlen, es war kein Platz mehr für düstere Gedanken. Selbst Tarzoon und Mimine kamen nach oben, saßen im Cockpit, das langsam trocknete, und sahen mir beim Steuern zu – ein Spiel mit Wind und Wellen. In der Ferne schwappten kleine Wellenkämme zu beiden Seiten über die Riffe. Ich beobachtete sorgsam den Kompaß, um den Kurs zu halten, den ich mir in der Wartezeit wieder und wieder zurechtgelegt hatte. Dieser wunderbar sonnige Morgen verscheuchte die Verzweiflung vom Tage zuvor.

Nach dem Leuchtturm und den ersten bösen Korallenbänken steuerte ich die gut betonnte Fahrrinne an, die durch das ganze Barrier Reef führt, mit Ziel Cairns. Auf dem Weg zum Ankerplatz in der Flußmündung begegneten uns Fähren zu den einzelnen Inseln, Fischerboote, Segel- und Motorboote, und nun war auch die hügelige, grüne Küstenlinie deutlich zu sehen. Vergnügt und aufgeregt winkte ich den Skippern zu. Dieser Landfall bedeutete mir mehr als alle vorausgegangenen.

Sechs Stunden, nachdem wir den Grafton-Leuchtturm passiert hatten, motorten wir an ankernden Segelbooten vorbei in den Hafen. An einer Behördenbarkasse hatte ein vertrautes Schiff festgemacht – AKKA. VARUNA tuckerte auf ihre Freundin zu.

„Olivier!" rief ich. Der blonde Kopf tauchte eilig aus dem Niedergang auf, gefolgt von einem Körper, der nicht schnell genug an Deck kommen konnte.

„I blong you!" rief er begeistert. „Fabelhaft hingekriegt! Du kommst genau richtig. Ich habe gerade festgemacht. Die Beamten von Zoll, Einwanderungsbehörde und Quarantänedienst sind auch schon da."

Am nächsten Morgen hallte Michels Begrüßungsschrei über das ruhige Wasser, eine Woche später kam Christoph. Gemeinsam erkundeten wir Cairns, das wie die Kulisse zu einem Italo-Western aussah. Holzhäuser säumten heiße, staubige Straßen. Drinnen versammelten sich Fischer, Charter-Crews, Plantagenarbeiter und „ganz normale" Leute in kühlen Bars, wo oft sogar Bands Folk, Rock und Country-music spielten. Der Sommer fing dort gerade an, und ich konnte verstehen, daß die Menschen sich dann nur noch mit einem eiskalten Bier trösten konnten. Mir war allerdings Cola lieber.

Ich gab den Gedanken auf, die Reise hier abzubrechen. Wenn ich ehrlich war, so konnte ich mir nicht vorstellen, bei der größten, für mich wichtigsten Sache im Leben plötzlich aufzugeben, VARUNA auszuräumen, meine Sachen zusammenzupacken und nach Hause zu fliegen. VARUNA war mein Zuhause.

Nachdem ich das mit mir selbst ausgemacht hatte, mußte ich mich noch damit auseinandersetzen, daß ich eindeutig hinter meinem Zeitplan zurücklag. Wir hatten Mitte September, es gab keine Chance, vor Beginn der Hurrikan-Saison im Dezember Südafrika und das Kap der Guten Hoffnung zu erreichen. Angst vor dem Wetter trieb mich zu eingehenden Überlegungen, wie das Programm geschickt – und nicht zu offensichtlich – abgeändert werden könnte. Wir mußten noch 450 Meilen im Barrier Reef bis Thursday Island in der Torres-Straße zurücklegen, dann 6500 Meilen über den Indischen Ozean nach Südafrika. Diese Strecke müßte ich nonstop segeln und auf Christmas Island, Mauritius, Réunion und Madagaskar verzichten, um möglichst schnell aus der Gefahrenzone zu sein.

Bei dem Gedanken graute mir. Ich wußte nicht, wie VARUNA den Indischen Ozean mit seinen Launen und Tücken vertragen würde und ob ich genug Wasser und Verpflegung für zwei einsame Monate an Bord überhaupt stauen konnte. Und wenn ich die unendliche Weite auf der Seekarte so vor mir sah, wußte ich auch nicht, ob ich es ertragen würde, mich von Olivier zu trennen, nachdem ich ihn eben erst gefunden hatte.

Das Zusammensein mit ihm und den beiden anderen Franzosen war ein Wohltat. Abends, nach der Arbeit an den Booten, saßen wir entweder auf AKKA oder auf ADONIS beieinander, bereiteten eine Mahlzeit und sprachen über die Zukunft. Nicht nur ich mußte eine Entscheidung treffen. Bis in die frühen Morgenstunden hockten wir zusammen, diskutierten das Für und Wider, machten Pläne und gaben uns gegenseitig gute Ratschläge. Cairns – das war das Ende des Südpazifik, aber auch das Ende unseres alten Lebens. Jeder von uns mußte einen neuen Kurs absetzen.

Bis Australien – weiter wagte Michel sich nicht mit seiner PENELOPE. Sie war auf dem Weg von Vanuatu nach hier von einer Monstersee gepackt und platt aufs Wasser gedrückt worden, wobei sie die Deckel der Cockpitschapps verlor und das Boot nahezu vollief. Das hatte Michel so geschockt, daß er beschloß, daß PENELOPE ausgedient hatte. Christoph lud ihn zu einem Trip zu zweit nach Papua-Neuguinea ein, doch erst mußten sie Geld verdienen, und zwar als Tomatenpflücker. Sie errechneten die Zeit, die das kosten würde, und wie man weiteres Geld machen könnte, indem man australischen Wein auf andere Inseln exportierte.

Während sie planten und Ideen ausbrüteten, diskutierten Olivier und ich unsere eigenen Möglichkeiten. Er mußte zurück nach Europa und ich nach Amerika. Es gab auch noch andere Routen als die um Südafrika. Ich konnte nach Sri Lanka gehen, durch das Rote Meer ins Mittelmeer, dann über den Nordatlantik nach New York. Das paßte nicht schlecht zu Oliviers Plan und war außerdem 3000 Meilen und damit einen ganzen Monat kürzer als die südliche

Route um das Kap der Guten Hoffnung. Mit Wetter und Jahreszeiten käme es fabelhaft hin, wir hätten sogar einen Monat für Sri Lanka. Waren wir erst im Mittelmeer, so konnte Olivier Akka auf Malta lassen, und Varuna müßte nur noch das westliche Mittelmeer und den Atlantik überqueren.

Einen Tag nachdem wir diesen Plan entwickelt hatten, eilten wir zu einem Schiffsausrüster, um Seekarten für den nördlichen Indischen Ozean und das Rote Meer zu kaufen, dazu einen Führer mit allen nötigen Informationen über Häfen, Ankerplätze, Verproviantierungsmöglichkeiten, Visabestimmungen und Post-Anschriften. Ich war begeistert. So mußte ich nicht allein durch das Barrier Reef jagen, Olivier und ich konnten uns in verschiedenen Häfen unterwegs treffen, und Malta schien unendlich fern. Auf See wußte ich immer, er lebte unter denselben Bedingungen wie ich und war nicht allzuweit entfernt. Die Sicherheit, wir würden nicht mehr allein sein, im weitesten Sinn des Wortes, ließ neue Kräfte in uns erwachsen.

Am 19. September sagten Olivier und ich Michel und Christoph Lebewohl, wünschten einander viel Glück und motorten zum Cairns River. Unser Einhandsegler-Grüppchen hatte sich aufgelöst.

Das Barrier Reef, ein riesiges Labyrinth von kleinen Inseln und langgestreckten Riff-Formationen, zieht sich über 1250 Meilen an der australischen Nordostküste entlang, von Brisbane bis Thursday Island. Für den starken Schiffsverkehr ist eine große, gut markierte Fahrrinne durch den ganzen Riffgürtel geschaffen worden. Wir wollten tagsüber segeln und nachts ankern.

Achtzehn Tage lang fädelten Akka und Varuna sich durch das Gewirr der Korallenköpfe, fast vierhundert Meilen bis nach Thursday Island und zur Torres-Straße. Wenn hinter uns eine Fahrwassertonne verschwand, war die nächste schon in Sicht. Über Nacht hielten wir es so, daß Olivier ankerte und ich längsseits bei ihm festmachte. So konnte ich mir das mühsame Ankeraufmanöver ersparen.

Olivier fühlte sich im siebten Himmel und suchte immer mehr Muscheln für seine Sammlung, während ich Pizza machte. Gemeinsam hielten wir am Strand nach einer makellosen Nautilusschale Ausschau, ohne die er diesen Kontinent nicht verlassen wollte. Der Passat blies recht stetig von Südost, bis auf gelegentliche Tage, an denen wir dann ankerten und Starkwind oder Flaute abwarteten. In meinen Augen, und aus jedem Blickwinkel, waren die beiden Boote das ideale Paar, wenn sie sich in einer Lagune spiegelten – die zierliche kleine Dame, leicht von der Reise angekratzt, neben dem rostigen, rauhen Abenteurer.

Während wir der Küste von Queensland folgten, passierten wir Eingeborenen-Reservate, Grenzorte mit Pfosten zum Anbinden der Pferde und Campingplätze für Vogelliebhaber und Tierbeobachter. Wir segelten an sandigen Hügeln, Dünen und Mangroven-Hainen vorüber. Auf einem Berggipfel tauchte der feuchtschwüle Regenwald von Cape Tribulation – dem Kap der Heimsuchung – auf, mitten in einer sandigen Landschaft mit niedrigem Buschwerk. Weiter nördlich dann die beigebraunen Farben der Wüste.

Zwei Tage ankerten wir im Schutz von Lizard Island, wo ich mit Schnorchel, Maske und meiner Harpune auf Jagd nach Fischen ging. Himmelblaue Papageienfische, schwarzgesprenkelte Rotaugen und viele andere Meerestiere begeisterten mich bei ihrem Anblick, wenn ich so unter Wasser herumpaddelte. Die Korallen waren wie unterseeische Wälder in bizarren Formen und piekesten wie Kakteen. Die weiter oben angesiedelten waren meistens braungefärbt, weil bei Niedrigwasser der Luft ausgesetzt, die tiefer wohnenden schimmerten in tausend verschiedenen Pastellfarben.

Hinter einem Felsen lugte ein Fischschwanz hervor. Ich pirschte mich an, zielte und schoß, wobei ich den ahnungslosen Fisch in die Flanke traf. Später erfuhren wir, daß ich das arme Tier in einem Schutzgebiet erlegt hatte, wo es sich mit Recht sicher wähnte. Ich habe nie wieder einen Fisch harpuniert.

Ansonsten waren die Tage heiß und ereignislos. Ich saß in VARUNAS Cockpit, hakte gewissenhaft alle Landmarken ab und zupfte zwischendurch, wenn es gar zu langweilig wurde, mit der Pinzette Haare von meinen Beinen. Ab und an brachten wir die Boote näher zusammen, damit wir mal miteinander reden konnten oder um eine riesige Makrele zu bewundern, die wir mit der Schleppangel gefangen hatten.

Auf dem Solarpaneel: Tarzoon und sein erster Vogel.

Sri Lanka: Varuna wird an Land gesetzt.

In einer ceylonesischen Teeplantage.

Djibouti: bei 40 Grad im Schatten eine Ruhepause.

Durch die Straße von Bab el Mandeb, das „Tor zur Hölle": Die Feuerprobe im Roten Meer beginnt.

Auf unserem Weg zum Markt laden uns junge Sudanesen in den Schatten ihres Baumes auf eine Cola und eine Kurzlektion Arabisch ein.

Manchmal wurde es recht knapp.

Am 6. Oktober kamen wir heil in Escape River an, dem letzten Ankerplatz vor Thursday Island, rechtzeitig für meinen zwanzigsten Geburtstag am nächsten Tag. Ich dachte daran, daß ich ein Jahr zuvor mitten auf dem Südpazifik war, auf dem Weg zu meinem ersten südpazifischen Landfall und sehr im Ungewissen, wie ich die nächsten Monate überstehen würde.

Wir ankerten in der Nähe einer japanischen Perlenfarm, das erste Zeichen von Zivilisation seit zwei Wochen. Olivier schickte mich von Bord, weil er meine Geburtstagsgeschenke vorbereiten wollte. Ich duschte solange im Cockpit von Varuna und zählte die Sekunden, bis ich wieder rüber durfte. Akka war tipptopp aufgeklart, auf dem Tisch lag ein verpacktes Geschenk umgeben von zwanzig Muscheln. Olivier hatte mir eine Lederbrieftasche für meine Papiere gemacht und ein Halsband aus kolumbianischen Steinen.

Mit nahezu übermenschlicher Willensstärke hatte ich Geschenke, die ich von New York mit nach Tahiti gebracht hatte, wirklich bis zum Geburtstag aufbewahrt. Von meinem Vater gab es Süßigkeiten und Geld für ein Festessen in einem guten Restaurant, Fritz schenkte mir einen silbernen Anhänger für das Katzenhalsband, verpackt in einer leeren Katzenfutter-Dose, und schrieb dazu: „Du weißt, daß Schreiben nicht meine Stärke ist. Aber dies ist ein besonderer Anlaß, ein historisches Jahr. Du bist 20. Ich bin 40. Und meine Mutter ist 80. So, nun wünsche ich Dir eine schöne Party mit Deiner Katze. Fritz." Er meinte natürlich Dinghy, und ich dachte an ihn und all die anderen Veränderungen in meinem Leben, seit ich meine Familie das letzte Mal gesehen hatte.

Die Fahrt nach Thursday Island führte uns bei Flaute durch den Albany Channel, in dem drei Knoten Strom in Richtung Cape York und Torres-Straße setzten. Hier treffen sich der Indische und der Pazifische Ozean in einer Enge, deren größte Breite 100 Meilen beträgt, begrenzt von Riffen, Sandbänken und Inseln, die eine Art natürlichen Damm bilden. Je nach Gezeiten können hier bis zu sechs Knoten Strom stehen. Wir hatten mit Hilfe des Stromatlas alles so gut berechnet, daß wir die Strömung zu unserem Vorteil nutzen konnten.

Thursday Island ist das Handels- und Verwaltungszentrum der

Torres-Inseln zwischen Australien und Papua-Neuguinea. Hier gönnten wir uns eine kurze Ruhepause, verproviantierten uns neu und sammelten Kräfte für die Reise nach Bali. Ein Problem mußte aber noch gelöst werden.

Seit Samoa hatte ich so ziemlich jedes Anti-Läuse-Shampoo versucht, das auf dem Markt war. Egal, wie stark es war, keins hatte bisher geholfen. Allmählich bekam ich es mit der Angst, ich müßte meinen Kopf glattrasieren, um die Sache aus der Welt zu schaffen. Ich ging schon immer spätabends duschen, damit niemand den strengen medizinischen Geruch des Shampoos wahrnahm. Olivier, der sich das gleiche Übel in Tonga zugezogen hatte, noch ehe wir uns kennenlernten, war es genauso leid. Wir hatten es derart satt, daß uns allmählich jedes Mittel recht war. In einem Augenblick totaler Verzweiflung begossen wir unsere Köpfe mit Petroleum, und als die Haut zu brennen begann, spülten wir reichlich mit Geschirrspülmittel nach. Mein Haar fiel büschelweise aus, und ich bekam schmerzhafte Stellen auf der Kopfhaut, aber das war mir die Geschichte allemal wert – die Läuse war ich los.

Am 20. Oktober ging Tarzoon wieder an Bord von VARUNA, Mimine blieb bei Olivier auf AKKA. Wir segelten aus der Torres-Straße, und ich blickte mit Bedauern zurück auf das Land, das wir nicht gründlich genug hatten kennenlernen können. Unsere australische Odyssee war zu Ende, vor uns lag die Arafurasee und damit eine Reise von 1800 Meilen über einen Ozean, der berüchtigt ist für seine Flauten und die gnadenlose Hitze zu dieser Jahreszeit. Heulender Wind blies uns auf den Carpentariagolf hinaus. Langsam setzte sich VARUNA von AKKA ab, und meine Gedanken gingen zu Olivier und dem, was uns auf Bali bevorstand.

In den nächsten Tagen ließen die östlichen Winde nach und gingen allmählich auf Nord und Nordwest. Ein Tief hatte sich westlich von Darwin gebildet und brachte etwas Ärger, aber nichts Ernstes. Am 22. Oktober war das Wetter ausgesprochen friedlich geworden – entweder leichte westliche Brise oder Flaute. Ich suchte unermüdlich den Horizont ab, und als ich das gelbliche Segel von AKKA einige Meilen hinter uns ausmachte, nahm ich die Fock runter und wartete, bis sie aufgeholt hatte.

Olivier war unter Deck, ich motorte über das ruhige Wasser in die Nähe, stellte den Motor ab und gab fünf Meter entfernt laut Signal. Er schoß an Deck, wir grinsten uns vergnügt an.

„Warum holst du mich nicht rüber?" fragte er. „Ich kann AKKA für ein paar Stunden allein lassen."

„Und was, wenn sie plötzlich schneller segelt? Oder es kommt eine Bö?" protestierte ich, entsetzt bei dem Gedanken.

„Also wirklich – VARUNA hat nicht mal die Genua oben und ist dennoch schneller als AKKA. Das ist wirklich okay", sagte er in seiner ruhigen Art.

„Na gut, ich komme." Ich startete den Motor. Olivier ging nach vorn, ich näherte mich vorsichtig, er gab Kommandos, während ich noch gegen die Nähe der beiden Boote protestierte und gleichzeitig versuchte, Tarzoon am Hinüberspringen zu Mimine zu hindern, die ganz laut miaute. Als Olivier sprang, kam auch ein kleiner grauer Ball angeschossen; Tarzoon zappelte sich aus meinem Arm und sauste zu seiner Pflegemutter.

Bis Sonnenuntergang klönten wir, verabreichten uns gegenseitig Duschbäder und spielten mit VARUNAS Segeln, um dicht bei AKKA zu bleiben. Als die Sonne unterging, begrüßten wir beglückt die kühle Nachtluft. Ich brachte Olivier an Bord zurück, und er machte die Petroleumlampen an, damit ich ihn während der Nacht sehen konnte. Doch als ich schlief, verloren wir uns aus den Augen. Bei Morgengrauen war der Horizont leer.

Zwei Tage später, am Abend des 24. Oktober, schrieb ich in mein Logbuch:

Mein heutiger Standort ist genau derselbe wie gestern. Gestern abend gegen 19 Uhr habe ich den Leuchtturm auf der westlichsten Ecke des Carpentariagolfs gesichtet, konnte ihn aber auf Steuerbordbug nicht passieren. Ich ging also auf Backbordbug. Während der Nacht kehrten wir genau zu Punkt A zurück. Heute morgen noch mal dasselbe. Wenn es dunkel genug ist, um das Licht zu sehen, werde ich wissen, ob wir Fortschritte gemacht haben. Ich sah eine gelbe Schlange mit braunem Muster am Rückgrat vorbeischwimmen und eine Schildkröte.

Noch 1200 Meilen bis Bali. In fünf Tagen haben wir nur 300 Meilen gutgemacht, es ist die Hölle. Ich kann nichts tun außer lesen, immer mal ein anderes Buch. Den ganzen Tag über wische ich mir den Schweiß ab und welke vor mich hin. Nachts bin ich total erschöpft von der Hitze. Bitte, lieber Gott, mach die Reise nicht zu schlimm, und laß uns sicher nach Bali kommen – und bald!

Zwei Stunden später:

Ich sah das Licht, und wir haben es passiert. Also ging ich wieder unter Deck und las. Plötzlich hörte ich „Ho. Ho". Ich rannte raus, da war Olivier! Direkt nebenan, leuchtete er mich mit seiner Taschenlampe an. Er sagte, wir hätten Glück gehabt, daß er gerade aufgewacht sei und sich an Deck umgesehen habe, sonst wären wir kollidiert. Man stelle sich das vor.

Während der restlichen, stockdunklen Nacht ging der Wind praktisch auf Null zurück. So war es nicht schwierig, zusammenzubleiben. Am Morgen war Totenflaute. Ich motorte zu AKKA, Olivier sprang ins Wasser und vertäute die Boote miteinander. Mimine verschätzte sich beim Springen und landete auch im Wasser.

Dreißig Meilen entfernt war die brütendheiße australische Wüste, selbst der Ozean war lauwarm, so daß man wenig Abkühlung darin fand. Wir saßen fest wie in einem Kochtopf, der Schweiß lief uns nur so herunter, egal, ob wir uns bewegten oder nicht. Eine Familie Mahi-Mahi schwamm in VARUNASSchatten, wobei sie aber klüglich den Angelködern aus dem Wege gingen. Eine weitere Schildkröte, eine Schlange und Tausende von winzigen Quallen schwammen vorbei, alle schneller als wir. Etwa jede Viertelstunde sprangen wir ins Wasser, ständig auf Ausguck nach Haien, und suchten wenigstens vorübergehende Abkühlung. Mir war, als ob ich lebendig geröstet würde.

Zwei Tage lang lebten wir von Thunfisch-und-Tomatenmark-Pizza, spielten jede Variante von Gin-Rommé, an die wir uns erinnern konnten, und sehnten uns nach dem Eis, das wir auf Thursday Island nicht gekauft hatten. Nachts saßen wir in VARUNAS Cockpit, und Olivier erklärte mir die Sternbilder.

Am zweiten Nachmittag dieser teuflischen Tage kam plötzlich ein olivgrünes australisches Küstenwachboot auf uns zugeschossen. Sofort überlegten wir, ob wir etwas Verbotenes taten. Wir standen im Cockpit, Tarzoon und Mimine blickten mit geblähten Nüstern auf das riesige Schiff über ihren Köpfen.

„Hallo, wo haben Sie denn den Wind gelassen?“ begrüßte uns einer der Männer.

„Hallo“, grüßte ich zurück. „Keine Anhung, aber könnten Sie nicht mal Ihren Wetter-Fax fragen?“

„Kein Problem, Leute“, rief er, flitzte unter Deck und kam eine Minute später zurück: „Sieht aus, als ob das bis morgen abend so bleibt.“ Wir stöhnten.

„Wie wäre es mit etwas Eiscreme?“ rief der Mann herüber, umgeben von seinen Kumpels, die sich alle die beiden Boote besahen, mitten im großen Nirgendwo leise auf dem Wasser schaukelnd.

„O ja!“ schrie ich begeistert. „Soviel Sie nur abgeben können!“

„So langsam werden wir hier zu Tode geröstet“, fügte Olivier hinzu. „Danke!“ Wir bedankten uns noch immer wortreich, als der Steuermann den Bug dicht über VARUNAS Cockpit manövrierte und der Mann einen großen grünen Müllbeutel zu uns herunterwarf. Drinnen waren ein Block Eis und über zwei Liter Vanille-Eiscreme.

„Viel Glück!“ riefen uns die Aussies noch zu, dann zischten sie davon. Wie wilde Tiere tauchten wir unter Deck und stürzten uns auf das Eis.

Glücklicherweise hatte sich der Wetterkartenschreiber der Küstenwache geirrt. Am selben Abend noch entwickelte sich aus einem sanften Lüftchen, das vorüberhuschte, eine reelle Brise – wir waren wieder unterwegs. Zwanzig Tage lang blieben wir in Sichtweite voneinander. Unter diesen Wetterbedingungen war VARUNA viel schneller als AKKA unter ihrer vollen Leichtwetterbesegelung, doch mit Reffs im Groß und der Arbeitsfock anstelle der Genua schaffte ich es, AKKAS Geschwindigkeit zu halten.

Bei der Hitze und den spärlichen Etmalen – im Schnitt 50 Meilen – war unsere Stimmung ziemlich gedrückt. Lethargie lähmte jeden Impuls für irgendwelche Aktion. Ein riesiger springender Teufelsrochen, das abscheuliche Geräusch ständig schlagender Segel, mein nun wieder stotternder Motor, ein Leck im Frischwasser-

Kanister – es war alles nur Teil der Bordroutine, wir waren zu apathisch, um uns aufzuregen.

Jeden Abend hing Olivier die rote und die grüne Petroleumlampe auf, und ich revanchierte mich mit meinem kleinen weißen Petroleumlicht. Der Vorteil menschlicher Kontakte überwog bei weitem die Nachteile des ständigen Wachegehens und der daraus resultierenden Müdigkeit. Als wir die äußersten indonesischen Inseln passierten – Timor, Roti und Pulau Sawu –, fing ich einen makellosen Nautilus ein, der auf dem Wasser schwamm.

Als wir die letzte Ecke von Australien hinter uns hatten, befanden wir uns an der Schwelle zum Indischen Ozean. Der Wind ging nach Westen herum und kam nun von vorn, wie Olivier vorausgesagt hatte. Er hatte eine geradezu unglaubliche Nase für das Wetter, zog Rückschlüsse aus den Wolkenformationen und Charakteriska des Ozeans. Ich lernte viel von ihm über Meteorologie. Die langgezogenen Cirruswolken, die von Westen her über den Himmel rasten und die aufgeplusterten Cumuluswolken vom Vortag verdrängten, sowie die stärker werdende Dünung aus Westen hatten ihm die Veränderung angekündigt.

Als Varuna stärker in die Wellen einsetzte, nahm ich wieder meinen Lieblingsplatz am Spritzverdeck stehend ein. Tarzoon, noch nicht an die veränderten Bewegungen des Schiffes gewöhnt, setzte an zum Sprung an meine Seite. Ich hörte das vertraute Kratzen seiner Krallen und sah mich um, um ihn in die Arme zu nehmen – er war verschwunden, das Cockpit leer. Tarzoon war über Bord gegangen! Ich entdeckte ihn im Kielwasser, verzweifelt in den Wellen spaddelnd, und schrie entsetzt auf. Schnell klinkte ich den Monitor aus und drehte durch den Wind, bis die Segel back standen. Indem ich Tarzoon im Auge zu behalten versuchte, legte ich Gegenruder, so daß Varuna auf der Stelle blieb. Er paddelte wild auf das Boot zu, ich lehnte mich nach draußen und sammelte ihn ein.

Nach diesem Schrecken ahnte ich, daß ich wohl einen Nervenzusammenbruch bekäme, wenn ihm etwas passierte. Ich quälte mich mit dem Gedanken, es könnte ihm auf See etwas zustoßen, ohne daß ich es sofort merkte, nahm ihn fest in die Arme und schwor, ich würde immer mein Möglichstes tun, ihn zu beschützen.

Wie die Schildkröten krochen VARUNA und AKKA an den Inseln Sumba, Sumbawa, Lombok und Nusa Besar vorbei. Bali rückte in greifbare Nähe. Am 16. November, nach siebenundzwanzig Tagen, für VARUNA die längste Etappe auf See, hielten wir uns dicht an der Küste von Nusa Besar, und nur die Durchfahrt zwischen den Inseln trennte uns noch vom Hafen von Benoa auf Bali. Das Licht des Vollmonds ließ die umbrandeten Kliffe weiß erscheinen, wenn die von weit her aus dem südlichen Ozean anrollende Dünung sich an dieser Wand aus Vulkangestein donnernd brach. VARUNA und ich hatten die Arafura- und Timorsee überquert, bald waren wir auf unserem dritten Ozean.

Wie ein Ring umschloß ein Riff fast vollständig die betonnte Einfahrt nach Benoa. Mißtrauisch beäugte ich am nächsten Morgen die tosenden, schäumenden Wassermassen, als ich AKKA durch den starken Strom und die kabbelige See in die Einfahrt folgte. Halbwegs durch, gab der Motor wieder seinen Geist auf. An Bord war Chaos. Das Großfall hatte sich verheddert und war nun auch noch verfilzt mit all dem anderen Kram – Becher, Hafenkarten, Fernglas –, und mein Sonnenhut fiel mir immerzu vom Kopf.

Beim ersten Stottern des Motors setzte ich eilig das Groß und baumte es aus, um in Fahrt zu bleiben. Gleichzeitig brüllte Olivier mir zu, ich solle über UKW erfragen, wo wir ankern könnten. Sein eigener Motor machte so viel Lärm, daß er nicht mitbekam, wie ich meinen gerade wild verfluchte. Sobald es draußen besser wurde, sauste ich unter Deck, rief die Hafenbehörde an und versuchte, mich einem Indonesier mit spärlichen Englischkenntnissen verständlich zu machen. Mehrfach ließ ich den Hörer einfach hängen und zischte an Deck, um nachzusehen, was VARUNA machte, wenn Olivier lautstark eine Warnung rief. Schließlich gab ich den Versuch einer Verständigung mit der Funkstimme auf und hängte ein, nahm schnell die Pinne und drehte gerade noch ab, ehe wir auf eine Sandbank liefen.

„Vergiß es!“ schrie ich Olivier zu. „Da versteht mich keiner. Laß uns bei dem Segelboot dort drüben ankern.“

Er ankerte, ich hinterher, und zum nicht so guten Schluß einer fürchterlichen Viertelstunde saß ich fest im Schlamm. Ich öffnete die Abdeckung über dem nutzlos stotternden Motor und saugte an der Kraftstoffleitung, um den Zufluß wieder in Gang zu bringen, ehe mir klarwurde, daß die Leitung geborsten war und mein Diesel sich in die Bilge ergoß. Am heißen Auspuff verbrannte ich mir noch die Arme, mein Gesicht war voll Schmiere, im Mund ein Geschmack wie Tankstelle – ich setzte mich mitten im Chaos hin und heulte los. Es fehlte nur noch der Zollbeamte, der *Playboy*-Hefte haben wollte.

Auf Bali läuft nichts ohne Bakschisch. Mit der Landeerlaubnis ging es schon los. Für den Aufenthalt in Indonesien mußte man eine Segellizenz haben, und die hatte ich nicht. Bis Australien wußte ich nicht einmal, daß ich nach Bali kommen würde, die für die Lizenz erforderlichen Daten kannte ich erst recht nicht. Unser erstes Bakschisch also – einhundert Dollar für jeden, für eine Woche Aufenthaltserlaubnis! Nach siebenundzwanzig Tagen auf See hatten wir es eilig, so weit wie möglich von unseren Booten wegzukommen. Sobald wir unsere Travellerschecks abgeliefert hatten und unsere Personalien überprüft waren, schnappten wir uns den nächsten Bus für die 20-Minuten-Fahrt nach Kuta Beach.

An den Straßen der Insel zogen sich auf beiden Seiten kilometerweit flache Reisfelder entlang. Bildschöne Balinesinnen in farbenfrohen Batikgewändern, um die Taille eine breite Seidenschärpe, gingen am Straßenrand, auf dem Kopf einen Korb mit Reis balancierend. Junge Paare, tief über die Lenker ihrer Fahrräder gebeugt, wichen eilig aus, als unser Busfahrer wie ein Irrer durch die Menge steuerte. Kurz vor Kuta Beach sahen wir eine riesige Reklametafel mit der wohlbekannten Werbung für *Ayam Goreng*, gebratenes Hähnchen.

Es ging zu wie in einem Ameisenhaufen – Händler, Spezialitäten-Restaurants und Bungalow-Hotels mit phantastisch angelegten Gärten zogen Besucher aus aller Welt an. Wir schlenderten umher und konnten uns nicht sattsehen an der reichverzierten asiatischen Architektur mit ihren Schlangenmotiven, an den steinernen Tempeln mit ihren offenen Dächern, damit die Götter nach Belieben kommen und gehen können. Die Balinesen sind begabte Künstler, die Straßen quollen über von indonesischen Waren: Baumwollspitzen und Seidengewänder, Ballen von Batikstoffen, Schmuck, kunstreich geschnitzte Holzfiguren – Schlangen, Drachen und Ungeheuer aus der Sagenwelt. Wir blieben ein paar Tage dort und nahmen so viel wie möglich in uns auf, kauften Geschenke, verwöhnten uns mit heißen Bädern, gingen essen und erholten uns. Gelegentlich eine Stippvisite bei den Booten.

Am vierten Tag, als ich gerade reichlich Formulare ausfüllte, um meiner Familie Geschenke nach New York zu schicken – wer kommt ins Postamt? Fred von der KREIZ! Er hatte sein Schiff in Australien gelassen und machte Urlaub auf Bali. Es war reiner Zufall, daß unsere Wege sich kreuzten. Abends gingen wir zu dritt essen, um das Wiedersehen zu feiern, und dann wurde es ganz verrückt: Freds Ex-Freundin, eben aus Singapur eingeflogen, betrat das Restaurant. Reiner Zufall. Nun feierten wir erst richtig, mieteten uns zu viert einen Wagen für die beiden letzten Tage, die Olivier und mir noch blieben, und fuhren ins Landesinnere, durch eine malerische, terrassierte Landschaft mit Reisanbau zu einem riesigen Kratersee in gut 2000 Meter Höhe.

Am Tag vor unserer Abreise kauften wir auf dem Markt in Denpasar ein – nach endlosem Feilschen, denn die Originalpreise waren schwindelerregend. Wir beluden unsere Boote mit Passionsfrüchten, Avocados, Grapefruits und Ananas. Am nächsten Morgen liefen wir aus. 660 Meilen trennten uns vom nächsten Ziel, einem winzigen Stäubchen mitten im Indischen Ozean: Christmas Island. Für VARUNA und mich wurde es der schönste Abschnitt unserer Reise.

Achterlicher Wind von Stärke drei schob uns freundlich mit sechs Knoten unserem Ziel entgegen. Am sechsten Abend, dem 2. Dezember, erschien ein Buckel am Horizont. Wir drehten bei für die Nacht, dann glitt VARUNA in Lee der kleinen Insel in eine Ankerbucht. Sechs Stunden danach tauchte AKKAS schwarzer Rumpf auf und kam längsseits.

Die Insulaner, überwiegend Malaien und Australier, Angestellte einer Phosphatmine, behandelten uns wie alte Freunde – neue Gesichter waren hier stets willkommen. Stubby, ein Mann aus Borneo, war Besitzer des einzigen selbständigen Betriebs auf der Insel, einer Reifen-Reparaturwerkstatt. Er nahm uns unter seine Fittiche, führte uns zu Limonenbäumen, Obst- und Gemüsegärten und lud uns zu einem Video-Abend mit James Bond ein.

Christmas Island – die Insel der Roten Landkrabbe. Wir waren gerade da, als sie von See, wo sie ihre Eier abgelegt hatten, ins Inselinnere zurückkehrten. Überall, wo wir gingen, krabbelten riesige Ansammlungen dieser Krabben auf den Straßen hin und her. Das Pflaster war übersät von zermalmten roten, scharfkantigen Panzern, die ziemlich unbekömmlich für Autoreifen waren. Stubby hatte Hochsaison. Viermal täglich hallten die Gebete der Moslems vom nahen Minarett, und in der Stille zwischen den Gebetsstunden hörte man es knistern und knacken, wenn die Krabben unter die Räder kamen.

Kaum hatte ich Land betreten, war ich schon zum erstenmal gewarnt worden – erst von den Beamten vom Zoll und von der Einwanderungsbehörde, später von anderen. „Wissen Sie nicht, daß Sie sehr spät dran sind im Jahr?" sagte der eine. Ein anderer: „Die Hurrikan-Saison hat schon begonnen. Hier ist es jetzt gefährlich für kleine Boote." Zu den Warnungen kamen noch ausführliche Beschreibungen von der ungeheuren Windsee, die auf dem Ankerplatz entsteht, wenn ein Hurrikan über die Insel herfällt. Solche Informationen trugen nicht gerade zur Beruhigung bei, wachsende Sorge zerrte an meinen Nerven.

Wir konnten in einem gutsortierten Supermarkt einkaufen, alles zu subventionierten, günstigen Preisen, und versorgten uns reichlich mit all den guten Dingen, die wir jetzt lange nicht mehr sehen würden. Eine Werkstatt reparierte die Kraftstoffleitung und baute sie wieder ein. Die Hurrikan-Saison auf den Fersen, verabschiedeten Olivier und ich uns von Stubby und den anderen Yachtclub-Mitgliedern, mit denen wir abends nach dem Duschen an Land noch geklönt hatten, gaben uns gegenseitig schon unsere Weihnachtsgeschenke und liefen am 8. Dezember nach Sri Lanka aus, Luftlinie 1800 Meilen, durch die Kalmen und über den Äquator.

Gewaltige Wellen begruben zuerst den Großbaum, beim nächsten Rollen den Spinnakerbaum, 20 bis 30 Knoten Wind schoben uns acht Tage lang stetig voran – das war eine andere Sache als in der laxen Arafurasee. Das ständige Wachegehen, damit wir zusammenblieben, machte uns total fertig. Schließlich beschlossen Olivier und ich, bis Sri Lanka getrennt unserer Wege zu ziehen. Wir riefen uns noch „frohe Weihnachten“ und „ein glückliches neues Jahr“ zu, dann drifteten wir auseinander. Am nächsten Morgen begann ein unangenehmer Nieselregen, und ich war allein.

Zwei Tage lang machte VARUNA langsam ihren Weg gen Norden, zum Äquator. Dann bauten sich dunkle Wolken drohend am Himmel auf. Wir passierten die Kalmen, eine Welt der Flauten, Böen, des Regens und spärlicher Fortschritte, etwa 30 Meilen am Tag. Ich nähte das Spritzverdeck nach, das sich aufzulösen drohte, schiente eine gebrochene Segellatte im Groß, putzte das Boot, strickte, las ein paar Bücher und beschloß nach drei Tagen spiegelglatter See, nun sei es an der Zeit, den Motor auszuprobieren. Der Anlasser drehte für etwa dreißig Sekunden, und das war's auch schon. Es passierte nichts. Mal wieder ein Tag für den Mechaniker...

Ein paar Stunden lang ging ich alle Brennstoffleitungen durch, kontrollierte, baute zweimal den zweiten Filter aus und wieder ein und saugte an der Schlauchleitung. Dann kam mir ein Verdacht. Als ich die Backbord-Backskiste öffnete, sah ich, daß die Tankanzeige auf Null war. Sechs Stunden später, nach zehn blutenden Schnittwunden, vielen ausgeschwitzten Litern Flüssigkeit und dreimaligem Auseinandernehmen der Brennstoffleitungen, entdeckte ich zwei winzige Löcher im Topf des zweiten Filters. Bis auf die zehn Liter Diesel in einem Reservekanister war alles in die Bilge geflossen. Nachdem ich den Topf mit Tape gedichtet hatte, blieb mir die traurige Erkenntnis, daß VARUNA, bis auf eine knappe Reserve nur für echte Notfälle, wieder einmal ohne Motor war.

Alle paar Stunden kletterte ich einige Maststufen hoch und suchte die See nach AKKA ab. Manchmal brachte mir eine Wolke trügerische Hoffnung, bis sie schließlich am Himmel emporstieg, doch ich suchte weiter. Ich vermißte Olivier und schrieb kleine Gebete für seine sichere Reise ins Logbuch. In zwei Wochen machten wir gerade 600 Meilen, wirklich zentimeterweise. Meine Hände bekamen allmählich eine Elefantenhaut vom ewigen Hochziehen und Wegnehmen der Segel, um den geringsten Windhauch zu erwischen.

Bücher halfen mir über die Zeit hinweg, ich las fast eins pro Tag. Bei lähmender Hitze war mir ein guter Spionageroman mit einem tollen Höhepunkt am allerliebsten. Auch eine ergreifende Liebesgeschichte lenkte wunderbar ab, wenn es draußen glühend heiß und schweißtreibend war. Als liebliche Schönheit Lucinda brannte ich mit dem Marquis durch, das Ganze in einer prächtigen Kulisse des 19. Jahrhunderts. Etwa wie in „Vom Winde verweht“. Ich las über Bohrinsel-Katastrophen in der Nordsee und verfolgte fasziniert den Siegeszug eines falschen Heiligen in einem fiktiven afrikanischen Land, das von Rebellen heimgesucht wurde. Ich litt mit Papillon im Kerker und verwandelte mich in einen eingewanderten Landstreicher in Montreal.

Doch die Flautentage nahmen kein Ende, mein Buchvorrat schmolz dahin, ich mußte auf schwere Schinken zurückgreifen, französische Klassiker oder Werke von James Michener. Aber weder interessierten mich die Kloaken von Paris, noch wollte ich wirklich Näheres über die Evolution der Dinosaurier in urgeschichtlicher Zeit erfahren. In der Langeweile der Kalmen wollte ich zumindest von Terroristen lesen, die das Yankee-Stadion in die Luft sprengten. Ich brauchte Aufregung in meinem Dasein.

Delphine sind etwas Schönes, aber warum kamen sie immer nachts? Der Wind war jämmerlich und brachte uns nur selten voran. Eine Woche lang suchten drei Baby-Doraden Zuflucht in Varunas Schatten. Badelatschen drifteten vorbei, an denen ganze Fischfamilien hingen. Begegnungen mit schwimmenden Baumstämmen, Plastikbeuteln und Fässern waren aufregende Höhepunkte in meinem Dasein, obwohl das Zeug hier eigentlich ja nichts zu suchen hatte. Immer gefaßt auf einen Schatz oder ein neues unbekanntes Lebewesen des Meeres, änderte ich jeweils prompt den Kurs und ließ mich zu den Klumpen treiben, bis ich erkannte, daß es wieder nur ein Stück Müll mitten im Ozean war.

Eines Nachts weckten mich Wassertropfen. Ich hörte keinen Regen auf Deck, machte Licht an, und da war es ein triefnasser Tarzoon, der sich über mir schüttelte. Der kleine Trottel hatte es geschafft, über Bord zu fallen und sogar wieder hochzuklettern.

Ich dachte oft an Olivier, wo er wohl war, wie miserabel es ihm gehen mochte, denn mit der lahmen Akka kam er gewiß noch schlechter voran als ich. Den ganzen Tag über spielte ich mit den Segeln, holte jedes bißchen Fortschritt in den dürftigen Brisen heraus – jede Meile war hart erarbeitet. Nachts nahm ich die Segel weg, denn ich ertrug ihr Schlagen nicht, und schlief. Für ein paar Meilen Weiterkommen wollte ich darauf nicht verzichten, darin sah ich keinen Sinn. Zweimal brachten uns heftige Fronten mit viel Wind gut weiter, das zweite Mal am Weihnachtstag.

Fröhliche Weihnachten, Tania, und als besonderes Präsent ist hier ein schöner grauer Himmel, recht viel Regen, und als zusätzliche gute Gabe darfst du trainieren, Reffs rein und raus, rein und raus. Ich dachte an meine Familie daheim, die sich jetzt um den tollen, mit roten Beeren und Popcorn-Girlanden geschmückten Weihnachtsbaum von Jeri versammelte, und auf dem Boden stapelten sich die Geschenke. Tony, Nina und Jade futterten sicher gerade das traditionelle Festessen, Truthahn, Preiselbeersoße und die Beilagen. Ich leerte Dosen mit Sauerkraut und Würstchen in meinen Kochtopf und schälte im Cockpit ein paar Kartoffeln. Ich dachte an Olivier, irgendwo dort hinter mir, sicher ein bißchen angeheitert vom Johnnie Walker und mit einem leichten Zuckerschock von den Süßigkeiten, die ich für ihn eingepackt hatte.

Ich kletterte unter Deck, setzte den Topf auf den Kocher, goß Alkohol in das Schälchen unter dem Brenner, hielt ein Zündholz dran, pumpte und heizte vor. Während ich von einer weißen Weihnacht in New York träumte, wartete ich, daß der Alkohol wegbrannte, und entzündete den Kocher. Die blaue Flamme schoß heraus und ging in ein gleichmäßiges Zischen über. Die Kajüte füllte sich mit dem Geruch des brennenden Petroleums. Als der Dampfdruck im Topf den Kochanzeigestift des Ventils in Bewegung setzte, wartete ich noch zehn Minuten und nahm dann mein Essen vom Feuer. Mein Weihnachtsmahl war fertig. Während es abkühlte, öffnete ich mein Geschenk.

Olivier hatte mir eine Korallenkette gemacht und einen Ohrring von einer Feder, die er am Barrier-Riff gefunden hatte. Nach meinem Festschmaus ging ich an jenem Weihnachtsabend schlafen und dachte dabei an Olivier und die Veränderungen, die seit dem letzten Weihnachtsfest bei meiner Mutter über mich hereingebrochen waren.

Sobald ein Schiff am Horizont auftauchte, holte ich mir wie gewohnt ein Satellitenfix, vorausgesetzt, der Funker hörte mich und verstand genügend Englisch. Die Fixe bestätigten meine eigenen, die mir schon gezeigt hatten, wie entsetzlich langsam wir vorankamen. Ich verbrachte viele Stunden täglich mit Träumen, versuchte mir Sri Lanka vorzustellen und was die für dort erhoffte Post mir an Neuigkeiten bringen würde.

Neujahr kam und ging. Ich hätte es beinahe vergessen, bis ich das Nautische Jahrbuch hervorholte, um eine Höhe zu berechnen. Am 31. Dezember 1986 war ich im Indischen Ozean auf VARUNA besser dran als in New York mit dem Rummel von Reklame, Fernsehen, Radio und den vielen Leuten, die mir erklären würden, wieviel Spaß das alles mache. Ich dachte daran, wie ich vor dem Fernseher saß und gegen den Schlaf ankämpfte, weil ich miterleben wollte, wie der Apfel auf den Times Square niederschwebte. Statt dessen nickte ich nun auf VARUNA ein und wurde von Träumen unterhalten.

Schließlich, nach dreieinhalb Wochen auf See, krochen wir über den Äquator und zurück in unsere heimische nördliche Hemisphäre. Am 3. Januar, Ninas Geburtstag, frischte der Wind auf, buchstäblich, denn die Brise brachte frische Luft. Endlich hatten wir die Kalmen hinter uns. Ich begann, Tarzoon über unseren Schiffsort und die voraussichtliche Einlaufzeit zu informieren, sobald ein Fix berechnet war, und versprach ihm, wir wären bald da.

Der Nordost-Monsun machte der Beschreibung auf der Monatskarte alle Ehre. Als wir uns seinem Bereich näherten, begann er in voller Stärke zu blasen. VARUNA, voll gerefft, schob gewaltig Lage bei Wind um 30 Knoten. Vier Tage lang lebte ich praktisch an den Wänden. Dann sah ich hier und da Schiffe, und nach und nach entwickelte sich daraus dichter Verkehr. Am 7. Januar näherten wir uns einem Hauptschiffahrtsweg, meine erste richtige Begegnung mit einem solchen Dampfertrack.

Die Dämmerung sank über eine endlose Flut von Lichtern, die zu riesigen Tankern, Autotransportern und gigantischen Frachtschiffen gehörten. Mit meinen kleinen Lichtern am Mast, rot und grün, kam ich mir sehr unauffällig vor und hoffte nur, daß VARUNA auf ihren Radarschirmen sichtbar war. Ich rief einen Autotransporter an, der vorbeirauschte, und der Funker sagte, nein, VARUNA war nicht auf seinem Schirm. Wir waren unsichtbar. Er sah mich erst, als ich ihn mit der Taschenlampe anblinkte.

Ich umklammerte das Funkgerät, brüllte wild nach rechts und links und muß wohl einen ziemlichen Zirkus auf den Ätherwellen veranstaltet haben, damit bestimmte Schiffe auch ganz sicher wußten, daß es uns gab. Einige ignorierten meine Anrufe, ich wußte also nicht, ob sie mich hörten oder VARUNA sahen. Ich hatte eine Heidenangst, wenn sie vorbeipflügten. Im allerschlimmsten Augenblick zog ich sogar Tarzoon ganz dicht heran, griff meinen Paß und die Bootspapiere, bereit, das Boot zu verlassen.

Während ich mich so durch den beweglichen Hinderniskurs mogelte, hielt ich immer wieder Ausschau nach dem Leuchtturm auf Dondra Head an der südlichsten Landspitze von Sri Lanka. Dann hatten wir nur noch 28 Meilen bis zum Ziel. Südwärts von Dondra Head war bis zur Eiswüste der Antarktis kein Krümel Land mehr. Am 8. Januar um drei Uhr früh sichtete ich das Licht, wir sprinteten mit Höchstgeschwindigkeit über den Rest des Schifffahrtsweges und setzten Kurs auf Galle Harbor ab.

VARUNA eilte dahin, bis sie in Landabdeckung geriet – wieder einmal waren wir in einer Flaute. Ich saß wie auf Kohlen, als die Sonne aufging und Sri Lanka voraus am Horizont erschien, ein schimmerndes Juwel in der blauen Weite des Indischen Ozeans. 31 Tage war ich jetzt unterwegs, so lange wie nie zuvor, und wartete sehnsüchtig auf einige Windstöße, die uns weiterbrachten. Ich war wirklich reif für Land, fast schmeckte ich es schon in der schweren Morgenluft. Fischerboote tuckerten vorbei und erinnerten mich daran, daß ich wohl besser etwas anziehen sollte.

Gegen Mittag, nachdem wir nichts geschafft hatten außer der einen Meile, die der Motor noch hergab, ehe er den Dienst quittierte, blickte ich auf die lockende Küste und beschloß, etwas mehr Bewegung in die Sache zu bringen. Ich rief das nächste Fischerboot an, um mir einen Schlepp zu kaufen. Als der erste der drei Männer aus dem offenen, gelb-grünen Boot herübersprang, wurde mir plötzlich klar, daß keiner von uns die Sprache des anderen verstand. Ich versuchte es mit Zeichensprache. Die Männer kicherten, ich flitzte unter Deck und kam mit 40 Dollar und einer Flasche Rum zurück.

„Seht mal", ich deutete auf die Belohnung und gestikulierte wild, „ich geb' euch das, ihr schleppt mich rein, okay?"

Jetzt diskutierten sie untereinander, während ich versuchte, das größere Boot von VARUNA abzuhalten. „Bitte", flehte ich sie an. Sie redeten immer noch, sahen mich wieder und wieder von oben bis unten an und zogen ihre Wickelröcke enger, die wohl schon so manche Bilge aufgewischt hatten.

„Okay", sagte der Anführer und zeigte auf mein T-Shirt. Darauf erpicht, sie freundlich zu stimmen, spritzte ich wieder unter Deck und kam mit drei T-Shirts zurück. Endlich, nach mehrstündigem, gutem Zureden in Zeichensprache und der halben Flasche Rum, schleppten sie mich zehn Meilen in Richtung Küste, bis eine schwache Brise aufkam. Dann wiesen sie auf das sich kräuselnde Wasser und auf VARUNAS Segel, um anzudeuten, daß wir ja nun segeln könnten. Die beiden Männer bei mir an Bord stiegen über, ich nickte und bedankte mich. Winkend und lachend fuhren sie auf die offene See hinaus.

Drei Stunden lang holte ich aus den Segeln, was ich konnte, und wriggte mit dem Ruder. Langsam krochen wir an von Kokospalmen gesäumten Sandstränden vorbei. Zwei Meilen vom Hafen entfernt brachen Gewitter über uns herein. Eins nach dem andern zog heran, der Wind gab auf. Ich nutzte die Gelegenheit zum Deckschrubben und duschte dann. Viel zu früh kam der Abend – keine Hoffnung mehr, vor Einbruch der Nacht noch einzulaufen. Ich hätte leicht an Land schwimmen können, aber am Morgen hatte ich die riesige Rückenflosse eines Hais gesehen und war gewarnt. Resigniert machte ich mich an die Vorbereitungen für eine weitere Nacht auf See, als ein Segelboot aus dem Hafen kam und heranmotorte.

„O danke, lieber Gott", sagte ich leise und winkte und grüßte, in der Hoffnung auf einen Schlepp.

„Hallo, Tania", rief einer von den Männern mit australischem Akzent. „Endlich bist du da. Die sind schon alle ganz krank vor Sorge."

„Was?" brüllte ich zurück, völlig überrascht, daß jemand auf mich wartete und ich auch noch meinen Namen hörte. Es war praktisch unmöglich für AKKA, bei diesen miesen Winden schneller als VARUNA zu sein. „Wer macht sich Sorgen?" fragte ich.

„Dein Freund. Er wartet schon fünf Tage."

„Olivier? Ihr wollt mich verkohlen.“

„Hier, wirf eine Leine rüber. Wir schleppen dich ein.“

Eine halbe Stunde später war VARUNA fest und ich in Oliviers Armen.

Auf der Stelle gingen wir zum Haus von Don Windsor, der im Führer als Anlaufstelle für Segler in Galle genannt war. Ich folgte Olivier die Stufen zu der Veranda hoch, wo mich ein dunkelhäutiger Mann in weißer Robe lächelnd begrüßte.

„Willkommen, Tania“, sagte Don Windsor und hielt mir einen Hörer entgegen. „Dein Vater ist am Telefon.“

Sri Lanka – Djibouti – Port Sudan

Serendib, die glückliche Entdeckung

Man hat die Insel beschrieben als einen Tropfen Milch aus der Brust von Mutter Indien, Sindbad der Seefahrer nannte sie Serendib, die glückliche Entdeckung. Und Sri Lanka war wirklich eine glückliche Entdeckung für meine schmerzenden, von der Sonne des Äquators brennenden Augen.

In achtundzwanzig Tagen bis Bali, sechs nach Christmas Island und einunddreißig nach Sri Lanka hatte ich reichlich Zeit gehabt, mir auszumalen, wie dieser Teil der Erde wohl sein würde. Meine Phantasie überschlug sich fast, als sie Bilder herbeizauberte, die aus den Märchen meiner Kindheit stammten.

Ich dachte an unseren ersten Aufenthalt in London, wo meine Mutter, um uns ruhig zu halten, aus Büchern über Indien vorlas, mit Bildern von Maharadschas und ihren Prinzessinnen, juwelenbehängt und mit wallenden Saris. Ein saphirblauer Zwerg-Krischna tollte über die Seiten, begleitet von einem vielarmigen, wirbeligen Wischnu. Diese und ähnliche Geschichten heizten meine Phantasie mächtig an. Ich erwartete nicht gerade, daß blaue Männchen aus jeder Ecke huschten, war aber doch äußerst gespannt, wie nahe meine Träume der Wirklichkeit kommen würden.

„Hallo, Ding-a-ling!“ dröhnte meines Vaters Stimme an jenem ersten Abend aus Don Windsors Telefon an mein Ohr. „Was in Dreiteufelsnamen hat dich denn so lange aufgehalten? Wir sind fast verrückt geworden.“

„Daddy? Ich hatte weder Wind noch Motor, das war alles. Wieso weißt du, daß ich hier bin?“

„Ich habe den ganzen Tag mit Don Windsor gesprochen. Gott sei Dank, daß ich wenigstens jemanden anrufen konnte. Du ahnst ja nicht, wie das ist, so zu warten…" Und weiter ging's, nonstop sprudelte er heraus, wie sehr sich alle sorgten. Olivier war fünf Tage vor mir angekommen, hauptsächlich, weil er die frustrierenden Wetterabläufe besser gedeutet und weiter östlich gesteuert hatte. Noch wichtiger – der Motor hatte AKKA aus den Kalmen nach Norden in den Bereich des Nordost-Monsuns gebracht, während VARUNA hilflos in der Flaute dümpelte.

„Also, wie auch immer, ich bin reisefertig, ich wollte gerade nach Sri Lanka kommen und die Suche nach dir in Gang setzen. Ich kann's noch gar nicht glauben. Ist wirklich alles okay? Ist mir egal, ich komme sowieso. Brauchst du irgend etwas?"

„Du kommst her?" fragte ich ungläubig. Plötzlich wurde mir klar, daß wir uns anderthalb Jahre nicht gesehen hatten. „Na, super. Ja, sicher brauche ich was."

Eifrig ratterte ich eine Liste von Bootszubehör herunter, das ich entweder überhaupt nicht hatte oder nicht ersetzen konnte. Wir verabredeten, uns zwei Tage später in einem Hotel in der Hauptstadt Colombo zu treffen. Ich legte auf und erzählte Olivier von der neuesten Entwicklung. Ich glaubte zu wissen, warum mein Vater kam, wenn es auch ihm selbst vielleicht nicht klar war, sondern tief im Unterbewußtsein verborgen blieb – er wollte wissen, was Olivier für ein Mensch war.

Am nächsten Morgen machte ich mich ans Einklarieren. Sri Lanka hält mancherlei Komplikationen bereit für Besucher, die mit Sportbooten kommen. Da ist es ungemein hilfreich, wenn man jemanden beauftragen kann, das Boot durch die Formalitäten zu bringen und die bürokratischen Hürden aus dem Weg zu räumen. Ein Geschäftsmann, sagen wir mal: ein Juwelier mit politischen Ambitionen und Verbindungen, würde da als Segleragent der ideale Mittler sein. Und damit: Auftritt für Don Windsor, dessen Haus mit der großen Veranda das erste war, das man sah, wenn man die bewachte Hafenzone verließ.

In Dons Haus versammelte sich das Seglervolk, er empfing alle mit offenen Armen. Seine Duschen waren unsere Duschen, sein Eßtisch der unsere, und für wenig Geld übernahmen seine Dienstboten unsere Wäsche und schlugen sie zum Waschen auf die Felsen. Don war ein hochgebildeter Mann, über Sri Lanka wußte er so ziemlich alles. Er konnte genauso gut die erstaunlichsten Dinge aus der reichen Geschichte seines Landes erzählen wie das Schweißen eines Ersatzteils arrangieren. Und wenn man zufällig Schmuck kaufen wollte, also, da konnte er schon etwas zeigen. Don hatte die nötigen Formulare parat und nahm meine Travellerschecks. Schnell war ich legal.

Der erste Tag in Sri Lanka war ein wahrer Festtag für all die Sinne, die in der langen Zeit auf See abgestumpft waren. Olivier und ich standen an der Ecke der Hauptstraße und warteten unter den Augen eines fünf Meter hohen, orangefarbenen Buddha auf den Bus. Uralte Autos wuselten vorbei, ausgemergelte braune Männer zerrten magere Kühe vor holzberäderten Karren hinter sich her.

Eine bunte Vielfalt von Gerüchen überfiel die Nase. Ich mußte meinen Geruchssinn nicht länger nur am Salzgeruch der See und gelegentlichen wohlriechenden Mahlzeiten laben. Es gab keinen Vergleich zwischen dem Geruch des Landes und jenem der See. Sri Lanka roch nach Menschen, vielen Menschen, fast zwölf Millionen, nach ihrer Vegetation, nach ihren Mahlzeiten und nach ihren Tieren.

Auf dem Meer war ein Tag in den anderen übergegangen, nahtlos, und wenn da nicht die regelmäßigen navigatorischen Aufgaben gewesen wären, hätte ich ganz gewiß – und sehr gern – alles Zeitmaß verloren. Es war nicht viel zu tun gewesen: schlafen, Essen zubereiten, Kurs halten, das eine oder andere verändern oder in Ordnung bringen und einmal am Tag den Schiffsort bestimmen. Ein Landfall wirkt elektrisierend nach solcher Gammelei.

Ich erlebte neue Sprachen, Akzente und Diskussionen, mußte mich mit dem Puzzle der Listen und Arbeitspläne auseinandersetzen, sollte einen einzelnen Tag durchorganisieren, aber auch die nächste Abreise, und mühte mich, meine eingerosteten Sprechwerkzeuge neu geschmiert in Gang zu setzen beim verzweifelten Versuch, all die versäumten Gespräche nachzuholen. Meine Augen mußten sich tausendmal am Tag umstellen in dieser Welt neuer Eindrücke, Straßen, Gesichter, Menschen und Gebräuche.

In meine Ohren drang statt der Geräusche von Wasser, Wind und meiner eigenen gelegentlich murmelnden Stimme wieder einmal der Mißklang kreischender Kinder, schimpfender Eltern, kaputter Auspuffe, knatternder Außenborder und schreiender Esel. Und zu fühlen gab es nun auch mehr als nur die vertraute Umgebung auf VARUNA. Auf der Veranda des Hauses in der Closenburg Road Nr. 6 spürten meine Hände das glatte Holz der geschwungenen Armlehnen von Don Windsors Sesseln. Meine Füße liefen über hartgestampfte Lehmstraßen und heißen, klebrigen Asphalt. Ich fuhr mit meinen Fingern durch seidenweiches, sauberes Haar und spürte Haut, die gerade mit Süßwasser frisch gewaschen war. Und ich fühlte Kleidung an meinem Körper, locker fallenden Stoff an Ellenbogen, Armen und Beinen.

Ein Mann auf einem übergroßen Dreirad rollte vorbei und bediente mit der rechten Hand die Übersetzung an der einen Seite des Lenkers. Olivier freute sich über meine Begeisterung. „Ich liebe dieses Land", sagte er. „Es ist, als wäre man in einem anderen Jahrhundert." Wir bestaunten jeden neuen Anblick, bis der Bus schließlich kam, mit etwa 25 Grad Schräglage. Die Leute rückten noch etwas zusammen, wir drängelten uns in die paar Quadratzentimeter Freiraum zwischen den Kindern in Schuluniform und hielten tapfer bis zur Stadt durch. Ich schaute in die Gesichter, sofort lächelten sie mich an. Dieses Land war wirklich etwas Besonderes. Ein Lächeln kostet nichts, und Menschen, die nach dieser Erkenntnis leben, sind immer ein beglückender Anblick für den erschöpften Besucher.

Olivier und ich hatten uns 31 Tage lang nicht gesehen und waren nun bis zur Ankunft meines Vaters nur zwei Tage für uns allein, dafür, uns auf uns selbst zu besinnen, die Boote zu säubern und für ein bißchen Sightseeing. VARUNA sah aus wie nach einer Reise bis ans Ende der Welt, und Olivier blickte entmutigt auf AKKAS Rostflecken. In den zwei Tagen konnten wir kaum mehr als kosmetische Korrekturen vornehmen. Olivier, selbst Schweizer, wußte nur zu gut, was uns mit dem deutschschweizerischen Perfektionismus meines Vaters bevorstand. Jetzt tat es ihm sehr leid, daß er keine Gelegenheit gehabt hatte, AKKA in Australien zu überholen, so wie er es geplant hatte, bevor er mir begegnet war.

Wir kauften Früchte und Gemüse, machten die Boote längsseits aneinander fest, legten das Sonnensegel über den Großbaum, um Schatten im Cockpit zu haben, und schrubbten unsere salzverkrusteten, von der Reise mitgenommenen Boote, so gut es irgend ging. Dann besuchten wir auf die Empfehlung neuer Freunde das Dorf Hikkaduwa, das eigentlich nur aus einem fünf Kilometer langen Sandstrand mit donnernder Brandung bestand, etwa eine Stunde von unserem Ankerplatz entfernt.

Auf unserer Fahrt entlang der Küste kamen wir an riesigen Kokospalmen vorbei, die durch eine Vielzahl von Tauen miteinander verbunden waren, auf denen man von Baumwipfel zu Baumwipfel kletterte, um die Nüsse herunterzuschütteln. Überall an der Küste standen Gebilde wie Kruzifixe in der Brandung Wache. Einsame Fischer erklommen sie und warfen stundenlang ihre Angelschnüre aus. In Hikkaduwa schlenderten wir über den Basar, und ich kaufte von einem an einer alten, fußbetriebenen Nähmaschine sitzenden, lächelnden alten Mann, schrumpelig wie eine Rosine, ein Paar handgearbeitete seidene Haremshosen, ehe wir uns auf den Rückweg machten.

In jener Nacht schlief ich kaum im Gedanken an das Wiedersehen mit meinem Vater, achtzehn Monate nach unserem Zusammensein auf den Bermudas. Abgesehen von meiner Beziehung zu Olivier, hatte sich in der Zeit so viel ereignet, daß ich nicht wußte, was mich erwartete. Ich war sicher, er würde merken, daß ich mich verändert hatte, und fragte mich, ob auch er anders wäre. Ich brannte darauf, von zu Hause zu hören, und keiner konnte so gut wie er tratschen und erzählen. Jetzt hatte aber auch ich Bände von Erlebnissen auf Lager.

Das Treffen mit meinem Vater war nicht der einzige Grund für unseren Ausflug in das städtische Treiben von Colombo. Ich brauchte Travellerschecks, nach dem Bakschisch in Bali und den Einkäufen auf Christmas Island war ich ziemlich pleite. Wir wachten früh auf und trafen uns um sechs Uhr mit Don Windsor und seinem Sohn Leonard, die uns und ein anderes Seglerpaar, Dean und Faye, in ihrem VW-Bus in haarsträubender Fahrt zur Hauptstadt brachten.

Leonard fuhr den Bus, als wäre es ein heißer Lamborghini, und zischte zwischen Uralt-Autos, Bussen, Fahrrädern und von Kühen gezogenen Karren in atemberaubender Geschwindigkeit hindurch. Nur einmal kamen wir mit quietschenden Bremsen zum Stehen, wie fast der gesamte Verkehr: an einer gewaltigen Andachtsstätte für Buddha. Sri Lanka wird als die Wiege des Buddhismus angesehen, und alle hundert Meter trifft man auf eine andere Stätte der Verehrung – Smaragdminiaturen, riesige Buddha-Statuen, aus Felsen herausgemeißelt, und Dagobas, glockenförmige Tempeltürme, manche so groß wie ägyptische Pyramiden. Überall gibt es Bilder, Reliquien und Statuen des Erleuchteten, des großen Lehrmeisters, wie er in Meditation versunken ins Nirwana eingeht.

Leonard warf ein paar Rupien in eine Sammelbüchse, Don sprang aus dem Wagen und legte die Hände für einen Augenblick der inneren Einkehr aneinander, und wir beobachteten verdutzt die Prozedur, die halb an Mautstelle, halb an Opferstock erinnerte.

In Colombo saßen wir schließlich alle im Hotel zusammen, nachdem jeder seine Besorgungen erledigt hatte, und steckten uns gegenseitig an mit unserer Nervosität beim Warten auf meinen Vater, der schon überfällig war. Wir saßen auf einer kühlen, schattigen Steinterrasse mit Blick auf den Indischen Ozean. Der äußerst gepflegte Garten, die umherhuschenden Kellner in ihren weißen Pyjamas und die holzgetäfelten Wände – es war wie in einem Detektivroman von Agatha Christie, jeden Augenblick mußte Hercule Poirot hereinkommen.

Als mein Vater endlich erschien, brauchte ich ihn nicht einmal zu sehen – seine Gegenwart war daran zu spüren, daß der Raum plötzlich mit Energie geladen war. Die Leute blickten sich um, als er wie ein Wirbelwind durch die Empfangshalle auf die Terrasse fegte. Ich mußte zweimal hinsehen – war er das wirklich? Er sah sonderbar aus, ein bißchen rundlicher, mit New Yorker Blässe und recht langem Haarschnitt, Jeans und einer verrückten Safari-Weste. Nicht nur ich war überrascht.

„Du lieber Himmel“, tönte er, wobei er gleichzeitig einen Kellner heranwinkte, um einen Drink zu bestellen. „Du siehst ja aus wie ein äthiopisches Flüchtlingsmädchen. Wir müssen sehen, daß du Fleisch auf die Knochen bekommst. Laß uns gleich Mittag essen.“

„Und du fühlst dich an wie der Reifen-Mann von Michelin“,

sagte ich, drückte ihn an mich und kniff ihn in die Taille. „Was ist das denn? Ein Paar Reservereifen?"

Verstohlen blickte ich auf die anderen. Faye zog ihr Kleid zurecht, Dean beobachtete freudig grinsend unser Wiedersehen, und Don stand auf, um den Mann zu begrüßen, von dem alle schon so viel gehört hatten. Ich wußte, was sie dachten: „Was ist das für ein Mensch, schickt seine Tochter so jung schon allein um die Welt?" Bald würden sie es wissen.

„Sehr komisch, Ding-a-ling." Über meine Schulter hinweg blickte er auf Olivier, der sich ebenfalls erhoben hatte und mit einem verlegenen Lächeln hinter mir stand.

„A ja, Daddy, Olivier. Olivier, Daddy."

„*Bonjour*, Olivier", sagte mein Vater lächelnd und streckte die Hand aus. Man hätte die Spannung mit einem Messer schneiden können, als ich darauf wartete, daß Olivier eine richtig gute, witzige Antwor gab.

„*Bonjour*, Ernst", antwortete er. „Wie war die Reise?"

Es war zweifellos an der Zeit, Don, Leonard, Dean und Fay bekanntzumachen. Wir setzten uns zum Lunch, und es entspann sich eine äußerst lebendige Unterhaltung, von der man sich eigentlich nur ein Bild machen kann, wenn man sich vorstellt, daß sechs Leute gleichzeitig versuchten, lauter als mein Vater zu reden.

„Übrigens, Tania, ich habe für mich nur zwei Unterhosen, zwei Paar Socken, ein Paar Shorts und ein T-Shirt mitgebracht, damit genug Platz für all die Sachen war, die du haben wolltest", sagte er auf dem Weg zu unseren Booten. Schnell griff ich nach seiner Reisetasche und stürzte mich auf den Beutel mit italienischem Nougat, Schokolade, Seekarten, Ersatzteilen und Geschenken.

Am nächsten Nachmittag hingen er und Olivier über meinem Motorraum und machten sich dann gemeinsam auf die Suche nach Ersatzteilen, wobei sie sich auch gleich ein bißchen miteinander anfreunden wollten. Währenddessen versuchte ich, meinen sechsten Artikel zu schreiben und auf fünfunddreißig handgeschriebenen Seiten die Erlebnisse von fast 5300 Meilen, vier Ländern und fünf Monaten unterzubringen.

Ein paar Tage später gönnten wir uns eine Pause, und mein Vater heuerte einen von Don Windsor empfohlenen Fahrer namens Siri an. Wir wollten drei Tage unterwegs sein, die Insel sehen und im Yala National Park eine Elefantensafari mitmachen. Olivier war anfangs wenig begeistert von meines Vaters Gewohnheit, von sehr vielem immer etwas zu sehen, statt sich mit wenigem recht eingehend zu befassen.

„Aber dann hat man doch alles auf einmal gesehen und kann bald weiter", sagte mein Vater, fassungslos bei dem Gedanken, herumzutrödeln. Olivier dagegen war mehr für ein ruhigeres Tempo, am liebsten per Anhalter, Bus und Eisenbahn. Ich versuchte also, ihn zu überzeugen, daß es anders auch Spaß machen würde, und unsere Tour begann.

Am Abend vor der Elefantensafari saßen Olivier und ich auf Felsblöcken in einem nahegelegenen Sumpfgelände und bewunderten den Sonnenuntergang, als einer der riesigen Dickhäuter plötzlich aus dem Nichts auftauchte und keine zehn Meter neben uns einen Wasserfall produzierte. Uns blieb fast die Luft weg. Dieser biologische Vorgang müßte eigentlich das achte Weltwunder sein. Außer einigen in ihrer Größe bemerkenswerten Körperteilen schien das Riesenvieh mindestens eine Tonne Wasser mit sich herumzutragen. Wir priesen uns glücklich, diese Sondervorstellung erlebt zu haben, denn bei der Safari sehr früh am nächsten Tag sahen wir nur ein paar schläfrige Pfauen, einige Affen, Büffel in einem Schlammbad und die Rückseite eines Elefanten fern am Horizont.

Weiter ging es vom Nationalpark nach Nuwara Eliya. Das Dorf mit seinen roten Ziegeldächern schmiegte sich in eine bewaldete Mulde am Fuß von Sri Lankas höchstem Berg. Siri fuhr uns über steil sich in die Höhe windende Straßen und durch Urwald, in dem wilde Orchideen von den Bäumen hingen. In dem hügeligen Hochland kamen wir an Wasserfällen vorbei, an Strohdach-Bungalows und den Landsitzen ehemaliger Kolonialherren, fuhren über reißende Flüsse und durch sattgrüne, terrassenförmig angelegte Teeplantagen.

Manchmal verschwand eine Affenfamilie, die sich am Wegrand putzte, bei unserem Nahen in einem Wald aus Gummibäumen. Allmählich lösten gemäßigte Temperaturen das feuchtheiße Küstenklima ab, und in der überwältigenden Berglandschaft im Inneren der Insel war uns richtig kalt.

Auch unser Hotel in Nuwara Eliya erinnerte an die Zeit, als das Land, das bis 1972 Ceylon genannt wurde, noch britische Kronkolonie war – und das lag kaum mehr als vierzig Jahre zurück. Antiquitäten, getäfelte Wände und Jagdtrophäen bestimmten den Gesamteindruck im Inneren des Hauses, das hoch auf einem Hügel lag, mit Blick über eine Patchwork-Landschaft in Grün, ein Feld mit Teebüschen nach dem anderen, gesäumt von blühenden Hekken. Wir sahen die Pflückerinnen in ihren farbigen Gewändern, den Korb auf dem Rücken, wie sie die Reihen auf und nieder wanderten, jede Pflanze einzeln prüften und die Blätter abzupften.

Der Nebel fiel vom Panorama der tropischen Alpen nieder auf das Dorf mit seinen Häusern im Stil der Tudors und der Königin Victoria, auch sie eine Erinnerung an eine kleine, einst blühende britische Kolonie hier im Hochland. Als es Abend wurde, überkam uns ein feuchtes Frösteln, die Nässe setzte sich in unsere Kleider, beim Sprechen konnten wir unseren Atem sehen.

Mein Vater und Olivier schienen nach den Dinner prima miteinander zurechtzukommen, vernichteten eine ganze Flasche Brandy als Nachttrunk und sprachen dabei über das Schicksal des Universums. Wenn Olivier sich nicht ganz behaglich fühlte, brauchte er meistens ein oder mehrere Schlückchen, um seine Stimmbänder zu schmieren. An und für sich war er ein ruhiger Mensch, und oft erwischte ich mich dabei, daß ich eine seiner Geschichten in Szene setzte, so daß er sie aufgreifen und meinem Vater zu Ende erzählen konnte.

Am nächsten Morgen hatte Siri Probleme, seinen Wagen, Jahrgang 1955, in der frostigen Luft in Gang zu bekommen – erstaunlich, wenn man bedenkt, daß wir nur sechs Breitengrade über dem Äquator waren. Siri erinnerte mich an meine Mutter, wie sie an einem eisigen Morgen in Vermont versuchte, unseren VW-Motor mit dem Fön zu erwärmen, damit sie uns rechtzeitig zur Schule bringen konnte, und wir entsetzlich jammerten, wir kämen zu spät.

Sonderbar, wie eine Kleinigkeit genügt, um eine längst verblaßte Erinnerung wachzurufen. Immer wieder löste irgend etwas bei mir

Sehnsucht nach Tony, Nina, Jade und Jeri aus. Achtzehn Monate lang hatte ich nun schon diese Tagträume von einer Familie, der anscheinend ein anderes Mädchen in einem anderen Leben angehört hatte.

Bei meiner Ankunft in Sri Lanka hatte ich in Don Windsors Obhut einen Riesenstapel offensichtlich weitgereister Post vorgefunden, komplett mit Eselsohren und beschädigter Verpackung. Sie brachte unter anderem die Erkenntnis, daß meine Geschwister ohne mich erwachsen wurden, selbständig herausfanden, was sie denn vom Leben erwarteten, und überwiegend damit gut zurechtkamen. Je öfter ich die Briefe las, desto ferner fühlte ich mich ihrem Dasein.

Tony, jetzt siebzehn, schrieb, daß er seine erste feste Freundin habe, und verstieg sich sogar zu dem Bekenntnis, er sei verliebt. So etwas hätte er zwei Jahre zuvor nie und nimmer zugegeben. Jade, sechzehn, hatte mir eine Liste aller neuen „In“-Wörter mitgeschickt, damit ich nicht völlig den Kontakt zur sozialen Realität New Yorks verlöre. Mein Vater berichtete, daß sie in der Schule gut vorankomme, und ihre Freundschaften wären in Ordnung.

„Sie sind alle *normal*“, sagte er mit einem gewissen Nachdruck.

Und Nina, neunzehn, war anscheinend ihrem radikalen Selbst treu geblieben, wobei allerdings ihre politischen Ansichten und Pläne für die Zukunft in den anderthalb Jahren Bildung in Cornell ständig diffuser und verworrener geworden waren. Es war schon immer schwierig gewesen, ihre Handschrift zu entziffern, nun war es kaum noch möglich.

„Das ist aber soweit okay, Tania“, versicherte sie mir. „Intellektuelle schreiben nicht ordentlich. Denk nur an Einstein.“ Nina sei dabei, sich zu verausgaben, berichtete mein Vater erfreut. Und in der Schule sei sie auch gut. Mochte sein, daß sie zu viel von sich erwartete. Doch das beunruhigte ihn nur ganz am Rande. Ich schlug vor, er solle sie zu mir in Urlaub schicken, ich würde ihr dann schon beibringen, wie man es ruhig angehen läßt.

„Hast recht“, griente er. „Wenn einer weiß, wie man sich das Leben leicht macht, dann bist du es.“

Und noch etwas: Tonys kindische Wutanfälle gehörten der Vergangenheit an, diese schlimmen Nachwehen der Probleme mit unserer Mutter und der Scheidung. Sein irrationales Verhalten habe sich in Luft aufgelöst, seit er Maggie kenne. Jade schrieb sogar: „Tania, du wirst es nicht glauben. Unser Bruder Tony ist *höflich* geworden. Tony, Maggie und ich waren in der überfüllten U-Bahn unterwegs, als plötzlich zwei Plätze frei wurden. Maggie setzte sich, und Tony drehte sich zu mir um und fragte, ob *ich den Platz haben wolle*. Ja. Du siehst keine Gespenster. Das von Tony, unserem Bruder. Ich kann dir sagen, der Schock warf mich fast zu Boden …"

Im Sommer 1985, bald nach meiner Abfahrt von New York, hatte mein Vater wieder einmal versucht, einem seiner Kinder etwas Begeisterung fürs Dasein einzuflößen, und gab ihm eine Chance, sich freizuschwimmen. So sah er es jedenfalls. Also unternahm er mit Fritz und Tony eine Reise nach Baffinland in der Arktis. Ein Hubschrauber setzte sie auf einer eisigen Hochebene ab, von dort mußten sie für zwei Wochen selbst sehen, wie sie zurechtkamen.

„Wir wollten ein paar Tage wandern, aber du kennst Tony ja", sagte mein Vater. „Er jammerte dauernd – wir sollten langsamer gehen, seine Füße taten weh, er fror, war müde, warum machten wir nicht mal eine Pause? Ach! Schließlich fing er auch noch an zu heulen, er könne nicht mehr. Ich wurde wütend und sagte ihm, Fritz und ich gingen jetzt allein weiter, wenn er so ein Jammerlappen wäre. In ein paar Tagen kämen wir zurück." Am nächsten Tag wurde ihm und Fritz wegen der Eisbären mulmig, sie machten sich eilig auf den Rückweg.

„Da war Tony", sagte er voll Stolz. „Er hatte sein Zelt aufgebaut, ein kleines Feuer brannte, er lag und las ein Buch und war mit sich und der Welt zufrieden. Die restlichen Tage haben wir dann geklönt, viel gelacht, Lachs geräuchert und ein paar Eskimos kennengelernt."

In dem Jahr seit dem Tode meiner Mutter hatte ich keine unmittelbaren Kontakte mit meiner Familie gehabt, es waren immer nur Worte auf Papier für mich gewesen. Nun erweckte mein Vater sie alle zum Leben, und das brauchte ich so sehr. Wir Kinder hatten nur uns selbst gehabt; in dieser Familie, in der sich alles ständig veränderte, waren wir das einzig Beständige füreinander. Und nun hatte ich große Angst, daß bis zu meiner Heimkehr unsere Wege womöglich völlig auseinandergegangen sein könnten – vielleicht erkannte ich meine Geschwister dann gar nicht wieder. Während der drei Tage, in denen Siri uns durch Sri Lanka fuhr, quetschte ich meinen Vater nach allem und jedem aus, ich konnte nicht genug bekommen von seinen Geschichten.

Doch zurück nach Nuwara Eliya. Als Siri den Motor schließlich in Gang gebracht hatte, machten wir uns auf dem Weg nach Kandy, in die ehemalige Hauptstadt aus dem 16. Jahrhundert, Heimstatt von Buddhas linkem Eckzahn, der als Symbol seiner Herrschaft dort in einem Tempel aufbewahrt wird. Nach der Überlieferung hatte im 4. Jahrhundert eine Prinzessin – Tochter eines indischen Königs, dessen Thron von Andersgläubigen bedroht war – den Zahn in ihrem Haar verborgen nach Sri Lanka gerettet.

Wir gingen am Kandy Lake vorbei und in die Stadt mit ihrem Menschengedränge. In den Gesichtern der Menschen las ich einen stillen Stolz, eine ruhige Würde, die mir im Gedränge der Weltstadt daheim nie begegnet waren. Ich fragte mich, was dort fehlen könnte, während es hier die Menschen haben. Buddha lehrt: Meide das Böse; pflege und hege das Gute; läutere die Seele, vernichte alle Begierden. Und das könnte schon die ganze Erklärung gewesen sein.

Diese Menschen hatten keine Vorstellung von den materiellen Bedürfnissen in der Welt, aus der wir kamen, kein Verständnis für das, was uns in unserem Leben wichtig ist. In Sri Lanka und an den meisten anderen Plätzen, die ich bisher besucht hatte, kam man noch ohne Pulverkaffee, Anrufbeantworter und die 150 verschiedenen Waschmittelsorten zurecht, unter denen wir im Supermarkt wählen müssen. Die Menschen kamen aus mit dem, was sie hatten, und ich spürte da eine gewisse Parallele zwischen ihrem Leben und dem meinen auf VARUNA, obwohl ich mich in freier Wahl und nicht unter dem Zwang der Lebensumstände dafür entschieden hatte.

Kandy war eine Stadt im Farbenrausch, mit den reichverzierten Fassaden ihrer Bauten im fernöstlichen Stil, die Männer meist in dunkler Kleidung, die Frauen in leuchtenden Farben, verschleiert und in Saris, und alles vom hellen Sonnenlicht durchtränkt. Manches Lächeln enthüllte rote, verrottete Zähne. Das kam vom Betelkauen. An einer Straßenecke kauften Olivier und mein Vater sich ein Päckchen Betel an einem Stand und bissen in eine Mischung von Limone und Betelnuß, eingewickelt in ein Betelblatt. Doch sie spuckten es sofort wieder aus – eine besondere Vorliebe dafür mußte man wohl erst entwickeln. Ich verzichtete ganz.

Einen harten Kontrast zu den roten Zahnstümpfen bildeten die großen orangefarbenen Flecken überall im Straßenbild. Das waren Gruppen junger Mönche. Singhalesen gehen oft in der Jugend für einige Jahre ins Kloster, um sich Buddhas Lehren und die Reinheit buddhistischen Lebens anzueignen, ehe sie den Weg ins wirkliche Leben antreten.

Sri Lanka – das waren Farben, Geräusche, Stimmen, eine schnörkelige, verwirbelte Schrift und eine liebliche Art zu sprechen, gleichsam ein melodiöser Singsang. Nie wußte ich, ob die Leute ja oder nein sagten, denn beides wurde von einer wackeligen, langsamen Drehung des Kopfes begleitet – der Sprechende sah aus wie eine Puppe mit ausgeleierter Halsspirale. Manche Bräuche erinnerten behutsam daran, daß in Sri Lanka vier große Religionen vertreten sind – Buddhismus, Hinduismus, Christentum und Islam. Daher gibt es Gepflogenheiten, die man kennen sollte: Schuhe aus in Tempeln, selbst in Tempelruinen, anständige Kleidung, und weil die meisten Menschen zur Körperpflege die linke Hand benutzen und sie deshalb als unrein gilt, ißt man nicht mir ihr und reicht auch anderen damit nichts zu.

Ich genoß es sehr, einen ganzen Monat an Land zu bleiben, obwohl mein Vater in den zwei Wochen seines Aufenthaltes mir immer wieder davon abriet. Da aber ich die Reise machte, mußte ich meiner Meinung nach zu guter Letzt auch selbst entscheiden, zumindest wenn es um meine Gesundheit ging. Ich war unterernährt und sehr müde, hatte aber bestenfalls nur noch einen erfreulichen Reiseabschnitt vor mir, die Überquerung des Arabischen Meeres. An Rotes Meer, Mittelmeer und Atlantik mochte ich noch gar nicht denken.

Am dritten Tag unserer Tour mit Siri fuhren wir von Kandy aus zurück. Don Windsor gab eine Party, alle Segler hatten sich feingemacht. Ich wurde einem Vier-Sterne-General vorgestellt, einem ehemaligen Premierminister, und noch ein paar hohen Tieren. Auf Dons Wunsch berichtete ich einigen Journalisten von meiner Reise, während immer mal wieder jemand kam und mir zum Geburtstag gratulierte. Ich begriff das nicht – bis dahin waren es schließlich noch zehn Monate –, bis ich Don verstohlen lächeln sah. Jetzt wußte ich den Anlaß für die Party.

Dieses Schlitzohr! Ihm fiel immer etwas ein, um Kunden anzulocken. Für Segler war er genau der richtige Typ. Am Ende eines heißen Tages kamen wir stets gern auf Dons Veranda, mal zu sehen, was es Neues gab.

Egal, woher es kam – ein Segelboot, das Sri Lanka anlief, hatte viele Meilen und Tage auf See hinter sich. Wir waren eine große Bruderschaft, jeder wollte wissen, wieso der andere hier war. Da war Henry, über siebzig, holländischer Einhandsegler, der ursprünglich von Annapolis, Maryland, kam, schon überall gewesen war, immer eine Kürbisflasche mit Rum dabeihatte und gern gewagte Geschichten erzählte.

Dann die Familie auf CHRISTINA, früher Kioskbesitzer in Deutschland, unterwegs auf Weltumseglung, die sich, bis auf den siebenjährigen Sohn, gern an der Vernichtung von Henrys Rum beteiligte. Allistair dagegen hatte sich in einem Anfall von Anarchismus mit seiner jungen Tochter und Sohn, einem Affen und einem Dingo auf seiner Gloucester-Slup aus Australien abgesetzt.

Mein Vater paßte wunderbar dazu mit seinen wilden Geschichten vom Goldschmuggel in Indien und seiner abenteuerlichen Fahrt über den Hindukusch, von Afghanistan nach Pakistan, und das im uralten Kombiwagen. Wir saßen um Dons Eßtisch, redeten und futterten scharf gewürztes Beef, Curry-Gemüse und Büffeljoghurt, jeden Abend von Dons Familie treulich auf den Tisch gebracht.

Oft sprachen wir auch über den tausendjährigen Religionskrieg zwischen Singhalesen und Tamilen, der noch immer im Nordteil des Landes wütete. An sich berührte er uns nicht, bis auf die Tatsache, daß der Hafen und öffentliche Gebäude schwerbewacht waren.

Am häufigsten aber redeten wir über das Rote Meer. Jeder kannte Horrorgeschichten über Boote, die von großen Schiffen ohne Ausguck übergemangelt worden waren, und auch die widerwärtigen Gegenwinde wurde im Detail diskutiert. Wir alle fürchteten die Fahrt auf dieser verrufenen Strecke, waren fast süchtig nach Gesprächen darüber, als ob das die Angst mindern könnte.

Das Rote Meer ist 1200 Meilen lang, fast genau in Nord-Süd-Richtung. Durch die Trichterwirkung der Gebirgsketten zu beiden Seiten wird der Wind ungeheuer verstärkt, wobei er der Richtung der See folgt und Fahrt voraus oftmals nahezu unmöglich macht. Vor der Küste sind Riffe, die Navigation und Landfall erschweren. Dann gibt es noch gelegentlich Sandstürme und damit keine Möglichkeit zur Astronavigation. Jeder wollte von Seeräubern und Waffenschmugglern gehört haben, die es dort geben solle, dazu die unfreundlichen Länder Äthiopien, Nordjemen und Saudi-Arabien, was die Landeplätze auf den Sudan und auf Ägypten reduzierte. Schließlich ist das Rote Meer auch noch Hauptschiffahrtsweg für den Verkehr zwischen Europa und Asien.

Wollte man dem endlosen Stampfen beim Kreuzen gegen den Wind entgehen, gab es nur eine Alternative – eine gute Maschine und genügend Zeit, um die seltenen Flauten abzuwarten. Je mehr ich davon hörte, desto unbehaglicher wurde mir. Niemand freute sich auf diese Strecke; gute Ratschläge für Ankerplätze gab es reichlich, auch Fotokopien aus Führern, aber sonst ... Kam einmal ein Boot in den Hafen, das in der Gegenrichtung durchs Rote Meer gegangen war, so bombardierten wir die Crew mit Fragen. Ihre Antworten bestätigten unsere schlimmsten Befürchtungen.

„Die ganze Zeit starke achterliche Winde, und viele, viele Schiffe", sagten sie übereinstimmend. Eine 24-Meter-Ketsch lief ein, der ein Tanker den Besanmast abrasiert hatte. Daß selbst so ein verhältnismäßig großes Schiff von der Brückenwache übersehen wurde, machte allen von uns große Sorge, die ein kleineres Boot hatten. Aber trotz aller Befürchtungen gab es auch Zeiten, wo wir vergaßen, was vor uns lag, und die Gegenwart genossen. Hier herrschte eine Kameradschaft unter den Seglern, wie sie mir zuvor noch nicht begegnet war.

Wir beschlossen, Varuna aus dem Wasser zu nehmen, solange mein Vater noch helfen konnte. Das Spiel im Ruder mußte überprüft werden, und eine weitere Schicht Antifouling sollte sie auch bekommen. Als der Werftkran sie aus dem Wasser hob, sah ich erleichtert, daß der Rumpf noch fast so gut wie neu war, und das nach mehr als einer halben Weltumseglung. Sie hatte sich fabelhaft gehalten, obwohl es für sie nicht leicht gewesen war bei meinem anfänglichen Mangel an Segelerfahrung. VARUNA hatte mich mit geduldiger Hand geführt, bis ich selbst lernte, ordentlich mit ihr umzugehen. Eine richtige kleine Lady.

Den letzten Tag mit meinem Vater verbrachten Olivier und ich in Colombo auf der Suche nach Konserven – bloß keine Sardinen! –, einem Messer, einer Popnietzange und ein paar anderen Kleinigkeiten, die wir in New York in der Canal Street in einer halben Stunde zusammengehabt hätten. Der Zug nach Galle ging am Nachmittag, und wir mußten mit ihm zurück zu unseren Booten.

„Also, Tania", sagte mein Vater am Eingang zum Bahnhof, als er uns wegbrachte. „Ich hoffe, du hast eine gute Reise. Nein, ich hoffe, sie ist sogar hervorragend. Und, bitte, mach voran, oder der Nordatlantik wird abscheulich, wenn du zu spät in der Saison dort ankommst. Du mußt dich ja sowieso ranhalten und vor November zurück sein, damit du den Rekord brichst." Wir glaubten damals noch, die Chancen dafür stünden gut.

„Ich weiß es, Daddy. Wir sehen uns bald wieder, und vorher rufe ich noch an."

„Halt dich ran. Denk dran, dies ist kein Urlaub", fuhr er fort, und ich fiel in sein nur zu bekanntes Schlußwort ein: „Dies ist ein Job."

Er sagte es freundlich und sah mich traurig an, versuchte aber, optimistisch zu klingen. Er hatte gerade zwei Wochen lang auf VARUNA geschlafen, sich dauernd den Kopf gestoßen und erlebt, wie die Hitze kaputtmachen kann. Er sah die dunklen Ringe unter meinen Augen und daß ich ziemlich abgenommen hatte. Zum erstenmal seit anderthalb Jahren war ich nicht nur eine Stimme im Telefon, die aus dem nächsten exotischen Hafen kam. Und auch nicht mehr die leichtsinnige Sechzehnjährige, die er einmal kannte, sondern eine sehr müde Zwanzigjährige mitten drin in einer Unternehmung, die weitaus mühseliger war, als wir uns hatten träumen lassen in jenen Tagen begeisterten Pläneschmiedens. Damals hatten wir die Welt tatsächlich im Griff gehabt – als wir am Globus drehten.

Beim Abschied am Bahnhof in Colombo schüttelten er und Olivier sich die Hände, und er nahm mich fest in die Arme. „Übrigens, ich mag Olivier“, flüsterte er mir ins Ohr. „Er ist dir ein guter Freund.“

Es war wieder mal ein Abschied für ungewisse Zeit. Ich stellte mir vor, wie er ins Flugzeug stieg und im Handumdrehen zurückkehrte in die Welt der klimatisierten Kinos, der Badewannen, Telefone, zu Jeri und meinen Geschwistern. Ich würde noch neun Monate segeln müssen, bis auch ich wieder dort war. Als der Zug abfuhr, überkam mich in Tränen die Sehnsucht nach zu Hause.

Mein Vater brachte mich zwar manchmal auf die Palme, aber ich war gern mit ihm zusammen. Ich liebte seine Geschichten und grandiosen Pläne und war traurig, daß er nun ging. Den gleichen Schwung, den er gerade mit nach Sri Lanka gebracht hatte, trug er in jenen frühen Jahren in unser Leben in Vernon. Das Leben mit meiner Mutter war für uns Kinder schwierig, höllisch schwierig, weil wir sie mit ihren eigenen Schwierigkeiten nicht verstehen konnten. So versuchte mein Vater, in die Wochenenden mit uns zusammen soviel Liebe, Glück und Normalität zu bringen, wie es ihm nur möglich war.

Wir waren selig, wenn er kam, aus seiner Jugend erzählte, wie er mit zwanzig Dollar in der Tasche per Anhalter durch Osteuropa und den Nahen Osten bis nach Japan reiste, in Beirut als jodelnder Bauchtänzer auftrat, Gold nach Indien schmuggelte und in Rotchina als Spion war. Er erzählte wahre Fortsetzungsromane, und wenn ihm nichts mehr aus seinem eigenen Leben einfiel, erfand er Luftschlösser, von Ungeheuern, Drachen und Feen bewohnt, in denen immer eins von uns Kindern der Held war. Im Sommer bauten wir ein Baumhaus, machten lange Ausflüge über Land und bis in die Appalachen. Im Winter versuchte er, uns Selbsthypnose beizubringen, was nicht klappte, weil ein Fuß oder eine Hand immer im falschen Augenblick zu jucken anfing. Dann rief er einen Wettbewerb aus: Wer von uns zuerst ohne Festhalten eine Minute Handstand könnte, dürfe sich die größte Salami im Supermarkt kaufen. Jahre später, mit Gymnastiktraining, schaffte Nina es endlich, doch da war sie schon Vegetarierin.

Meine Mutter war nie zu Hause, wenn mein Vater zum Wochenende kam. Als wir aber nach seinen Besuchen vor Begeisterung übersprudelten, begann sie, mit uns freitags ins Hotel zu gehen und erst am Sonntagabend zurückzukehren. Dann wartete er vergeblich auf uns, legte uns liebevolle Briefe unter das Kopfkissen und versprach, am nächsten Wochenende wiederzukommen. Dieses qualvolle Hin und Her beendete meine Mutter eines Tages mit der Flucht in die Schweiz, wo wir ins Internat kamen.

Jetzt, in Sri Lanka im Zug, fühlte ich mich genauso leer wie als Kind am Sonntagabend, wenn mein Vater uns zum Abschied küßte und traurig das Haus in Vernon verließ, um mit dem Bus nach New York zurückzufahren.

„Du hast wirklich einen netten Vater“, sagte Olivier, holte mich in die Gegenwart zurück und versuchte mich fröhlich zu stimmen, indem er mich auf die Läuse-Eier in den Haaren der Mitreisenden aufmerksam machte. Ich sah meinen blonden Partner an und spürte eine Woge der Erleichterung. Ohne seine Hilfe und Liebe in den schlimmsten Augenblicken und ohne die gemeinsam erlebten Freuden in guten Tagen konnte ich mir die Reise und überhaupt mein Leben nicht mehr vorstellen.

Der Monat näherte sich seinem Ende. Akka hatte ebenfalls neues Antifouling bekommen, und Olivier und ich bereiteten die Boote für die Reise vor – 3100 Meilen über das Arabische Meer und das Rote Meer hoch bis Port Sudan. Nahe der Einfahrt zum Roten Meer konnten wir auch nach Djibouti oder Aden im Südjemen gehen, doch wir hofften, daß wir den Trip nonstop schaffen würden.

Wir beluden die Boote bis zur Grenze ihrer Tragfähigkeit mit Lauch, Zwiebeln, Kartoffeln, Karotten, Kohl, Wasser, Diesel und den wenigen konservierten Lebensmitteln, die wir auftreiben konnten. Am Dienstag, den 10. Februar 1987, waren um elf Uhr am Vormittag beide Anker an Deck, und Ausflüchte gab es nicht mehr. Wir motorten aus dem Hafen. Ich zog Groß und Fock hoch, stellte den Motor ab, und plötzlich wurde das vertraute Gurgeln des Wassers achteraus übertönt von einem äußerst unsympathischen Geräusch – Wasser strömte in den Motorraum.

„O Gott, was nun?“ stöhnte ich. Wir waren doch gerade erst losgefahren. Ich nahm die Motorabdeckung hoch und sah eine volle Ladung Wasser aus dem Stevenrohr einströmen, dort, wo die Propellerwelle über eine Stopfbuchse aus dem Rumpf austritt. Ich sah sofort, was passiert war, und hätte mich ohrfeigen können. Die Stopfbuchse sollte schon längst geschmiert werden, aber irgendwie war ich nie dazu gekommen. Nun hatte ich die Bescherung. Sie klebte an der Propellerwelle und drehte sich mit ihr, wenn der Gang drin war, so daß der Schlauch sich löste, der sie über eine Schlauchklemme festhielt. Die Stopfbuchse war herausgesprungen, die See strömte herein.

Mit einem wachsamen Auge auf die Schiffe, die VARUNA auf beiden Seiten passierten, während wir die Schiffahrtswege vor der Südwestküste von Sri Lanka kreuzten, hämmerte ich die Stopfbuchse zurück in das flexible Rohr und zog die Schlauchklemme an. Die Sturzflut kam zum Stillstand. Dann rutschte mir nach einer winzigen Drehung meiner Hand mein letzter Schraubendreher in die düsteren Tiefen der Bilge. Ich bin sicher, mit dem, was da unten im Laufe der Spielchen mit diesem gottverdammten Motor gelandet war, hätte ich einen Eisenwarenladen eröffnen können: Schraubendreher, Schraubenschlüssel, Schweizer Armeemesser, lebenswichtige Schrauben, Muttern und Bolzen, sogar eine Schere – die ewig hungrige Bilge schluckte alles.

Ich folgte AKKA durch die Schiffahrtswege, und wir besprachen mein Problem von Boot zu Boot. Nachmittags, als der Wind einschlief und noch immer in Landsicht, nahmen wir die Segel weg und gaben Leinen über. Olivier schwamm mit Schraubendreher und Schraubenschlüssel im Mund herüber. Wir versuchten alles, das Problem in den Griff zu kriegen – ohne Erfolg. Ich war sauer auf mich selbst. Das Ganze wäre nicht passiert, wenn ich die Betriebsanleitung richtig gelesen und die Stopfbuchse geschmiert hätte. Durch meine Schludrigkeit war nun der Schmiernippel gerostet und abgefallen. Jedesmal wenn der Gang eingelegt wurde, sprang die Stopfbuchse raus.

Wir waren 15 Meilen von Galle entfernt und in einem Dilemma. Sollten wir umkehren, oder sollte ich versuchen, die 2400 Meilen bis Djibouti zu segeln, wo die Reparatur gemacht werden könnte?

Mit der zweiten Lösung war unser zeitsparender Plan, direkt nach Port Sudan zu gehen, hinfällig. Doch wenn wir nach Galle zurückkehrten, verschwendeten wir die gleiche Menge Zeit in einem Hafen, den wir schon kannten. Olivier nahm VARUNA in Schlepp, etwa zwanzig Minuten lang, dann lief sein Motor heiß. Damit war die Entscheidung gefallen, wir mußten nach Djibouti. Für das Rote Meer brauchte ich den Motor.

Nach zwei Tagen waren wir noch in Sicht voneinander. Wir hatten wechselnde Winde, doch als wir aus der Abdeckung von Sri Lanka kamen, änderte sich das Wetter dramatisch. In Minuten zog VARUNA nicht mehr friedlich dahin, sondern schob Lage auf einem Raumschotskurs bei stark böigem Wind. Das Geräusch des gurgelnden Kielwassers verzehnfachte sich. Der Nordost-Monsum sammelte seine Kräfte hinter der Insel und blies dann mit voller Wucht durch die 40 Meilen breite Passage zwischen Sri Lanka und Indien, über dessen weit in die See reichendem Kontinentalschelf sich noch dazu eine konfuse Kabbelsee aufbaute.

Am dritten Morgen, nach einer unruhigen Nacht auf der Backe liegend, war AKKA noch in Sicht, etwa eine Meile in Luv. Nach einer stillen Übereinkunft war das Boot in Luv fürs Zusammenbleiben verantwortlich. Also mußte Olivier mal wieder etwas näher herankommen. Ich stellte mich ans Spritzverdeck und wartete.

Die Sonne schien, es wurde heiß, wir segelten bei halbem Wind und ungewöhnlich steilen Wellen, die Leereling fast immer unter Wasser. Wenn wir von einem Wellenkamm fielen, gab es winzige Regenbogen im schäumenden Kielwasser. Ich dachte an ein drittes Reff, zwei waren schon im Groß, und die Fock war ganz gerefft. Doch Olivier kam langsam näher, wir machten Superfahrt. Also ging ich unter Deck für eine halbe Stunde Extra-Schlaf, dachte aber noch einmal über ein drittes Reff nach.

Plötzlich wurde VARUNA höher als gewöhnlich auf den Kamm einer besonders großen Welle gehoben, richtete sich auf und hob sich weiter empor. Ich weiß noch, wie ich dachte: „O verdammt!", dann das Gefühl, in Zeitlupe ins Nichts zu fallen – das Boot taumelte und schlug seitlich auf, unter Deck flog alles durcheinander, ich wurde auf die Seite geschleudert und schrie entsetzt auf. Der Kamm einer Riesenwelle schlug über VARUNA hinweg, stieg durch den Niedergang auch unter Deck ein, bis auf meine Koje. Es knallte, schepperte und krachte, dazu das Geräusch von tonnenweise überkommendem Wasser.

„Gerade wollte ich das verdammte dritte Reff reinnehmen, zwei Minuten Warten war wohl nicht drin?“ Ich war fassungslos, Angst, Verzweiflung, Hilflosigkeit – alles kam zusammen. Mit Tarzoon stürzte ich an Deck, um mir den Schaden zu besehen. VARUNA war ganz aufs Wasser gedrückt worden, das Cockpit stand unter Wasser, meine beiden Frischwasser-Kanister, ein Steckschott, mein Lieblingshut, Trichter, Eimer und andere Kleinigkeiten schwammen im Kielwasser. Ich sah, wie die Selbststeueranlage auf Kurs ging, wir segelten weiter! Unglaublich! Inzwischen war Olivier aufgekommen, er segelte in Lee und brüllte durch das ganze Getöse zu mir rüber: „Wow! Das war ungeheuerlich! Dein Mast lag fast auf dem Wasser. Schade, daß ich meine Kamera nicht draußen hatte. Ist alles in Ordnung bei dir?“

„Nein!“ schrie ich ihn an. „Überhaupt nicht! Ich habe die größte Schweinerei aufzuklaren, die du dir nur vorstellen kannst. Mein Wasser ist auch weg, außer dem Mistzeug in den Tanks.“

„Warum hast du nicht gerefft?“

„Ach, laß mich doch in Ruhe!“ brüllte ich ihn an. Er hatte ja recht.

„Meine Schuld ist es nicht. Schrei doch den Ozean an“, antwortete er, lächelnd, und manövrierte AKKA näher heran, so daß wir weiterreden konnten.

„Hab ich ja schon, jetzt hab ich nur noch dich. Ich komm später nach.“ Ich winkte ihm zu und drehte das dritte Reff ein, mit tausend Schwüren, es nur noch bei echter Flaute wieder rauszunehmen. Unter Deck fand ich noch reichlich Wasser auf meiner Koje vor, dazu eine aufgegangene Dose Milchpulver, deren Inhalt dem Kojenpolster und den Wänden einen interessanten Farbton verlieh. Fast alles, was bisher in Luv auf den Borden gewesen war, schwamm nun in Lee im Seewasser. Während ich die milchige Bescherung aufwischte, fiel mir ein, daß die Hälfte meines Werkzeugs auch im Cockpit gewesen war.

Ich brauchte fast einen Tag, um mich zu beruhigen und alles einigermaßen aufzuklaren. Noch an einigen Tagen nach dem

Knockdown stellte sich auf der Suche nach dem einen oder anderen Teil, das im Cockpit gestaut war, heraus, daß noch sehr viel mehr auf Tiefe gegangen war.

Am nächsten Morgen kamen wir in den Windschatten von Indien, die Flaute war ideal zum Trocknen des Kojenpolsters. Zwei Tage lang drifteten Akka und Varuna, durch Leinen verbunden, mitten im Müll im Indischen Ozean. Wir dümpelten hundert Meilen vor der indischen Küste, im Treffpunkt zweier Strömungen, und der Dreck war ekelerregend. Schwarze Ölschichten auf dem Wasser, alle paar Bootslängen schwamm Abfall – Beutel, Plastik, Schaumstoff, Spülmittelflaschen, Packmaterial, Schmier verschiedenster Herkunft. Unsere Boote waren mit einer dicken schwarzen Dreckschicht überzogen. Längst tauchten wir nicht mehr ins Wasser, ich hätte nicht mal mehr meine Hände darin waschen wollen. Wollten wir aufs andere Boot, so zogen wir es zum Überspringen heran. Hier konnte nichts überleben, die See war durch die Verschmutzung tot, es war zum Weinen.

Olivier gab mir einen Kanister Frischwasser ab, so daß ich für gut einen Monat einen Liter pro Tag hatte und dann erst das abscheuliche Wasser aus Varunas Tanks trinken mußte. Schließlich kam der Wind zurück, mit Schwung, und wir huschten auf dem Schiffahrtsweg zwischen Malediven und Lakkadiven in das Arabische Meer, mit etlichen dicken Schiffen zusammen dem Lichtstrahl eines Leuchtturms auf einer einsamen Insel folgend.

In der Woche darauf hatten wir Nordostwind, der mit schweren Böen und Beinahe-Flauten wechselte. Reffs rein, Reffs raus, und Tag und Nacht zwei verschiedene Welten. Tagsüber, in der Sonne, verschwand meine Angst, Akka zu verlieren. Wir segelten nebeneinander her, unterhielten uns von Boot zu Boot, bis ich stockheiser war. Wir klönten über Mahlzeiten, Standorte, den neuesten Blödsinn, den die Katzen ausheckten. Seit Australien war Mimine Dauergast auf Akka.

In der Dunkelheit der Nacht gingen wir abwechselnd Drei-Stunden-Wachen, um uns nicht zu verlieren. Manchmal war das Leuchten des Wassers so stark, daß ich Mühe hatte, Oliviers Topplaterne dazwischen auszumachen. Wir hatten uns einen eigenen Morse-Code zum Blinksignalisieren mit unseren Taschenlampen bei Wachwechsel ausgedacht – kurz-kurz-kurz: alles okay, lang-lang-lang: bitte näherkommen, kurz-lang-kurz: *I blong you.*

Jede Nacht kamen die Delphine wie Torpedos mit Lichtschweif an VARUNA vorbei, quiekend, übermütig. Oft las ich viertelstundenweise, checkte AKKAS Licht, las weiter. Meist war ich in Luv, damit ich, wenn nötig, schnell zu AKKA hin abfallen konnte. Es war zwar ein gewisser Zeitverlust und durch das Wachegehen eine zusätzliche Ermüdung mit dem Zusammenbleiben verbunden, aber das war es mir immer wert. Im Grunde genommen kamen wir uns lächerlich vor, daß wir auf zwei Booten unterwegs waren, wo wir beide lieber gemeinsam auf einem gewesen wären.

Manchmal war es ja auch romantisch, in samtener Nacht dicht an AKKA heranzugehen, Olivier in seinen Träumen in der Koje zu wissen und als sein Schutzengel neben ihm zu steuern, ihn vor allem Unheil bewahrend.

Kurz nach den Lakkadiven machte ich mir einen Kohlsalat – mit dem Ergebnis, daß ich schlimm von Sindbads Rache getroffen wurde. Den Rest des Tages und die ganze Nacht hindurch lag ich stöhnend und zusammengerollt wie ein Embryo da und hielt mir den Magen, der sich anfühlte, als werde er mir herausgerissen. Es war mir nicht möglich, richtig Wache zu gehen. Am Morgen war AKKA verschwunden.

Verzweifelt weinte ich vor mich hin. Der Ozean verstärkte auf unglaubliche Weise alle Empfindungen, und ich konnte bloß noch daran denken, daß nur wegen dieser Magenbeschwerden volle vierzehn Tage und schlaflose Nächte mit Kurs- und Geschwindigkeitsänderungen vergeblich waren.

Ich nahm die Segel herunter, um zu warten, stellte mir Oliviers Enttäuschung vor, daß wir getrennt waren, setzte wieder Segel – vielleicht war er voraus? Ging ein paar Grad nach Süden, weil AKKA eine Neigung hatte, abzufallen, überlegte, daß er die Selbststeuerung entsprechend eingestellt haben könnte, und ging wieder mehr nach Norden. Bald hatte ich eine Furche im Fuß, weil ich so lange auf den Maststufen stand und Ausschau hielt – und begriff endlich, daß das alles sinnlos war und ich mich lieber schnellstens auf den Weg nach Djibouti machen sollte.

Dadurch wurde ich gezwungen, mich auf einen neuen Tagesrhythmus einzustellen. Das bekam mir, ich schlief besser und fühlte mich entspannter. Die See wurde ruhiger, der Wind blies sanft mit Stärke zwei. Ich beschloß, Reinschiff zu machen, und kroch in Backskisten, Schapps und Borde, Motorraum, Cockpit, selbst in die Bilge, dazu Musik aus dem Recorder. Nach vier Tagen waren meine Hände schrumpelig, und VARUNA strahlte in neuem Glanz.

Mitten in dieser Reinigungsorgie erschien ein Schiff am Horizont, ich rief es auf UKW an. Keine Antwort, aber ein anderes, unsichtbares, meldete sich. „Ruf an, wenn du mich siehst, dann gebe ich dir ein Fix." Ungefähr zwanzig Minuten später funkte es mich wieder an: „Kannst du mich nicht sehen? Wir sind ungefähr zwei Meilen hinter dir."

„Nein", gab ich zurück, „das Schiff, das vorhin da war, ist verschwunden. Ich sehe definitiv nichts am Horizont." Und dann dämmerte es mir. „He, warte mal, siehst du etwa ein schwarzes Boot mit zwei Masten?"

„Ja, sieht so aus."

„O mein Gott!" durchfuhr es mich, „er sieht AKKA", und nahm schnell das Gespräch wieder auf.

„Hör zu, ich weiß, wer das ist. Gib mir bitte deine genaue Position. Ich möchte ihn anlaufen und überraschen."

Mein Funkpartner half mir gern, und mit vielem Dank zurück, machte ich mich auf die Suche nach meiner verlorengegangenen Hälfte, plottete und rechnete, änderte den Kurs, suchte über Nacht den Horizont vom Mast aus ab, gab wilde Lichtsignale zu den Sternen hinauf, aber nichts blinkte zurück.

Im Morgengrauen tauchten die Berggipfel von Socotra vor der Küste von Somalia auf, Schauplatz mancher Piraten-Story in den Erzählungen unserer Freunde bei Don Windsor. Schließlich passierten wir die ersten Bergzüge des Jemen am Golf von Aden. In der Enge zwischen der arabischen Halbinsel und Nordostafrika, vor der Einfahrt ins Rote Meer, ließen die Winde nach, die Segel schlugen unentwegt. Ich betete, daß sie auf unserem Weg durchs Rote Meer noch ohne allzu viele Reparaturen durchhalten würden – aber wenn ich mir die abgenutzten Stellen so besah, dann war das ziemlich viel verlangt. Das Schlagen auf der Arafurasee und in den

Kalmen hatte ganze Arbeit geleistet. Das Tuch wurde allmählich gelb, und um die Nähte, von der Sonne mürbe geworden, glänzte es durchscheinend. Ich konnte wirklich nur noch beten. Es gab im Augenblick nur einen Trost: Wir kamen trotz der schlagenden Segel weiter, langsam zwar, doch die Blasen im Kielwasser blieben hinter uns zurück.

Petroleum und Verpflegung wurden immer weniger. Zu allem Überfluß hatte Tarzoon die Gemüsebox als Katzenkiste mißverstanden, und so mußte ich einige Phantasie aufwenden, um von dem, was mir noch blieb, ohne viel Petroleum zu verbrauchen eine verdauliche Mahlzeit zuzubereiten. Außer Plätzchen, Crackers und Suppen, meistens direkt aus der Dose, aß ich nicht mehr viel. Tarzoon fing auch an zu nörgeln und schnupperte mißmutig an seinen Sardinen in Öl. „Keine Sorge", tröstete ich ihn. „In Djibouti sind viele Franzosen. Wir wissen, was das bedeutet, Mr. T. Es bedeutet gutes Essen." Und ich träumte von heißen, lockeren Baguettes, saftigen Steaks, reifem Brie und kalten, frischen knackigen Salaten.

Am Abend des 6. März, nach 24 Tagen auf See, mußte der Kurs nach Süd geändert werden, auf Djibouti zu, über den Schiffahrtsweg zum Bab el Mandeb, dem Eingang zum Roten Meer, hinweg. Genau querab vom Hafen von Aden wuchsen die Lichter am Horizont zu einem unermüdlich fließenden Strom zusammen. Ich saß unter einem unzuverlässigen Fünkchen Topplicht im Cockpit, mit einer Petroleumlampe, die im Wind immer wieder ausging, und signalisierte in den langen Stunden dieser Nacht mit der Stablampe, sobald eines dieser Monster uns zu nahe kam.

Während ich signalisierte, rauschte ein Schiff von achtern heran, ohne Anzeichen von Kursänderung. Ich sprang aufgeregt auf und nieder. Plötzlich, kaum mehr als fünfzig Meter entfernt, machte es eine scharfe 90-Grad-Drehung; ich konnte die Silhouetten der Crew auf dem Brückendeck gegen das Licht klar ausmachen. Sie schrammten vorbei, meine Knie zitterten, und ich fragte mich, was geschehen wäre, wenn sie keinen Ausguck gehalten hätten. Was hätte ich tun können? VARUNA lief vor dem Wind, und es hätte mich mindestens fünf Minuten gekostet, Baum und Fock wegzunehmen und die Segel so einzustellen, daß ich noch Fahrt machte, um aus dem Weg zu gehen. In zwanzig kurzen Minuten konnte ein Schiff vom ersten bis zum letzten Sichten meinen Horizont passieren. Sie waren so schnell, was konnte da in fünf Minuten geschehen!

Jetzt fragte ich mich, was mich eigentlich mehr erschreckt hatte, der Gedanke, mitten in der Nacht ins dunkle Wasser zu müssen, oder die Aussicht auf eine große Reparatur oder ein Notrigg, wenn wir nur beschädigt worden wären? Mit grimmigem Humor stellte ich fest, daß mich die Möglichkeit, umzukommen, nicht wirklich geängstigt hatte. Wenn meine Zeit um sein sollte, dann wäre es mir lieber, mitten in einem Abenteuer im Golf von Aden zu ertrinken als mich an Krebs langsam zu Tode zu quälen. Ich dachte an meine Mutter. Als sie erkannte, daß sie sterben mußte, sagte sie zu mir: „Tania, ich wünschte zum Himmel, ich hätte noch die Kraft, mit einem Boot auf See hinauszugehen und nie zurückzukehren." Jetzt verstand ich sie.

Solche ernsten Gedanken hatte ich aber selten, höchstens mal, wenn mich ein Schiff um ein Haar übergemangelt hatte oder sonst eine Situation besonders stressig war. Meistens träumte ich am Tag von schöneren Dingen – wie ich ein geräumigeres Schiff einrichten würde, wenn ich es hätte; wie Oliviers und meine Kinder wohl sein würden, wenn wir jemals heirateten; wie man die Welt retten könnte; und von sagenhaft guten Antworten in längst vergangenen Streitgesprächen mit meinem Vater. Manchmal versuchte ich, solche Gedanken aufzuschreiben, aber sobald ich ein leeres Blatt Papier vor mir hatte, verschwanden sie so schnell, wie sie gekommen waren.

Nach 26 Tagen auf See, am 8. März nachmittags, folgten wir dem Leuchtturm, dann den Tonnen und schließlich dem Saumriff nach Djibouti Harbor. Von den Delphinen, die uns gefolgt waren, mußte ich nun Abschied nehmen. AKKA war noch nicht da, wohl aber Henrys DEBONAIRE aus Sri Lanka und die deutsche CHRISTINA. In ihrer Nähe nahm ich die Segel weg und ließ den Anker fallen.

Am nächsten Nachmittag kam Olivier. Zusammen wanderten wir durch die heißen, staubigen Straßen unserer ersten afrikanischen Stadt, die von hungernden Flüchtlingen aus Äthiopien und Somalia überfüllt war, eine Stadt voller Kontraste, geprägt von Moslems und Christen. Wenn von den Moscheen viermal am Tage der Ruf zum Gebet erklang, dann holten fast alle Männer ihre Strohmatte hervor und knieten nieder in der Richtung nach Mekka, während kleine Nonnen in blauen Gewändern weiter ihren Einkäufen nachgingen.

Auf der einen Straßenseite waren teure Restaurants und Boutiquen, gegenüber hausten ganze Familien auf dem Bürgersteig. Hungernde durchsuchten den Abfall der französischen Truppen nach Essensresten. Auf der Straße folgten uns Horden von Kindern, lahme oder blinde Erwachsene, ausgehungerte schwangere Mütter mit zahllosen Kindern, und alle, alle bettelten: „Bakschisch, Madame. Bakschisch, Monsieur." Ich hätte gerne allen etwas gegeben, fing an mit Franc-Stücken oder 50 Centimes, doch wenn erst einer etwas bekam, wußte es die ganze Straße, wir wurden bedrängt von Menschenmassen. Zuletzt konnte ich ihnen nur noch Brot geben.

Man sagte uns, daß Menschen in der Wüstenprovinz Eritrea verhungerten, wo Aufständische seit dem Zweiten Weltkrieg um die Unabhängigkeit von Äthiopien kämpften, das aber auf die Häfen am Roten Meer nicht verzichten wollte. So ließ man die Eritreer einfach verhungern. Djibouti bedrückte uns, wir vermochten uns mit diesen katastrophalen Verhältnissen nicht abzufinden, die nur durch Politik und Habgier entstanden waren.

März war der letzte Monat für zuverlässigen Nordost-Monsun, der als südlicher Wind durch Bab el Mandeb geschleust wurde und uns noch bis Port Sudan bringen sollte, auf halbem Wege durch das Rote Meer. Verpaßten wir ihn, so müßten wir die vollen 1200 Meilen hoch am Wind gegenan kreuzen, unter grausamen Wetterbedingungen. Noch hatten wir eine gute Chance auf 600 günstige Meilen.

Ich machte einen kenianischen Mechaniker, Shabani, ausfindig, der mit einer ganzen Schleppercrew im Hafen herumhing, während sie darauf warteten, daß eine Versicherung für die Bergung von Nixons alter Präsidentenyacht zahlte, die an der Küste von Somalia aufgelaufen war. Shabani arbeitete zunächst am Motor von CHRISTINA und nahm sich dann VARUNA vor, paßte einen neuen Schmiernippel ein und brachte eine stärkere Schlauchklemme an. Wir drehten einige Runden durch den Hafen, alles schien zu funktionieren. Ich klarte auf und putzte, dann gingen wir auf sein Schiff zum Lunch, wo uns der Kapitän mit wilden Geschichten von Bergungen an der manchmal schlimmen nordafrikanischen Küste unterhielt.

Satt und zufrieden gingen wir auf VARUNA zurück, ich verband die beiden Drähte, mit denen ich den Motor kurzschloß – eine Routinesache, seit die Zündung vor langer Zeit aufgegeben hatte – ein Klick, ein Funke, und dann – nichts ...

„O nein!“ stöhnte Olivier. „Genauso war es, als mein Anlasser kaputtging.“

Ich jammerte ebenfalls. Um den Anlasser für eine Reparatur auszubauen, mußte erst der ganze Motor raus. Fluchend machten wir uns zu dritt an diese widerliche Arbeit. Bei Sonnenuntergang hatten wir alle Verbindungen gelöst, winschten die Maschine mit einer Talje hoch und bauten den Anlasser aus, ein Mann der Schleppercrew reparierte ihn. Am nächsten Morgen bauten wir alles wieder ein und entdeckten dann, daß wegen all dem Gefummel vom Vortag der Kraftstoff-Filter nicht mehr dicht war und noch größere Löcher als zuvor hatte.

Wir versuchten alles – Silikon, Tape, neue Dichtungsringe, Epoxid –, nichts half, wir mußten einen neuen kaufen. Bei 45 Grad Hitze fuhren wir per Anhalter zu zahlreichen Läden, von denen jeder jeweils am anderen Ende der Stadt lag. Als ich meine letzten hundert Dollar für den neuen Filter hinlegte, hätte ich beinahe geweint. Unser Rücken kochte unter der knallenden Sonne, während wir über den Motor gebeugt arbeiteten. Die Werkzeuge waren wie Brandeisen, wir konnten sie nur noch mit Lappen anfassen.

VARUNA wurde immer schmieriger. Der neue Filter war zwar drin, doch der Anlasser bekam immer noch keinen Kontakt. Wieder checkten wir die Kabel, tauschten einige aus, überholten alle Kontakte, nichts.

„Es muß wieder der Anlasser sein“, stöhnte ich zu guter Letzt. Olivier nickte erschöpft. Der März verrann uns unter den Händen. Schon war der zwanzigste, und wir hatten nur zwei Möglichkeiten: ohne funktionierenden Motor fahren oder bleiben und ihn in Ordnung bringen und damit riskieren, das scheußliche Wetter von Anfang an auf die Nase zu bekommen. Doch das war immer noch das kleinere Übel beim Roten Meer mit seinen Riffen und dem dichten Schiffsverkehr. Wieder winschten wir den Motor hoch. Nun mußten wir nur noch den Schaden finden.

Als wir per Anhalter auf der Suche nach dem neuen Filter gewesen waren, hatte uns ein sehr netter Mr. Hassein Mohammed Ali mitgenommen, der unbedingt alles für uns tun wollte, was in seiner Macht stand, angefangen mit Lunch in seinem Hause. Diesmal war das Schicksal gut zu uns, Mr. Ali war Mechaniker und bot uns seine Hilfe an.

Nach einem weiteren Tag des Schwitzens verkündete er, das Problem liege in einer abgenutzten Buchse, die keinen sauberen Kontakt hatte. Wir brachten die Sache in Ordnung, bauten den Motor zum zweitenmal zusammen und – Dank an Mr. Ali – beglückwünschten uns, einen schmutzigen Job sauber erledigt zu haben. Der Motor schnurrte wie ein Kätzchen.

Mr. Alis Freundlichkeit war keine Ausnahme. Während des ganzen Dramas mit dem Motor trafen wir auf hilfsbereite und freundliche Menschen. Als Anhalter nahm uns spätestens das dritte vorbeikommende Auto mit, und obwohl ich immer bezahlen wollte, wurden mir etliche Ersatzteile und Zubehör als Geschenke geradezu aufgedrängt.

Wir erfuhren, daß Len, ein Einhandsegler, den wir aus Sri Lanka kannten, mit einer schlimmen Infektion im Krankenhaus lag, und besuchten ihn mehrfach. Er war Brite, etwa 50 Jahre alt, und erinnerte Olivier an einen seiner Lieblingsprofessoren beim Studium. Len hatte sich beim Aufenthalt in Aden den Fuß gestoßen und infiziert, unterwegs einen gefährlichen roten Streifen das ganze Bein hinauf bekommen, war eiligst hierher gesegelt, Brand setzte ein, und mit Mühe wurde das Bein gerettet.

Als er aus dem Krankenhaus kam, gingen wir öfter zusammen an Land. Eines Tages wollten wir in unserem Lieblingsbistro noch etwas trinken und eine Kleinigkeit essen, überlegten es uns dann aber anders und gingen an Bord zurück. Nach dem Abendessen auf AKKA saßen Olivier und ich an Deck, als wir eine laute Explosion hörten, grauer Rauch stieg wie eine Wolke auf. Am nächsten Tag erfuhren wir, daß Palästinenser das Bistro in die Luft gesprengt hatten und elf Menschen dabei umgekommen waren. Der Anschlag sei ein Racheakt gegen die Franzosen, die einen ihrer Führer verhaftet hatten. Wir eilten hin und fanden tausend Trümmer an der Stelle, wo wir kurz zuvor noch fröhlich unseren Drink genossen hatten. Mr. Alis Haus direkt nebenan hatte nichts abbekommen.

Sobald Len sich reisefähig fühlte, wollten wir gemeinsam die 600 Meilen bis Port Sudan segeln. Bei dem Krieg in Äthiopien nahmen wir an, daß entlang der Küste unfriedliche Schnellboote operieren würden, und wir wähnten uns sicherer im Konvoi.

Mit Oliviers letztem Geld versorgten wir uns sparsam in den sagenhaft teuren französischen Geschäften, überwiegend mit Unmengen von Reis und Nudeln. Len nahm noch einen Franzosen als Crew mit. Wir stauten unsere Dingis an Deck und waren guten Mutes. Zum Ausklarieren motorten Olivier und ich mit VARUNA zur anderen Seite des Hafens. Als wir an der Pier festmachten, strömte wieder Wasser durchs Stevenrohr! Es reichte mir.

„Nun ist Schluß“, sagte ich zu Olivier. „Im Notfall wird es gehen, solange ich die Bilge lenze. In Port Sudan werfe ich das Ding über Bord und kaufe mir einen Außenborder.“ Wir drückten die Stopfbuchse wieder hinein, verkleisterten alles mit Unterwasser-Epoxid, ich brachte Olivier zu AKKA zurück und segelte am Abend des 24. März aus dem Hafen, hinter mir Olivier und Len.

An der Hafeneinfahrt blieb Len etwas zurück und wechselte ein Segel, wir nahmen Fahrt auf und kreuzten die ganze Nacht in Richtung auf das berüchtigte Bab el Mandeb, das „Tor zur Hölle“. Wir hatten etwas vor uns. Mein Seehandbuch warnte davor, daß der Nordost-Monsun bedingt durch die Düsenwirkung in diesem Flaschenhals eine gewaltige Kraft entwickelte. Hinter uns war keine Spur von Len, doch mit seinem schönen Boot würde er uns bald einholen, meinten wir.

Der Wind briste auf, als wir in die Enge kamen, und er begann so stark von achtern zu heulen, daß wir uns nicht mehr von Boot zu Boot verständigen konnten. Am späten Nachmittag blies es schon mit 55 Knoten, Gischt flog über das holperige Wasser. Plötzlich hörte ich „Pop, rrrip, pop“, das erwartete Drama mit dem Großsegel begann, bald würde es zum Trauma werden.

Ich schloß auf zu Oliver, der im Schlechtwetterzeug an Deck saß und sein Groß nähte. Ich nahm die Fock weg, band das Groß am Baum fest, während wir näher herandrifteten, und brüllte über den Wind, als wir schon fast wieder aus Rufdistanz heraus waren: „Sieh dir diesen Ärger an. Was willst du machen?"

„Ich muß mein Segel flicken", schrie er mit aller Kraft, doch das Geheul des Windes übertönte ihn fast.

„Muß ich auch. Laß uns die Segel über Nacht wegnehmen."

„Okay. *Bonne nuit*", antwortete er.

„Paß bloß auf, daß wir uns nicht verlieren", rief ich noch zu ihm hinüber, aber das hörte er schon nicht mehr.

Das Topplicht war defekt, ich mußte Ersatz schaffen, damit die aufkommenden Schiffe VARUNA sehen konnten. Ich schraubte die Leuchtstofflampe über meiner Koje ab, hängte sie mit einer Schleppleine vom alten Log an die Batterie und band die Lampe ans Backstag.

Während der Nacht stieg etwa jede zweite Welle ins Cockpit ein, meine Zehn-Dollar-Flasche Granatapfelsirup aus Djibouti färbte den Boden rot, und wir verloren uns aus den Augen. Doch das regte mich nicht allzusehr auf. Der erste Stopp, die Hannish Islands, lag 80 Meilen nördlich. Dort würden wir uns am nächsten Tag treffen und unsere Geschichten über die Tücken des Höllentors austauschen.

Am nächsten Morgen holte ich die Sturmfock heraus, die ich seit den Bermudas nicht mehr gesetzt hatte, und wir zischten mit Rumpfgeschwindigkeit dahin. Gegen Mittag passierten wir die unheimlich düsteren Hannish Islands, immer noch bei gut 40 Knoten Wind. Ich hatte mir den Ankerplatz dort auf der Karte genau angesehen und beschlossen, gleich nach Port Sudan zu gehen. Bei diesem schaurigen Wind hatte ich nicht die Nerven für einen Landfall ohne Motor. „Wenn die beiden anderen dort Halt machen, werden sie es sich schon denken können", überlegte ich, als ich sah, daß sie dort noch nicht vor Anker lagen.

Am folgenden Morgen verflüchtigte sich der Wind, und ich nutzte die Pause, um das Groß zu nähen. Der Nordwind, mit dem wir über das ganze Rote Meer hinweg zu kämpfen haben würden, begann im Lauf des Nachmittags als leichte Brise. Ich hörte einige Leute von anderen Booten über Funk miteinander reden. Sie lagen fünf Meilen voraus, erfuhr ich, als ich sie ansprach. Wir verabredeten uns bei einer kleinen Insel direkt am Weg.

Es waren drei Boote, die von Aden kamen und gemeinsam segelten: ANNATRIA mit einem schwedischen und einem neuseeländischen Paar, PENNY mit einer dreiköpfigen Familie aus Australien und TRES MARIAS mit dem ersten brasilianischen Einhand-Weltumsegler, Alexio. Er hinkte etwas hinterher, kam aber von achtern auf, als ich mit flatternder Fock auf ihn wartete, und wir machten uns bekannt. Er konnte ganz schön eine Show abziehen.

„Manchmal, auf dem Ozean, begeistert mich schon ein treibender Plastikbeutel", sagte Alexio und ließ dabei heftig die Hände mitreden. „Und jetzt, wo ich so still vor mich hinsegle, wartet ein Mädchen auf mich, allein auf seinem Boot. Was will ich mehr?" In dem Stil ging es weiter, bis wir bei den andern ankamen, denen er berichtete, wie ich mit ihm geflirtet hätte, was ich heftig bestritt.

Ich machte die Bekanntschaft von Runa und Eileen auf der acht Meter langen ANNATRIA, und von Franz, Anna Lisa und Bernhard auf der PENNY, die knapp zwei Meter länger war. Alle lächelten strahlend und winkten mir zu. PENNY hatte beim Warten einen Fisch gefangen. Franz, im leopardengemusterten Tanga, steuerte zu mir herüber, Anna Lisa lächelte mir unter einer grauen Prinz-Eisenherz-Frisur entgegen, und Bernhard stand vorn und warf mir frisches Fischfilet herüber.

Wie eine Gruppe verwandter Seelen, die sich in einem fremden Land begegnen, luden sie mich ein, ihre Flottille zu begleiten, und gemeinsam segelten wir jetzt gegen den friedlichen Wind an. Ich hoffte nur, daß Olivier und Len sich auch getroffen hatten, sonst wäre es nicht fair.

Viele Segler, mit denen ich zusammengetroffen war, hatten mir erzählt, sie führten Feuerwaffen für gefährliche Notfälle mit. Auch mein Vater hatte auf PFADFINDER ein großkalibriges Winchester-Gewehr gehabt. Bevor ich New York verließ, hatten wir ernsthaft darüber diskutiert, ob ich zur Selbstverteidigung ebenfalls so ein Gewehr mitnehmen sollte. Wir waren übereingekommen, daß ich nur eine kleine Chance haben würde, in einer gefährlichen Situation die Waffe zu meinem Vorteil einzusetzen. Es ist schlimmer, eine Waffe zu haben, aber Angst davor, sie zu benutzen, als wenn man gar keine hat. Und ich war mir ziemlich sicher, daß ich niemals dazu fähig sein würde, einen Menschen zu erschießen. Statt dessen hatte ich eine leere Handgranate mitgenommen und einen falschen Bart. Mein Vater und ich nahmen an, daß es sich ein Angreifer zweimal überlegen würde, auf einen Mann mit Bart loszugehen. Falls das nichts helfen sollte, könnte ich die Handgranate hochhalten, den Finger am Abzugbügel, und drohen: „Bleib weg vom Boot, sonst fliegen wir alle in die Luft." Und wenn auch das nicht abschrecken würde, nun ja, welche Chance hätte ich dann überhaupt noch?

In unserer kleinen Gruppe war ich aber wohlgeschützt und sah auch nie im Roten Meer irgendwelche unheimliche Gestalten, nur ab und an von fern eine finstere Dhau, doch in meinem Seehandbuch stand, daß auf denen meistens bloß Schafe geschmuggelt würden.

Unsere Funkgeräte waren ständig auf Kanal 78 eingestellt; gewöhnlich kam aus dem kleinen schwarzen Kasten über meiner Koje ein fröhliches Geschnatter, durch das ich meine neuen Freunde sehr schnell kennenlernte. Ich vergaß meinen blöden Motor, dessen Anlasser wieder mal nicht funktionierte. ANNATRIA und TRES MARIAS hatten einen SatNav, was auch unser Leben leichter machte, obwohl Franz und ich mit Sonnen- und Sternenhöhen alles noch mal checkten. Wenn Flauten die schwachen nördlichen Winde ablösten, nahm mich eines der Boote in Schlepp. Das war sehr nett von ihnen, denn sie verloren dadurch Zeit. So schafften wir im Schnitt 40 Meilen täglich, doch solche Etmale sind normal auf dem Roten Meer nordwärts.

ANNATRIA und PENNY hatten auch Amateurfunk an Bord, in dieser Gegend äußerst praktisch. Es gab eine Art Sendernetz unter den Funkamateuren auf dem Roten Meer, Wetterberichte – einige hatten einen Wetterkartenschreiber an Bord –, Erfahrungen und viel Küstenklatsch wurden ausgetauscht. Wir wußten, wo welche Winde herrschten, und oft hörte ich über Franz oder Runa von Leuten, die ich in Sri Lanka oder Djibouti getroffen hatte und die nun schon im Segler-Mekka, im Hafen von Suez am nördlichen Ende vom Roten Meer, angelangt waren.

Doch es gab auch schlechte Nachrichten. Einmal war große

Aufregung, DEBONAIRE war vor Port Sudan auf ein Riff gelaufen und ging verloren. Ich war entsetzt, Henry war jahrelang mit ihr gesegelt, es mußte für ihn sein, als wenn man seine Frau verliert.

Es war auch sonst ein schlimmer Tag – ich entdeckte, daß ich Oliviers Paß und Bootspapiere noch in meiner Tasche hatte! Wir hatten sie nach dem Ausklarieren in Djibouti vergessen, er hatte keinen Ausweis bei sich, und das in dieser Gegend, wo man immerzu Papiere brauchte! Ich mußte vor ihm in Port Sudan ankommen, unbedingt. Wenn er und Len nur gut aufeinander aufpaßten.

Als wir die äthiopischen Gewässer hinter uns hatten, trennten sich unsere Wege – PENNY und ANNATRIA wollten durch die Inseln und Riffe der Suakin-Gruppe nach Port Sudan segeln, Alexio und ich suchten die Sicherheit der größeren Wassertiefe. Drei schlaflose Nächte und Tage brauchten wir für die letzten 60 Meilen nach Port Sudan, wir stampften und kreuzten bei 35 Knoten Wind von vorn durch tückisch steile, kurze See.

Der Wind heulte wie ein Hurrikan im Rigg, Wellen krachten aufs Deck, stiegen durch den Dorade-Lüfter ein und auf meine Koje. Wind und Wasser waren kühl bis kalt, ich suchte nach warmem Zeug unter meiner Tropenkleidung.

Am 5. April abends standen wir vor den Riffen, die nach Port Sudan führten, warteten aber die Nacht erst ab und segelten am Morgen bei abgeflautem Wind vorsichtig hinein, vorbei an der Stelle, wo Henry seine DEBONAIRE verloren hatte. Einige Stunden später ankerte ich neben Alexio, hinter CHRISTINA und einem verlassenen Frachter. Nach dem Einklarieren klönte ich von Bord zu Bord mit Leuten, die ich in Djibouti getroffen hatte.

„Hast du von Len gehört?“ fragten sie.

„Nein, was ist mit ihm?“

„Er ist tot“, sagten sie.

„Was?“

„Beim Auslaufen aus Djibouti. Der Baum kam über, traf ihn am Kopf. Er war sofort tot.“

Meine Knie wurden weich, ich sank auf die Cockpitbank. Als Olivier und ich Len zurückbleiben sahen und glaubten, er wechselte ein Segel, mußte das schon nach dem Unfall gewesen sein, und sein Mitsegler wendete, um wieder einzulaufen. Ich konnte es nicht glauben! Len, so voller Pläne und Ideen. Was wohl seine letzten Gedanken waren? Eine Minute glücklich und lebensfroh, und die nächste ...

Den ganzen Nachmittag und Abend versuchte ich, diese Nachricht zu verdauen und mir gleichzeitig keine Sorgen um Olivier zu machen. Ich war mir so sicher gewesen, er und Len seien beieinander. Nun ging meine Phantasie mit mir durch. Wenn er die Kurzwelle mit dem Zeitzeichen nicht empfing (der Empfang im Roten Meer ist sehr schlecht)? Wie wollte er navigieren? War er auf ein Riff gelaufen? Oder war er der Küste zu nahe gekommen und ohne Bootspapiere und Paß von einem äthiopischen Patrouillenboot aufgegriffen und in ein verdrecktes Gefängnis gesteckt worden? Als die Dunkelheit hereinbrach, saß ich betäubt im Cockpit, dachte an Len und Olivier und suchte den Himmel nach Sternschnuppen ab.

Port Sudan – Suez – Malta

Gerade noch davongekommen

Wenn alles richtig schlimm ist, dann tröstet am meisten anderer Leute noch schlimmeres Geschick. Auf meiner stürmischen Jungfernfahrt zu den Bermudas hatte mir Dr. David Lewis Mut gemacht, der bei seiner Nordatlantik-Überquerung im Folkeboot – etwa in VARUNAS Größe – durch eine ganze Serie böser Stürme segeln und auch noch Eisberg-Wache gehen mußte. Dagegen waren die Tiefs, in denen VARUNA damals steckte, gar nichts. Er hingegen suchte Trost, indem er den Bericht eines anderen Mediziners las, Hannes Lindemann, der im Faltboot den Atlantik überquert hatte – beide tapferer als ich.

In Port Sudan raffte ich mich schließlich auf und trug meinen Jammer ins Cockpit von CHRISTINA, zu Henry und den drei anderen, ständig mit einem besorgten Blick zur Hafeneinfahrt in Erwartung des vertrauten schwarzen Bootes. Ich lauschte Henrys Bericht vom tragischen Ende seiner DEBONAIRE und vergaß darüber ein wenig Len und Olivier, und Henry tröstete sich mit dem Rum in seiner Kürbisflasche, der ihn wieder fröhlich stimmte. Alle zusammen bedauerten wir Len und konnten es noch immer gar nicht glauben. Dann bekamen wir Hunger und gingen zum Essen.

Vorbei an Kamelen und Eseln, die an Pfosten angebunden waren, fanden wir fünfzig Meter weiter an der staubigen Hafenstraße ein Freiluft-Restaurant mit brutzelnden Grills, an den Tischen drängten sich Wüstensöhne in weißen weiten Gewändern und Turbanen. Als wir eintraten, verstummte ihr Gespräch, und alle starrten auf uns. Christine und ich waren die einzigen Frauen, und ich sah etwas verlegen an mir herunter, ob mein Aufzug auch sittsam genug war für die durchdringenden dunklen Augen.

Der Sudan ist streng islamisch, die Frau gehört ins Haus – barfuß und schwanger. Später sahen wir, daß Frauen, wenn sie das Haus verließen, bis auf einen Sehschlitz vollständig verhüllt und verschleiert waren. Hoffentlich fiel ich mit meiner Kleidung, Jeans und Sweatshirt, nicht aus der Rolle. Verstohlen blickten wir die Männer an, hochgewachsene Gestalten, tiefdunkle Gesichter, gutgeschnittene Züge mit betonten Backenknochen.

Ich bestellte mir, worauf ich nach der Zeit auf See einen wahren Heißhunger hatte: grünen Salat. Und grün war er dann auch, aber nicht aus knackigfrischen Blättern, sondern eine musige, auberginenähnliche Mischung, die ich schon von den New Yorker Restaurants mit fernöstlicher Küche her kannte. Neben einem Stück Pizza waren die *falafels*, *shish kebab*, *hummus*, *baba ghanooj* und *tahina* damals, als ich mich ständig auf der Straße herumtrieb, immer noch am billigsten. Nun, drei Jahre später, war ich in ihrem Ursprungsland.

Im Sudan schmeckte zu unserer Überraschung alles ziemlich gleich, und Sand war auch überall dabei. Wir vertilgten eine Mahlzeit aus dem grünen Brei, Tomatensalat und großen Stücken saftigen Hammelfleisches, das auf einem Kohlenfeuer im Freien zubereitet wurde, und hatten einige Mühe, die blutigen Schafsköpfe zu ignorieren, die haufenweise nicht weit von unserem Tisch lagen.

Es war schon Mühe genug, beim Essen nicht die linke Hand zu gebrauchen. Jedesmal, wenn einer von uns das vergaß, sahen uns alle Augen voller Abscheu an. Die Sudanesen sind in der Beziehung sehr viel empfindlicher als die Menschen in Sri Lanka, die schon mehr an westliche Besucher in ihrer Mitte gewöhnt sind. Wir versuchten sogar, auf der linken Hand zu sitzen, aber irgendwie trat sie dann doch wieder in Aktion.

Auf dem Rückweg kamen wir an einer Herde Dromedare vorbei, die zur Nacht unter Bäumen lagerten, teils schlafend, die Beine unter dem Körper weggesteckt, andere mit langem Hals die Blätter überhängender Zweige erhaschend. Ich hatte gelesen, daß sie sehr tückisch sein können und, wenn sie jemanden nicht mögen, ihn anspucken oder beißen. Wir verzichteten vorsorglich darauf, sie zu streicheln.

Um Mitternacht war ich wieder allein an Bord, die Sorgen kehrten zurück, an Schlaf war nicht zu denken. Ich betete für Olivier und dachte an Len, dessen Träume den unseren so ähnlich gewesen waren.

Am nächsten Morgen bereiteten Alexio und ich uns gerade auf die umständliche Prozedur des Einklarierens vor, als das schwarze Boot lautlos in den Hafen kam. Mein Freudenschrei scheuchte die CHRISTINA-Crew hoch, alle Nachbarn lächelten zu mir herüber. Es war einfach zuviel passiert, jetzt endlich wieder eine Freude!

„Wo hast du bloß gesteckt?" rief Olivier mir entgegen. „Ich habe drei Tage bei den Hannish-Inseln auf dich gewartet."

„Der Wind war so stark, ich hatte Angst, ohne Motor zwischen den Felsen einzulaufen. Hast du nachher auch noch diesen widerlichen Nordwind gehabt?"

„Nein, bis gestern war er wunderbar und immer südlich." Ich war so froh, nach all den schlimmen Dingen. Gemeinsam mit Alexio klarierten wir dann ein.

Am nächsten Tag brachte Alexio aus der Stadt die Nachricht mit, daß der Präsident des Sudan um drei Uhr nachmittags auf dem Flugplatz eintreffen sollte. „Da müssen wir hin", sagte er eindringlich. „Er soll ein direkter Abkömmling von Mohammed sein, das wird eine Riesensache, Tausende erwarten ihn." Also machten wir uns zu Fuß auf den Weg. Dutzende von Nomadenzelten standen entlang der Straße, umgeben von Kindern, Frauen, Ziegen und Kamelen, in der Ferne galoppierten weißgekleidete Männer auf stolzen Arabern über die gelbe, sandige Ebene um die Wette bis zum Horizont. All diese Bilder schienen wie in einer Fata Morgana zu schwimmen. Das machte die Hitze, die von der Erde abgestrahlt wurde.

Um den kleinen, weißen Flugplatz drängten sich dunkelhäutige Sudanesen, prächtige hellhäutige Beduinen und Araber. Abseits, in Gruppen, verschleierte Frauen in fließenden Gewändern in leuchtendem Rot, Orange und Grün. Szenen wie aus einem früheren Jahrhundert. Ich staunte die Menschen offen an, und sie machten es genauso.

Die Stämme unterschieden sich durch ihre Haartracht und die Schattierungen der erdfarbenen Westen über ihren langen weißen Kaftanen. Da gab es buschige Afros, äußerst knapp geschnittenes Kurzhaar, Perlen in Haarsträhnen. Blaue, grüne, braune Augen starrten uns an, als ob wir der Rattenfänger von Hameln wären. Mir war ganz kribbelig in solch einer anderen, schönen Welt. Alles war wie verzaubert – bis Alexio seine Kamera herausholte. Es war offensichtlich, daß diese Menschen nicht fotografiert werden wollten. Für sie war das ein ganz und gar unerwünschtes Eindringen in ihre Privatsphäre.

„Keine Sorge", schob Alexio unser Bedenken fort, „smart wie ich bin, habe ich mir im Touristenbüro einen Erlaubnisschein geholt. Seht ihr?" Er schwenkte sein Permit hin und her und knipste unbekümmert weiter. Da hörten die Motive schnell auf zu lächeln und warfen ihm böse Blicke und feindselige Worte zu. Arabisch hört sich für westliche Ohren ohnehin schon barsch an, nun klang es geradezu bedrohlich.

„Komm, Tania. Ich fotografiere dich mal mit diesen Leuten im Hintergrund", sagte Alexio völlig unbeeindruckt.

„Auf keinen Fall." Olivier legte seinen Arm um mich, und wir gingen fort. Alexio folgte, fotografierte, wedelte mit dem Permit, immer mehr Jungens kamen hinterher und bedrängten mich, ältere Männer holten auf. Eine kleine Hand kniff mich.

„Bitte, Alexio, hör doch auf", flehte ich ihn an. „Denkst du wirklich, sie kümmern sich um so ein Stück Papier? Wenn du sie noch wütender machst, spießen sie es auf, und anschließend dich. Die haben große Schwerter."

Die meisten Männer trugen auf dem Rücken fast meterlange Lederscheiden, aus denen reichverzierte Griffe ragten. Das waren keine satten Städter, gewöhnt an westliche Besucher. Dies waren Nomaden, ihr Reich seit Jahrhunderten die Sahara, in Karawanen herbeigekommen, um den Nachfahren ihres geliebten Propheten zu sehen, des Begründers ihrer Religion. Ich bewunderte ihre stolze Art, und es mißfiel mir, wie unsere Gruppe ihren Zorn erregte. Alexio hörte schließlich auf, als ich entdeckte, daß der Boden meiner Handtasche aufgeschlitzt war und ein Kind lächelnd darauf wartete, daß ihr Inhalt herausfiel.

„Tania, machen wir, daß wir hier wegkommen“, sagte Olivier, und wir kämpften uns durch die Menge, Alexio beleidigt hinterher. Ein weißer Peugeot hielt neben uns, als wir müde zurückmarschierten, ein dunkles Gesicht sah heraus.

„Hallo, Leute. Steigt ein, ich nehme euch mit“, sagte der Fremde in tadellosem Englisch. So lernten wir Ibrahim kennen, der für eine karitative Organisation Lebensmittel an Hungernde verteilte. Wir beantworteten seine Fragen, erzählten, woher wir kamen und warum wir hier waren. Es war nicht einfach, ihm klarzumachen, daß wir alle einhand segelten. „Wir treffen uns manchmal irgendwo“, erklärte ihm Olivier vom Rücksitz, „aber hauptsächlich ist jeder auf seinem Boot allein.“

Ibrahim drehte sich um, mitten im Fahren, und sah mich verblüfft an – im Süden gibt es kaum Frauen, die überhaupt allein aus dem Haus gehen dürfen. Er wollte mehr hören und lud uns in den Red Sea Club ein, einen Club, der noch nach den Regeln der alten Kolonialherren funktionierte, man kam nur als Gast eines Mitglieds hinein. Er bestellte Coca-Cola für uns, und wir erzählten ihm alles, was er wissen wollte.

Ich war für ihn besonders interessant. Wir merkten bald, warum. Ibrahim hatte eine Frau und mehrere Geliebte. Das sei für die dortigen Verhältnisse völlig normal, wie er sagte. Wenn er seine Frau nicht so lieben würde, könne er noch drei weitere Frauen sogar heiraten. „Meine Geliebten ersparen ihr den Kummer mit Nebenfrauen“, sagte er schlicht.

Seit Djibouti hatte ich mich angestrengt bemüht, mir vorzustellen, wie es sich in einer solchen Gesellschaftsordnung leben ließe. Mein Vater hätte mich mit einem Mann verheiraten können, der Nebenfrauen haben wollte. Ich hatte sogar eine Zeitung aus Saudi-Arabien gesehen, in der alle westlichen Frauen vom Hals abwärts unter Druckerschwärze verborgen waren. Nach Ibrahims Ansicht waren alle westlichen Frauen völlig wahllos in ihren Geschlechtsbeziehungen, Orgien bestimmten unser Dasein, und daß ich einem Mann treu war, konnte er sich überhaupt nicht vorstellen. Nachdem ich noch einige andere Dinge für ihn zurechtgerückt hatte, wurde Ibrahim ein guter Freund, eifrig bemüht, uns die Schönheit der einzigen Kultur zu zeigen, die er kannte.

Wie in jedem Land des Islam war auch hier der Konsum von Alkohol streng verboten. Gingen wir an Land, so untersuchte die Hafenwache unsere Taschen, daß wir nichts einschmuggelten. Ibrahim vertraute uns an, es gäbe Schwarzbrennereien, und nahm uns zu einer kümmerlichen Hütte in einem schlimmen Viertel mit, wo er einen Einkauf tätigte. Dann fuhr er mit uns ans Wasser und bot uns von dem Dattelschnaps an. Ein Schluck, und mein Magen zog sich zusammen. Es war auch gleich mein letzter Schluck. Selbst Olivier war es zuviel, und Alexio trank sowieso nicht. Ibrahim, der nun allein trank, stellte sich in Positur wie ein afrikanischer Prinz, wild gestikulierend, das weiße Gewand im Winde gebläht.

Später fuhren wir zu einer anderen Hütte. Die schien ein schäbiges Bordell zu sein, mit erotischen Postern an der Wand. Mit ein paar weißgekleideten Männern saßen wir dann vor einem uralten Lieferwagen, vor uns auf der Haube ein Fernseher, und sahen amerikanische Comics in arabischer Sprache. Anschließend verkündete Ibrahim, sichtlich gestärkt durch den Alkohol, nun ginge es zur Hochzeit eines Freundes. So begann ein Abend wie aus Tausendundeiner Nacht.

Die Frauen und Kinder in dem Hochzeitsgarten mußten den Weltmarkt an Spitzen und Organdy leergekauft haben, viele, viele Meter schmückten Strümpfe, Taillen und die Säume der Gewänder, dazu Unmengen von Seide, Goldmünzen und Schmuck. Die Kinder sahen wie altmodische Porzellanpuppen aus, wie ich sie mir als Kind selbst gewünscht hatte. Wunderschöne, geheimnisvolle Mädchen huschten zwischen den Tischen umher. Die Kleidung war exotisch, prachtvoll, und die Frauen waren nicht verschleiert! Die meisten sahen aus wie Hollywood-Prinzessinnen, mit aristokratischer Haltung, hohen Wangenknochen, dunklen feurigen Augen und rabenschwarzem Haar.

Als Braut und Bräutigam den Garten betraten, stimmten die Frauen eine Art schrilles Indianergeschrei an, schlugen sich dazwischen auf den Mund, wie Kinder, die Indianer spielen, das alles sehr im Kontrast zu ihrer äußeren Eleganz. Die Braut war in Unmengen weißer Spitze gekleidet, der Bräutigam trug Make-up, Puder und Eyeliner. Mir fielen fast die Augen aus dem Kopf, so wunderbar war alles. Braut und Bräutigam ließen sich nieder, feierliche Gratulationen und Ratschläge wurden vorgetragen, schließlich spielte eine Band. Ehe wir uns unauffällig verzogen, ging ich zu der schönen Braut und wünschte ihr ein gutes Leben. Sie war höchstens achtzehn, überwältigt von allem, was geschah, und dankte mir mit ganz verklärtem Blick.

Die Pracht, die wir erlebt hatten, stand in scharfem Gegensatz zu Port Sudan selbst, das mehr eine Ansammlung elender Hütten ist als eine Stadt, verblichen und gedörrt unter der erbarmungslosen Sonne Nordafrikas, ohne jede Verbindung zu westlichem Lebensstandard. Überall Korruption, und auf dem Schwarzmarkt war der US-Dollar doppelt so hoch wie in der Bank bewertet. Internationale Telefonverbindungen gab es nicht, also auch kein Gespräch nach Hause. Selbst im Hafen ging es chaotisch zu. Frachter mit Getreide lagen oft Monate hier, während die Ladung in Körben gelöscht wurde von Hafenarbeitern, die 20 Cents am Tag erhielten. Es gab zwar eine moderne Absauganlage an der einen Pier, aber die war kaputt, und niemand konnte sie reparieren.

Klapprige alte Autos, Busse, Beduinen auf Kamelen, Eselskarren, staubige Straßen, Männer, die in Sirup getauchten Tabak aus Wasserpfeifen rauchten, das alles war Port Sudan. Auf Eseln und Kamelen ritten Männer in die Stadt, um für Karawanen in der Wüste einzukaufen, so wie wir für unsere Weiterfahrt.

Vor vielen Häusern, ganze Straßenzüge lang, saßen alte Männer mit Tret-Nähmaschinen und stellten Westen und Kaftane her. Stoffetzen flatterten im Wind. Der Duft von Henna , mit dem man Haut und Haare färbt, übertönte alles, selbst die Gerüche des üppigen Marktes mit seinen Gewürzen, Orangen, Grapefruits, Nüssen und Gemüse. Unser Geld war knapp, so kauften wir zwei Pfund duftenden Rosentee statt des üblichen Tang.

In der Fleischabteilung des Marktes hingen enthauptete Schafe, Kühe und Hühner noch blutend von den Fleischhaken, während lebendes Vieh in Panik durcheinanderquirlte. Ganze Fliegenschwärme wurden von den Rümpfen verscheucht, ehe das gewünschte Stück Fleisch mit einer stumpfen Axt abgehackt wurde. Als wir das sahen, verzichteten wir auf den Genuß von rosa gebratenem Steak, wir kochten das Fleisch lieber ausgiebig in Suppe und Eintopf.

Olivier und ich besuchten die Ruinen der 50 Kilometer südlich gelegenen alten Hafenstadt Suakin, einst ein geschäftiger Handelsplatz, an dem Karawanen ihre Ladung auf die Schiffe nach Indien brachten. Bis hierher bliesen die jahreszeitlichen südlichen Winde, und damit war es früher einmal der Endpunkt für alle Schiffe, die den tückischen Nordwinden nicht gewachsen waren. Heute, wo Port Sudan Handelshafen ist, sind von Suakin nur verlassene, zerfallene Reste geblieben.

Aufregend wurde es, als wir mit dem Bus zurückfahren wollten. Die Wartenden sprinteten wie Läufer beim Start, schossen durch Tür und Fenster hinein, und erst nach weiteren vorbeifahrenden Bussen hatten wir das Glück, selbst direkt vor der Tür zu stehen. Als wir drin waren, halfen wir anderen durchs Fenster.

Die Sudanesen sind im allgemeinen freundlich – und stolz. Ihr Land ist arm, sehr arm, sie haben Milliardenschulden im Ausland, aber Bettler sieht man kaum. Menschen blieben auf der Straße stehen, lächelten, versuchten ein paar Worte Englisch und sagten „stark, stark“, wenn sie hörten, daß ich allein segelte.

Eines Tages winkte uns ein Schuhputz-Junge heran, der mit seinen Kumpels im Schatten eines Baumes saß. Einige standen sofort auf, boten mir ihren Stuhl an, einer rannte und holte uns Cola, wir unterhielten uns in Zeichensprache, und der kleine Schuhputzer bestand darauf, meine Sandalen zu putzen, während die anderen uns auf arabisch „bitte“ und „danke“ beibrachten. Als wir gehen und ich bezahlen wollte, lehnte der Junge fast wütend ab, schüttelte uns die Hand und winkte uns noch nach. Ich wollte es nicht glauben – diese Menschen waren bettelarm, doch sie luden uns zu Cola ein, putzten meine Schuhe und weigerten sich, Geld zu nehmen.

„*Shukran*“, dankte ich mit meinem neuen Wort.

„*Afuan*“, erwiderte er.

Am vierten Morgen kamen Penny und Annatria an, und Bernhard half uns dann später bei Varunas Motor. Ihn über Bord zu werfen und durch einen Außenborder zu ersetzen, war keine Frage mehr in Port Sudan, einer Stadt, wo man Probleme hatte, selbst eine Rolle Klopapier aufzutreiben. Auch stellte sich der jüngste Ärger mit dem Anlasser als Kleinigkeit heraus – an dem einzigen Kabel, das wir in Djibouti nicht ersetzt hatten, war eine rostige Verbindung, die gereinigt werden mußte. Nach ein paar Proberunden im Hafen konnte auch die Stopfbuchse drinbleiben, das in Djibouti aufgetragene Epoxid hatte gut gehalten. Dann checkte Olivier das Topplicht, ersetzte das schadhafte Vorstag durch eins, das wir in Reserve hatten, verstärkte AKKAS Rigg und Salinge, und ich besserte auf der Nähmaschine von der PENNY unsere Segel aus.

Jetzt war es April, die Uhr lief weiter. In sechs Monaten sollte ich in New York sein, ehe es auf dem Nordatlantik Winter war. Seit Australien hinkte ich immer weiter hinter meinem Zeitplan her. Sturm und Flaute, Gegenwind und Reparaturen, oft aber auch an Land vertrödelte Tage, bloß weil ich nicht schon wieder auf See hinaus wollte – alles kam zusammen. Dennoch war ich fest entschlossen, das Versprechen einzuhalten, das ich meinem Vater gegeben hatte. Dann wollte ich mein eigenes Leben leben. Jetzt aber, bei allen Vorbereitungen für die gefürchtete Fahrt durchs Rote Meer nach Ägypten, saß uns die Angst im Nacken, die Zeit könne uns davonlaufen.

Nach einer Woche im Sudan startete zuerst Alexio, gefolgt von CHRISTINA, mit Henry als Crewmitglied, PENNY und ANNATRIA. Wir waren die letzten, und als wir endlich starten konnten, hatten wir einen schlimmen Sandsturm, der uns mit 40 Knoten um die Ohren kreischte und die Stadt, die Boote und die Takelagen mit feinem gelbem Staub überzog. Als der Wind bis auf 15 Knoten nachgelassen hatte, motorten wir aus dem Hafen und 14 Meilen weiter in saubereres Wasser, wo wir erst mal alles schrubbten.

Am nächsten Morgen heulte der Wind wieder mit 35 Knoten und hielt uns sechs Tage lang an diesem Ankerplatz. Das nervte. Was für eine wundervolle Reise stand uns bevor, wenn dieses eine Kostprobe war. Wind von vorn ist nie eine Freude, aber so stark wie hier, von steilen Wellen begleitet, die sich auch noch übereinandertürmten, das war einfach zuviel.

Am 30. April hatte der Wind bis auf 20 Knoten nachgelassen, und wir segelten in den ersten vierundzwanzig Stunden 40 Meilen in der richtigen Richtung ab. Doch am zweiten Abend zogen schon wieder wilde Wolken über den Himmel, und am nächsten Morgen hatten wir schaumige See, aufgewühlt von den ekligen Winden, die wir so fürchteten.

Ich setzte die winzige Sturmfock, die Olivier mir in Djibouti geschenkt hatte, und mit drei Reffs im Groß machten wir uns auf den Weg, direkt dem Monster in die Fänge. Tagein, tagaus, zwei Wochen lang, kreuzten wir mühsam durch die kabbelige See, vorbei an Jedda, Saudi-Arabien, oft nur zehn Meilen am Tag, immer auf der Hut vor riesigen Tankern und Frachtern. Der Wind war stark oder sehr stark, manchmal mußte ein Reff rein oder raus, und das Segel riß mal wieder.

Das Groß war in einem so traurigen Zustand, daß ich schon mit zuviel Fingerdruck Löcher hineinriß. Die halbe Zeit verbrachte ich auf dem unruhigen Deck, hielt mich irgendwie fest, zu meinen Füßen Schere, Segelflicken, Gummilösung, im Mund Nadel und Faden, und wurde von jeder zweiten Welle überschwemmt. Leider stellte sich heraus, die Sache nur noch schlimmer gemacht zu haben, denn ich lud das Segel förmlich ein, an den reparierten Nähten erneut zu reißen. Ich flickte über den Flicken und hoffte inbrünstig, daß mein Vater meinen Brief aus dem Sudan rechtzeitig genug erhalten hatte, um ein neues Segel nach Suez zu schicken.

Regelmäßig kochen war nicht drin. Varuna schob derart Lage, daß mehr Zeit zum Aufwischen des danebengegangenen Essens gebraucht worden wäre als zum eigentlichen Essen. Wenn ich mich zu flau fühlte, um weiterzumachen, kochte ich Reis, Thunfisch und Tomatenmark und teilte die Mahlzeit mit Tarzoon. Am frühen Morgen rollte ich mich auf meiner feuchten Koje zusammen und sehnte mich verzweifelt nach etwas friedlichem Schlaf, während Varuna weitertorkelte und in Wasserwände knallte, die mir wie Steinmauern vorkamen. An Deck konnte man nichts sehen, Gischt mischte sich mit fliegendem Sand, von tobendem Wind emporgerissen. Manchmal war gute Sicht, dann wieder ein Horizont in gelbgebrannter Farbe. Wir kreuzten, Schiffe gingen nach Süden und nach Norden, ich sah russische unter Hammer und Sichel, die japanische aufgehende Sonne, die roten, goldenen und grünen Farben der afrikanischen Staaten.

Wenn Angst und Frustration einen neuen Höhepunkt erreichten, fluchte ich hysterisch auf das Rote Meer, so ordinär ich es nur konnte, und das erleichterte. Ich tobte durchs Cockpit, zählte alles auf, was ich an diesem Trip so haßte, und die See gab Antwort. Von seiner Ecke auf der Koje beobachtete Tarzoon mich mit einer gewissen philosophischen Gelassenheit, vielleicht sogar ein bißchen amüsiert. Danach ging es mir wieder gut, ich kuschelte mich mit meinem kleinen Kumpel – bis die See mich derart schikanierte, daß alles wieder von vorn losging.

In Luftlinie waren es 250 Meilen vom Sanganeb-Riff bis Ras Banas, dem ersten vorgesehenen Ankerplatz in ägyptischen Gewässern. Nach zwei Wochen hatte VARUNA durch den Zickzackkurs gegen den Wind etwa 1000 Meilen gesegelt. Als wir den Platz ansteuerten, beruhigte sich der Wind bis zu einer echten Flaute, und die hielt auch an in den beiden Tagen, die wir dort vor Anker lagen. Wir kamen zusammen mit einem Boot an, das wir von Sri Lanka her kannten: der BROAD mit Dean und Faye, die humorvoll und niemals unter Streß waren. Dean, ein Amerikaner Anfang sechzig, war mit Freunden nach Australien gesegelt, wo er Faye kennenlernte und sie fragte, ob sie nicht mit ihm ins Alter segeln wollte. Sie verschenkte ihre Zimmerpflanzen, und sie fuhren los, um etwas von der Welt zu sehen. Jetzt verwöhnten sie uns mit Kaffee, selbstgebackenem Brot und Kuchen und schenkten uns eine Dose geräucherte Austern, eine wahre Delikatesse.

Einige ägyptische Soldaten luden uns zum Tee und Dinner ein in ihre einfachen Kasernen am Strand. Da wir ohne viel Papierkrieg nicht ins Landesinnere zum Einkaufen konnten, bestanden sie darauf, uns zu helfen. Ein Mann fuhr per Anhalter acht Kilometer weiter ins nächste Dorf und erledigte unsere Einkäufe. Diese großzügigen, hilfsbereiten Soldaten in Ras Banas waren eine freudige Überraschung, denn wir hatten viele negative Berichte gehört über Papierkrieg in Ägypten und unfreundliche Behandlung – vielleicht war das aber auch von Leuten gekommen, die überall solche Erfahrungen machten.

Unser Mekka war Hurghada, an der Südspitze des Suezkanals. Dort wollten wir alle offiziell in Ägypten einreisen. Wir starteten nach Ras Toronbi, und ich redete dem Groß gut zu, es möge doch bis Suez halten. In der Ferne ritten ägyptische Soldaten auf Kamelen über die sandige Ebene.

Nachts starb der Wind, und wir motorten. Die Luft wurde sehr feucht, die Nässe sammelte sich im Groß, lief am Baum entlang und tropfte mir auf den Kopf, wenn ich an der Pinne saß und mir die Hand von den Motorvibrationen langsam einschlief. Tarzoon haßte das rumpelnde Monster Motor, versteckte sich unter einem Segel am Bug und ließ mich naß und einsam im Cockpit sitzen.

Wir liefen dicht unter der Küste, ich starrte auf endlose graue, geisterhafte Berge, drohend, ohne einen Grashalm. Sie sahen aus, als ob sie einst die Pharaonen zum Bau der Pyramiden inspirierten, fast jeder Berg wie ein monströses Dreieck. Wir schliefen in kurzen Intervallen und versuchten dann, füreinander Wache zu halten.

Endlich erreichten wir das Fischerdorf Hurghada und ankerten dicht bei der Moschee und ihren Gebetsrufen. In der Nacht brach die Leine an Oliviers Dingi, der Wind trug es davon, auf dem Roten Meer zurück, dorthin, von wo wir kamen. Mit ihm reisten meine Lieblingsschuhe.

Allmählich wurde es mit der Zeit bedrohlich, selbst Olivier, sonst so ruhig, fing an, sich darum zu sorgen. Die langsame Fahrt durchs Rote Meer hatte uns allerlei gekostet. Nach einer Ruhepause von wenigen Tagen starteten wir bereits wieder, um die riffübersäte Straße von Glubal und dann die 200 Meilen des Golfes von Suez aufzukreuzen.

Am ersten Tag wieder unerbittliche Winde, zehn Meilen kamen wir voran, am nächsten Tag nicht besser. Zwischen den Sandbänken von Tawila Island ankerten wir und warteten einen Tag auf günstigeres Wetter. Hier wanderten wir zum letzten Mal an jungfräulichem Strand entlang. Nie wieder würde ich im Dingi nach einem Morgen von idyllischer Schönheit zu Varuna zurückrudern und sie vor Anker über klarem Wasser sich langsam wiegen sehen, während ihre eleganten Linien sich in der See widerspiegelten. Im Mittelmeer würde es für uns nur kurze Stopps geben, und nach allem, was wir hörten, erstickte es an seiner Verschmutzung. Jenseits des Suezkanals würde Europas Kommerzialismus unsere bisherige Lebensweise überschatten. Dort lag nicht nur der europäische Kontinent, dort würde ich auch auf meine letzten Etappen und – nach Hause gehen.

Im Golf von Suez: Am letzten Abend verabschiedet sich das Rote Meer von uns in trügerischer Schönheit.

Wieder auf uns allein gestellt: Tarzoon und ich auf dem Mittelmeer; hinter uns Malta – und Olivier.

Nach dem Knockdown: Wir erholen uns zwischen den Arbeiten rund um die Uhr in Gibraltar.

Fast zu Hause: Varuna kämpft sich durch ihren letzten Sturm.

Wieder vereint!

Am nächsten Morgen hatten wir Flaute und motorten, bis mein Motor kochte und eine Kraftstoffleitung platzte. Schwarze Rauchwolken stiegen auf. Olivier kam zurück und nahm mich in Schlepp, bis wir nach fünf Meilen ankerten und eine provisorische Reparatur versuchten.

Die letzten beiden Nächte, abwechselnd unter Segel und Motor, kam ich mir wie ein Zombie vor. Bohrinseln gaben dem ganzen Golf ein geisterhaftes Aussehen. Ich hatte Mühe, AKKAS Licht immer auszumachen. Über uns zogen wieder schwarze Wolken auf.

Am letzten Tag, als ich gerade unter Deck Kaffee machte, kreuzte VARUNA plötzlich ungebeten selber. Das war noch nie passiert. Was war los? Der Monitor war noch an der Pinne fest, ich veränderte eine Kleinigkeit, ging unter Deck, und wieder kreuzte sie! Ein genauerer Blick über das Heck, und ich erkannte das Problem, das schlimmer nicht hätte sein können. Das Ruder war weg. Ich hatte keinen Ersatz und hätte in Ägypten ewig warten müssen. Ohne den Monitor, diesen unermüdlichen Helfer, war ich wirklich aufgeschmissen. Ich machte kehrt, und nach wenigen hundert Metern fand ich das Ruder auf dem Wasser wieder! Jetzt war meine Seefahrer-Zukunft wieder in geordneten Bahnen.

AKKA näherte sich, und ich erzählte Olivier, was passiert war und daß ich auch keine Notreparatur machen konnte. Mir blieb nur, bis Suez von Hand zu steuern. „Tania, wir haben bald den letzten Ankerplatz erreicht. Sollen wir da stoppen? Ich halte noch durch, aber schaffst du es noch?" Wir hatten dreißig Stunden nicht geschlafen, wenn wir weitermachten, würden wir gegen drei Uhr früh ankommen.

„Laß uns weitermachen, dann haben wir es geschafft."

Wir widerstanden der Versuchung einer Ruhepause und einer vernünftigen Mahlzeit, wir wollten das Rote Meer hinter uns bringen, und zwar so bald wie irgend möglich. So erreichten wir am 14. Juni um drei Uhr früh Port Suez, tuckerten um die riesigen Tanker herum, die dort warteten, und zum Ankerplatz für kleine Boote. Ich ließ den Anker fallen, machte alles fest und sicher, ruderte zu AKKA hinüber und fiel auf eine Koje. Olivier warf noch eine Decke über mich, und in wenigen Augenblicken schliefen wir beide wie Tote. Das verhaßte Rote Meer war jetzt bloß noch eine Erinnerung.

Zwei riesige Kisten von meinem Vater erwarteten mich in Suez – ein neues Groß, eine Topplaterne, eine elektronische Autohelm-Selbststeueranlage, Fünf-Minuten-Terrinen, Kartoffel- und chinesische Reisgerichte, Bonbons und Schokolade, Bücher, Briefe und eine Stablampe. Ich war unglaublich erleichtert, daß er meinen Brief aus dem Sudan rechtzeitig bekommen hatte. Wir gingen zu dem Agenten, der in Suez für die Formalitäten verlangt wird. In Windeseile erledigte Abdul Manam Asukar alles für uns, rannte auch noch herum, damit das Monitor-Ruder wieder angeschweißt wurde, und kümmerte sich sogar um unsere Wäsche. Seine Frau, Asma, und seine Tochter, Didi, luden uns zum Essen ein, wir waren ihnen liebe Gäste und nicht nur Segler, die für eine Arbeit bezahlten und auf der Durchreise waren.

Wir überholten VARUNAS Kraftstoffleitungen, wechselten AKKAS Filter und ergänzten meinen kümmerlichen Werkzeugbestand. Mit Dean und Faye, die wegen ihrer uralten Maschine erst recht spät angekommen waren, gingen wir zu einem Abschiedsessen. Ob wir uns jemals wiedersehen würden? Sie mußten die Maschine reparieren lassen, wollten Kairo besuchen, und Faye wollte zu einem Friseur. Als ich an jenem Abend einschlief, war mein letzter Gedanke: So möchte ich mit sechzig auch sein, auf dem Meer ohne Sorgen leben, in den Tag hinein, wie es gerade kommen würde.

Anders als im Panamakanal, werden die 120 Meilen des Suezkanals in zwei Tagestörns mit Maschine absolviert. An seinen Ufern sahen wir die ausgebrannten Wracks aus dem Sechs-Tage-Krieg zwischen Israel und Ägypten. Ich mußte daran denken, daß Asma mir erzählt hatte: „Wir konnten vom Fenster unseres Hauses aus auf der anderen Kanalseite die Israelis kommen sehen. Ich stellte mich mit Didi im Arm ans Fenster, damit sie sahen, ich hatte ein Baby, und nicht auf unser Haus schossen.“ Man konnte sich kaum vorstellen, daß Suez erst in jüngster Zeit so schwer unter einem Krieg gelitten hatte, daß die meisten Einwohner geflohen waren – uns kam die Stadt wie eine modernisierte Ausgabe von Port Sudan vor. Die Leute waren mehr noch als die Sudanesen von arabischer Abstammung, wollten aber nicht als Araber bezeichnet werden, sondern nannten sich Abkömmlinge der Pharaonen. Die Frauen trugen schwarze Schleier, nicht so farbenfroh wie die Kleidung der Sudanesinnen. Die Männer kleideten sich westlich. Schade, daß wir von Ägypten letzlich nur die Randgebiete von zwei der lebendigsten Hafenstädte der Welt kennenlernten. In Port Said trafen wir ein Schweizer Paar, das in entgegengesetzter Richtung unterwegs war. Morris wußte über die See etwa so viel wie ich zwei Jahre zuvor, Ursula lernte bei mir, wie man ein Fix berechnet. Dafür kochte Morris, von Beruf Chefkoch, fabelhafte Mahlzeiten für uns, und so dünn, wie ich inzwischen war, nahm ich jede Extrakalorie dankbar an.

Die beiden verliebten sich in Mimine, und nach schweren inneren Kämpfen, eingedenk dessen, was jetzt vor mir lag, gab ich sie zögernd ab. Sie baten um eine Liste von Mimines Lieblingsfutter und bauten ihr sofort ein eigenes Bett. Ich lieferte die letzten Vitaminvorräte, ein paar besondere Leckereien und die wöchentlichen Antibabypillen ab – ich wußte, sie hatte gute Eltern gefunden. Am 3. Juli, einem Freitag, verließen wir die drei in Richtung Malta, 1000 Meilen nach Nordwest.

Dies war ein besonderer Freitag, Oliviers Geburtstag, so daß ich meinte, wir könnten uns über den alten Aberglauben hinwegsetzen. Wieder mal hatten wir gleißenden Sonnenschein, starken Gegenwind, mußten kreuzen, VARUNA schob Lage, wir machten wenig Meilen. Nach dem Roten Meer schreckte mich die Schiffahrt nicht mehr so sehr, zumal ich sicher war, man könnte VARUNA sehr gut sehen, mit dem Radarreflektor zwischen den Wanten und dem hellen Licht am Backstag, das Deck und Segel anstrahlte.

Am Abend, nach ständigem Ausguck im Cockpit, begannen meine Zähne ganz scheußlich zu klappern, der nächtliche feuchte Nebel umgab VARUNA mit einer unangenehmen Kälte. Ich sah noch einmal rundum, Schiffe in meiner Richtung konnte ich nicht kommen sehen, es war verhältnismäßig leer auf dem Wasser. Ich ging unter Deck, um mir schnell eine Tasse Kaffee vor meinem nächsten Rendezvous mit AKKA zu machen. Ich streckte mich, mir tat alles weh von einem ganzen Tag im Cockpit, immer bereit, die Pinne für ein Ausweichmanöver zu nehmen, und einen Augenblick träumte ich von Malta.

Ein tutendes Horn und das Dröhnen einer Schiffsschraube jagten mich an Deck. Wenige Meter entfernt in der Dunkelheit der Alptraum jedes Seglers – ein Schiffsbug, Kurs direkt auf uns zu, ein riesiger Tanker.

„O Gott!“ japste ich, vor Schreck erstarrt. „Nun ist es vorbei.“ Meine erste Reaktion war, den Motor starten zu müssen. Zu spät! Oder meinen Paß und Tarzoon greifen und über Bord springen? Oder die Selbststeueranlage auskuppeln und in den Wind schießen? Die Steuerung zu lösen, hätte mindestens fünf Sekunden gekostet. Keine dieser genialen Ideen kam mir richtig ins Bewußtsein, als ich im Chaos der Gefühle alles gleichzeitig dachte und entsetzt nach oben starrte auf das Ungeheuer, das laut tutend näher kam.

„Tarzoon, es tut mir leid“, schrie ich meinem kleinen Kumpel zu, während der Schiffsbug vielleicht drei Meter vor uns vorüberzog und VARUNA in der Bug- und Querwelle von Tausenden von Tonnen verdrängtem Wasser herumgeschleudert wurde. Die Schiffsmitte des Ungeheuers hatte uns passiert, und ich traute mich schon an Rettung zu glauben, als etwas am Vorstag zerrte, gefolgt von einem lauten Peng.

VARUNAS Mast ruckte nach achtern, und die Fock flatterte frei im Wind. Jemand leuchtete uns von oben an und brüllte etwas Unverständliches, als das Heck mit einem Namen in arabischen Lettern in der Dunkelheit verschwand und uns rollend, schlingernd und verkrüppelt zurückließ.

Das stählerne Vorstag war gerissen, die Fock hing noch am Fall und an den Schoten. Ein Mastbruch war uns erspart geblieben, weil ich ein zweites Fall zur Ankerrolle geschoren hatte, als zusätzliche Sicherheit während der Fahrt durch das Rote Meer. Rückschauend erkannte ich, daß ich sowieso keine Zeit mehr gehabt hätte, in den Wind zu drehen. Tarzoon und ich konnten von Glück sagen, daß wir noch am Leben waren.

Schnell zerrte ich Groß und Fock herunter, um den Mast nicht noch mehr zu strapazieren, und dachte über ein Notrigg nach, während ich den Motor startete. AKKA kam von achtern auf. Olivier stand im Cockpit, ahnungslos.

„Olivier, Olivier!“ schrie ich hinüber. „Ich bin gerade von einem Schiff angefahren worden.“ Wie ein kleines Mädchen war ich nun elektrisiert von dem Erlebnis, bei dem mir das Schlimmste erspart geblieben war.

„Bist du okay?“ war seine erste Sorge.

„Ja, schon. Aber das Vorstag ist gebrochen, ich glaube, ich muß nach Port Said zurück.“

„O nein, bloß das nicht. Dann hängen wir in dem schaurigen Hafen mindestens eine Woche fest und füllen Formulare aus. Bist du sicher, wir können es nicht selber machen?“

„Ich weiß nicht“, antwortete ich. „Aber wenn wir kein vernünftiges Notrigg zustande bringen, kehre ich um. Selber kann ich es nicht.“

„Und du meinst, ich sehe dir von hier aus zu, wie du das in Ordnung bringst?“ fragte Olivier. „Es gibt kein größeres Vergnügen für mich, als triefnaß zu werden, zu dir herüberzukommen und an meinem Geburtstag in der Mitte des Meeres dein Vorstag zu reparieren. Komm, hol mich rüber.“

Im abnehmenden Wind motorte ich an Akka vorbei und warf Olivier eine Leine zu. Er sprang, verfehlte sie und schwamm zu guter Letzt zu Varuna hinüber. Mit Geduld und Geschick, bei ruhiger See, gelang uns mit Hilfe des alten, halb aufgedrehten Vorstags, das wir in Port Sudan ausgewechselt hatten, die Reparatur. Nach gut einer Stunde war alles vorbei und Olivier wieder auf Akka. In dicken Pullovern und Socken setzten wir die Reise fort. Ich blieb bis zum Morgen hellwach. Schon die Lichter eines fernen Schiffes brachten mein Herz wild zum Pochen.

Eine Woche machten wir einen langen Schlag nordwärts, bis in Sicht der türkischen Küste. Auf dem anderen Bug segelten wir an Rhodos vorbei in den Windschatten von Kreta. Wir waren so kaputt davon, uns gegenseitig im Auge zu behalten, daß wir beschlossen, in Loutro eine Pause einzulegen, auch um zu tanken – eine sehr weise Entscheidung im Interesse unserer Beziehung. In den letzten beiden Tagen waren wir so genervt, daß wir giftig wurden, wenn einer auch nur fünf Minuten zu lange schlief und zu spät zur Wachablösung kam oder ein bißchen vom Kurs abwich. Loutro war der letzte Ort an der Südküste von Kreta. Dort konnten wir Vorräte bekommen, uns ausruhen und Gefühle und Gedanken wieder in die rechte Perspektive rücken.

Am Spätnachmittag des 15. Juli, nach einer Nacht mit starken Fallböen von den Bergen Kretas und vielfach unterbrochenem Segeln, motorten wir in die idyllische Bucht von Loutro, fast wie eine Freilichtgrotte, mit steilen Felsen und zartblauem und grünem Wasser. Ein paar weißgekalkte Häuschen waren um die Bucht verstreut, Pensionen und Tavernen. Als wir uns mit herrlichen Milch-Shakes erfrischten, fanden wir heraus, daß man Loutro nur mit der Fähre erreicht. Hier gab es keine Autos, also auch keinen Diesel. Daß wir an einem so unpraktischen Platz unseren Landfall gemacht hatten, fanden wir urkomisch. Wir würden am nächsten Tag mit der Fähre zu einer anderen Ortschaft fahren, um unsere Kanister zu füllen. Jetzt wollten wir erst einmal die Gegend entdekken. Rundum Touristen, viele junge Leute mit Frisuren und Outfit nach dem neuesten Trend, Mohikaner-Punks, entspannte Lebenskünstler, reiche junge Amerikanerinnen, die zwei Uhren trugen und im Rudel Jagd auf einen Mann machten, und ganz normale europäische Familien und Paare in ihren Ferien. Es war eine groteske Rückkehr in die westliche Zivilisation – alles wirkte ebenso fremdartig auf uns wie vor einiger Zeit Bali und Sri Lanka, nur ein paar Ozeane achteraus.

Wir scheuerten die Rümpfe und waren am 18. Juli wieder unterwegs, Richtung Malta, 580 Meilen nach Westen. Kurz nach dem Auslaufen trennten wir uns, endlich ging wieder jeder seiner Wege, und ich empfand das als Erleichterung. Olivier würde es genauso gehen. So schön es war gemeinsam unterwegs, es war anstrengend, und mir fehlten allmählich die einsamen Tage auf See. Kurz nach Kreta kam eine leichte Brise auf, die bis einen Tag vor Malta bei mir blieb.

Alles war okay an Bord, bis auf meine Angst vor Tankern. Ich schlief keine Nacht mehr richtig, alle halbe Stunde ging der Wekker. Und es lohnte sich. Eines Morgens kam ein Tanker direkt auf mich zu, unter Motor ging ich ihm aus dem Weg. Knapp hundert Meter querab rief ich ihn über Funk an, ob er mich gesehen hätte, um mir selbst etwas moralischen Auftrieb zu geben.

„Hallo, ich bin das kleine Segelboot von nebenan, an Steuerbord. Siehst du mich?“ Er sah mich nicht! So würde ich wohl wenig Ruhe finden auf dem Mittelmeer.

Am Morgen des 24. Juli stieg aus dem Dunst am Horizont die Stadt empor, gemeißelt aus dem hellgelben Felsen von Malta. Gegen Mittag motorte ich an den Mauern, Gebäuden und Festungen entlang in den Hafen von Valletta. Mitten unter den Booten – AKKA! Neben ihr war ein freier Liegeplatz, Olivier aber leider nicht an Bord. Plötzlich fiel mir ein – wenn alles gutging, war dies mein vorletzter Landfall vor New York! Jetzt kam nur noch Gibraltar, das Tor zum Atlantik.

Ich klarte auf, da rief Olivier von der Pier, neben ihm eine irgendwie bekannte Gestalt. Den kannte ich doch? Und schrie laut los: „Tony!“

„Hallo, kleine Schwester!“ grinste er mich an, als ich über alle Hindernisse hinweg in seine Arme flog. Aus dem unsicheren grünen Jungen mit dem Beatles-Haarschnitt war ein junger Mann mit Bart geworden, der mich überragte.

„Lieber Himmel, Tania“, sagte er. „Paps sagte zwar, du bist dünn geworden, aber das hatte ich nicht erwartet! Ich soll dir ein bißchen Fett anfüttern und ein neues Vorstag bringen.“

Ich wandte mich Olivier zu und umarmte ihn. Tony hatte schon zwei Wochen im Hotel auf uns gewartet, war täglich am Hafen, um auch nach einer schwarzen Ketsch Ausschau zu halten. So fand er Olivier, der in seinem Zimmer schon geduscht hatte, bevor er es aufgab. Tony blieb für die Dauer unseres Aufenthaltes an Bord.

Und wer kam dann vorbei? Alexio, den wir seit Port Sudan nicht mehr gesehen hatten, mit seiner Freundin, die auf Besuch von Brasilien hier war. Er war in Rußland gewesen, von wo er stammte, danach zwischen den griechischen Inseln unterwegs. Dann tauchte noch ein Freund aus Sri Lanka auf. Es war ein Riesenwiedersehen.

In den vier Wochen auf Malta gab es nur eine Wolke am strahlendblauen Himmel – hier kam die Trennung von Olivier. Er mußte AKKA überholen und ihrem Besitzer zurückgeben. Es klang zwar sehr vernünftig, was wir planten – er würde in die Schweiz zurückfliegen und dann, wenn alles klappte, nach Amerika. Aber wieviel konnte noch dazwischenkommen! Und – der schwierigste Teil meiner Reise lag noch vor mir, der Nordatlantik mit dem Winter auf den Fersen.

Oft sprachen wir davon, abends vor dem Einschlafen, was kommen könnte. Lens Unglück hatte mich wachgerüttelt, und ich selbst war einige Male so knapp davongekommen, daß ich nicht mehr sicher war, das Glück würde mit mir bleiben. Der Streß der letzten Monate, Mangel an Schlaf und guter Ernährung forderten ihren Preis. Schon im Roten Meer war ich dauernd müde gewesen, mit heftigen Kopfschmerzen und Schwindelanfällen. Jetzt wurde es noch schlimmer. Eine Hitzewelle im Mittelmeer brachte in Griechenland viele alte Leute um.

Mit Schüttelfrost und Fieber lag ich phantasierend und erschöpft auf Akkas Koje, ohne die Kraft, mich zu bewegen, und Tony und Olivier verscheuchten Scharen von Fliegen, die überall waren. Es bedurfte einer schier übermenschlichen Anstrengung, die paar hundert Meter zu den Duschen zu gehen, oder gar in die Stadt zum Einkaufen. Die Hitze erdrückte uns fast; selbst Tony, ein Bild der Gesundheit. Aber jeden Morgen stand er auf, fuhr mit dem Fahrrad, das Olivier in Ägypten gekauft hatte, in die Stadt und brachte uns frisches Brot, Schinken und Milch zum Frühstück. Schließlich ging ich zum Arzt. Ich hatte Angst, es wäre etwas Ernstes, doch er verschrieb mir Ruhe, reichlich Vitamine und große Mengen Eisen. Ich war unterernährt, blutarm und sehr erschöpft.

Dann machten sich Tony und Olivier energisch an Varunas Überholung, wechselten das Vorstag, verschiedene Filter und Sicherungen aus, bauten einen Kasten für die Batterien, brachten Leuchtstofflampen an und die neue Autohelm-Anlage. Als es mir besser ging, machte ich auch mit, und abends, wenn die Sonne weiterzog, um andere Länder zu rösten, gingen wir in eine schattige Bar und beobachteten die Malteser, wie sie ihre Pferde in der See badeten. Sie sind Pferdeliebhaber, Trabrennen sind ihr Volks- und Wettsport.

Tony hatte große Pläne für die Rettung der Erde; bei viel Bier und Orangensaft verbrachten wir Stunden damit, darüber zu diskutieren. Varuna bekam ein neues Spritzverdeck. Das alte hatte sich vor meinen Augen aufgelöst und war auch echt gefährlich, weil ich mir dort oft Halt verschaffte. Der Monitor wurde überholt, und aus dem alten Großsegel machte ich Relingskleider zum Schutz gegen überkommende See und Gischt.

Nach zwei Jahren ohne Waschmaschine war ich Expertin für andere Waschmethoden, bis zum Waschen durch Stampfen mit bloßen Füßen. Malta war geradezu luxuriös, man konnte mit dem Schlauch bis ans Boot, fast so gut wie eine Waschmaschine. Ich wusch alles, Kleidung für Tony, Olivier und mich, alle Wäsche für die Boote, und scheuerte VARUNA gründlich, bis sie wieder in einem Super-Zustand war.

Dann mußte Tony auch schon wieder fort. Sein Flugzeug ging ab Rom, wir begleiteten ihn auf der Fähre bis Syrakus auf Sizilien und sprangen erst in letzter Sekunde dort vom Zug, mit dem er weiterfuhr.

Auf Malta waren wir unzertrennlich, jede Minute wurde zu einer Erinnerung, von der wir noch lange zehren mußten. Mein Arzt lud uns nach Hause ein und zeigte uns die Insel, wir besuchten Freunde auf ihren Booten. Die Hauptstadt Valletta, Festungen und Häuser, war aus dem goldfarbenen Felsen herausgehauen. Die Menschen blieben in der Hitze des Tages in ihren Häusern, bis auf die sonnenhungrigen Touristen. Die Insel zwischen Sizilien und Afrika war in alten Zeiten gegen Eroberer wehrlos gewesen, so daß Mesopotamier, Phönizier, Mauren, Griechen, Römer, Engländer und Franzosen Bastionen bauten und ihre Spuren hinterließen. Alles an Malta war buntbewegtes mediterranes Leben. Des Abends waren die Menschen draußen, Großeltern, Eltern, Teenager, Kinder – auf den Straßen und am Wasser ging es lebhaft zu.

Drei Wochen waren wir schon hier und schoben die Abfahrt immer wieder hinaus. Ich wußte, das schlimmste war das Ablegen; wenn ich erst unterwegs war, heilten die offenen Wunden bald. Eines Tages sah ich auf die Nordatlantik-Monatskarte für Oktober, und mir wurde himmelangst. Was sie zeigte, war ungleich eindringlicher als unser bisheriges bloßes Gerede vom Wetter. Jetzt wäre ich am liebsten sofort losgefahren.

Wir überlegten, wie wir während der Trennung bis New York zumindest im Geiste in Verbindung bleiben könnten, und Olivier schlug vor, daß wir jeder um zwölf Uhr mittags koordinierte Weltzeit einen Abschnitt aus der Bibel lesen sollten, am nächsten Tag beginnend mit dem Ersten Psalm.

Einige Kartons mit Oliviers Sachen sollte ich mit nach New York nehmen – seine Muschelsammlung, seinen Taucheranzug, einige Pullover. Er gab mir auch seine Lieblingskassetten.

„Ich verspreche dir, ich gebe mir Mühe, nicht mit den Sachen auf den Grund zu gehen“, versuchte ich zu ulken, während ich mühsam meine Tränen unterdrückte.

„Ach, und noch etwas.“ Damit gab er mir zwei Päckchen: eins mit „Happy Birthday“, das andere „beim ersten Regen öffnen“, in Erinnerung an die Hoffnung auf unseren ersten richtigen Regen nach den Wüsten seit Sri Lanka.

Am nächsten Tag, dem 22. August, weinten wir beide, als er die Leinen für mich löste. Nach unserer letzten Umarmung sah ich durch einen Tränenschleier, wie er und sein Dingi immer kleiner wurden.

„*Sia chinta camo*“, rief ich auf indonesisch.

„*Isuguru*“, antwortete er in der Sprache von Sri Lanka.

„*Ana ahabek into*“, sagte ich auf arabisch.

„*I blong you*“ waren seine letzten Worte, er zwang sich zu lächeln, winkte und blieb zurück. Wir hatten versucht, uns in jeder Sprache die Worte „ich liebe dich“ zu merken.

Als die Entfernung wuchs, fühlte ich einen tiefen Schmerz und kämpfte sehr mit mir, ob ich nicht umkehren sollte. Was tat ich denn? Ich ließ so ziemlich das Beste, was mir je begegnet war, hier zurück und war wieder unterwegs, allein mit Tarzoon. Mit Olivier gemeinsam über die Meere zu segeln, das hatte mir Kraft und Stärke gegeben.

Die größten Freuden der vergangenen zwei Jahre waren die gemeinsamen alltäglichen Erlebnisse gewesen. Arbeit, Einkäufe und sogar der Papierkrieg waren erträglicher, weil wir sie gemeinsam meisterten. Mit Olivier wollte ich die Zukunft erleben. Meine Launenhaftigkeit ertrug er mit schier unbegrenzter Geduld und Liebe. Er war immer da für mich, äußerlich unberührt von dem, was wir gerade durchstanden. Er war mein Lehrer, meine Stütze und der Mann, bei dem ich weinen konnte. Ich fragte mich, was ich ihm denn gegeben hatte, um das zu verdienen. Olivier und ich hatten ein gemeinsames Leben gelebt, wenn auch auf verschiedenen Booten, und dieser Abschied zerstörte beinahe meine Welt.

Malta – Almeria – Gibraltar

Tausend Meilen Mittelmeer

In meiner Einstellung zu jenen „Unglückskisten, die wir Schiffe nennen", wie Kipling sie einmal bezeichnete, hatte ich mir eine eigene, auf Prozenten beruhende Theorie zurechtgelegt. Unzählige Male hatte ich mich gefragt: „Wie groß ist eigentlich die Wahrscheinlichkeit, daß VARUNA auf diesen Tausenden von Quadratmeilen Meer in einem ganz bestimmten Augenblick an genau derselben Stelle ist wie ein anderes Schiff?"

In der Zeit vor der allzu knappen Begegnung vor Suez hatte der Gedanke, das Risiko sei wirklich gering, mir manchen friedlichen Schlaf ermöglicht. Das war nun vorbei, denn davor schob sich die Erinnerung an die Kollision, die vor meinem inneren Auge wieder und wieder ablief, sobald mein Kopf das Kissen nur berührte. Jener Augenblick hatte die Dunkelheit der Nacht für mich auf immer verändert.

In der relativen Enge des Roten Meeres läuft alle Schiffahrt mehr oder weniger in derselben Richtung, entweder nach Nord oder nach Süd, und hält sich dabei an einen einigermaßen zuverlässig abgegrenzten Bereich. Ich hatte dort also nur aufpassen müssen, wenn ich „über die Straße" wollte. Das gleiche hatte für die Schifffahrtswege in Atlantik, Pazifik und im Indischen Ozean gegolten. Die Monatskarten hatten mir auch die Schiffahrtswege gezeigt und mich so vor starkem Verkehr gewarnt.

Im Mittelmeer war das nun alles ganz anders als bisher. Auf den tausend Meilen zwischen Malta und der einzigen natürlichen Ausfahrt im Westen, der Straße von Gibraltar, verkehrten viele Schiffe aller Art – Fischerboote, Sportboote, Tanker, Kriegsschiffe im Manöver, Frachter und Containerschiffe – und VARUNA mittendrin. Was es noch schlimmer machte: Ihre Routen führten kreuz und quer über das Mittelmeer, mit Zielhäfen in Nordafrika, Europa und Nahost.

Doch das allein war es nicht. Vom ersten Tag an kämpfte VARUNA sich durch eine Art Dauerbeschuß von Stämmen, Fässern und anderem höchst gefährlichen Treibgut, das Ganze garniert durch Tausende von Plastikteilen in allen möglichen Formen. Ich hatte zwar gelesen, das Mittelmeer stürbe langsam an Verschmutzung, doch auf eine derart dichte Masse Müll war ich nicht gefaßt gewesen.

Tarzoon saß in seiner Ecke, tagelang, und sah mir zu, wie ich abwechselnd weinte, zu Olivier auf Band sprach, Patiencen legte und Segel wechselte. Etwas über viertausend Meilen hatte ich noch vor mir bis nach Hause, doch die nächsten tausend ängstigten mich mehr als die ganze Reise bisher. Und dann war da noch eine böse Ahnung, ein Gefühl, das ich nicht abschütteln und auch nicht erklären konnte. Hinter mir lagen Landfälle gleich dutzendweise, vor mir aber nur noch der eine in Gibraltar, mit der Vorbereitung auf die längste Ozeanüberquerung, über den Nordatlantik.

Tagaus, tagein dachte ich daran, was am Schiff noch zu machen war und wie wenig Zeit mir dazu blieb, machte in Gedanken eine Liste nach der anderen. In den ersten Tagen seit Malta zermürbten mich die Dauersorgen bis zu ständigem Weinen, während ich gewissenhaft Ausguck hielt, ab und an ein paar Minuten Schlaf ergatterte und versuchte, das Boot so schnell es ging voranzutreiben.

Der Ausgang einer Patience war wie ein Horoskop, und das für alles, was ich unternahm. Rote Königinnen fanden ihren Platz auf schwarzen Königen, während wir langsam durch diese Giftsee zogen, die man einst das Meer in der Mitte der Erde nannte, lag es doch zwischen Europas Olivenbäumen im Norden und den Palmen Nordafrikas im Süden.

Mich auf die Karten zu konzentrieren, half mir, nicht daran zu denken, wie sehr mir Olivier fehlte, und außerdem hellwach zu bleiben, wenn mir die Augen aus Mangel an Schlaf zuzufallen drohten. Es war schon nichts Neues mehr, beim schnellen Gang an Deck ein Schiff so nah zu sehen, daß es einige Monate früher noch ein Ereignis gewesen wäre, über das ich nach Hause geschrieben hätte. Jetzt mußte ich mich nicht mehr stählen für meine übliche Horizont-Kontrolle.

Das Mittelmeer wurde seinem Ruf gerecht – das Wetter änderte sich unentwegt. Wir motorten ohne Segel über spiegelglatte See, setzten Segel, um in launischen Winden einigermaßen ruhig Meilen zu machen – mehr als eine Stunde Wind in gleicher Richtung und Stärke war nicht drin. Mal kam er fast direkt von vorn, häufiger aber achterlich, und oft so, daß ich den Spinnakerbaum in seiner Stellung verändern mußte. Als wir die Straße von Sizilien passierten und westwärts auf die Südseite von Sardinien zuhielten, waren meine Hände schon ganz kaputt von den vielen Segelwechseln und -veränderungen.

Halsen war das schwierigste Manöver, weil bei achterlichem Wind der Baum mit einem Bullenstander gehalten wurde, damit er nicht überging, und die Fock zur anderen Seite ausgebaumt war. Ich mußte also den Bullenstander losmachen, die Segel neu einstellen und den Baum neu setzen. Und glaubte ich, wir hätten eine ruhige Segelnacht bei achterlichem Wind vor uns, so ging er um 180 Grad herum, der Spinnakerbaum mußte ganz weg, ich bereitete mich auf Kreuzen vor. Zuverlässig briste es dann auf, ich mußte reffen. Das erledigt, flaute es ab. Schließlich übernahmen Motor und Autohelm die Arbeit. Bald kam der Wind aus Ost zurück, zuerst in schwachen Pustern, und der Baum mußte wieder her.

Dieser Kreislauf war ein unerbittlicher Sklaventreiber, viel Zeit für essen oder schlafen blieb da nicht. Mein erprobter Tagesablauf geriet völlig aus den Fugen; es war ein schwacher Trost, daß wir wenigstens überhaupt Wind hatten, wenn auch wechselnd, und ich betete, so möge es doch bleiben.

Segelfreunde hatten uns im Roten Meer erzählt, bei ihren Fahrten im Mittelmeer habe entweder Flaute oder Sturm geherrscht. Und die Stürme in dieser Schüssel seien teuflisch. Sie sollten aus dem Nichts auftauchen, schnell eine böse See aufbauen und bis zu Hurrikan-Stärke anwachsen, dann genauso plötzlich wieder verschwinden. Bei einer Gesamtoberfläche von über drei Millionen Quadratkilometern ist das Mittelmeer durchschnittlich etwa 1450 Meter tief, der Pazifik aber ungefähr dreimal so tief. Die See im Mittelmeer läuft viel mehr durcheinander, wird schnell steil und kabbelig, ganz anders als auf dem offenen Ozean, wird sie doch auch beeinflußt von den regionalen Winden, zum Beispiel dem berüchtigten Mistral, der das Rhône-Tal hinunterbläst, und dem Schirokko, der aus der Sahara kommt.

Während VARUNA so über die aufgewühlte See stolperte, unter dem Einfluß irgendwelcher Winde von den unsichtbaren Bergen in Europa, verglich ich dieses hier mit den großen Ozeanen. Im Pazifik schien der Wind wie über eine gefüllte Badewanne zu wehen, auf der die Wellen sich so lange fortsetzen können, bis sie dann vergehen. Die Mittelmeerwinde dagegen schienen in einen Fingerhut voll Wasser zu blasen.

Wetterberichte und das Funkgeschnatter in fremden Sprachen verrieten mir, daß wir langsam an Italien, Tunesien, Sardinien und Algerien vorbeischlichen, auf Marokko und Spanien hinter dem Horizont im Westen zu.

Ich hockte unter Deck, in meiner eigenen Welt, und spielte endlose Patiencen, im festen Glauben, daß mein Schicksal davon abhing. Gingen sie auf, so würde ich wohlbehalten in der Heimat landen, wenn nicht, würde ich das nicht mehr erleben. Konnte ich ein Spiel nicht zum guten Ende bringen, mischte ich die Karten um so heftiger und fing noch mal von vorn an – bis sie endlich alle geordnet auf dem Tisch lagen. Nur dann konnte ich mich wieder ums Segeln kümmern. Wenn ein Spiel in Gang war, machte es nichts aus, daß wir vom Kurs abkamen oder daß der Wind einschlief. Je müder ich wurde, desto wilder mischte ich die Karten. Ab und an kam mir der Gedanke, ob ich wohl anfing, durchzudrehen.

Eines Tages – wir hatten gerade die Straße von Sizilien passiert – brachte mich ein leichtes Pladdern wie der Blitz an Deck. Freude aller Freuden, es regnete! Zum erstenmal nach sieben Monaten, damals noch in Sri Lanka, fiel vom Himmel Wasser auf VARUNAS Deck. Nicht gerade ein Wasserfall, aber Regen war es schon. Ich stand im Cockpit, selig, als ob es Silberdollars regnete.

Schnell wieder unter Deck, wo ich Oliviers Geschenk auswikkelte. Wie ich mir dachte – ein Buch. Er wußte, daß ich nach Anfangsschwierigkeiten eine Vorliebe für James Michener entwikkelt hatte. Dieses Buch hieß *Karawanen der Nacht* und handelte von einem amerikanischen Diplomaten in Afghanistan, der sein komfortables, sicheres Nest verlassen und mit einer Karawane in die Wildnis ziehen mußte. Olivier verdankte ich für ein paar Tage eine andere Welt, ähnlich jener, die wir kürzlich am Roten Meer noch zusammen erlebt hatten.

Der Wind blies weiter wechselnd stark von achtern, nach der Monatskarte ganz normal. Da sie des weiteren die Wahrscheinlichkeit schwerer Stürme mit null Prozent angab, blieb ich völlig unbesorgt, erledigte tagelang wie ein Roboter meine Pflichten und wechselte ab zwischen Buchkapiteln und Patiencen, während über mir der dunstig-halbbedeckte Himmel in schweres Grau überging und böige Winde aufkamen. Als am Morgen des 28. August der inzwischen recht stetige Wind noch stärker wurde, hatte ich *Karawanen der Nacht* ausgelesen und machte mir über das Wetter weiter keine Sorgen, zumal wir in den nächsten 24 Stunden allein unter zweimal gerefftem Groß den begeisternden Fortschritt von 140 Meilen verzeichnen konnten. Als der Wind dann mit 40 Knoten zu wehen begann – mehr, als nach der Monatskarte zu erwarten war –, schrieb ich das starken Passatwinden zu. Mein Seehandbuch sagte kein Wort darüber, daß das für Mittelmeerstürme charakteristisch war, und das Barometer hatte sich auch nicht gerührt.

Es war mir zur wohl gefährlichen Gewohnheit geworden, neue Gegebenheiten anhand früherer Erfahrungen zu beurteilen. Das Barometer könne nicht irren, sagte ich mir, außerdem machten wir gute Fortschritte, und Gibraltar war nur noch 350 Meilen entfernt. Ich versuchte, meinen kaputten Knochen etwas Erholung zu verschaffen, ging in die Koje und lenkte mich vom schlechter werdenden Wetter ab, indem ich ein neues Buch anfing. Bald nahm mich das Geschick des unglücklich liebenden, von dunklen Geheimnissen bedrückten Milchmädchens Tess ganz gefangen.

Am Nachmittag des 29. August senkte sich ein dunkler Vorhang über den westlichen Horizont. Wir hatten mehrere ähnliche Fronten in der vergangenen Woche erlebt, und immer hatte der Wind entweder zugenommen oder war restlos abgeflaut. Mir blieb nur, alles dichtzumachen, festzusetzen – und dann auf die Front zu! Blitze zuckten aus den tiefhängenden wirbelnden Wolken.

Beim Einbruch der Dunkelheit segelten wir in ihre unbarmherzigen Fänge, der Wind steigerte sich zu heulender Stärke. VARUNA, mit drei Reffs im Groß und ohne Fock, war völlig übertakelt, drehte in den Wind, wurde aber gleichzeitig breitseits von durcheinanderlaufenden Wellen gepackt, die ins Cockpit einstiegen, während um uns herum Blitze auf das Wasser knatterten. Viel zu erschöpft, um noch klar zu denken, hatte ich auch nicht mehr die Energie, die Besegelung zu verändern. Ich beschloß, VARUNA unter nacktem Rigg zu lassen für das, was auch immer noch kommen sollte, holte das Groß herunter und laschte es am Baum fest – eine schwierige, triefnasse Sache bei dem Wetter. Dann kroch ich unter Deck, wobei ich inbrünstig hoffte, es würde nicht noch schlimmer werden. Hinter mir zerrte ich ein großes Stück Segeltuch, das am Spritzverdeck befestigt war, als Schutz gegen Gischt vor den offenen Niedergang. Bei klarerem Kopf hätte ich den Niedergang mit den Plexiglas-Schotten dichtgemacht.

Das Segeltuch blähte sich in den Niedergang. Ich griff zum Wecker und stellte ihn für den nächsten Wetterbericht – endlich waren wir im Bereich von Wettervorhersagen in englischer Sprache, vorher waren sie alle in italienisch gewesen. Ich mußte endlich herausbekommen, was los war, dieses Wetter war mir ein Rätsel, ohne Sinn und Verstand, und hatte keinerlei Ähnlichkeit mit dem, was ich von anderen Meeren kannte. Ich kauerte mich mit Tarzoon in der Lee-Ecke der Koje unter einer Baumwolldecke zusammen und verglich etwas melodramatisch die Nöte der Trennung von Olivier und der kommenden Reisen mit denen, die Thomas Hardys Heldin erdulden mußte. Tess überstand alles; also würde ich es auch.

Plötzlich über dem Heulen des Windes ein riesiges krachendes Getöse, und meine Welt stellte sich auf den Kopf. Die Hölle brach los, von Steuerbord flog alles auf mich herab, Wasser war rundum. VARUNA taumelte und torkelte zur Seite, und ich erinnere mich, daß ich in meiner Panik glaubte, diesmal müsse uns ein Schiff voll getroffen haben.

Mit dem ersten Adrenalinstoß hustete und spuckte ich das Salzwasser aus, das ich in der Nase hatte, befreite mich aus der Falle des über mich gekippten Kajütinhalts und kletterte mühsam nach draußen. Kein Schiff weit und breit, der Sturm tobte noch immer, Blitze beleuchteten die schäumende See. Was ich bisher an Gewitterstürmen erlebt hatte, verblaßte vor dem Feuerwerk rundum. Mich traf fast der Schlag, als ich in seinem Lichte den Schaden an VARUNA sah.

Das Spritzverdeck war aus seiner Aluminiumhalterung gerissen und hing in der Reling. Das Schlauchboot, das an Deck festgezurrt war, hing gerade noch an einer einzigen Leine am Handlauf. Das Relingskleid, mühsam ausgemessen, genäht und zwei Tage zuvor erst mit neuen Stropps festgemacht, war ausgerissen und verschwunden. 40 Liter Diesel in Reservekanistern, die ich im Cockpit festgelascht hatte, waren ebenso weg wie der Solargenerator, der mir seit Tahiti treu Strom geliefert hatte, und mein Wetterzeug, sonst griffbereit unter dem Spritzverdeck. Ein Segelsack voll Sand für die Katzenkiste, etwa 15 Kilogramm schwer, vorher auf dem Cockpitboden, hing nun wie ein Sack nasser Zement halb über Bord. Den Sack, das Spritzverdeck und das Schlauchboot holte ich mir eilig zurück. Wir rollten in der See, der Wind pfiff über Deck, mühsam hielt ich mich fest.

Unter Deck sah es noch schlimmer aus, ein wahrer Alptraum. Alles von der Steuerbordseite befand sich nun an Backbord, wo einmal mein Bett war, verschüttet, verstreut, zerbrochen. Wasser schwappte wohl dreißig Zentimeter über den Bodenbrettern, und darin schwammen Kassetten, Papiere, Kameras, Verpflegung, Wasserflaschen, Tupperware und Bücher. Den Inhalt des Werkzeugkastens, der unter meiner Koje auf dem Boden gewesen war, entdeckte ich in der Eisbox und im Schapp über der Spüle. Als ich mir das alles so ansah, wußte ich, daß wir um ein Haar durchgekentert wären, hätte uns VARUNAS Ballast nicht wiederaufgerichtet, wie ein Stehaufmännchen, ehe sie den vollen Überschlag machte.

Ein Blick auf das Chaos, und ich stürzte mit hämmerndem Herzen zurück an Deck, um die Bilge leerzupumpen, wobei ich den geretteten Griff einer Feile als Notbehelf benutzte – der Pumpenstock war auch verschwunden. Verstopft! Was nun? Die elektrische Bilgepumpe war schon seit Ewigkeiten außer Betrieb. Ich schob mir die Haare aus dem Gesicht und versuchte, klar zu denken. Wir befanden uns mitten in einem Sturm von biblischen Dimensionen, VARUNA rollte schwer in der See, den Bauch voll Wasser und in echter Gefahr. Plötzlich begann ich zu zittern, unaufhaltsam, ich konnte nicht mehr.

Da erschienen aus dem Nichts die flimmernd weißen Lichter eines Schiffes am dunklen Horizont. In meiner Panik stürzte ich nach unten, packte meinen Notpeilsender, schaltete ihn ein und betete, das Schiff möge die Frequenz des Senders überwachen und das Notsignal empfangen. Ich wußte, daß das Signal für jeden, der es empfing, bedeutete, daß ich die Hoffnung auf Selbsthilfe aufgegeben hatte und Rettung begehrte.

Sekunden vergingen. Ich saß auf der nackten Steuerbordkoje und versuchte mich zu beruhigen. Ein Päckchen Zigaretten schwamm vorbei, dank der Zellophanverpackung im Inneren wunderbarerweise trocken. Ich zündete mir eine an mit dem Feuerzeug, das in der trockenen kleinen Hängematte über mir war, und suchte nach der winzigen Flasche Whisky, die ich für einen besonderen Anlaß aufgehoben hatte. Das Getränk brannte wie Feuer, beruhigte aber meinen Magen und erwärmte mich wohltuend.

Vor mir, triefnaß, all die Erinnerungen an der Wand – eine Zeichnung von den Marquesas, Stoff aus Bali. Sie blickten mich strafend an. Meine Fotoalben jammerten, die feuchte Kleidung heulte, aufgeweichte Bücher jaulten, und der triefnasse Tarzoon miaute kläglich. Mr. T. war am wichtigsten. VARUNA aufzugeben würde bedeuten, alles aufzugeben, vielleicht sogar, ihn an Bord zurückzulassen. Das konnte ich nicht machen. Noch schwammen wir, und ich war schon zu weit gekommen, als daß ich jetzt aussteigen konnte.

Fünf Minuten, nachdem ich den Notsender eingeschaltet hatte, stellte ich ihn wieder ab. Das Schiff war ahnungslos gen Westen gefahren. Ich betete zum Himmel, daß niemand sonst uns gehört hatte. Solange ich noch ein Quentchen Kraft hatte, wollte ich alles tun, was in meiner Macht stand, VARUNA zu retten und den nächsten Hafen lebend zu erreichen. Mit einem Eimer begann ich, die Kajüte auszuschöpfen. Meine Müdigkeit war verschwunden, die Gedanken sehr klar, als ich mir überlegte, was geschehen wäre, wenn jemand zur Hilfe gekommen wäre. Nachdem ich danach gerufen hatte, hätte ich sie akzeptieren müssen.

Eine Stunde lang lenzte ich Eimer um Eimer ins Cockpit. Als das Wasser nicht mehr über den Bodenbrettern stand, sammelte ich meine feuchten Sachen auf und ging dann nach oben, um die Bilgepumpe auseinanderzunehmen. Ein paar Stunden später, nachdem ich einen Knick im Schlauch entdeckt hatte, der das Ansaugen verhinderte, kam sie prustend wieder in Gang. Dann holte ich den kleinen Petroleumheizlüfter heraus, den mir Morris und Ursula in Port Said geschenkt hatten, und stellte ihn auf größter Stufe an, um damit die Sachen trockenzuföhnen.

Bei Tagesanbruch war die Krise vorüber und alles ein wenig geordneter, meine bebende Angst hatte ich über meinen Aufräumungsarbeiten vergessen. Sechs Stunden lang, seit dem Knockdown, waren meine Nerven bis zum äußersten angespannt, nun ließ das nach, jeder Muskel in meinem Körper schmerzte. Der Wind nahm ab, ich setzte das Groß und – es war gerissen.

„Was habt ihr noch für mich auf Lager?“ schrie ich verzweifelt, als ich mein Flickzeug herausholte und zu nähen anfing. „Also raus damit! Dann lieber gleich! Es ist eure letzte Chance. Wenn ich erst an Land bin, bin ich weg. Ich habe es einfach satt. Ich will nicht mehr!“

Als das zerlumpte Groß oben war, machten wir uns wieder auf nach Gibraltar. Ich begann mit Notreparaturen an den wichtigsten Dingen, die gelitten hatten. Es war schlimmer, als ich anfangs glaubte: alle elektrischen Leitungen, die neuen, die Olivier gelegt hatte, und die alten – unbrauchbar. Kassettenspieler und Topplicht blinkten, wie es ihnen gerade in den Sinn kam, bis ich mit der Schere dranging. Funkpeiler, UKW- und Kurzwellengerät sowie das Tonbandgerät – tot. Zum Navigieren blieben mir meine nassen HO-249-Tafeln, ein aufgeweichtes Nautisches Jahrbuch, der Sextant und, falls ich Unterhaltung brauchte, die halbgelesene, durchweichte Tess.

Wenigstens meine navigatorische Lage ließ mich ein bißchen lächeln. Jetzt war Varuna wie Akka, und wie Olivier mußte ich mein Ziel jetzt mit Hilfe von Sonne und Sternen finden – ohne Unterstützung durch Funkpeiler oder Funkgerät.

Mühsam kamen wir voran. Ich holte Bücher und Kojenpolster an Deck zum Trocknen in der Sonne und nahm den Funkpeiler auseinander, wobei ich sein elektronisches Innenleben sehr bewunderte. „Was hatte ich falsch gemacht?“ überlegte ich. Der Fehler war gewesen, alle Segel wegzunehmen.

Bei klarem Kopf hätte ich die Fock gesetzt. Damit hätte ich etwas Stabilität ins Boot bekommen und mit dem Wind laufen können. Bei noch schlechteren Bedingungen hätte ich dann die Fock gegen das Trysegel ausgewechselt und VARUNA in den Wind gedreht, so daß sich die Wellen am Bug gebrochen hätten. Müdigkeit ist des Seglers schlimmster Feind. Ich wußte das. Und doch denkt man immer, man macht alles richtig, bis es zu spät ist.

Ich sah auf die Karte und beschloß, mit meinem letzten Vorrat an Diesel zur spanischen Südküste zu motoren. Der Wind war eingeschlafen, ich selbst aber hatte keinen Schlaf gehabt, noch immer nicht, und VARUNA hätte bis Gibraltar mehr Diesel gebraucht. Um etwas zu Kräften zu kommen, kochte ich Reis mit Tomatenmark und teilte mir das mit Tarzoon auf unserem letzten Teller. Dann machte ich lange Listen, was alles getan werden mußte, ohne die geringste Ahnung, wo ich das angehen könnte und ob ich überhaupt die Energie aufbringen würde.

Gewissenhaft hielt ich Ausguck und kontrollierte den Kurs, führte die paar Reparaturen durch, die ich auf See erledigen konnte, und gönnte mir zwischendurch Tess als Lektüre. Behutsam trennte ich die aufgeweichten Seiten voneinander und entdeckte zu guter Letzt, daß auch sie ein tragisches Ende hatte.

Auf meiner Karte war Almeria die nächste erreichbare spanische Stadt, und voller Verzweiflung hielt ich darauf zu. Drei Tage nach dem Unheil sichtete ich über dem ölig glatten Wasser, das nur hier und da leichte Kräusel zeigte, den Lichtstrahl des Leuchtturms, der uns zur Costa del Sol geleitete. Stunden später versuchte ich im Marinabüro von Almeria mit meinen spärlichen Spanisch-Brokken, einen Liegeplatz zugewiesen zu bekommen, einen Preis auszuhandeln und zu erfahren, wie man ein Ferngespräch nach Übersee führt.

Vergeblich mühte ich mich unter tätiger Mithilfe des Marina-Mannes, ein R-Gespräch aus einer Telefonzelle zu führen, wobei er mir mit seinen Händen dauernd an die Brust fuhr, bis ich floh – das konnte ich nicht auch noch ertragen. In der Stadt versuchte ich, in einem Telefonamt zum Ziel zu kommen – ich fürchtete wirklich einen Nervenzusammenbruch, wenn ich nicht bald mit meinem Vater sprechen konnte. Er sollte wissen, was passiert war, ich wollte ihn bitten, nach Gibraltar zu kommen, mir neue Sachen mitzubringen und bei den Reparaturen zu helfen. Die Jahreszeit hatte nicht vor, ihren Fortgang für mich anzuhalten – in einer Woche mußte alle Arbeit getan sein.

Das Fernamt hatte geschlossen – drei Stunden Siesta, wie es im südlichen Europa üblich ist. Also kehrte ich auf VARUNA zurück, in meine muffige, feuchte Kajüte, und schlug die Bibel auf. Ich versuchte, ein Zittern abzustellen, das sich nicht stoppen lassen wollte, und las den Dreizehnten Psalm zur selben Zeit wie Olivier, wo immer er auch sein mochte – zwölf Uhr koordinierte Weltzeit. Davids Klage brachte meinem aufgewühlten Gemüt ein wenig Frieden: „Wie lange noch, o Herr? Hast Du mich vergessen?“ Ich weinte – dieser Text zu dieser Stunde –, dachte an Olivier, lehnte mich zurück und schlief ein.

Beim Sonnenuntergang war ich wieder bei der *Oficina de teléfono* und meldete ein R-Gespräch in die Staaten an, hockte unglücklich auf der Bank und rieb mir die Arme in der kalten Zugluft der Klimaanlage. Eine Stunde und zehn Zigaretten später war mein Anruf noch immer nicht durch, ich war sehr nahe an einem Zusammenbruch. Die Sprachprobleme, Müdigkeit und der Knockdown – plötzlich brach alles auf einmal über mir zusammen. Ich wollte meine Tränen unterdrücken, aber nun gab es kein Halten mehr.

Als eine Gruppe junger Leute hereinkam, versuchte ich mein tränenüberströmtes Gesicht vor ihnen zu verbergen. Da hörte ich englische Worte! Hoffnungsvoll blickte ich sie an und bat eins der Mädchen, ob sie wohl in Spanisch die Dame am Schalter fragen würde, warum es mit meinem Gespräch so lange dauerte. Sie sah mich sehr freundlich an, erkundigte sich und sagte mir, daß die Telefonvermittlung streikte. Christine war wie ein Engel, der nur für mich heruntergeschwebt war. Nach einer Weile kam das Gespräch doch durch, ich stürzte in die Zelle.

„O Daddy, ich habe solche Angst", sprudelte es verzweifelt aus mir heraus. „Du kannst dir nicht vorstellen, wie gräßlich alles war! Ich habe so viele wichtige Sachen verloren. Ich brauche eine ganze Menge, und ich habe nicht genug Geld dafür. Ich verspreche dir, ich zahle es zurück."

„Jetzt bleibst du in Almeria und schläfst. Gründlich. Du fährst erst weiter nach Gibraltar, wenn dir wirklich danach ist", sagte er energisch. „Mach dir keine Sorgen, Schnibbel-Paff, ich komme sofort." Als ich seine Stimme hörte und wußte, daß er kommen würde, schöpfte ich neue Hoffnung.

Seit Australien hatte Olivier mir geholfen, den engen Zeitplan einzuhalten, der es mir ermöglichen sollte, New York in Rekordzeit zu erreichen. Nach den Verzögerungen in Malta zählte jeder Tag gewaltig, nicht einmal so sehr wegen des Rekords – wegen des kommenden Winters. Nun brauchte ich wirklich Hilfe, wo so viele Reparaturen in so kurzer Zeit zu machen waren.

Als ich zum Boot zurückging, schwirrte mir der Kopf, ich mußte so viel in die Reihe bringen. Es reizte mich noch immer, aufzugeben, aber jetzt, wo wir sicher im Hafen waren, längst nicht mehr so sehr wie der Gedanke, von VARUNAS Deck herunter in New York an Land zu gehen. Ich war so nahe daran, das Größte, was ich je begonnen hatte, nun auch bis zum Ende durchzuführen. Wenn ich jetzt aufgäbe, würde ich mich bis ans Ende meiner Tage fragen, ob ich mich nicht doch falsch – für den bequemeren Weg – entschieden hatte. Ich wußte, damit könnte ich nicht leben.

Almeria, meine erste und zugleich vorletzte Begegnung mit dem europäischen Festland, war ein guter Platz, meinen Entschluß zu überdenken und erneut zu bekräftigen. Zwei Tage lang tankte ich wieder Kraft. Tarzoon ging von Bord und gab den spanischen Katzen, die die Marina unsicher machten, seine eigene Version unserer Erlebnisse zum besten. Im Freien vor den belebten Restaurants der modernen Küstenstadt sitzend, futterte ich, was reinging – gebackenen Tintenfisch, Paella, Steaks, Salat und Fruchteis. Als ich wirklich bereit zu neuen Taten war, sammelte ich Tarzoon ein, füllte den Dieselvorrat auf und machte mich auf den Weg nach Gibraltar.

Der Motor tuckerte treulich durch einen Tag und eine Nacht, bis am Morgen des nächsten Tages die Säulen des Herkules in Sicht kamen. Nach sechsunddreißig Stunden Fahrt erhob sich das berühmte Vorgebirge wie ein Wächter in der Ferne, in seiner Obhut die Durchfahrt zum Atlantik, ein schmaler Fluchtweg von nur acht Meilen Breite.

Es war schon wieder dunkel, als VARUNA endlich den Hafen von Gibraltar erreichte, von den Lichtern der Stadt beleuchtet. Langsam motorten wir durch eine Stromkabbelung, die das Boot ein bißchen in Stampfbewegungen versetzte, dann in ruhiges Wasser, wo nur gelegentliche Fallwinde von dem wuchtigen Felsen herunter für Unruhe sorgten. Von fern sah ich einige Masten, und ich motorte dorthin, wo eine Flotte Segelboote vor Anker lag. Am Fuße einer Landepiste ließ auch ich den Anker fallen. Der nächste Landfall würde in New York sein – mit diesem Gedanken schlief ich ein.

Als ich am nächsten Morgen beim Zoll einklarierte, sauste ein Dingi quer durch die Marina, mein Vater sprang heraus und nahm mich ganz fest in die Arme. Unser Rennen gegen die Zeit begann, das Ziel war nahe, alles fügte sich zusammen.

In der Straße von Gibraltar gibt es nur zwei beständige Winde – von Ost oder West –, die tagelang durch diesen engen Schlauch zwischen der Südspitze von Spanien und der Nordspitze Marokkos blasen. Der Levante aus Osten sollte VARUNA auf den Atlantik tragen. Erschienen Zirruswolken über dem Felsen von Gibraltar, so kündigte sich der westliche Poniente an, manches Mal auf viele Tage. Gegen Wind und Strom hatten wir dann keine Chance. Eine ganze Woche lang blies es von Osten her übers Cockpit, und das Flüstern des Windes sagte mir, daß wir die Zeit noch mit uns hatten.

Mein Vater half mir am ersten Tag, VARUNA längsseits LONE RIVAL zu bringen, die Mark gehörte, einem Freund unserer Familie, auch aus New York. Mit ihm und Doug, einem kanadischen Einhandsegler, der ein Schwesterschiff von VARUNA besaß, hatte mein Vater mich schon ungeduldig erwartet. Er war vollbeladen angekommen – UKW- und Kurzwellengerät, Funkpeiler, Tonbandgerät und tausend andere Dinge, die er noch zusammenbrachte, ehe er das nächstbeste Flugzeug nahm.

Nach meiner Beinahe-Kollision im Anschluß an den Suezkanal hatte ich von Malta aus ein Rettungsfloß bestellt – ich wollte sicher sein, Aussicht auf Rettung zu haben, wenn mir auf dem Atlantik etwas ähnliches zustoßen sollte. Das wartete hier auf mich. *Cruising World* hatte einen Argos-Satelliten-Sender mitgeschickt, der es ihnen und meinem Vater ermöglichte, meine Fortschritte auf dem Atlantik zu verfolgen. Der Druck verstärkte sich noch durch das Wissen, daß jede Menge Presse und andere Menschen meine sichere Ankunft in New York erwarten würden. Fehler konnte ich mir nicht mehr leisten.

Mark, Doug und mein Vater waren ein Helfer-Team, das der Himmel mir geschickt hatte. Wir arbeiteten vom frühen Morgen bis zum letzten Tageslicht, fleißig wie die Ameisen, reparierten, bauten ein, legten Leitungen, beschafften Vorräte und bereiteten VARUNA auf ihren nächsten Gegner vor. Ich stand davor und wunderte mich, wie um alles in der Welt ich je auf den Gedanken gekommen war, das ganz allein zu schaffen.

Doug, ein Elektronik-Fachmann, tauschte das alte UKW-Sprechfunkgerät einschließlich Antenne gegen das neue aus, das mein Vater aus New York mitgebracht hatte. Ich holte alles an Deck, damit es in der Sonne trocknete. Durchweicht war alles, selbst die wasserdicht zu verschließenden Plastikbeutel waren von innen naß. Das Cockpit sah tagelang chaotisch aus, überschwappend von VARUNAS Innenleben – Kojenpolster, Werkzeug, Ersatzteile für den Monitor, Segelbücher, Karten, Maschinenteile, Kunststoffkleber, Lebensmittel, Epoxid, Geschirr, Töpfe, Pfannen. Stück um Stück putzte ich das Salz weg, sprühte mit Gleitöl ein, wo es nötig war, warf Dinge weg, die ich „für alle Fälle“ aufbewahrt hatte und nun nicht mehr brauchen würde.

Die Teflon-Umlenkrollen der Selbststeueranlage waren abgenutzt, Mark und mein Vater bauten den Monitor ab und tauschten an Land alle schwachen Teile gegen neue aus. Dann ließ mein Vater den Bugkorb stabiler schweißen, die Reste meiner Ramming mit KREIZ im Südpazifik zerlegten sich allmählich.

Gibraltar bot alles, was Sportboote für Reparaturen und an Ersatzteilen brauchten. Auch die Spritzverdeck-Halterung wurde neu geschweißt. Ich brachte ein neues Relingskleid an, ließ eine kleine

Sturmfock nähen, sortierte weiter aus, beschaffte, was sich als nötig herausstellte, und staute, was nach und nach ins Cockpit flog.

Um Gewicht an Bord zu sparen, verschenkte ich Dinge, die ich nicht mehr brauchte – den Reserveanker, das Schlauchboot, das allmählich alterte, und anderes. Ich kaufte sechs Paar lange Unterhosen und verstaute sie in neuen wasserdichten Plastikbeuteln, packte statt dessen Sommerzeug und Souvenirs ein, so daß mein Vater sie im Flugzeug mit nach Hause nehmen konnte. Er hatte noch einige Pullover mitgebracht, außerdem hatte ich den von Olivier. Auf dem Atlantik würde es kalt sein, besonders, wenn man so lange an tropische Temperaturen gewöhnt war.

Vorratsbehälter mit Bohnen und Getreide, ungeöffnet seit New York, machte ich jetzt leer. Ich hatte längst gemerkt, daß es die Kocherei nicht wert war. Mark bekam diese Extras, und ich füllte die wasserdichten Behälter statt dessen mit Elektrozubehör, Ersatzteilen, Bolzen und Schrauben.

Als wir VARUNA auseinandernahmen, tauchte Maurice auf, ein Freund aus New Yorker Kurierdienst-Zeiten. Er war mit dem Motorrad in Europa unterwegs und verdiente sich in Gibraltar etwas Geld, um seine Reise fortsetzen zu können. Es war herrlich, einen richtigen Freund von früher zu treffen, der mir auch von anderen berichten konnte und nun zum Bindeglied mit meiner Vergangenheit wurde. Es war wie in alten Zeiten, wir sausten auf seinem Motorrad durch Gibraltar auf der Suche nach Dingen, die ich noch brauchte, und ich erzählte ihm von meiner Reise, mit Fotos und Geschichten.

Als nächstes bohrte mein Vater vor dem Mast durchs Deck, um U-Bolzen zum Festzurren der Rettungsinsel zu installieren, während ich unter Deck hockte und Staub und Geriesel aufsammelte. Dann bekam der Satelliten-Sender im Cockpit seinen Platz. Wir dichteten alles mit Polyurethanmasse ab, und ich machte mich auch noch ans Dichten dort, wo die Steckschotten eingepaßt waren. Unten leckte es immer auf die Batterien durch. Die Schweißer von der Werft brachten am oberen Steckschott einen Handgriff an, mit dem ich es von innen schließen konnte, und ich fertigte ein paar Holzkeile, um notfalls alles noch dichter zu bekommen, wenn es draußen gar zu übel würde.

Wir bestellten einen neuen, kleineren Solargenerator, machten ihn auf einem Brett fest und montierten ihn so am Heckkorb, daß ich ihn nach Sonneneinfallswinkel verstellen konnte. Mit der neuen Sturmfock, dem nachgeschweißten Bugkorb und den neuen Relingskleidern würde ich mich jetzt zwischen den Relingsdrähten und in dem geschützten Cockpit sicher genug fühlen, um auch die schlimmsten Atlantikstürme abzureiten.

Am fünften Tag fuhr ich mit Maurice in die spanische Nachbarstadt Algeciras und besorgte Schaumstoff für ein Kojenpolster. Von da an war Schlafen ein wirklicher Genuß. Die alten Polster waren durch Salzwasser und Katzenpie auf ein Viertel ihrer ursprünglichen Dicke geschrumpft, die Kojenbretter drückten schmerzhaft im Rücken. Das Salz zog die Nachtfeuchtigkeit an, ich schlief wie auf einem Schwamm. Der neue Schaumstoff bedeutete für mich neues Leben, ich konnte es kaum erwarten, ihn auf See zu erproben.

Die britische Kolonie Gibraltar bot alle Vorzüge und Annehmlichkeiten einer aus den Nähten platzenden englischen Stadt, doch mit marokkanischem und spanischem Flair. In dem riesigen Supermarkt kaufte ich Dosensuppen, Pies, Nudeln, Reisgerichte, Schokolade, Trockenfleisch nach englischer und amerikanischer Art, dazu einige Kisten Mineralwasser. Mark schaffte es sogar, Petroleum zu bekommen, was nicht ganz einfach war, für Kochen und Heizen aber unentbehrlich.

Selbst Tarzoon half, indem er sich gelegentlich absetzte. Einmal fiel er bei der Jagd nach einer Fliege über Bord, schwamm seelenruhig zu einem anderen Boot, wo er an der Selbststeueranlage hochkletterte und sich trockenschüttelte. Die Marina amüsierte sich.

Sechs Tage lang blies der Levante, während wir tagsüber herumsausten und schufteten, abends aber mit Maurice in ein schönes Restaurant am Hafen gingen. Maria, die fette, fröhliche spanische Besitzerin, fühlte sich verpflichtet, mir einige Pfunde anzufüttern. Bei jeder Mahlzeit bekam ich zwei Vorspeisen, einen Hauptgang, einen Salat und zweimal Nachtisch, und sie strahlte, wenn ich alles bis zum letzten Krümel wegfutterte.

Am Ende des sechsten Tages war alles in Ordnung. Ich checkte den Motor, sprühte WD-40 über alle Anschlüsse, kontrollierte in den Backskisten die Reservekanister mit Spiritus, Diesel, Petroleum und Maschinenöl, die alle gut gestaut und festgezurrt waren. Das Spritzverdeck war stabil wie früher, die dunklen Gehäuse des neuen UKW- und Kurzwellenempfängers blitzten in ihren Halterungen am Schott über meiner Koje.

Stolz und begeistert lud ich alle ein, einzeln zur Besichtigung unter Deck zu kommen, wobei ich streng darauf sah, daß sie ihre Schuhe auszogen, ehe sie auf mein neues sauberes Bett traten. Strahlend zeigte ich die Pott-und-Pann-Schapps vor, ergänzt mit neuem Geschirr, Pfannen und anderen Utensilien, den Lebensmittel-Stauraum voll buntbebilderter gestapelter Dosen und Vorratsbehälter mit allem möglichen. Im Vorschiff war ein Extra-Wassertank mit einer Öffnung, groß genug, daß man mit dem Arm hineinlangen konnte. Für Wasser hatte ich ihn nie benutzt, jetzt diente er als wasserdichter Stauraum für Kekse, Zwieback, Süßigkeiten, Trockenfrüchte und Katzenleckereien.

Dann öffnete ich, um alles abzurunden, voller Stolz das wohlorganisierte Werkzeugschapp, darin alles gut geölt und ordentlich gestaut. Zwei Monate lang waren wir sozusagen autonom mit all der Verproviantierung. Von einer nahen Werkstatt hatte ich sogar einen Segelsack mit frischen Holzspänen für Tarzoon mitbekommen. Ich saß auf meiner weichen Koje und sah mich zufrieden um. Alles war fertig.

Am letzten Abend gingen mein Vater und ich zusammen die Karten durch, ich legte meine Route fest. Die Monatskarten für den Nordatlantik zeigten von fünf zu fünf Grad mittels Windsternen die Häufigkeit der verschiedenen Windrichtungen und die mittlere Windstärke, ferner Strömungen und Schiffahrtsrouten. In der Ecke der Karte war eine Grafik, aus der man die durchschnittliche Häufigkeit von Winden mit mindestens Stärke acht ersehen konnte – ebenfalls von fünf zu fünf Grad.

In der ganzen Zeit hatte ich niemals auf einer Monatskarte mehr als eine Ein-Prozent-Wahrscheinlichkeit auf Stärke acht gehabt, und schon da war ich, wenn wir wirklich über ein solches Fünf-Grad-Feld mußten – einmal im Pazifik, einmal im Indischen Ozean –, nervös gewesen bis zum Nägelkauen.

Die Oktoberkarte für den Nordatlantik, eine Strecke von 3000 Meilen, sah äußerst unerfreulich aus, Einsen, Zweien, Dreien, Vieren, zweimal die Fünf. Dazu drohend fette rote Linien, die zeigten, daß es keinen Weg darum herum gab – irgendwo erwischte es uns immer, und Wellenhöhen mit im Durchschnitt mehr als drei Metern blieben uns auch nicht erspart.

Praktisch hatte ich die Wahl zwischen der nördlichen Route mit mehr Sturm und vierhundert Meilen weniger Distanz oder einer Route südlich der Azoren, wobei ich nicht in die Kalmen der Roßbreiten geraten durfte. Eine richtig gute Lösung gab es nicht, ich bekam es mit der Angst, als ich auf die Karte starrte. Und zum Winter hin sah es noch schlechter aus. Ich entschloß mich für die Route südlich der Azoren, das kleinere der beiden Übel – von Gibraltar direkt nach New York, um damit dem nach Osten setzenden Golfstrom und dem größeren Sturmrisiko aus dem Weg zu gehen.

„Na ja, aber da bekommst du eine Menge Flauten", warnte mich mein Vater.

„Also, lieber riskiere ich Flauten als Stürme", sagte ich nachdrücklich. Der einzige Vorteil auf dem Großkreis nördlich der Azoren war die Ersparnis von 400 Meilen, aber auf Schnelligkeit kam es mir nicht so an.

„Na ja, du mußt es wissen", sagte er.

„Überhaupt, Daddy", erinnerte ich ihn sehr freundlich, als wir an jenem Abend die Karten zusammenlegten, „denke mal lieber an ein schönes Geschenk zu meinem einundzwanzigsten Geburtstag, das ich mit Vergnügen mitten auf dem Ozean auspacken kann."

Da lachte er, und wir gingen mit Mark und Doug zu einem großen Abschiedsessen zu Maria.

Als ich am nächsten Morgen aus dem Niedergang sah, war der Himmel strahlend blau, Wölkchen zogen über dem berühmten Felsen hin, der unseren Ankerplatz bewachte. Der Levante blies mit voller Kraft, als ob er mir auf den Weg helfen wollte. Dies war der große Tag. Heute oder nie. Nach einem letzten guten Frühstück auf Lone Rival waren Mark, Doug und mein Vater bereit, mir zur Ausfahrt aus der „Straße" zu folgen, um noch ein paar gute Videoaufnahmen von Varuna zu machen, ehe sie gen Westen zog und auf die hohe See hinaus. Vor dem allgemeinen Abschiedsgetümmel gab es noch von allen Karten und eingewickelte Geschenke für meinen Geburtstag, mein Vater schob mir einen Umschlag zu, den ich am zehnten Tag auf See öffnen sollte.

Ich kletterte an Bord zurück, beförderte Tarzoon unter Deck in die sichere Kajüte und machte ein letztes Mal die Leinen los. Wir waren unterwegs. Zum guten oder bösen Ende? Meine letzte Patience lag auf dem Tisch, jetzt mußte ich sie spielen.

Gibraltar–New York

Höllenfahrt in Richtung Heimat

19. September. Abenddämmerung, unser dritter Tag unterwegs. Eben habe ich VARUNA *für die Nacht fertiggemacht, und jetzt ist mir endlich nach Schreiben zumute. Es tut gut, „Ziel: New York" über die Seite zu setzen, wenn ich mich im Augenblick auch einsam fühle, so plötzlich heraus aus dem aufregenden Betrieb in Gib. Die Ruhe schreit mich geradezu an.*

Ich habe Angst vor diesem Abschnitt, mehr als bei allen anderen Etappen, aber VARUNA *ist gut drauf. Es ist eine Wonne, die Schapps zu öffnen, und sie sind randvoll mit guten Sachen. Mit dem Satelliten-Sender und der Rettungsinsel fühle ich mich so sicher wie in alten Zeiten, als ich mit Olivier zusammen segelte. Dies ist die letzte Überquerung, und ich bete, daß alles gutgeht.*

Seit Australien kommt mir die Reise lang und mühselig vor. Und ganz ehrlich, die See ängstigt mich noch immer. Die meiste Zeit denke ich an Dinge, mit denen sich ein Mädchen meines Alters normalerweise nicht beschäftigt. Auch plagt mich der Gedanke an die Zukunft. Ich bin nun unterwegs nach Hause, und alles ist ein einziges großes Fragezeichen. Was werde ich tun? Kann ich überhaupt zurückfinden zu dem, was ein Mädchen meines Alters normalerweise tut? Warum lassen diese Fragen mich nicht los? Im Augenblick fühle ich mich viel älter, als mir lieb ist.

285 Meilen haben wir bisher gemacht. Das Barometer fällt, irgend etwas braut sich zusammen. Ich habe wieder meine Liste geschrieben – die Übersicht über Daten, Tage, Meilen-Hunderter. Für Olivier bespreche ich gerade ein Band, ich hoffe, wir werden es gemeinsam abhören. Noch 3115 Meilen vor uns. Ich denke an Olivier und bete, daß er auf mich wartet...

Die wilde Woche an dem berühmten Felsen setzte sich allmählich. Ich war direkt erleichtert, wieder auf einem großen Ozean zu sein, wo die Navigation nicht so abscheulich schwierig ist und Schiffahrt nicht nur auf engem Raum stattfindet. Ich brauchte länger als sonst, die Hektik des Landbetriebs abzuschütteln, und kam auch nicht so recht in den gewohnten Rhythmus. Zunächst saß ich tatenlos herum, dachte über meine Fragen nach und fand, daß sie dabei nicht kleiner, sondern größer wurden.

In den ersten Tagen hatten wir stetigen Wind von achtern, der VARUNA in guter Fahrt über die Straße von Gibraltar und die vielbefahrenen Schiffahrtswege Europa–Afrika und Europa–Amerika brachte. Für mich war es mühsame Arbeit. In der zweiten Nacht war ich so müde, daß mich der Gedanke, eins der Schiffe aus dem nicht enden wollenden Strom könnte mich übermangeln, schon gar nicht mehr störte. Ich döste ein, doch ein inneres Alarmsignal weckte mich so rechtzeitig, daß ich einem Frachter gerade noch ausweichen konnte.

Am Achtzehnten passierten wir die Südküste von Portugal irgendwo hinter dem Horizont an Steuerbord und nahmen unseren Weg in die Einsamkeit des Ozeans. Bis New York war nichts als eine eisengraue Wüste, abgesehen von den Azoren, 1000 Meilen nordwestlich von uns, und den Bermudas, 2900 Meilen weit nach Westen.

Ich wußte, dieser Reiseabschnitt war mit den anderen nicht zu vergleichen; was ich auch tat, ich tat es zum letzten Mal mit VARUNA. Landfall in fremden Ländern, andere Menschen sehen und erleben, das war nun vorbei. Und die Vorstellung, daß New York einen Schlußpunkt setzen würde, trug am meisten zu meinem Unbehagen bei.

Ich legte das Logbuch zur Seite, drehte am Radio und fand BBC. Ich gratulierte mir zu der guten Idee, in Gibraltar noch ein paar Reservebatterien gekauft zu haben – das Radio wurde schon zum guten Freund.

Gedankenverloren beugte ich mich hinunter und rückte die Bodenbretter zurecht, die bei dem mediterranen Fiasko in fünf Stücke zersplittert waren. Dann holte ich mir aus dem Vorratstank im Vorschiff eine Packung Ingwerkekse, nahm zwei heraus und tat den Rest – geöffnet – in die kleine Vorratshängematte. So würden sie durch die Feuchtigkeit weich werden – wie ich meine Kekse liebte.

Auf den langen, einsamen Fahrten hatte ich mir ein paar leicht exzentrische Gewohnheiten zugelegt, die Zeit totzuschlagen, und zum Beispiel die hohe Kunst des Spiels mit Essen kultiviert. Der einfache Biß in den Apfel gewann neue Bedeutung, wenn das Fruchtfleisch durch das Spiel mit der Zunge von der Schale abgenommen wurde und dabei im Mund blieb. Oder Mandeln in Schokoriegeln – nie wurden sie mit der Schokolade zusammen zerkaut, sie mußten herausgelöst, im Mund herumgerollt und einzeln verspeist werden. An einer Dose mit Essen hatte ich bis in alle Ewigkeit zu tun, denn ich machte mit der Zunge kleine hübsche Muster in die Suppen, Pasten oder Soßen auf dem Löffel und bewunderte meine Werke, ehe ich sie verzehrte. Kaffee nahm ich löffelweise zu mir. Jetzt kroch ich nach draußen, mit einem Ingwerkeks als Abendunterhaltung, sah mir das Wasser an und beobachtete VARUNA, die langsam, leise nickend, vor dem Wind gen Westen zog. Ich pickte wie ein Vögelchen an meinem Keks, rundherum, und zerkrümelte die winzigen, würzigen Stücke genießerisch.

Da flog ein gelber Kanarienvogel heran und landete auf dem Baumniederholer. Schnell schluckte ich die letzten Krümel herunter und rief ihn an. Er reagierte auf meine Stimme, sah sich um und hüpfte auf den Baum. Noch einmal lockte ich, da flog er direkt auf meinen Kopf! Was für ein kleines Wunder! Er hatte wirklich keine Angst vor mir. Einen Augenblick dachte ich über die weißen Häufchen nach, die meistens unter Vögeln sind, und scheuchte ihn vorsichtig von meinem Haar. Nur weil ein Vogel womöglich seinen Darm nicht unter Kontrolle hatte, wollte ich kein Eimerbad nehmen müssen. Dazu war es zu kalt. Nach einem letzten Blick über den Horizont ging ich nach unten und ließ den kleinen gefiederten Anhalter mit einem festlichen Krümelmahl an Deck allein. Eine Zeit danach hörte ich ein knirschendes Geräusch von draußen. Mr. T. hatte eine blutige Masse Federn in seinem Maul.

„O mein Gott!" schrie ich empört. „Du Mörder!" Doch es war zu spät. Außer ein paar Federn, die der Wind davontrug, und Blutflekken an Deck war vom Vogel nichts mehr übrig. In meinen Augen war mein herzloser Schuft beschmutzt, für den Rest des Tages konnte ich nicht einmal den Gedanken ertragen, ihn anzufassen.

In der Hoffnung, der Wind würde sich allmählich einpendeln, lauschte ich dem schlagenden Groß und öffnete dann die Tasche mit Briefen und Geburtstagsgeschenken, sah sie mir nur an, schüttelte und drückte auch ein bißchen. Noch zweieinhalb Wochen bis zu meinem einundzwanzigsten Jahrestag auf dieser Erde.

Schon den ganzen Tag hatte ich mich mit den Segeln beschäftigt, um bei dem schwächlichen Wind wenigstens etwas Fahrt zu machen. Normal war das nach meinen Büchern nicht. An sich waren wir im Bereich des Portugiesischen Norders, der stetig aus Norden bläst, doch davon merkten wir hier nichts. Ich war unglaublich frustriert – so früh schon in einer Flaute! Doch mein Körper akklimatisierte sich zufriedenstellend weiter. In der Nacht erwachte ich und sah den dunklen Schatten einer groben Bö vorüberziehen.

Irgendwie kam ich nicht zur Ruhe und machte mir einen Mitternachts-Snack aus Crackers, Miracle Whip und Jerky, getrockneten Rindfleischstreifen, die Tony mit nach Malta gebracht hatte, und begann schmatzend zu kauen. Auf BBC lauschte ich einer erzählenden Geschichte und wartete. Der Tag dämmerte herauf, anscheinend düster aufgelegt, und die Plusterwolken vom Vortag wurden von ihren tückischen Stiefschwestern abgelöst. Dann änderte sich der Wind, kam aus der Gegenrichtung, wir mußten die Segel dichter nehmen und an den Wind gehen. VARUNA legte sich zur Seite, von nun an lebten wir an Bord etwas in der Schräge.

20. September. Ich bin mir nicht ganz klar über die Zeit in Amerika. Die Europäer mit ihrer Sommerzeit haben mich total durcheinandergebracht in bezug auf UTC. Sie stellen die Uhr alle zu verschiedenen Terminen um. Ich fing heute einen Pullover an und versuchte beim Stricken die Frage des Tages zu beantworten: Sind ein oder zwei Stunden Unterschied in den Staaten?

Gerade kommen die Delphine des Atlantik zur Begrüßung, schnaubend, pfeifend, springend und in den Wellen stampfend wie wir, aber ihnen scheint es mehr Spaß zu machen als VARUNA *und mir. Es ist unbehaglich kühl und fröstelig, ich trage nachts jetzt lange Unterhosen. Ich kann es kaum noch abwarten, von den Schiffen weg mitten auf dem Ozean zu sein; dann kann ich mir wünschen, wieder welchen zu begegnen. BBC berichtete heute von einem Hurrikan, der in diese Gegend schlechtes Wetter bringt. Schlechter wird es offensichtlich. Ich sitze und warte …*

Am 23. erwischte uns der erste Sturm unserer Reise, VARUNA begann ihren Tanz auf einem schlechtgelaunten Ozean. Ich erwachte aus einem Traum über New York, wo Jade mich wieder und wieder als gesellschaftlichen Trampel beschimpfte, streckte meine steifen Glieder und besah das Barometer. Es war seit der Nacht zuvor rasant gefallen, und als ich draußen den großen Rundum-Check machte, sah ich eine Parade Schäfchenwolken auf uns zu ziehen. Es war schon etwas beunruhigend.

Am 23. September trafen Tagundnachtgleiche, Sonnenfinsternis und Neumond zusammen, alles auf einmal. Nachdem ich nun schon sieben Tage das Nautische Jahrbuch studiert hatte, kam das für mich nicht überraschend. Nach meiner eigenen Erfahrung und Oliviers Ratschlägen bestand eine große Wahrscheinlichkeit, daß der Sturm schlimm wurde. Sonnenfinsternis? Tagundnachtgleiche? Neumond? Was wollte ich mehr?

Während VARUNA in der sich langsam aufbauenden See stampfte, strickte ich und versuchte mich mit Gedanken an Olivier von dem aufkommenden Sturm abzulenken. Woran dachte er wohl gerade? Wenn alles gutgegangen war, wäre er jetzt, nach fünf Jahren, wieder einmal bei seiner Familie und seinen Freunden in der Schweiz. Und wenn ich ihn nur ein bißchen kannte, dann kam er sich nicht am rechten Platze vor in dem Leben, das er damals zurückgelassen hatte. Vielleicht fehlten ihm schon jetzt die See und AKKA, vielleicht wünschte er sich, er wäre hier, bei mir und VARUNA. Würde es mir auch so gehen?

Der Gedanke, daß mir der Abschied von meinem Boot bevorstand, gab mir einen Dämpfer. Ich schaute mich um in meinem kleinen Zuhause, das Tarzoon und mich gegen die Elemente dort draußen schützte. In diesem Augenblick liebte ich VARUNA wie nie zuvor. Ich nahm das Tonbandgerät, legte eine neue Kassette ein und begann mit Olivier zu sprechen. Er würde besser als jeder andere wissen, wie mir zumute war – hatte er es doch genauso erlebt, als er sich in Malta von AKKA trennte.

Indem ich ihm von meinen Gefühlen und allem anderen erzählte, was in VARUNAS Welt so geschah, verband ich ihn mir auf eine Weise, wie es nicht einmal die Psalmen fertigbrachten. Ich stellte mir vor, daß wir später einmal in einer gemütlichen Wohnung zusammensäßen und meiner Stimme aus längst vergangenen Tagen lauschten.

Eine Stunde nach Sonnenuntergang kam von draußen nur noch schwaches Dämmerlicht. Es war schon fast Nacht, und es würde eine schwarze Nacht werden – Neumond, der leere Mond, *la vide lune*, wie Olivier es nannte. Ich erinnerte mich, wie dieser poetische Ausdruck es mir sofort angetan hatte. Ich wußte, in dieser Nacht war der Ozean am dunkelsten, schon am nächsten Abend würde ein winziger Silberstreifen am Himmel aufleuchten und dann, Nacht um Nacht, vierzehn Tage lang, zum vollen Mond heranwachsen. Dann würde meine nächtlich leuchtende Kugel wieder kleiner werden und, in einem Monat ab jetzt, wieder leer sein. Ob ich dann schon zu Hause zum Himmel hinaufschauen und wünschen würde, zurück auf See zu sein?

Schließlich raffte ich mich auf, nach draußen zu gehen, und Tarzoon sprang in letzter Sekunde hinterher. Ein paar klare Stellen gab es noch am Himmel, und weil die Luft hier viel trockener war als im Mittelmeer und im Roten Meer, waren die Sterne auch unglaublich nahe, wie Kronleuchter, die vom Himmel hingen. Obgleich der Mond nicht schien, illuminierten sie zusammen mit dem phosphoreszierenden Wasser den Ozean so stark, daß Lichter von den Wellenkämmen sprühten.

Der Wind hatte im Lauf des Tages bis auf 30 Knoten zugenommen – und wir wurden jetzt mit einem kleinen technischen Problem konfrontiert. Die neue Sturmfock war nicht groß genug für dieses Wetter. Sie war für den Einsatz bei härterem Wetter gedacht, wo solche Wellen stehen, daß wir sonst nicht mehr vom Fleck kämen, ich alle andern Segel wegnehmen und beigedreht liegen müßte. Das nächst größere Segel an Bord war schon zu groß, und das richtige für die gegenwärtigen Bedingungen war bei der Beinahe-Kenterung über Bord gegangen.

Sobald der Sturm vorüber war, wollte ich eine alte Sturmfock entsprechend zurechtnähen. Jetzt stolperte VARUNA eben durch die Wellen, ohne voranzukommen, untertakelt. „Vielleicht wird der Sturm ja auch noch schlimmer, dann sind wir froh über das kleine Segel“, dachte ich, als ich mit Tarzoon wieder unter Deck sprintete, in unsere erleuchtete Kajüte. Hinter uns machte ich die Schotten dicht.

Hallo, jetzt ist der 25., 21.00, und wir sind kaum vom Fleck gekommen. Gestern wurde der Sturm schlimmer, Tarzoon und ich verkrochen uns in eine Ecke, während es draußen hämmerte und heulte. Seit gestern abend segeln wir auch ab und an, haben zwar immer noch enorme Wellen, aber auch ganz ordentlichen Wind. Jetzt fängt es an zu regnen. Eine dichte, tiefhängende Wolkendecke schiebt sich langsam auf uns zu, ich habe wieder die Fock weggenommen, damit es keine böse Überraschung gibt.

Vorhin lief hinter uns ein Schiff vorbei, ich sprach mit dem Funker. Sein Englisch war nicht besonders, ich habe aber doch verstanden, daß sie vor zwei Tagen aus Gibraltar ausgelaufen sind – wir schon vor neun. Er tutete dreimal zum Gruß und fragte, ob ich etwas brauche.

Ich sehe immer wieder auf die Karte und rechne, wann etwa wir wohl ankommen. Bei dieser Fahrt sind es bestimmt noch 45 Tage. Bis Sri Lanka wußte ich gar nicht, daß so viele Schiffe auf den Ozeanen unterwegs sind. Und jetzt bin ich hier, ziemlich weit draußen, und sehe jeden Tag ein paar, alle entweder nach Westen oder Osten unterwegs. Manchmal stelle ich mir vor, ich selbst würde eines von ihnen fahren und in ein oder zwei Wochen über einen Ozean zischen. Sie können einfach drauflos fahren, wie auch immer das Wetter ist, während ich auf gute Winde warten muß, um mit VARUNA einen Bruchteil ihrer Geschwindigkeit zu machen.

Ich kämpfe gegen ein kleines persönliches Tief, habe zwei Bücher verschlungen und bete für eine letzte glückliche Reise mit VARUNA. Um den Halsausschnitt bin ich gut herumgekommen und nun schon halb den Rücken des Pullovers runter, und während die Stricknadeln klappern, träume ich von zu Hause.

Irgend etwas Besonderes lag am nächsten Morgen in der Luft, mal abgesehen davon, daß die Wettervorhersage besser aussah. Ich hatte mich schon jeden Tag darauf gefreut, und doch fiel es mir erst nach meinem Morgenkaffee mit sehr viel Milch und Zucker ein – in der Tasche mit allen meinen Geburtstagsbriefen und -geschenken gab es ja auch den Brief von meinem Vater, „zu öffnen am zehnten Tag auf See". Heute war der Tag gekommen.

„Meine liebste Tania, meine Erstgeborene", fing er an, auf Papier, das aus einem Loseblatt-Notizblock gerissen war.

„Ein paarmal sagte ich zu Mutti und Vati, daß es eigentlich ganz nett sein würde, ein Waisenkind zu sein, obwohl ich sie beide sehr liebte. Dann hätte ich nämlich manches Schöne tun können, das ich nun nicht tat, weil ich sie nicht verletzen und bekümmern wollte. Als ich heute abend mit Dir über die Zukunft sprach, über Deine Hoffnungen und Träume, dachte ich daran zurück. Wie sehr wünschte ich mir, nach Australien zu gehen und Schafe zu züchten. Wie gern wollte ich in den brasilianischen Dschungel gehen. Wie habe ich geweint mit allen meinen Lieben, weil es im Leben anders kam, als ich es mir dachte. Damit will ich Dir sagen, daß ich heute, besser als je zuvor, das fühlen kann, was du fühlst.

Du bist nun draußen auf dem Meer, allein mit Tarzoon und VARUNA. Du denkst an all die Menschen, die Dir nahestehen. Du versuchst, Gegenwart, Vergangenheit und Zukunft, alles gleichzeitig zu bewältigen. Es gibt so viele Wenn und Aber, und es gibt keine klaren Antworten. Ich weiß es wohl. Doch Du stehst nicht allein vor solchen Entscheidungen, ratlos suchend und verzweifelt. So geht es allen Menschen, mehr oder weniger. Selbst wenn Du glaubst, Du zerbrichst daran – sei dankbar. Was für Dich ein kleiner Hügel ist, kann für andere ein unbezwingbares Gebirge sein.

Am Ende aber bist Du ganz allein, wenn Du eine Entscheidung triffst. Und ohne Zögern, Tania, würde ich heute auf Deinem Schiff in jeder Lage schlafen gehen und nur handeln, wenn Du ausdrücklich darum bittest. Das gilt auch für Dein Leben allgemein. Aber bitte, meine liebe Erstgeborene, denke daran, daß ich Dein Vater bin. Wenn ich spreche, dann nicht als Dein

Koskipper. Das gewiß nicht. Nur als Dein Daddy. Du und ich, wir beide wissen, was zwischen uns beiden einmal war ... Du bist mir sehr wichtig, und ich empfinde viel für Dich.

Du sorgst Dich, was die Zukunft bringt und wie Du damit zurechtkommen wirst, aber das ist alles kein Problem, wenn Du Dir selbst treu bleibst. Das klingt jetzt zwar nach Phrasendreschen und Fernseh-Prediger, doch ich kann es nicht anders sagen – also lassen wir es dabei. Ich tue, was ich kann. In ein paar Tagen bist du 21 – alles Gute zum Geburtstag für Dich. Wenn Du dies liest, denke daran, wo Du jetzt bist – und wie Du Dich daran in 10, 20, 50 Jahren erinnern wirst ... In Liebe, Daddy."

Mein Vater sprach selten über seine Gefühle, mir wurde bei dem Gedanken schwindelig, was es ihn gekostet haben mußte, diesen Brief zu schreiben. Ich wußte, wenn jetzt jemand käme und mich fragte, wer mein Leben lang mein Leitbild war, ich müßte sagen: er – obwohl ich bisher eher gestorben wäre, als das zuzugeben.

Nach der Scheidung, als wir Kinder langsam älter und unabhängiger wurden, entwickelte sich mein Vater zu einer Art lustig-umtriebiger Heiland. Als „happy-go-lucky"-Jesus machte er sich daran, uns mit Abwechslung, Aufregung und Action zu beglücken, wie es zum Dasein seiner Meinung nach dazugehörte. Er wollte für seine Kinder stets das Beste, es war ihm aber nicht gegeben, sich der Alltäglichkeit zu fügen. Also entsprach die Weltumsegelung dem, was er sich für mich als „das Ganze" vorstellte. Meine Ziellosigkeit in jenen Tagen hatte ihn zur Verzweiflung gebracht, und er fand nichts anderes für mich, an dem ich meine Kräfte messen konnte und mich vielleicht auch ändern würde.

Ich hatte die Herausforderung angenommen und mich von New York aus auf die Suche gemacht nach dem Goldenen Apfel seiner Anerkennung, von dem ich glaubte, ich hätte ihn in meiner Teenager-Zeit auf immer verspielt. Inzwischen war mir klargeworden, daß mein Vater stets neue Ziele setzte, ich wußte aber auch, daß ich nicht mein ganzes Leben lang das tun konnte, was er für mich als Bestes ansah. Irgendwann, irgendwo unterwegs hatte ich meine eigenen Träume gefunden und fand es in Ordnung, daß sie nicht völlig die seinen widerspiegelten.

Vielleicht hatte ich auch insgeheim nur seine Liebe gesucht und wußte nun, daß ich dafür nicht um die ganze Erde hätte reisen müssen. Ich hatte mit Kanonen auf Spatzen geschossen. Wie er in seinem Brief geschrieben hatte, war ich jetzt der Skipper meines eigenen Lebens. Ich wußte aber leider auch, daß er, wie jeder gute Vater, vergessen würde, daß er das einmal geschrieben hatte.

Wieder und wieder las ich den Brief und fühlte mich befreit, als ob eine schwere Last auf meinem Rücken sich nun löste und herunterfiel. Meines Vaters Anerkennung würde ich insgeheim auch weiter suchen, doch sie war nicht mehr so wichtig wie zuvor. Vielleicht war ja das Leben nicht so kompliziert, wie ich manchmal glaubte, sondern eine gute Sache, und diese Reise ganz besonders. Später, als ich mich gefangen hatte, holte ich das Logbuch.

Am 26., nachmittags. Heute morgen starb der Wind, und ich nahm mir die alte Sturmfock vor. Ich mußte Löcher ins Vorliek machen und Ösen und Stagreiter anbringen. Dann mußten alle drei Ecken des Segels, die im Roten Meer ausgerissen waren, neu gefertigt werden mit Locheisen, Hammer und Segelgarn. Das Cockpit ist übersät mit runden Segeltuchschnitzeln. Ich hoffe, nun hält die Sache. Danach regnete es einige Stunden, der Knoten in meinem Magen wurde immer schlimmer. Ein reines Entzücken ist diese Überquerung bisher nicht. Dann hörte ich auch noch vom Sender Voice of America, daß der Hurrikan „Emily" die Bermudas erwischte, eine Insel abrasierte und nun aufs Meer hinausgezogen ist. Der Sprecher sagte: „Für das Land ist ‚Emily' schon Geschichte, aber einige Schiffahrtswege könnten noch etwas abbekommen." WELCHE SCHIFFAHRTSWEGE, BITTE SCHÖN?

Ich weiß nicht, was ich tun soll. Ich stricke zwei Reihen, lege es weg und rege mich auf. Ich lese drei Seiten, lege es weg und rege mich auf. Ich gieße mir einen Brandy ein, als Medizin, gieße ihn in die Flasche zurück und rege mich auf. Ich höre BBC, dann VOA, danach Radio France, stelle das Radio ab und rege mich auf. Schwarze Fetzen sind am Himmel, und ich sehe Regenwände. Daddy hat es gut, in acht Stunden war er wieder zu Hause. Wir werden ewig brauchen. Ich möchte endlich nach Hause kommen. Klick, klick, klick – kleine rote Märchenschuhe. Ach, von wegen!

Am nächsten Tag änderte der Wind die Richtung, das Barometer stieg, und endlich kam auch der Portugiesische Norder, das Schlepplog tickte Meilen weg. Die Karte war schon ganz zerpiekst vom Zirkel, als ob das unentwegte Meilen-Messen uns schneller heimwärts brächte. Nachdem ich das letzte bißchen Miracle Whip vertilgt hatte, legte ich mich hin für einen kurzen Schlaf. Wenn doch der Wind mindestens eine Woche halten würde! Dann wäre auf der Karte nicht mehr so viel offene See zwischen dem X und New York.

Ich hatte ein Buch mit Kurzkrimis gelesen und stellte mir beim Einschlafen vor, ich befände mich in einem verräucherten Kabarett und sei von lauter fabelhaften Humphrey Bogarts umgeben. Als ich aufwachte, sah ich aus dem Niedergang, sprang vor Überraschung auf und knallte mit dem Kopf gegen die Decke. Ein Segelboot zog seiner Wege, nicht allzu weit entfernt! Auf diese Möglichkeit war ich noch nie gekommen, denn wer außer mir würde in dieser Wahnsinnsjahreszeit wohl über diesen Ozean segeln? Ich rannte raus, kuppelte den Monitor aus, übernahm selbst die Pinne und ging auf Kurs in Richtung des Bootes. Nach zwei Minuten kam mir plötzlich der Gedanke, die Crew könnte meinen, bei mir seien einige Schrauben locker, daß ich auf sie zusteuerte – dieses Boot war ja nicht AKKA. Etwas verlegen klinkte ich den Monitor wieder ein und ging ans Funkgerät.

Meine Reaktion erinnerte mich an eine spaßige Begebenheit vor einigen Jahren. Das war auf PFADFINDER, ebenfalls mitten auf diesem Ozean, aber tausend Meilen südlicher. Bei schwachem Wind schoben wir uns langsam voran. Fritz, Nina und ich stöhnten gerade oben an Deck in der Hitze, als wir endlich unsere erste Begegnung mit einem anderen Segelschiff hatten. Nach zwei Wochen auf See war Fritz zu der Überzeugung gekommen, daß Atlantiküberquerungen ein bißchen zu viel seien für einen sonst so gesellig herumflatternden Schmetterling wie ihn. Und als ich dann das Segel ausgemacht hatte, jodelte er vor freudiger Erregung.

„*Mädchen*!“ schrie er. „O Gott, mach mich glücklich und laß *Mädchen* dort auf dem Boot sein.“ Mit Lichtgeschwindigkeit sauste er nach unten, putzte sich die Zähne, rasierte sich, stürzte wieder herauf, nahm eine Eimerdusche, rannte wieder hinunter, um sich die Haare zu kämmen, Rasierwasser aufzutragen und frische Sachen anzuziehen. Dann stolzierte er an Deck herum.

„Ernst“, so platzte er heraus, „ich weiß, du bist der beste Navigator seit Kolumbus *und* der Kapitän, ich aber bestehe darauf, daß du den Motor anschmeißt und rüberfährst.“

„Fritz, du bist ein Tier!“ verkündete mein Vater und gab Gas. Fritz ließ ein Wolfsgeheul los und richtete seine ganze Aufmerksamkeit auf das Boot am Horizont. Darauf waren dann vier mürrisch dreinblickende Männer, die mißmutig das Trommelfeuer unserer Fragen beantworteten und drei Liter Benzin haben wollten. Da waren wir alle genauso enttäuscht wie Fritz.

Es stellte sich heraus, daß mein Gegenüber ein Franzose war, der von den Azoren südwärts zu den Kanarischen Inseln unterwegs war und damit in einem verhältnismäßig sicheren Bereich blieb. Wir klönten eine Weile, und nach dem Woher und Wohin und einigen „oh, là, là!“ fragte die Stimme nach Piraten im Roten Meer. Dann gab mir der gallische Bariton noch ein paar reizende Geschichten mit auf den Weg – von Booten, die bei ihrer Atlantiküberquerung in jenem Jahr abscheuliche Erlebnisse gehabt hatten oder gar entmastet worden waren. Ich sagte ihm, meine Batterien wären nun bald leer, wünschte ihm *bon voyage* und machte Schluß. Ich bin keine Masochistin, mehr wollte ich nicht hören.

Hallo. Es ist Dienstag, 23.00, der 29. Wenn es hochkommt, haben wir heute 15 Meilen gemacht. Wir sind im Azorenhoch und mitten in einer Totenflaute. Lieber Himmel, knapp 900 Meilen in zwei Wochen. Wie lange dauert es dann noch bis New York? Tarzoon und ich sind kurz vorm Durchdrehen. Der Pullover ist auch fast fertig, was soll ich bloß mit mir selbst anfangen? Ich denke dauernd an zu Hause, an Familie und Freunde.

Ich starre die Wände an, stundenlang, und denke nach. Jemand hat mir mal gesagt, die Einsamkeit auf See müsse eine fruchtbare Umgebung dafür sein, Antworten zu finden. Aber für mich scheinen Antworten selten auch große Erkenntnisse zu bringen. Und jedesmal, wenn es eine Antwort gibt, kommt damit gleich die nächste Frage hoch. Die von heute heißt: „Warum, zum Teufel, habe ich so lausiges Wetter zugeteilt bekommen?“

Dann kam der Wind zurück, immer noch von Norden, und wir waren wieder unterwegs, etwas glücklicher, weil es doch Meilen brachte. Ich fing an zu schreiben, an Freunde von der Reise, die ich seit Djibouti schon vernachlässigt hatte – Margot und Claude, Fred, Dean und Faye, und Luc. Dabei wurden Erinnerungen lebendig, und eine gewisse Beruhigung kam über mich. Ich stellte mir die Empfänger vor, und wenn sie die Post bekamen, würde das bedeuten, daß auch ich angekommen war.

Wenn ich nicht gerade schrieb, dachte ich an meinen Geburtstag, der bald sein würde – bei Vollmond, wie ich wußte –, und hörte Radio. Das Angebot an Sendern war in verschiedener Hinsicht begrenzt – durch Sendezeiten und sehr unterschiedliche Empfangsverhältnisse. Was morgens gut durchkam, konnte nachmittags in einer Symphonie von atmosphärischen Störungen untergehen.

Nachdem ich dabei manchen Frust ertragen hatte, wurde ich zur Kennerin in bezug auf Talkshows und Musikprogramme. Radio France war mein Lieblingssender, mit viel Musik und amüsanter Unterhaltung, Mitteilungen und so weiter, der ideale Hintergrund für alle Vormittagsroutine. BBC war der absolute Gegensatz – dort ging es um die Wirtschaft, die Krise am Persischen Golf, Englands Industrie und andere nützliche Geistesnahrung, zum Beispiel ein Interview mit einem Goldfischzüchter in Nordengland. Voice of America sendete Baseball- und Footballspiele und endlos Werbung für Produkte und Mittel gegen alles mögliche. Radio France hatte noch eine zusätzliche Attraktion – Wetterberichte für mein Vorhersagegebiet. Die Seewetterberichte der American Coast Guard konnte ich erst ab 30 Grad Länge empfangen, kurz nach den Azoren.

Je mehr wir uns langsam der Heimat näherten, desto mehr drangen die Neuigkeiten der Gegenwart in mein Bewußtsein. Ich hatte zwar *Time* oder *Newsweek* gekauft, wo es sie gegeben hatte, und das waren selten die neuesten Ausgaben. Gleichwohl waren meine Informationen recht sporadisch, auf dem laufenden informiert war ich nur über das, was ich selbst erlebt oder über den Küstenklatsch mitbekommen hatte. Bis zur Atlantiküberquerung war mir diese Perspektive auch ganz lieb gewesen. Nun war ich scharf auf die neuesten Nachrichten und suchte mir gewissenhaft Informationen über Weltpolitik, den neuesten Stand der Dinge nach Naturkatastrophen und ähnlichem, und wollte wissen, was es nach zweieinhalb Jahren in der Musikwelt Neues gab.

Zu meiner Überraschung hörte ich eines Tages sogar einen Hit von einigen alten Freunden aus New York. Bei meiner Abreise waren sie noch Kids gewesen. Sie spielten ziemlich blöde Stücke in obskuren Clubs oder dort, wo sich die Nachbarn nicht beschwerten. Keiner kannte sie oder interessierte sich für ihre albernen Texte, außer denen aus unserer Gruppe, die mit ihnen herumhingen. Wenn sie jetzt in der Hitparade waren, mußte vieles sich geändert haben. Lieder von Leuten, die ich einmal kannte, mitten auf dem Ozean – das weckte Erinnerungen an alte Zeiten. Plötzlich sehnte ich mich zurück nach meiner Teenager-Zeit und dem sorglosen Leben jener Tage auf den Straßen von New York.

Hallo, heute ist der 4. Oktober, nur noch drei Tage bis zu meinem Geburtstag. Ich mußte gestern abend doch noch die Taschentuch-Fock setzen, und vom Fleck gekommen sind wir dann nicht mehr. Es war einfach zuviel Wind. Die Wellen werden immer höher, immer nasser, ich fühle mich ganz winzig. Überall dringt der Ozean ein, er kommt durch die Püttings, durch undichte Decksluken und den Dorade-Lüfter, er überflutet das Cockpit und läuft in Backskisten und Schapps. Tarzoon und ich haben die Schotten ganz dicht gemacht, die Luft in der Kajüte steht, wir drücken uns eng zusammen und sehen zu, wie Vater Zeit voranmarschiert. Auch eine Art, alt zu werden.

Ich machte mir sogar die Mühe, mir eine Mahlzeit aus dehydriertem Chicken Supreme und Reis zuzubereiten – ein größeres Unternehmen, mit echter Turnerei verbunden. Dann habe ich angefangen, eine Tasche aus den Wollresten zu häkeln, die Tarzoon mit Fleiß zu Bällen dreht. Der Pullover ist fertig, vielleicht paßt er Olivier sogar. Ich habe seine Größe vergessen. Platsch, krach, peng – gute Nacht.

Am nächsten Tag wurde es ein wenig friedlicher, der Wind nahm ab, und ich machte meine Navigation. Wir waren seit dem letzten Fix drei Tage zuvor traurige 275 Meilen vorangekommen. Bei Flaute und Sonnenschein dichtete ich wieder mal die Püttings an

Deck ab, die seit dem ersten Sturm nach Gibraltar ständig leckten. Tarzoon jagte begeistert nach dem Ende vom Toilettenpapier, das ich mit Spiritus getränkt verwendete, um den alten Schmier wegzunehmen. Delphine glitten durch das klare Wasser heran, um nachzusehen, was ich tat.

Ehe die Abendkühle kam, badete ich im Cockpit und wusch meine Haare – mit Geschirrspülmittel, denn das ist die billigste Seife, die in Salzwasser schäumt. Beglückt befühlte ich mein seidiges Haar und genoß den Anblick sauberer langer Unterhosen, die sich noch nicht so geweitet hatten, daß sie mir bis zu den Knien hingen. Ein angemessener Start in mein neues Lebensjahr im Duft von Palmolive.

Als die Dunkelheit sich senkte, saß ich auf meiner Koje, blickte hinaus zum Himmel, der im Mondlicht leuchtete, und dachte, wie komisch meine Lage doch sei. Man stelle sich ein Leben vor, in dessen absoluter Anspruchslosigkeit der Höhepunkt des Tages ein Bad ist, noch dazu ein Salzwasserbad. War ich tiefer als tief gesunken? Nein, ganz bestimmt nicht, fand ich. Waren auch meine Freuden primitiv, jene Nacht erlebte ich voll froher Dankbarkeit, und am folgenden Tag war der Jahrestag meiner Geburt. Zwar hatte sich mein Wunsch nicht erfüllt, an diesem Tag halbwegs über den Atlantik zu sein, dennoch, der Wind schlief jetzt, der Mond stand fast voll am Himmel, und ich fühlte mich bevorzugt vor vielen anderen. Ich allein erblickte den schlafenden Ozean im sanften Licht von Horizont zu Horizont.

Die Nacht ging schnell vorüber. Ich zwang mich, mir eine Tasse Kaffee zu machen und mich wie üblich auch zu säubern, ehe ich gierig meine Geschenke aufriß. Von Mark und Doug gab es Karten voller Witze und Geschichten, Maurice schickte mir Kerzenwachs in Streifen, die man selber rollen konnte. Es kam mir vor, als finde an Bord eine Party statt, ich genoß das sehr. Olivier hatte eine Karte mit dem Bild eines alten Mannes für mich, der Uncle Sam erstaunlich ähnlich sah und mit dem Finger auf mich zeigte: „Du bist 21." Drinnen stand: „Ich bin eifersüchtig." Sinnigerweise schenkte er mir einen Pullover in fast dem gleichen Muster, wie ich ihn gerade beendet hatte. Von meinem Vater gab es eine halb ausgelaufene Flasche Maiglöckchen-Parfüm.

„Nun bin ich einundzwanzig und komme mir nicht sehr verändert vor“, dachte ich. „Außer, daß ich mir mein Geburtstagsessen selbst kochen muß und hinterher auch noch den Abwasch habe.“ Von meinem Gala-Geburtstag mit Olivier am Barrier-Riff mal abgesehen, war ich bei meinen letzten Geburtstagen allein auf See gewesen. Sie waren mir unvergeßlich.

Vor der Reise hatte ich siebzehn Geburtstage erlebt und erinnerte mich mühsam an zwei davon. Niemals aber könnte ich den neunzehnten mitten auf El Pacifico, den zwanzigsten in australischen Gewässern nahe einer Perlenfarm und jetzt den einundzwanzigsten mitten auf dem mächtigen Atlantik vergessen. Also, ganz präzise hatten wir zwar noch 300 Meilen bis zur Mitte, und das konnte unter den jetzigen Windverhältnissen auch noch etwas dauern.

Drei Tage später noch immer nichts. Die Wolken brauchten Stunden auf ihrem Weg über den Ozean. Nachts schwarzer Himmel und kein Anzeichen aufkommenden Windes. In der Nachmittagshitze, als mir das Eimerbad unendlich mühsam schien, sprang ich zum Abseifen zum erstenmal auf meiner Reise während des Alleinseins über Bord, während VARUNA müde dümpelte.

Flauten, die sonst ein großer Ärger waren, nutzte ich jetzt, um seelisch ganz in sie hineinzutauchen, denn hier hatte ich die letzte Gelegenheit dazu. Ich zelebrierte alles, meine täglichen Pflichten, baute allnächtlich meine Koje mit großer Sorgfalt, las Bücher bis zum letzten Wort, legte Segel sorgsam zusammen, wenn sie nicht gebraucht wurden, bürstete Haare und Zähne höchst gewissenhaft, hielt alles fleckenlos sauber und sann stundenlang darüber nach, wie wunderbar doch die Natur sei, die solch ein exquisites Lebewesen wie Tarzoon hervorgebracht hat. Aber nach sechs Tagen ging mir die Flaute doch auf die Nerven.

Hallo. 12. Oktober, 12.33 UTC. Na, wie geht es denn? Mir nicht so doll. Zum Lunch hatte ich mir Spare-ribs, Schweinsrippchen aus der Dose (eine grausliche britische Erfindung), und ein süßsaures Reisgericht chinesischer Machart zubereitet. Sah das erste Schiff nach langer Zeit, kam recht nahe. Sprach mit dem Russen, der nur wenig Englisch konnte. Keine unmittelbare Sturmgefahr. Gab mir eine

SatNav-Position, die mich erschreckte: 300 Meilen östlich von meiner selbst errechneten. Fragte, ob er sicher sei. Dann checkte er noch mal und gab seinen Fehler zu. Puh! Ich wäre über Bord gesprungen. Das hätte uns um zehn Tage zurückgeworfen! Wir sind schon 26 unterwegs und noch nicht einmal halb über den Atlantik. Dies wird mit Sicherheit meine längste Reise.

Der Himmel ist wolkenlos; dunkle Wolken und Wind, der VARUNA *voranbringt, wären mir viel lieber. Ich starre auf die See, lese, träume. Mein Frischwasservorrat nimmt ziemlich ab, ein ergiebiger Regen würde ihn ergänzen. Am Nachmittag zerriß ein unglaublich lauter Schlag die Stille um uns. Ein Flugzeug hatte die Schallmauer durchbrochen. Dann fiel ein kleiner Kanarienvogel ein, den Tarzoon gern verspeist hätte. Drum scheuchte ich das Vögelchen fort.*

Als ich gegen Mittag an Deck ging, sah ich unsere ersten großen Wale und beobachtete mit ehrfürchtigem Respekt, wie die Leviathane im Wasser rollten. Jeder von ihnen schien dreimal so groß wie VARUNA zu sein. Einer kam knapp zwanzig Meter entfernt hoch, blies seine Fontäne mit Getöse und tauchte mit einem peitschenden Wasserschlag seiner V-förmigen Schwanzflosse ab. Das war ungemütlich nahe. Ich hielt den Atem an und erwartete den Moment, wo einer dieser schwimmenden Zeppeline direkt unter uns auftauchen und das Boot umkippen würde. Ohne mich zu rühren, spitzte ich die Ohren nach den rumpelnden Glockentönen des Walgesangs und schnupperte nach der gesättigten Luft, die sie aus ihren Rückenlöchern bliesen. Ich erinnerte mich an Geschichten über katastrophale Kollisionen mit diesen gleichgültigen Ungetümen und stellte den Motor an, um auf unsere Anwesenheit aufmerksam zu machen. Völlig unberührt wanderten die Wale weiter, wir waren ihnen nicht einmal einen Blick zurück wert.

Etwas später und ein bißchen gekränkt, daß wir für sie überhaupt nicht existierten, betrachtete ich die am Rumpf vorbeistreichenden Luftblasen und beschloß, den Motor für das kleine Vergnügen an etwas Kielwasser laufen zu lassen. Statt dessen ging er prompt aus. Also wieder die schmierigen, stinkigen Mechanikerarbeiten mit Saugen, Auseinandernehmen und schließlich der Entdeckung, daß die Kraftstoffleitung verstopft war.

Mit meinem neuen Superschraubenschlüssel zog ich die Verschraubung zu fest an, der Bolzen brach ab, wobei die Unterhälfte fest eingeschraubt blieb. Selbst wenn ich sie noch herausbekommen hätte: Es war kein Ersatzbolzen an Bord. Ich mußte mich also damit abfinden, für den Rest der Reise keinen Motor zu haben.

Im Lauf der Nacht kam eine Brise von Südwesten auf, die ständig zunahm und eigentlich nur ein Tief ankündigen konnte, das sich seinen Weg ins Flautenhoch bahnte. Am Morgen mußte ich die gereffte Arbeitsfock gegen die selbst geänderte Sturmfock austauschen und drei Reffs ins Groß einbinden. VARUNA begann die Wellen zu erklimmen, die idyllischen Tage waren vorüber.

14. Oktober. Wellen bauen sich auf, und bei dem Wind wird es nicht lange dauern, bis wir den schlimmsten Teil zu fassen haben. Also los. Wir nähern uns den ominösen Fünf-Grad-Feldern auf den Monatskarten – tonnenweise Wind, riesige Wellen und hohe Sturmhäufigkeit. Ich empfange jetzt die Wetterstation der U.S. Coast Guard. Hurrikan „Floyd“ ist vor Florida, mit Richtung auf uns zu, aber weit weg. Vielleicht tut er sich ja mit einem Trog nördlich der Bermudas zusammen, wird ein außertropischer Zyklon und tobt in eine andere Richtung. Das Zentrum des Tiefs liegt einige hundert Meilen entfernt in nordwestlicher Richtung. Das gibt uns einen Vorgeschmack auf kommende Ereignisse. Unser Weg wird verbaut durch eine kleine, aber ganz abscheuliche Wetterzone, ich kriege allmählich kalte Füße. Dem Himmel sei Dank, daß wir die lange Flaute hatten, das gab viel Ruhe und neue Stärke. Wir werden sie wohl dringend brauchen.

Auf Malta hatte Olivier mir erklärt, wie ich die Tiefs über dem Nordatlantik für mein Weiterkommen nutzen könnte. Er zeichnete mir auf, wie das normale Tief spiralförmig, gegen den Uhrzeigersinn, reist – in östlicher Richtung, nördlich des 40. Breitengrades, und wie ich mich dabei verhalten sollte.

„Wenn das Barometer anfängt zu fallen“, so hatte er gesagt, „achte auf die Windrichtung. Daran erkennst du, wo du dich im Verhältnis zum Zentrum des Tiefs befindest. Kommt der Wind aus Südwest“, und er zeigte nach rechts, unter das Zentrum der Spirale, „heißt das, ihr seid südlich des Kerns, und du mußt Kurs Nordwest laufen." Da jetzt das Zentrum nach Osten weiterzog, konnte ich damit rechnen, daß der Wind langsam auf West drehte. Dann wären wir nicht weit vom Kern entfernt.

„Dann ist zu viel Wind, um noch voranzukommen; du mußt über Stag gehen, die Fock herunternehmen und warten, bis das Auge vorbeigezogen ist. Danach dreht der Wind auf Nord und nimmt ab. Du gehst auf deinen richtigen Kurs nach New York zurück, mit halbem Wind. Der Wind nimmt weiter ab, dreht dabei die ganze Zeit weiter nach Ost, bis du den Spinnakerbaum setzen kannst. Schläft der Wind ein, so ist das Tief durchgezogen; dann wird vermutlich Flaute sein, es sei denn, du hast Glück. Und beim nächsten Tief fängt alles wieder von vorn an. Hast du das begriffen?"

Ja, hatte ich geglaubt, aber vorsorglich hatte ich seine Skizze aufbewahrt und nahm sie nun für den Kampf mit unserem ersten Sturmtief heraus, studierte dazu das Wetter-Kapitel in einem Buch und staunte, wie schnell sich der Ozean von einem Ansichtskarten-Idyll in ein schäumendes, kochendes Chaos verwandeln konnte.

15. Oktober. Das X auf der Karte – VARUNAS Position – ist immer noch abscheulich weit von zu Hause weg. Wir führen einen wilden Tanz auf, der Wind heult, es schlägt und arbeitet, ich kann kaum noch schreiben.

Die nächsten Tage waren ein Durcheinander von Segelwechsel, herumgehenden Winden und unvorhergesehenen Wettersystemen. Manchmal half es mir, Oliviers Anweisungen zu befolgen, zu anderen Zeiten gab es für gar nichts eine Erklärung, und mit früheren Erfahrungen ließ es sich auch nicht vergleichen. Abwarten war alles, was mir blieb, während sich ein schwerer Sturm entwickelte.

18. Oktober. Soll ich nun weinen, schreien, zurück zu den Azoren fahren oder was? In den letzten drei Tagen gab es keine 24 Stunden, in denen man hätte segeln können. Seit 04.00 haben wir 40 bis 45 Knoten Wind, bei so etwas kann VARUNA nicht vom Fleck kommen. Jede zehnte Welle knallt auf uns nieder. Heute morgen rutschte ich aus, fiel hin und habe mir, glaube ich, meinen Arm verstaucht. Jedenfalls tut er dauernd weh. Ich möchte meine Haare waschen, meine Koje ist feucht, der Himmel sieht böse aus, die Wellen sind tückisch, es heult im Rigg. Ich habe nicht den Nerv, an Deck zu gehen, die gereffte Fock vorn festzulaschen und die kleinere zu setzen. Aber es muß sein.

Schon beim Gedanken, mich aus dem relativen Schutz des Cockpits auf das stampfende Vorschiff begeben zu müssen, wurde mir ganz übel, ich haßte selbst die Vorbereitungen für dieses grausame Unternehmen. Ich überwand mich dann doch, und außer meinem Sicherheitsgurt hatte ich nichts an, um mein trockenes Zeug zu schonen. Draußen, in der Dunkelheit, drohten über mir schemenhaft die Silhouetten riesiger Wellen, wie Güterwagen, die uns übermangeln wollten, während ich mich verzweifelt mühte, ein wildgewordenes Stück Segeltuch herunterzuholen, dessen Schoten wie Bumerangs durch die Gegend schossen. Jedesmal wurde meine Angst größer, und während ich noch mit dem fliegenden Tuch kämpfte, wünschte ich, ich könnte unter Deck bleiben, mich in VARUNAS Schutz abschotten und an Land gelangen, ohne mich noch mal zu rühren.

19. Oktober. Dieses Wetter hat eine ganz schlimme Ähnlichkeit mit dem, das mich im Mittelmeer umschmiß. Schwarzer Himmel, riesige Seen und Tonnen von Wind. Aber zumindest ist diesmal alles gut gesichert, der Niedergang ist dicht, wir scheinen mit den Wellen zurechtzukommen. Jetzt gießt es auch noch. Bei der Fahrt sollten wir in zehn Tagen zu Hause sein; ich sehe unentwegt auf die Karte und kalkuliere. Wir sind nun im letzten Feld mit Dreien, die beiden nächsten Kästen sind Fünfer, dann Vierer, das letzte vor New York ein Zweier. Der schwere Abschnitt steht jetzt an.

Bis auf gelegentlichen Ausguck verkrochen Tarzoon und ich uns auf meiner durchweichten Koje, und ich versuchte zu lesen, zu häkeln oder mich aufs Radio zu konzentrieren, um nicht dauernd über die Situation draußen nachzudenken. Ich wollte nicht noch einmal so runterkommen wie im Mittelmeer und zwang mich, täglich eine einfache Mahlzeit zuzubereiten, was akrobatische Aktionen bedeutete. Ich kochte Reis, irgend etwas aus der Dose und Gemüse, alles im Dampfdrucktopf, aus dem ich auch aß.

Wir steckten jetzt fast sechs Tage zwischen diesen Wellenbergen. An Bord war nichts mehr trocken, bis auf wenig Zeug in den wasserdichten Plastikbeuteln. Meine Haut klebte vom Salzwasser, Frischwasser zum Waschen hatte ich nicht über, die Haare waren verfilzt, die Kopfhaut juckte. Wenn ich mich für draußen aus- und umzog, sah ich die kaputten Stellen an meinem Achtersteven, die immer schlimmer wurden. Noch fast tausend Meilen bis nach Haus – ich zählte die Sekunden.

An meine Liste mußte ich neue Tage und Daten anhängen, wir waren schon am Ende meiner ersten hoffnungsvollen Kalkulation und hatten erst zwei Drittel der Distanz bewältigt. Immer wieder rechnete ich; der Zirkel machte die Karte so kaputt, daß sie allmählich matschig wurde und mit Vorsicht behandelt werden mußte.

Für die meisten meiner längsten Etappen hatte ich im Schnitt zwanzig bis dreißig Tage gebraucht; an den ersten zehn quälte ich mich mit dem Abschied, die letzten zehn bereitete ich mich auf den Landfall vor. Am 20. Oktober waren wir schon vierunddreißig Tage auf See und mußten realistischerweise mit noch mindestens fünfzehn rechnen. Was nicht direkt durchweicht war, troff inzwischen von der Nässe in der Luft. Meine Moral war nicht mehr besonders, ich hatte es gründlich satt, ganz allein für unser Weiterkommen verantwortlich zu sein. Keiner ging mal schnell an Deck und sah nach dem Rechten. Manchmal träumte ich von einem Crewmitglied, das mir etwas abnahm, aber da es nie von Deck wieder zurückkam, mußte ich den ganzen Kram doch wieder selber machen.

20. Oktober. Die Zeit kriecht dahin. Im Radio höre ich Sachen, die mich verblüffen. Ein Kommentator sagt: „Mr. Soundso gab ein Statement ab zu der Äußerung von vor zwei Wochen.“ Ich schüttele nur noch den Kopf und sehe auf die Daten im Nautischen Jahrbuch. Ich kann mich an die Sache zwar erinnern, aber war es vor zwei Wochen? Nach meinem Zeitbegriff könnte es gestern oder heute oder vor fünf Minuten gewesen sein.

VOA und BBC beschäftigten sich unentwegt mit dem Schwarzen Montag an der Wall Street, ich hörte mir alles voll Interesse an. Ich hatte zwar keine Aktien oder dergleichen, aber die Neuigkeiten draußen in der Welt waren meine Verbindung mit zu Hause, Wall Street war New York und New York mein einziges Ziel. Das Wetter wurde schlechter, ich lauschte den Nachrichten um so hungriger.

Meine Energie konzentrierte sich unentwegt auf ärgerlichen Kram an Bord – eine ausgeschüttete Zuckerdose, die Drähte des Solargenerators, die allmählich korrodierten und neu gespleißt und gewickelt werden mußten, den Verlust einer nützlichen Pinzette. Eines Tages drang so etwas wie fürchterlicher Fußgeruch in die Kajüte. Ich kontrollierte erst mal bei mir selbst. Aber von meinen Füßen kam das nicht. Also durchsuchte ich alle Schapps und entdeckte dann den Schuldigen.

Hinter der Schiebetür des Schapps neben meiner Koje war ein Milchkarton explodiert, der seit Malta durchgehalten hatte. Eine üble, klumpige Soße hatte sich über Öl- und Essigflaschen, Holzlatten, Dosen und andere Nachbarn schmierig und weiß verteilt. So brachte ich gut zwei Stunden damit zu, eimerweise Wasser hereinzuschleppen, dabei sorgfältig VARUNAS Bewegungen ausbalancierend, den neugierigen Tarzoon immer wieder aus dem Weg zu schieben, alles zu schrubben und die vollgesauten Gegenstände sowie das ganze Schapp wieder trockenzureiben. Als es zwei Tage später wieder stank, wußte ich gleich, wo ich zu suchen hatte – mein letzter Milchkarton war prachtvoll gen Himmel gefahren.

Jetzt erwischte uns eine stationäre Kaltfront, die am 22. Oktober ähnlich einem stetigen Passat von achtern aufzog. Am nächsten Morgen fuhren wir drei Reffs im Groß und eine ausgebaumte Sturmfock. Die Wolken hatten sich zu einem übel aussehenden düsteren Dach zusammengeballt, das den Himmel von Horizont zu Horizont bedeckte.

Anders als in den nach Osten ziehenden Tiefs vergangener Tage heulte jetzt der Wind von Südosten, trieb uns auf den Kamm von Riesenwellen und ließ uns in die Tiefe fallen, wie auf einer wildgewordenen Achterbahn, sechsunddreißig schlaflose Stunden lang. Danach vier Stunden Sturzregen, in denen ich im Cockpit vier Eimer Frischwasser auffangen konnte.

Aus dem Nichts tobte dann der Wind von Nordost heran und steigerte sich in seiner Wut bis zum nächsten Tag, wo ich das Groß runterholen mußte. Ein einziges Segel war diesem verrückten Wetter noch gewachsen: das winzige Sturmsegel, von dem ich mal glaubte, wir hätten keinerlei Verwendung dafür. Nun war es unsere Rettung, jedes andere Tuch wäre zuviel gewesen.

23. Oktober – und ich habe ganz einfach Angst. Kein Gedanke an Entspannung, Schlafen, Essen – nur ans Überleben. Um uns herum die höchsten Wellen, die ich je gesehen habe, bestimmt sieben, acht Meter hoch. Die Wetterfrösche sagen, daß eine Kaltfront über uns hinwegzieht. Das Herz schlägt mir so hart in der Brust, ich weine vor Angst und kann nicht aufhören. Varuna wird von jeder brechenden See mitgenommen und ins Tal geschleudert, sie brechen über uns, an beiden Seiten, achtern und vorn. Wir laufen praktisch vor dem Wind, und schnell, haben aber wenig Segel oben. Der Himmel ist schwarz. Ich habe mich mit Tarzoon in der Koje festgeklemmt, wir lauschen den Geräuschen und ich bete. Ich habe keine Höhe messen können, aber nach meiner Koppelrechnung haben wir noch etwa 880 Meilen bis nach Hause. Es ist nicht wie im Mittelmeer, wo einem Sturm Flaute folgt. Hier ist ein einziger ungeheurer Sturm, nonstop.

Die Seen wuchsen unaufhaltsam; in Angst und Schrecken sah ich durch die Plexiglasschotten zu, wie sie uns von achtern einholten, die kleine Varuna anhoben, sie den Wellenhang hinunterwarfen – und dann das Ganze von vorn. Schwere Dünung stürzte um uns herum zusammen, zischte drohend unter uns und trug uns auf kochender See davon. Varuna wurde immer wieder auf die Seite geworfen, wie wir es nahe Sri Lanka und im Mittelmeer erlebt hatten, hier aber etwa einmal in der Stunde. Doch diesmal waren wir aufs Schlimmste vorbereitet, das war der große Unterschied.

Reservekanister, Segel und Säcke mit Katzenstreu waren im Cockpit festgezurrt, Schwalbennester leergeräumt, und drinnen war alles sehr gut festgesetzt. Wenn das Wasser in das Cockpit donnerte, lief es langsam durch die Lenzer leer, klar zur nächsten Ladung. Wenn je die Sonne wieder scheinen sollte, wären wir hoffentlich schon viel weiter, als ich jetzt schätzte.

24. Oktober. Die Wellen werden immer höher, und nach meiner Koppelrechnung sind wir noch 780 Meilen von unserem Ziel entfernt. Keine Sonne schon seit Tagen. Mein Herz arbeitet im Akkord, ich zittere und kann's nicht bremsen. Die Seen sind so riesig und wir so klein und unbedeutend. Dieser Tag wird wohl nie enden.

Wie hypnotisiert starrte ich weiterhin durch das Luk auf die sich auftürmende See, doch irgendwie überstand ich jenen düsteren Tag und die stockdunkle Nacht. Achtundvierzig Stunden lang legte ich fieberhaft eine Patience nach der anderen neben mir auf der Koje. Wenn mich etwas hier hindurchrettete – außer dem Schlepplog, das treulich unsere abgelaufenen Meilen tickte –, dann waren es die Karten, die mir mein Schicksal zeigten.

Es ist der Abend des 25., meine Gebete werden endlich erhört. Gestern abend las ich wieder den Psalm mit der Stelle: „Und die Wogen wurden still" – und alles wurde weniger dramatisch, heute klarte es schon auf. Jetzt sind keine Wolken mehr am Himmel, ich sehe blitzende Sterne am Horizont. Der Wind ist nach Westen gegangen und hat abgenommen, doch das nächste Tief ist schon im Anzug. Heute hörte ich in den Nachrichten von einem Mädchen, das jetzt den 365. Tag in einem Kasten auf der Spitze einer Stange sitzt und einen Rekord brechen will. Da habe ich zum erstenmal seit Wochen laut gelacht. Ob sie wohl Fernsehen hat und ein Telefon, damit sie sich chinesisches Essen bringen lassen kann?

Wir hatten leichte Winde und klaren blauen Himmel, der Sturm war vorüber. Ich dachte an die vergangenen drei Tage und wie die Wut des Meeres mich nahe an das nasse Grab gebracht hatte, näher als je zuvor. Als der Sturm einschlief, blieb ich in seinem Kielwasser sonderbar leer zurück. Er hatte alle meine Sinne aufgereizt, und als er sich zurückzog, zogen sich auch meine Empfindungen zurück.

Am 28. Oktober errechnete ich, daß wir auf der Länge von Bermuda waren und damit meinen Auslaufkurs vor zweieinhalb Jahren gekreuzt hatten. Das bedeutete, daß meine Weltumseglung offiziell beendet war. Welch ein Triumph! Ich jubelte meine Freude laut hinaus, doch dann begann Trauer an meiner Aufregung zu nagen – meine Odyssee mit VARUNA um die Erde war nun bald beendet, das machte diese letzten Tage auf See um so wichtiger für uns. Ich erlebte sie mit Andacht. Bald würde alles nur noch Erinnerung sein, all die stürmischen Gefühle, die traurig-schöne Einsamkeit, wunderbare Tage und Nächte auf See, selbst der nächste Sturm und was er von uns forderte – alles nur Erinnerung. Es war der Anfang vom Ende des Lebens, das ich in diesen Jahren kennenlernte. Bald würde ich meine Freunde auf den Meeren zurücklassen und in New York meine Rolle als Erwachsene spielen. VARUNA machte unsere Meilen nun auf vertrauter See, und die Spannung der Heimkehr flatterte in meinem Bauch wie ein Schwarm Schmetterlinge.

30. Oktober. 21.00. Eben sah ich das erste Schiff seit zwei Wochen. Ich würde so gern mit ihnen sprechen, bin aber knapp mit Strom. Den Motor kann ich nicht reparieren, von daher bekomme ich keinen Saft; der neue Solargenerator ist zu klein und die Sonne weit im Süden und nicht sehr stark. Ich muß Strom sparen, damit ich mich bei der Annäherung an New York melden kann. Der Satelliten-Sender wird uns ankündigen, wenn ich das Funkgerät nicht benutzen kann. Ich hoffe, er funktioniert. Ich ertappe mich dabei, daß ich lange Gespräche mit niemandem führe. Noch 450 Meilen, hoffentlich drehe ich nicht vorher durch. Ich habe mich gezwungen, Dr. Schiwago anzufangen, das Buch, in dem Daddy kurz vor meiner Geburt meinen Namen fand. Nun bin ich neugierig auf die Heldin Tania.

Als ob ich die Tage mit VARUNA und Tarzoon in unserer eigenen kleinen Welt noch verlängern wollte, schob ich es vor mir her, alle Segel zu setzen. Meine Gedanken waren dauernd unterwegs, nicht nur in der Zukunft, ich dachte auch an die Vergangenheit, an die Menschen, die mir begegnet waren – Stubby, der auf Christmas Island Reifen reparierte und dessen Geschäft von der Wanderung der Roten Landkrabbe abhing; Roberto Vergnes, der exzentrische Künstler, der auf der Kokos-Insel Schätze suchte und ein wenig mogelte; Ibrahim in seinen wehenden Gewändern, der Feuerwasser trank und über das Verhältnis der Geschlechter philosophierte; Fred, der mir zeigte, wie VARUNA zu warten war; Kerima de Lescure mit der Gitarre und den Liedern von Frieden und Schönheit unter den Palmen von Panama.

Sie waren bei mir, solange ich auf See war. Zu Hause aber, so fürchtete ich, würden sie irgendwo in meinem Kopf eingeschachtelt werden, und dieser Gedanke legte eine konfuse Melancholie über die restlichen Tage.

Happy Halloween. Buh! Es ist der 31. Oktober, und ein Hurrikan braut sich zusammen. Wenn er „Emilys" Zugbahn nimmt, sind wir ihm genau im Weg. Hurra! Für Tarzoon, VARUNA *und mich mal wieder etwas Neues. Ich muß dringend schlafen und Strom sparen. Unter Deck haben wir jetzt nur noch Petroleumlicht.*

Noch 310 Meilen entfernt und nur 100 vom Übergang zur Karte mit den Einfahrten nach New York, bekam ich einen Rundfunksender aus New London, Connecticut, herein und hörte einen Werbespot für ein Album mit drei LPs der größten Hits von wem auch immer. Außerdem schienen irgendwelche örtliche Wahlen bevorzustehen, es wurden lauter italienische Namen genannt. In einem Wetterbericht hieß es, der Hurrikan sei auf dem Weg zum Golf von Mexiko.

Am 1. November war der Geburtstag meiner Mutter, und als ob sie über mich wachte, hatten wir den ganzen Tag günstige Winde, die uns über den Golfstrom brachten. Alle möglichen Wirbel, Strudel, Kräusel, sonderbare Wellen, Vögel und springende Fische waren um uns herum. Zeitweise steuerte ich selbst, damit wir bloß keine einzige Meile durch den Strom verloren. Weiter als bis Sandy Hook konnte ich nicht denken, jene kleine Bucht, in der ich vor siebenundzwanzig Monaten meine erste Nacht nach dem Auslaufen aus New York verbracht hatte. Ich träumte davon, wie ich hineinsegeln würde, und malte mir sogar aus, wo ich nach meiner Ankunft den Anker fallen lassen würde.

Für Dr. Schiwago brauchte ich eine ganze Woche und entdeckte erst ganz am Ende, daß meine Namensschwester eine Wäscherin war. Am 2. November war ich fröhlich, der Golfstrom brachte gute Meilen. Als wir seine westlichen Ausläufer überquerten, ging die Farbe vom nahrungsreichen, leuchtenden Blau in das Grünbraun der östlichen Küstengewässer der Vereinigten Staaten über. Statt des warmen Wassers hatten wir nun eisig kalte November-See, und zum erstenmal holte ich Oliviers schweren Pullover hervor und den Schlafsack, den ich seit der Fahrt zu den Bermudas nicht mehr benutzt hatte.

Ich segelte mit Hingabe, nutzte Sonne, Mond, Venus und Polarstern und gab mir das Versprechen, alle meine Segelkünste, die Navigation aber ganz besonders, auch in Zukunft nicht zu vergessen. Erst hatte ich mir einen SatNav gewünscht, später erkannte ich, wie wunderbar es war, aus eigenem Können den Standort in der Mitte einer Wasserwüste zu bestimmen.

Nacht um Nacht blieb ich vor Erregung wach. In der letzten Woche schlief ich vermutlich insgesamt nur vier Stunden, die Erwartung war zu groß. Am Abend des 4. November sandte die Wetterstation eine Sturmwarnung aus. Der günstige südwestliche Wind, der gute Meilen brachte, wurde böig. Angstvoll wartete ich, ob er nach Westen drehte und so zunahm, daß wir beidrehen und abwarten müßten.

Noch 75 Meilen. Ich bin so aufgeregt, ich kann nicht mal mehr Radio hören. Ich bin ganz kribbelig. 48 Tage unterwegs! Ich bin so nahe, ich fühle schon New York und beinahe auch die Subway, East Village, das Haus. Am meisten aber fühle ich Sandy Hook. Die Karte ist voller Löcher. Ich sehe ein paar Schiffe. Flugzeuge. Ich sehe Fischerboote, und ich rieche Land!

Fischerboote rundum, vermutlich aus New Jersey und Long Island. Jedes Flugzeug über mir war auf dem Wege nach Kennedy Airport, La Guardia oder Newark. Der salzige Geruch der See verging, statt dessen roch es nach Pflanzen und Smog. Ich atmete tief ein.

In der Dämmerung unseres letzten Abends allein machte ich mein letztes Fix mit Venus und Polarstern und plante unsere Ansteuerung. Dann nahm ich die Fock weg, stoppte Varuna für ein paar Stunden und versuchte, mich zu sammeln, alles noch einmal zu sortieren. Meine Sorgen schienen zu verschwinden. Als ich New York verließ, sorgte ich mich, wie ich auf See bestehen würde, und ich hatte es geschafft. Jetzt wußte ich, was möglich ist, aber nur, weil ich es versucht hatte.

Hier an dieser Stelle, wo ich als Achtzehnjährige losgesegelt war, verschreckt und mich vor der Zukunft fürchtend, stellte ich nun fest, daß man sich über die Zukunft keine Sorgen zu machen braucht. Wenn mich das Leben auf See etwas gelehrt hatte, dann dies: Es ist wichtig, jeden neuen Morgen beherzt anzugehen und alles so gut zu tun wie man nur kann.

Und deshalb würde es nicht einmal etwas ausmachen, wenn ich jetzt in New York nicht mehr dazupassen sollte. Was heißt das überhaupt, „dazupassen“? In der Bezugsgruppe akzeptiert zu sein? Ich könnte in meinem Leben nicht länger Rollen spielen, nur um andere Menschen glücklich zu machen. Und bei diesem Punkt meiner Überlegungen irritierte mich am meisten, daß ich auch niemals wieder eine Einundzwanzigjährige sein könnte, der es genug ist, lediglich die Erfüllung eines zweieinhalbjährigen Traums zu bezeugen.

„Aber besteht nicht gerade darin das Leben“, sagte ich mir, „nämlich vorwärts zu gehen und neue Erinnerungen zu sammeln?“ Alle würden sich verändert haben, ich wohl am meisten. Und mit vierzig würde ich mich darum beneiden, wie ich mit einundzwanzig war. Wir können die Zeit nicht aufhalten.

Am nächsten Morgen zog ich meine letzten sauberen Unterhosen an, wusch mein Gesicht mit den letzten Tropfen Frischwasser und zog die Fock hoch. Wir konnten hier nicht ewig bleiben.

Gegen elf Uhr vormittags, noch 30 Meilen entfernt von Ambrose Light, der Ansteuerungsmarke von New York, raste ein Motorboot auf Varuna zu, voller Leute, die wie die Verrückten winkten und Glückwünsche herüberschrien. Aufgeregt suchte ich nach einem bekannten Gesicht, fand aber keins, und rief sie über Funk an. Der Mann, der antwortete, war von einem Sender, der über meine Ankunft im Nachmittagsprogramm berichten wollte. Andere fotografierten und filmten, ich winkte ihnen zu und redete weiter mit dem Mann, bis sie Gas gaben und zum Redaktionsschluß zur City zurückrasten.

5. November. 13.00. O Gott! Ich bin so nahe dran. Mir ist ganz zitterig, mein Herz pocht wie wild, mein Magen ist ein einziger riesiger Knoten. Ich habe eine Woche nicht geschlafen, und nun habe ich andere Angst als sonst. Die Leute eben sprachen von Feuerlöschbooten, Hubschraubern, Pressebooten, Fernsehkameras und Pressekonferenzen. Was soll ich sagen, wie soll ich mich geben? Mir ist nach Lachen, Weinen, Umdrehen und wieder auf See hinauszugehen. Die Kameraleute waren alle seekrank, und das nach Luv, und schrien trotzdem ihre Fragen. So etwas habe ich nicht erwartet. VARUNA *und ich arbeiten uns durch den 30-Knoten-Wind, dem ganzen Theater entgegen. Ich kann's kaum glauben – ich erkenne jetzt den Umriß des World Trade Center.*

Der Wind drehte nach Westen. Ich hatte die Segel voll gerefft und saß unter Deck, im Arm den leicht verwirrten Tarzoon. Ich weinte über das, was hinter uns zurückblieb, und erlebte intensiv die letzten Minuten hier allein mit meinem Kumpel. VARUNA stampfte durch das kabbelige Wasser. Einige Stunden nach dem ersten Boot rauschte wieder eins heran, wie der Blitz war ich im Cockpit. Ich winkte, suchte nach einem vertrauten Gesicht.

Zuerst sah ich Mikrofone und TV-Kameras. Leute sprangen wild herum, schrien, winkten, und da – mein Vater!

„Hallo!" schrie ich und sprang im Cockpit auf und nieder. „Hi, Daddy! Es ist *vorbei*! Ich hab's geschafft!"

„He, Ding-a-ling, *du hast durchgehalten*!" schrie er zurück über das Dröhnen der Motoren und sprang an Deck herum. „Du hast es geschafft! Ich bin stolz auf dich!"

So laut ich konnte, rief ich ihm hinüber, wie die Reise gewesen war. Es sprudelte nur so aus mir heraus. Da sah ich plötzlich auf dem Vordeck über einer gelben Wetterjacke den blonden Schopf von Olivier.

„O mein Gott, Olivier! Du bist da!" schrie ich.

Lachend hielt er sich am Handlauf fest, als das Boot nun näher heranmanövrierte, und brüllte zurück: „I blong you, Tania!"

I blong you.

Epilog

9. März 1989

Über ein Jahr ist es her seit meiner Ankunft im South Street Seaport am 6. November 1987. Dort erfuhr ich, daß mir der Weltrekord nicht zuerkannt wurde, weil ich im Südpazifik auf 80 Meilen eine Freundin an Bord gehabt hatte. Sei's drum. Ich überstand Blitzlichter, surrende Kameras, Reporter, Interviews, Fernsehauftritte und dergleichen. Nach zwei Monaten beschlossen Olivier und ich, New York zu verlassen, um in ruhigere Bahnen zu kommen. Wir zogen in ein Apartment in Newport, Rhode Island, wo ich in Ruhe würde schreiben können. Dort heirateten wir im Mai 1988. Tarzoon ist noch bei uns, gesund und munter, zusammen mit Suki, einer Katzenfreundin aus New York.

Mein Vater geht wieder seine eigenen Wege, diesmal in der Sahara, 300 Kilometer nördlich von Timbuktu, wo er der Handvoll Einwohner eines Wüstendorfes die Technik der Landwirtschaft beizubringen versucht. Als ich kaum zurück war, hielt er es für eine gute Idee, wenn ich am Hundeschlitten-Rennen auf dem Iditarod Trail nach Nome in Alaska teilnehmen würde. Ich lehnte den Vorschlag ab.

Der endgültige Abschluß meiner Reise war im Sommer 1988. Mittendrin in den Anstrengungen, den leeren Computer-Bildschirm mit Wörtern zu füllen, zahlte ich meinem Vater die Schulden zurück, nachdem ich VARUNA an ihren perfekten neuen Eigner verkauft hatte. Sie startete in der Chesapeake Bay in ihr neues Segelleben. Auf unserer endgültig letzten gemeinsamen Reise fuhren wir – das waren Tony, Nina, Jade, Olivier und ich – mit VARUNA hinaus zum Brenton Reef in der Narragansett Bay. Dort erfüllten wir einen letzten Wunsch meiner Mutter und übergaben ihre Asche dem Ozean.

Da wir immer noch glauben, das Leben sei am besten in einem Schritt nach dem anderen zu nehmen, sind Oliviers und meine Pläne für die Zukunft offen. Wir wollen uns mit unseren Fähigkeiten zusammentun – Oliviers Arbeiten mit allem, was mit Booten zu tun hat, zum Beispiel Überführungen, Generalüberholungen, Konstruktion, Ausbildung sowie meine Schriftstellerei. Damit werden wir hoffentlich die Mittel dafür aufbringen, auf die See zurückzukehren. Vielleicht werden wir eines Tages Kinder haben, denen es vergönnt ist, in jener anderen Welt heranzuwachsen, die wir liebengelernt haben. Wenn es nach Olivier geht, der sich für das Chartergeschäft interessiert, soll unsere künftige Yacht 20 Meter lang sein. Ich will zwölf Meter, also werden wir einen Kompromiß finden. Wie immer wird es letztlich so sein, wie es kommen soll.

P. S. Ich wiege inzwischen 56 Kilo und versuche, ein paar davon loszuwerden.

Danksagung

Als ich im Laufe des letzten Jahres meine Geschichte niederschrieb, kam mir mehrmals der Gedanke, daß ich eigentlich zweimal um die Welt gesegelt war – einmal in der Wirklichkeit und das zweitemal, als ich die ganze Spannweite der Gefühle, des Schönen und der Mühsal wiedererlebte, diesmal am Textcomputer sitzend. Jetzt, wo ich all denen Dank sagen will, die mir halfen, ist die Reise endgültig vorüber.

Olivier kommt zuerst, vor allem dafür, daß er mir um die halbe Welt geholfen hat, und dann für all die Käse-Sandwiches, Abendessen und die Liebe in der Zeit, als dieses Buch entstanden ist. Ich hoffe, mein Vater weiß bereits, wie dankbar ich für seine damalige Voraussicht bin, das Unternehmen sei durchaus zu schaffen, und für all seine Hilfe, es zu einem guten Ende zu bringen. Und da ist dann noch Jeri, die durch dick und dünn zu mir gehalten hat.

Dank an *Cruising World*, Hans von Monitor, die Leute von J. J. Taylor und Bukh, Raudaschl, den Manhattan Yacht Club, Teddy Charles von Sagman's Marine, das Museum of Yachting, Gilles Huccault, von dem die schönsten meiner Aufnahmen kommen. Und besonderen Dank an Bernadette, die mir durch manche lange Nacht und bei viel Tee half, eine um die andere Empfindung auszudrücken.

Dank an alle Leute, die mir unterwegs selbstlos beigesprungen sind und mir weitergeholfen haben – und davon gab es viele. Gedankt sei auch denen, die an mich dachten oder für mich beteten oder mir aufmunternde Briefe schrieben. Dank auch an Mr. Tarzoon, der seinen festen Anteil an meinen beiden Geschichten hat, der äußeren und der inneren. Und schließlich – last but not least – ein letzter Gruß dem Großen Ozean.

VARUNA im Detail

Segel

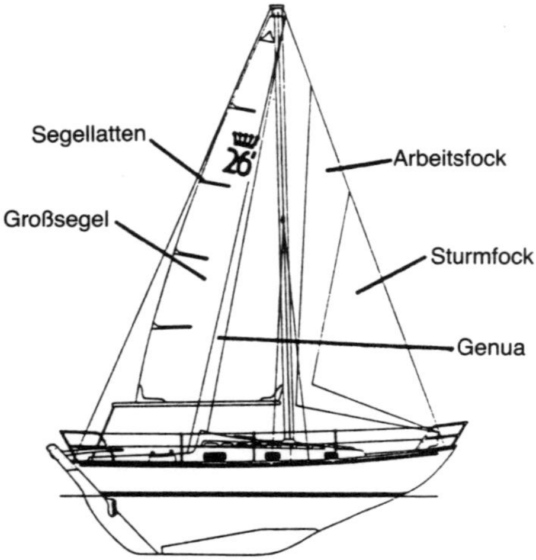

Seitenansicht

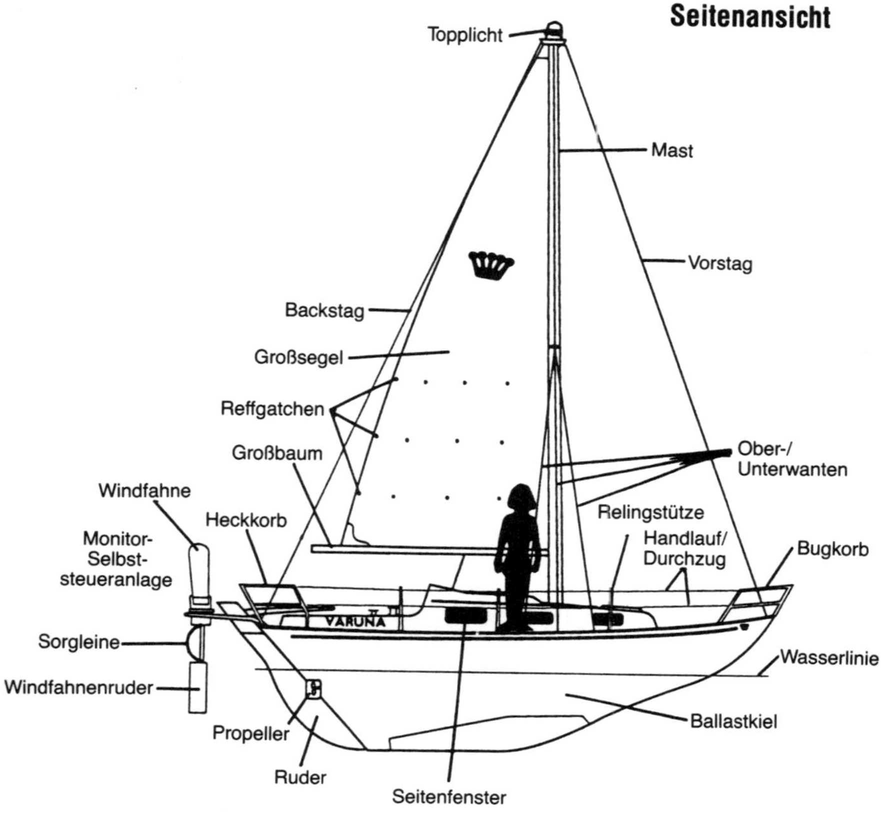

ıneneinrichtung

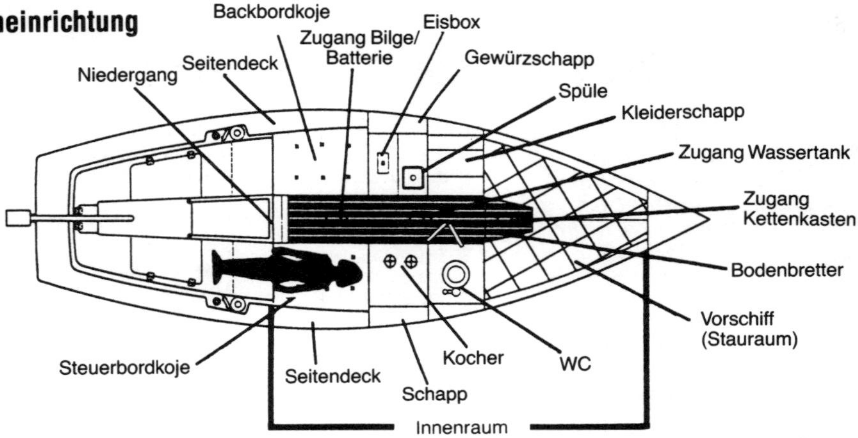

)eckslayout

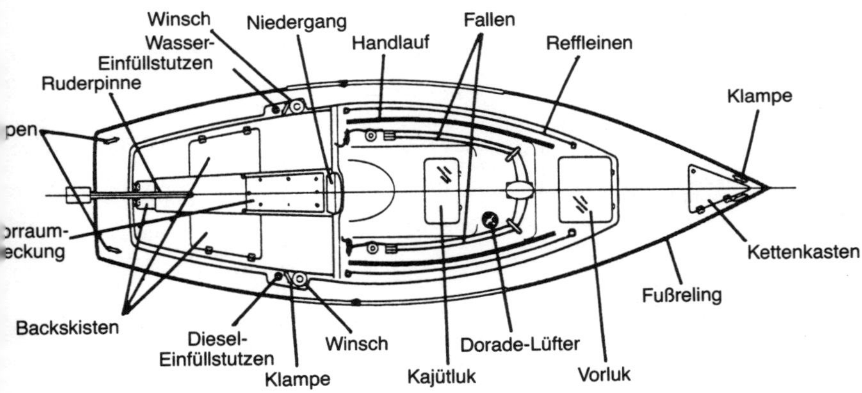

ꞁängsschnitt

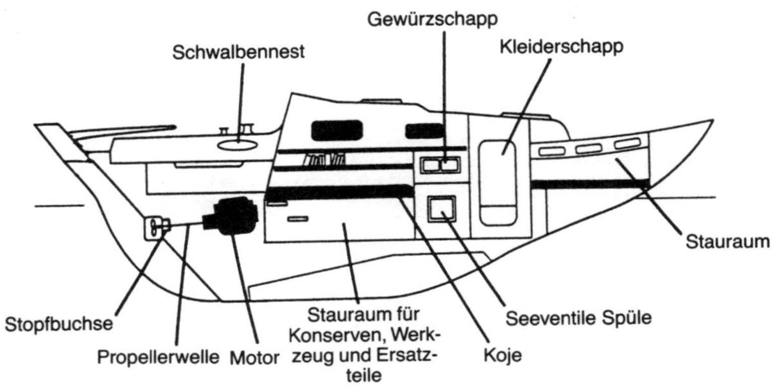